中国文明研究丛书

中国思想史讲义

钱新祖 著

LECTURES ON THE HISTORY OF CHINESE THOUGHT

东方出版中心

图书在版编目（CIP）数据

中国思想史讲义 / 钱新祖著. — 上海：东方出版中心，2021.1

ISBN 978-7-5473-1754-9

Ⅰ. ①中… Ⅱ. ①钱… Ⅲ. ①思想史 - 研究 - 中国 Ⅳ. ①B2

中国版本图书馆CIP数据核字（2020）第259891号

上海市版权局著作权合同登记号：图字09 - 2020 - 1711

本书简体中文版由台湾大学出版中心授权出版

中国思想史讲义

著　　者　钱新祖

策　　划　郑纳新

责任编辑　沈　敏

装帧设计　陈绿竞

出版发行　东方出版中心

地　　址　上海市仙霞路345号

邮政编码　200336

电　　话　021-62417400

印 刷 者　山东韵杰文化科技有限公司

开　　本　890mm × 1240mm　1/32

印　　张　13.25

字　　数　329千字

版　　次　2021年1月第1版

印　　次　2021年1月第1次印刷

定　　价　98.00元

钱新祖（1940-1996）

出生于江苏南通，当代著名历史学家、思想家，哥伦比亚大学历史系博士，曾任芝加哥大学副教授、台湾清华大学教授、台湾大学教授、香港科技大学教授、中国文化大学教授，协助创设台湾清华大学历史研究所和香港科技大学人文学部。钱氏学问渊博，于中西哲学及历史文化均有深入探索，尤精于中国思想史研究，1980年代钱氏率先将当代西方新思潮批判性地引入专业的中国思想史研究，在世界中文人文学术圈影响甚巨，拥有极高声誉。

目次

编者前言

你未看花时，此花与汝心同归于寂；

你来看此花时，则此花颜色一时明白起来；

便知此花不在你的心外。

——王阳明

在钱新祖的遗稿之中，最早的《中国思想史讲义》手迹是1973至1976年在纽约州宾汉姆顿（Binghamton, New York）时期的。当时钱老师的妻子在当地的纽约州立大学任教，讲授中国思想，钱老师一边写博士论文，一边可能也为妻子的上课讲义捉刀。不过，他之前已经在德州一个大学（Sam Houston University）任教过两年（1971—1973），很可能已经草拟过中国思想史方面的讲稿；宾汉姆顿之后，在芝加哥、台湾、香港等地的二十年教学研究生涯之中，钱老师不断因时、因地、因材、因课而翻译、润饰、剪裁、修正这份《中国思想史讲义》，这点，由现存多种版本手稿中的大量眉批痕迹可以明显看得出来。几乎每次备课，他都会在笔记上增添新意，虽然可能只是口吻语气的修改；有时在上课之后，钱老师更会在行间将学生上课的反应记录下来，作为下次讲授时修正的参考。可见他不仅事前备课，事后更会回想反省整堂课的运行状况。无论赞不赞同钱新祖的思想与走向，都应肯定他作为一个负责任、有魅力教师的成就。

上过钱新祖中国思想史课程的朋友应该都还记得，除了偶尔的穿插延伸或者回应提问之外，他几乎是逐字逐句朗读巨细靡遗的讲稿，这为我们的出版准备提供了最有利的基础条件。也就是说，不同于某些遗稿讲义出版的例子，这份《中国思想史讲义》百分之九十八以上确确实实出自授课者自己的手笔，而不是根据听课者的笔记缀拾补合而成。我们编者所做的，只是将手稿的正文与眉批做适当的综合与取舍，并且将各讲的长度略微分割调整，以利读者阅览的方便。真的遇到手稿中有疑惑不解的地方，我们才会诉诸当年上课者的笔记或回忆。

此外，原稿中有些称呼或译名不一致的地方，如“黄宗羲”与“梨洲”交错出现，“最高真际”与“终极实际”前后并存，在维持讲稿原状与阅读方便的两大原则之下，都作了适当处理。至于中英文语汇夹杂的现象，一方面当然是英文原稿留下的残余，但另一方面，我们编者认为，更可以看出在转写（而不只是翻译）过程中作者与语言、思想奋斗的痕迹，所以都尽可能予以保留。

在某几次中国思想史课程中，钱新祖会在开始几周先作理论文献的精读与讨论，包含：Jacques Derrida, *Of Grammatology* (1974); Michel Foucault, *The Archeology of Knowledge* (1982); Clifford Geertz, *The Interpretation of Cultures* (1973); Richard E. Palmer, Hermeneutics (1969) 等等。这些理论文献也被部署在他为研究所开的“传统中国近世思想专题讨论”的课程前端，它们之所以会被移到主要以大学部高年级为对象的“中国思想史”课程里，或者由于无法同时开授两课而担心学生在了解他的诠释语言上发生困难，或者因为“中国思想史”也开放给博硕士研究生修习，所以理应提升复杂程度。针对理论文献进行阅读与讨论的这个部分，在1980年代的台湾，所造成的学生心灵震撼与学界排斥纷扰，多年后回看，可能比进入中国思想正题的课程主干更令人回味无穷。只可惜，就像所有成功的现场讨论一样，这部分的钱新祖、这部分的中国思想史课程，只能活在我们的心中与记忆里，无法反映在这次出版的《中国思想史讲义》书上。

《中国思想史讲义》共二十五讲，但第二十二至二十五讲这四讲只存篇目，没有稿子。这四讲分别为"第二十二讲　朱子的'道统'与'正统'""第二十三讲　陆象山与鹅湖之会""第二十四讲　王阳明与中国历史上的程朱、陆王之争""第二十五讲　比较分析措词中的新儒家与现代化"。以钱新祖遗稿、藏书、档案保管的情况来看，基本上可以排除遗失的可能性。我们询问了不少先后在台湾上过钱老师中国思想史课程的同学们，似乎因为时间的限制，实际教学里他从来没有真正教到这四讲。宋家复曾经比对过同样课程的英文备课笔记，在大致相关的讲目里，可以看出两个特点。其一，在英文稿的后四讲里，钱老师经常插入他的其他单篇论文或《焦竑与晚明新儒思想的重构》一书原始打字稿的片段，稍作旁记之后直接作为课堂讲稿，这似乎告诉了我们，正因为他在这段宋明清中国思想史上下了特别多的专业功夫，所以他已经成竹在胸，加上在中文世界从未有机会真正教到，所以才没有刻意另行写下讲稿。四位编者当中至少有三位都曾经修过钱老师研究所层次的"近代中国思想史专题讨论"，听过他在更深的层次上讨论宋明思想史上的各种问题，可以充分证明钱老师绝不可能是因为无话可说而没有留下书稿。英文稿的另一个特点是比较浅显入门，显然有面对国外本科或研究生的特别考量；相对而言，整份中文讲义就显得论述性强得多，比较像是突出个人见解的"中国思想史论集"。

钱新祖是我们四人在台湾本科、硕士养成阶段的业师，即使我们后来各自的深造教育和专业领域都不见得紧密跟随钱老师的脚步，但他的智慧与人格直到今天仍然照耀着我们的学术与人生道路。不过，对钱老师的怀念景仰并不是我们整理出版他著作的唯一原因；更重要的，是基于我们对于他过世十多年来人文社会学界（尤其是使用中文的学术社群）发展的观察，我们深信钱老师的思想作品在今天仍然具有启发和标杆的意义。出版三卷本"钱新祖集"，正是邀请所有读者和我们一起验证这个观察是否正确，而作为第一卷的《中国思想史讲义》，或许不妨作为了解钱老师思想世界的入手基石；接下来第二卷《思想与文化论集》、第三卷《焦竑与晚明新儒思想的重构》，也希望能尽快面世。

愿钱老师在天之灵安息！愿读者享受这本《中国思想史讲义》传来的信息，如同我们当年一样！

钟月岑（芝加哥大学历史系博士）
宋家复（哈佛大学东亚系博士）
李卓颖（哈佛大学东亚系博士）
陈秀芬（伦敦大学亚非学院博士）
2013年盛夏

张亨先生序

钱新祖先生已经去世十多年了。他的学生们整理他的遗著出版，要我写几句话。我跟钱先生见面次数不多，也没做过学问上的深谈。现在却是一个极好的机会，要我用心读他的《中国思想史讲义》。我也在台大中文系承乏过这一课程，现在读到钱先生的讲义，回想我的讲课，真是汗颜，我太注意文献的诠释，没能像钱先生这样深入地讨论。

我最佩服钱先生的是他的热诚。只要读过这本讲义，就可以发现他对教学的热诚。据说他是照讲义来逐句念的，语气谆谆恳恳，唯恐同学不解。这其实也是他对这门学问诚恳的爱好和深切的理解。他是在把自己多年往复沉思所得与大家分享，并非为著书立说，更不为获取现实的利益。

这部讲义虽然也分作二十五讲，却不同于一般哲学史或思想史机械的纲举目张、条例分明；而是每讲都直接进入哲思或问题来讨论分析。最有趣的是，他在讨论印度佛学的时候，不是先介绍佛家名相，也不是先说小乘与大乘等等，而是从释迦生平事迹以及相关的神话开始，直到出家修行成道的过程，从中带出“四圣谛”“五取蕴”“十二因缘”以及定慧禅种种说。用这种“具体的”方式正呈现出佛学“亦宗教，亦哲学”的特色。释迦牟尼是活生生的存在，不是金碧辉煌的大殿里供奉的塑像。

事实上，钱先生非常注意佛家各宗派理论的细节，也作过详细的讨论，而且往往有独到的见解。这在“佛学的来华与华化”几讲里尤其可以见到。僧肇的《肇论》或者认为是以道家思想转化了印度慧智；但钱先生认为僧肇虽然引用了道家的“虚”，其实际意义却是佛家的“空”——佛家的空是从“缘起”说，道家的“虚”却不是。僧肇的文采是道家的，他的思路却是佛家的。这种辨析足以见出钱先生的哲学智慧及独特的识见，也足见他对于原典文义有深切的掌握。

读者不难感受到钱先生自由开放的态度。他引用了不少西方宗教和哲学的理论，特别是近现代的。他比较庄子与德希达颇有相似之处，但并不忽略他们根本的差异。（第十讲）事实上，重点不在思想内容的相似或差异，而是借以引申“哲理”的探讨。学者不在于知道了各家各派多少思想，而在学会自己去思考，自己去发现问题和能进一步地作哲学思考。我相信这才是这本《中国思想史讲义》最大的贡献！同时，如卡西勒引述康德的话说：“人文科学则教导吾人去诠释符号，以求使吾人能够把隐藏于其中的内容揭示——而这也即是说，把这些符号所由出的生命再度展现于吾人面前。”相信钱先生已经做到了这一点。

本书这种哲学的思辨给人的印象是深刻的。当然不免也会有求之过深之处。如把荀子的“心”说成是“众善之源”，恐怕是有问题的。（第五讲上）同时，由于讲课之故，为引起学者兴趣，或偶逸出题外，或稍芜杂。可谓小疵，不足为病。而时常流露出钱先生的幽默感，令人作会心的微笑。

对这样一部杰出的大作，我衷心希望它早日出版，钱先生虽已长逝，他的遗爱将永留人间。

张亨

台湾大学中国文学系名誉教授

2012年7月27日

梅广先生序

钱新祖先生执教新竹清华大学中语系的两年中，我跟他经常见面，经常聊天，成为好朋友。新祖兄很健谈，特别是一杯在手，更是无话不谈。他不但嗜酒，爱喝威士忌，而且烟瘾奇大。他手上总是拿着烟斗，抽的是辛辣的一级烟草。我很欣赏他抽烟斗那种怡然自得的样子，有派头，却又自然不做作。新祖兄的身影令人难忘。除了烟斗，就是他的固定衣着。在我的记忆中，他老是穿着深色的短袖Polo T-shirt，卡其长裤，脚踏凉鞋。一副休闲装扮，却很有品位。

新祖研究中国思想史，但是我们谈天的话题却很少是这方面的。我知道他对佛学下过功夫，而我对佛学是一窍不通。他送给我的著作，我只是匆匆翻阅过，对他研究明代儒学家焦竑没有留下深刻印象。我那时候还没有开始做思想史研究，对一些重要的思想课题都还没有认真思考过。一直到我写《钱新祖教授与焦竑的再发现》一文时，把他的书仔细拿来读并参考了相关文献，才领悟到新祖选择焦竑这个被后世忽略的晚明人物做主题，的确具有独到的学术眼光。焦竑在儒学史上应该是一个重要人物，可是并没有得到应有的重视。他的学说发挥《孟子》“知性”、《中庸》“率性”的概念，分思想和实践两方面。思想方面，他认为儒、佛、道对性体都有透彻的认识，因此在这个基础上可以寻求三者的会通。另一方面，焦竑重视功夫实践，在他的思想体系中实践就是尽性。性是源头，个体通过“明性”或“知性”可以在生命的活动中把自己的性分体现出来，成为他一生的成就。焦竑的成就是他的学问，这是他个人性分的体现。从这方面看，追求道德和追求知识是没有隔阂的，是可以合而为一的。他的儒学思想完全能肯定人的知性活动，在理学传统中有突破性的贡献，值得重视。

新祖教学认真，他在台湾清大、台大和香港科大讲授中国思想史期间，编写了详细的讲义。听他的学生说，他上课时，几乎是一字一句照着讲稿念的。我知道这是国外大学有些名教授的作风。我几十年前当研究生时，听过一门西洋史的课。那位教授上课，就是朗读他的讲稿。他不但文辞优美，而且时间拿捏得奇准。讲稿读完了，下课铃也响起来了。新祖这部讲义我以前没有拜读过，现在终于要跟新祖的其他著述一起出版了，我很高兴有此先读为快的机会，能够借由此书让我对故友的思想风格和学术见解得到更深刻的认识。

思想史可以写得引人入胜，这部《中国思想史讲义》是一个极佳例子。这是一本既有学术分量，又能满足一般知识人需求的著作。各讲详略有点不均匀，但瑕不掩瑜。至于书中论述精彩之处，则是出类拔萃，迥出于他书之上。一般写思想史的通病是以资料为取向，以固定问题为架构。资料本身显不出趣味，架设又是老套，这样的写法是乏味的，但为什么大家都这样写？原因就在作者本身没有思想。没有思想的作者不可能写出好的思想史；有思想的作者才能写出好的思想史。钱新祖先生就是一个有思想的作者。

钱先生有扎实的西方学术基础，又能跳出西方传统的思考局限，进入古代中国语境，从对比中彰显出中国思想史中一些特殊课题。他来往中西思想之间，出入自如，似乎毫不费力，这正是他学问功力所在。这种语境的对比分析，在书中发展为一种自觉的中国思想史研究方法。诠释必须通过语言，语言的使用有它的时空性和主观性，故必有所偏。我们固然不能不以一个符号系统为中心，但同时也必须尝试跳入另一个符号系统，暂时离开自我的文化视点，进入他人的文化视点，这样反复操作，就是文化对话。钱先生认为文化对话是诠释古代思想必须通过的方式，因为我们现代人运用的语言已经是普世多元文化冲击下的产物，我们的诠释用词在不同的文化体系中有不同的意涵。我们必须用现代人的语言去表达古人的道理，同时也必须充分自觉现代语言的多元文化的语境问题。

钱先生在书中举的例子是东西方的人文主义。西方的人文主义是跟基督教传统相对峙的一个思想潮流，在西方思想中，人与天是对立关系。中国的人文传统却不是这样，在中国的传统观念中，天与人不是对立的，道德意识包含了对天的体认。西方人看中国，看到一个类似西方的人文传统，却找不到一个类似西方基督教那样的宗教传统，因而认为中国文化有所欠缺：没有宗教对峙的人间文化必也缺乏精神深度。天与人在东西两个不同文化传统中有不同的关系。西方传统的天人关系是外在的：神性与人性有本质上的不同；我国传统的天人关系则是内在的：在古代，礼既是人文的又是宗教的，天人既能相应，而人亦能参与造化，于是中国的人文传统亦将天的一面融摄其中。要正确了解我们自己的人文传统，必须跳出西方强势文化为我们设定的观念架构。然而没有西方的观念架构亦显不出中国文化的特色。对照之下，西方眼中中国文化传统的absence正是我们自己眼中的presence。因此对话是必须进行的。

西方从黑格尔以来对中国文化的性格就从这个天人关系差异的角度引申出许多结论。黑格尔认为中国人不讲道德，本质是堕落的，正因为中国人没有宗教情操，也就是说没有精神文化。韦伯把中国归入一种“完全入世的传统”类型，这样的一个社会缺乏原动力，是静态的，没有变迁和发展。值得注意的不是这些见解的谬误，而是这些谬误的见解竟然出自西方19、20世纪最有影响力的哲学家和社会学家之口。由此可见天人关系在人类的文化思维中是多么基本的概念，即使学术巨人也跳不出它加在西方文化根深蒂固的特殊思想模式。钱先生的思想史研究的一个高明处就是能从这个基本概念入手，透视中国历史文化的特质，展现这个概念的丰富理论含义。

中国跟西方在天人关系上的不同，是思想模态上关键的差异。西方排中律的对立逻辑思维，在中国传统哲学中是找不到的，也是毫无意义的。中国传统的思考方式不是二分对立，而是像李约瑟所说的“有机体式的思考模式”。整个宇宙（天人）是一个大的有机体，事物或现象呈关系性的存在，因此共为一体。中国传统哲学词汇中也显出这种有机思考方式。西方的mind和heart统括于“心”。在中国哲学中，知性和感性不是本体上的分别，而是心灵活动的分别，二者在心灵活动中呈现关联性的存在。我们还可以补充说，对中国哲人而言，心、物也不是本体的对立。我并且可以确定地说，中国传统哲学从来没有出现过唯心论或唯物论这样的思想。

钱先生指出，中国哲学没有亚里士多德所谓prime mover的概念，中国的宗教也没有创世记神话。他的观察完全正确。中国人不是不追问来源，不是对万物的起源不感兴趣。中国古代普遍有天生万物的想法，也演绎出像太一生水那样的宇宙论。不过有趣的是，中国的宇宙论思想从来没有把人包括在它的系统中，因此它不是一种创世纪的宗教神话，自然也不含有任何宗教启示。这样的宇宙论所显示的宇宙仍然是有机体式的，仍然算是钱先生所说的“宇宙自我的创生”形态。

因此中国文化的神圣感不是来自一个超越的全能上帝，一个外在于存在的创世主，而是来自对存在本身的体认。宇宙本身就有一种内在的神圣性，称为天德，而人通过法天的自我创生，可以超越特定时空的自我，上达天德，是为圣。圣就是人性中的holiness。

钱先生把中国传统思想的人文主义称为“内在人文主义”，西方历史上的人文主义称为“外在人文主义”。西方人不能理解中国传统的人文价值，因为他们认定天人的矛盾对立是推动文明进步背后的精神力量。西方人类学家创出“耻的文化”一词来指中国，以区别西方的“罪的文化”，认为罪恶感出自内心，其根源是基督教的原罪，而羞耻感则与面子有关，是属于社会行为的表现，它缺乏精神层面的意义。

这个文化二分法在中国也盛行一时，看似有道理，实则与前述西方对中国人许多负面评价同出一源。

这些错误的观念不是学院里少数人的意见，而是对学界非常有影响的看法，有些并且已深入人心，成为一般所谓“中国人的性格”的刻板印象。过去国际政治学流行的说法是中国人没有个人意识，是一个重集体轻个体的民族，这样的民族性最容易走上威权主义和集体主义的路。钱先生说：“如果我们不以西方历史文化的形态当作标准，而以中国历史文化自身的形态去论中国历史文化，我们会发现，中国传统哲学的出发点往往不是团体，而是个人。譬如说，《大学》里所讲的‘八条目’，其中的第一条目就是修身，修身的身就是指个人一己的自身。”不是中国没有个人主义，而是中国传统的个人主义不同于西方式的个人主义。中国传统的个人主义可称为“关系性的个人主义”或“整合性的个人主义”，认为个人自身的存在乃是一种关系的存在，他本身不是一个独立的单元，而是存在于人跟人结合所形成的关系系列中。西方式的个人主义则是“原子性的个人主义”，认为个人是可以抽离关系的独立单元。钱先生解释：“在西方的文化里，人为世界里的人伦关系推论到终极点，是来自神这个创世主，而且还不只是来自神这个创世主，事实上，人伦世界里面的人伦也还得依赖神这个创世主的存在而存在。因此在西方的人伦世界里，个人之间并没有内在的直接相互关系，他们之间之所以有相互关系，是因为他们每一个人都是上帝所创造的，而却跟上帝这个创世主有着一个共同的关系，也就是说，在西方文化里个人与个人之间的相互关系之产生和存在，需要跟神这个创世主的共同关系作媒介。所以，西方文化里的个人主义是‘原子性的个人主义’，认为个人虽然得依赖神的存在而存在，可是相对于其他个人的个体而言，每一个个人在本体上都是一个独立的存在。”在西方，人对人的信赖是基于人对上帝的信赖，因此美国的开国信念是“In God we trust”，每一个美元铜板上都印刻着这句话。

有关这个天人关系的题目，书中还有更多精彩的发挥，不过即此已见此书的特色和价值。钱先生治思想史，能抓住问题的核心，从一个关键性的源头问题出发，以理言物，触类而通，好比用一根细绳把许多散在地上的铜钱穿连在一起一样。对他来说，思想表现文化特色，因此必须有一个足以比较的参考架构。但是思想也表现时代特色，因此参考架构不能是固定的。他认为研究先秦思想跟研究宋明理学就须用不同的参考架构。本书写法之灵活也是他书所不及的。

钱先生书中于先秦思想发挥得比较详尽的还有孟、荀论心情性的比较，儒道的语言观，老子的道与无为思想等几个题目，我认为都有独到分析，甚多透辟见解。孟、荀思想比较这个题目其实很不容易做，因为性善性恶这个分别太普通了，人人都能谈，就难保不成为老生常谈。钱先生对荀子思想一定下过很深的功夫，他的论述完全看不到任何因袭前人的痕迹，实在难得。他分析孟、荀人性论，不是从性这个概念入手，而是从情这个概念入手。他认为孟、荀性善性恶的不同理论立场，是基于两人对情与心的关系有不同的认识。孟子即情以言心，即心以言性，情、心、性是存在上的一体。“我们性善，是因为我们内心的情善。所以孟子讲‘尽心知性’，并且也讲‘存心养性’。”荀子则把情、性跟心截然划分开来当作是对立，对心而言情、性。“也就是说，在荀子思想里，人的性不善是因为人的情不善，而人之所以能为善，是因为人的心能为善，能够把以情为‘质’的性加以转化而成德，荀子对情的看法显然跟孟子不一样。”孟子所谓心之四端，如是非之心，未必全属于狭义的情，但是以心之所发为情，取情一词的广义（包括情的原始“情实”义），则可以包括四端。荀子以人之好恶为情；孟子则曰“理义之悦我心，犹刍豢之悦我口”，足证对孟子而言道德感是有情（好恶）的成分的。我认为钱先生的这个提法很有意思，看似平常，其实能发人深思，它不但提出一个孟、荀思想基本差异的新观点，同时也逼使我们必须重新探索中国思想中的心和情两个概念及其在心理哲学上的含义。

钱先生受欧陆——尤其是法国当代——哲学的影响很深，他的思考方式和行文风格都有欧陆哲学的色彩，特别是书中讨论语言观及道家哲学各讲最为明显。这是书中最富哲理玄思，也是比较艰深难懂的部分。他的诠释要走进语言符号系统，在文字概念的架构下进行分析。他可以这样做，因为他有这样的思想训练和运用语言的技巧，别人没有他的学识是办不到的。也许我们不一定同意某些文义解释，但是像《老子》《庄子》这种性质的典籍本来就有很大的诠释空间。历代最重要的诠释者如王弼、成玄英也都不是以训解字义见长。我研究道家思想不走哲学这条路，是因为我没有这种训练，而且我觉得可以凭着自己的专长走出一条新的路。但是我绝不排斥哲学。诠释是多层次的，我只做文义的解释，属于最基本层次的诠释，钱先生则适合做较高层次的诠释。我们的工作应当可以互补互通的。钱先生的书其实正提供了这样一个思想交流的平台，可惜我当时放过了跟他讨论的机会，如今已机会不再了。

最后，我要向这套“钱新祖集”的编者，四位钱先生昔日的高足，致上我的敬意。我相信钱先生的著作是有流传价值的，四位朋友尽的心力不会白费。同时，我也因新祖兄生前为教育无条件付出而得到如此美好的回报，为他感到欣慰。这真是一件喜事，新祖兄生前好友们应当大家同聚，一起放鞭炮庆祝一下。

台湾清华大学中国文学系荣退教授

2012年5月

第一讲 | 人文主义在天（神）人关系中的问题性：韦伯、黑格尔式论中国历史文化之解体性批判（上）

各位是否都有一份这门课的“提纲与阅读资料”（讲义，syllabus）？这门课无期中考，仅大考，并且是带回家考，考题在期末的最后一堂课上发，各位有一个礼拜的时间大作文章，一星期后缴卷，有无异议？

我这份讲义上所列的书，有中文的，也有英文的，合并起来可以分为两类，一类是“教本”，另一类“参考书”。所谓“教本”是必读的，其中英文的部分有Wing-tsit Chan所编译的*A Source Book in Chinese Philosophy*（以下简称*Source Book*）。[1] Wing-tsit Chan是广东人，他的中文名字是陈荣捷，各位大概都知道，Wing-tsit Chan是陈荣捷的广东话译音，今年（编按：1986年）85岁，可是精力仍然充沛，在国际学坛上仍然十分活跃。前年，当他已经是83岁的那年（编按：1984年），他就长途跋涉，横渡太平洋三次：一次是在8月间，他到台湾来参加一个学术会议；第二次是同年年底的时候飞到香港中

[1] （编注）编者所使用的Wing-tsit Chan, *A Source Book in Chinese Philosophy*一书，为普林斯顿大学出版社1969年版。本书为上课讲义，所以并不像一般学术论著详细附注引文出处；作者本人偶有自注，也是为了课前课后自我参照，经过编者择取后大致收录。少数原引用资料版本今天已经不容易找到，编者径行调整；或有众所周知的著作原作者不曾费心标明出版时地，编者亦宁可保持原状，以为存真。若是编者所添加的注脚，一律加注“编注”或“编按”。

文大学作钱穆讲座的演讲；两个星期之后，又飞到台湾来参加清华的“中国思想史国际研讨会”，跟台湾“中央研究院”的院士开会。我记得他到达清华百龄堂的时间是半夜12点多了，所以我请他第二天睡晚一点，说是早上9点钟才陪他吃早饭，结果他老先生一早7点还不到，就从楼下打电话上来，说：“嗨，起来了没有？下来跟我一起吃早饭。”我还好已经起来了，并且梳洗完毕，要不然就真的丢人了。

陈先生很风趣，很有幽默感，跟三教九流的人都能够谈得来。他有一次在飞机上碰到一位上了年纪的美国女士，各位大概都知道，我们早期移民美国的华侨，有许多是开金矿和筑铁路的华工，这些华工后来在美国定居下来转业，有许多是经营洗衣店，所以上一代的美国人在遇到华侨的时候，往往就以为他们是开洗衣店的。以20世纪60年代以来的价值系统来说，上一代美国人这种对华侨所持的形象涉及的是一种racial stereotyping，而这种racial stereotyping刻板形象所呈现的是一种“种族主义”，是一种racism，因为这种形象忽视华侨社会这个人群的多元性和复杂性，也忽视华侨社会这个人群里的个体成员的个性，华侨并不都是开洗衣店的，即使是开洗衣店的也并不都是同样的人，没有理由把他们统归为一类，而化约成为一个stereotype。陈先生在飞机上所遇到的那位美国女士显然犯了这个racism的毛病，她问陈先生是不是做laundry的，陈先生说“是”，那位女士接着问：“那你最善于洗哪种东西？”陈先生以幽默的方式给那位女士一记当头棒喝，回答说：“我最善于洗脑，因为我是学哲学的，专门教授思想方面的课程，洗人家的脑。”

陈荣捷先生的著作很多，中英文都有，也翻译了不少中国哲学思想史方面的作品，大部分的东西，除了我们课上要用的*Source Book*之外，他还译了朱子的《近思录》跟王阳明的《传习录》，以及陈淳的《北溪字义》。陈先生可以算是你们的太老师，我并没有正式跟他读过书，不过，我毕业论文考试的时候，他是校外考试委员，照科举时代的老规矩，他应该算是我的老师，所以对各位来说，就是太老师了。

“教本”的中文部分包括“四书”、《荀子》《墨子》《老子》《庄子》和《易经》，这些书我并不一定要求各位都全读，但是我希望大家都至少能把陈先生在他*Source Book*里所选译的部分，就中文原文细读一遍，并且读的时候不只是看大字，也还希望你们看小字。所谓小字就是注，注跟本文不一定完全吻合，但是有时候可以在文字上为我们提供帮助。“参考书”部分所列的不是非读不可，可是这些书跟我们这门课程所涉及的一些问题都有关联，所以也希望各位都尽可能去看，尤其是牟宗三先生的书，特别重要。

在治中国传统思想的前辈之中，牟先生跟唐君毅先生是最精彩的两位，他们的成就远在冯友兰先生与李泽厚先生之上。冯、李二位的书在台湾一些人的心目中，似乎受到相当的重视，我出去逛书摊总会遇到人跟我推荐或兜售他们二位的书。其实他们二位的头脑甚为简单，他们见解的对错倒还是其次的问题，最大的问题是他们把我们原来很有哲学深度的传统思想都肤浅化、常识化了，并且因为是肤浅，所以容易读，而又因为容易读，所以受到许多人的欢迎，在这一点上冯、李二位跟唐、牟二位先生很不同。唐、牟的书不容易看，没有经过这深度专业训练的人，不容易看得懂，可是我们都知道，容易读、受欢迎的书不一定是好书。打个譬方说，假如一个学物理的人写了一部物理方面的书，而这部书又是许多没有受过物理专业训练的人都能看得懂并且喜欢看的，我想我们应该可以断定这部书大概没有讲到多少物理上真正有关痛痒的东西。我不是要各位去杯葛冯、李二位的书，我本人的原则是绝对不坚持要任何人看任何的书，也绝对不坚持要任何人不看任何的书，我只是希望各位在看冯、李二位或其他任何人的书的时候，能够戴上批判的眼镜而不人云亦云。

在方式上，我希望这门课至少有一部分是以讨论的方式来进行的。所谓讨论，不一定要定期，也不一定要用一定的形式，我个人比较喜欢放任不拘，自然而然。任何人在课堂上对我所说的任何东西，或者是没有说的东西，如果有任何的感受、反应或疑问，都欢迎随时提出来，不要怕打断我，我是很好讲话的。我之所以要这么做，原因之一是希望知道各位心里在想些什么东西，有什么想法，这可以帮助我增加对各位的了解，使我在讲课的过程中能够跟大家所关心的问题都衔接上。这种衔接的功夫很要紧，如果我们不跟人家衔接，就是不跟人家沟通，而不跟人家沟通，就是把别人置之不理，把别人置之不理的结果，就是固执自我，固执自我的结果，就是执迷不悟。用佛家的术语来说，执迷不悟就是“无明”（avidyā），直译成英文是“without luminosity”，或者说是“without illumination”，但是一般都把“无明”译为“ignorance”。我们都知道ignorance是ignore这个字的名词，假如我们ignore别人，不关心别人心里在想什么，结果我们自己就变得ignorant，而有ignorance，或者说是无明。就佛家的观点来看，ignorance或是无明，正是我们有情人生所以会成为苦海的基因。这个问题我们以后谈到佛学的时候，还有机会详细地说，目前我只想说明，我希望这门课不完全是我一个人在独白，至少有一部分是以讨论的方式来进行的。我认为知识的传播跟说教、传道不同，教学可以、也应该是“对话式的（dialogical）”。

我希望能用讨论对话的方式来上课的另外一个主要原因是：我以为世界上没有绝对的真理或绝对的客观，至少在“人为的世界”里是如此。我这里所说的人为世界，不只是指人文科学或社会科学的领域，也包括自然科学的领域，自然科学也是人为的，是由人建构出来的。我们通常所说的“客观”，其实不过是一种“相互的主观”，洋人叫inter-subjectivity，这种“相互主观”的本身就内含着一种“对话”的成分。在“自觉意识”之中，我们不一定都认识到这一点，但事实上，“相互的主观”是以“对话”这一个原则为条件而形成的一种可能。这个问题所牵涉到的层面相当复杂，我们以后会有机会比较详细地说。如果各位有兴趣，近代和现代欧洲有几位思想家都讨论到这类客观和主观的问题，像尼采（Friedrich Wilhelm Nietzsche）、海德格（Martin Heidegger）、加达默尔（Hans-Georg Gadamer）、傅柯（Michel Foucault）以及德希达（Jacques Derrida）和哈伯玛斯（Jürgen Habermas）等等。他们的作品，有许多已经译成英文，并且在台湾也都翻印了，是很容易弄到的。不要怕发言，我绝对是百无禁忌的，也不要以为没有话讲，每个人一定有话讲的，因为没有人的脑筋是空白的，只是我们有时候没有自觉地意识到而已。如果人的脑子真是一片空白，那么我们的生命生活就既不会那么有趣，也不会有那么多问题了。

说到这里，我顺便提一下，我们中国的思想史上有不少是对话式的东西，《论语》跟《孟子》是很明显的例子，《庄子》中亦有不少是对话文学，再以后有扬雄的《法言》、王充的《论衡》、荀悦的《申鉴》，有《世说新语》，有禅宗和宋明理学心学里的《语录》，都有或都是对话文学。我们都知道柏拉图的《对话》和柏拉图式的对话，所谓的Platonic dialogues，但是我们的思想史上，也有我们的对话，只不过是跟柏拉图式的对话不同罢了。这个不同，涉及名实之间的差别，也象征着思想模式或心态上的不同，这些问题我们以后也会探讨。

目前各位请先留意一下，我这份提纲的第二条里，就指明要谈“对话文学”。近代的中国人，有许多动不动就把我们今天的问题，像是同学不大会发问的问题，归罪于历史文化，说是什么中国思想的传统讲究大一统的局面，再加上科举制度的钳制，抹杀了思想的活跃，所以中国人都不太会发问。这是把我们的思想传统看得太简单化了。科举制度，在中国历史上，至少是最后的八百年之中，的确可说是根深蒂固，但也不是一成不变，更不是那时候没有提出反对。举例而言，实学这一理念，最初是针对佛老之空与虚，之后是针对俗学而言，俗学乃指科举俗文之学。再说，到了几百年科举之后的明末，毕竟还出了一个黄梨洲（黄宗羲），你们去看看他《明儒学案》的序言里说的是什么话，他说为学的要领，不在求其同，而在求其异，他说：“学者于其不同处，正宜着眼理会，所谓一本而万殊也，以水济水，岂是学问？”[1]而黄梨洲之所以编写《明儒学案》跟《宋元学案》，其动机之一就是要为思想上的多元性（plurality）提供并保存一个记录。黄梨洲在中国的思想史上不算是个特例，他说的“以水济水，岂是学问”这类话，在汉朝末年的荀悦也说过，而以后的程颢亦强调“自明”的观念，说是他的为学虽有师承渊源，但是“天理二字，却是自家体贴出来”。在黄梨洲之后，也是后继有人，像清代的章实斋（章学诚）之注重“成一家之言”，也是强调思想化的多元性和个性（individuality）。还有焦理堂（焦循），你们去看看他是如何注《论语》里“攻乎异端，斯害也已”这段话的，他注里所强调的不是正统，不是大一统的思想，而是多元的价值观念，提倡思想上的活跃个性与独立。我并不否认历史文化，在特定的意义上是有它的延续性，即所谓的continuity。但是，我们不能把我们当今的问题，一味地归之于前人。我们要知道，前人生活在他们的时代里，也有他们的问题，而他们因为正视、面对那些问题所创造出来的历史文化，有它一定的“意向”（intentionality）。这种历史文化的“意向”有它的时空性（placedness），是与他们时代的问题有密切关联的。我们要知道，我们的祖先，我们的前人，虽然不是不想到后世，但也不是完全为了为后人建造一个天堂或伊甸园而生活的。他们的生活与生命自有其意义和意愿，而我们生活在当今，不应该完全以我们当今的自我作中心，而应该是以了解和欣赏的态度去探讨前人生活生命的意义和意愿。

我这么说，不是说我们不能批评前人，我们尽可以也应该批评前人，但是，我们在批评前人的时候，不能忽略他们文化生命“意向”的时代性与历史性，否则，我们的批评或批判就不扎实、就离谱、就不相干，就是无的放矢，也可以说是无病呻吟；不仅是无病呻吟而已，其实把我们今天的问题归咎于前人，就是不尊重前人历史文化的意愿，认为前人的历史是今人的史前史（prehistory of the present）。我说这

[1]（编注）出自《明儒学案》卷首的《发凡》。

些话，并不意味着，我在提倡中国的本位文化主义，事实上我的心态是游牧式的，我不定于任何单一的位所。

在近代当代的中国人里，除了我刚才提到的那种老喜欢归罪于前人的人之外，我最不能忍耐的就是那种动不动就讲五千年优良文化传统的人。我不用问：五千年优良文化传统是不是我们的？答案很明显，不是，因为那是我们祖先的文化传统，不是我们创造的。如果说我们祖先的就是我们的，那就是帮我们向历史交白卷找借口。这姑且不说，我想提的问题在其他方面，亦即就是我们的文化有没有五千年？这要看我们对时间持的观念是如何，假如我们对时间的观念是机械式的、钟表式的，也就是说，假如我们认为时间是完全可以年、月、日、钟头、分、秒来计算的，那么我们可以说，我们有五千年的历史文化，但是这种机械式的、钟表式的时间，跟历史、文化或思想上的演化与变迁所涉及的时间性无关，至少是没有必然的关联。我这里所说的时间性，洋人叫temporality，所谓temporality也有多种不同的讲法，看是用在什么场合。我这里用这个名词来形容历史、文化或思想，在演化和变迁过程中所呈现的韵律（rhythm）。这种韵律，不是可以用机械式、钟表式的时间来纪元描述的。

再说，文化的优良与否，是一种价值判断。不是说价值判断，有什么不对，有什么不好，在人为的世界里（包括自然科学在内）任何东西，都涉及价值判断，没有价值判断，就不可能有人为的世界。我刚刚说，人为的世界里，没有绝对的客观，所谓没有绝对的客观的含义之一，就是说人为的世界是一种价值判断的世界。我们在日常生活中，事实上每一时刻，都在作价值判断。当然我这里所说的价值判断是一种广义的说法，也就是说，我们在一言一行，或者是不言不行之中，随时都选择肯定某些东西而同时又否定另外一些东西或事物。举一个最简单的例子来说，我们都吃饭，看起来是一件很普通的事，细究一下，牵涉到价值判断的地方很多，我们姑且不说吃什么样的饭，是西餐？是中菜？还是日本人的料理？也不说是怎么个吃法，是生吃还是熟吃？那些问题所涉及的价值性是很明显的。你们大概听过法国一位人类学家，名叫李维·史陀（Claude Lèvi-Strauss）的，他写过不少的书，其中有一本，已经译成英文，叫做*The Raw and the Cooked*。他在这本书里就指出，所谓生和熟，在不同时空的社会文化里就有不同的意涵，并不是绝对的。在某一个时空的社会文化里被认为是生的东西，会在另一个时空的社会文化里被认为是熟的，所以我说吃什么样的饭或是怎么个吃法，它们的价值性是显而易见的。

单就吃饭这一件事本身来说，我们都做，但是如果我们问，我们为什么都做？我想有人会说：不吃会饿，吃饭是一种生理机能，是一种生理要求；可是，假如我们再继续追问，是一种生理要求又怎么样？生理有它的要求，但我们为什么一定要满足这种生活的要求？也许有人会说，不满足这种生理的要求怎么行，人不吃会饿死的。我们把吃饭这问题追到这个地步，就可以看出吃饭这件事的价值性。“人不吃饭，是会饿死的”，但是为什么我们不要饿死呢？这就表示在我们的价值系统中，我们珍惜生命，而不珍惜死亡，但这种价值系统不是绝对的。

我们从历史上知道，在某些时空的条件下，有人是宁死勿生的，伯夷、叔齐的饿死首阳山是大家都知道的例子，而匈牙利诗人裴多菲也说道：“生命诚可贵，爱情价更高，若为自由故，二者皆可抛。”事实上我们有时候还珍惜死亡、歌颂死亡，将死亡“光荣化”（glorify），要不然，我们就不会有忠烈祠，也不会老把文天祥的事迹提出来谈。所以价值判断所引起的问题，还不是应不应该做，问题是，谁的价值？谁的判断？如果说我们有五千年优良的传统，那么我们这么说，是我们根据我们的价值系统所作的判断呢？抑或是我们根据前人的价值标准所下的判断？我想这问题的答案是很明显的，当我们说我们有五千年优良的传统，我们显然是根据我们当今的价值观念在作判断，我们不可能是根据汉人或宋人的价值系统在作判断，因为在汉朝或宋朝的时候，中国人还没有五千年的传统。事实上，我们前人对他们自己的传统，并不都认为是优良的。我们今天有许多人把汉唐当成是中国历史上的盛世，但是在宋朝就有人像王安石、二程等，就不以为如此。而汉朝武帝时代（前140—前87年），现在都以为是汉朝兴盛的时期，当时亦有人认为不是如此，因而劝武帝让位让贤。此种让位让贤的言论成为一股风气，使得王莽篡位成为可能，这些问题我们以后还有机会谈到。同前，我想强调的是：我们在作价值判断时，要了解并尊重前人的价值观念和系统，不要做前人的代言人。代言人可以做，但是要经过一定的授权程序（诠释学上的问题，可以正视）。我们如果一味地替前人说话，结果反而听不到前人的声音，我们既不必处处归咎于前人，做前人法庭里的检察官，也没有必要夸张五千年的优良传统为前人的脸上贴金，做前人殡仪馆里的化妆师。

说到传统，其实是一件十分复杂的现象，不是全然稳定持久、一成不变的，而其演化形成的过程，也不是单线单向而没有曲折迂回的。有些人喜欢说儒家的思想经孔、孟，至汉唐到宋明有它的一贯之道，如果真是如此，那当年程颐在太学里所写的《颜子所好何学论》为什么惊动四座？他这篇文章的主旨，不外是说人人都可以由学而成圣，而孟子早在战国时代，已经说过“人皆可以为尧舜”，（事实上，荀子也说同样的话）为什么在宋朝的时候，程颐重申这个论点时，会引起那么大的注意和风波？再说，如果我们的传统真是那么简单，那么单线单向的，又为什么有程朱/陆王之争？又为什么有汉学/宋学之争？这些问题，我们会有机会比较详细地谈，同前，我先提出来，希望各位能意识到传统的复杂性与时空性。传统可以谈，也应该谈，人是历史性的动物，不可能全然脱离或摒弃传统，但我们谈传统不要笼统地谈，要解析地、自觉地谈。一说到传统，我们就得问是什么时代的传统？而在同一时代里，又得问是谁的传统？要不然，我们今天谈问题很难跳出五四以来的条条框框。五四时代谈文化，不管是持全盘西化论调的，还是持本位文化论调的，抑或是主张混合中西文化的，他们对文化的观念往往都太笼统（张东荪是例外）。所谓太笼统，就是对文化这个现象的复杂性、时空性没有深刻的体验和尊重，谈中国文化是如此，谈西方文化亦是如此。其实，西方文化也跟中国文化一样复杂——西方中古的文化与近代的文化，并不完全是一回事，而所谓西方人，也不只是一种人，并不是一个简单的大单元，或“共同命运体”，我们无须苛责五四的一代，但是我们也没有必要去背他们的包袱、扛他们的十字架。

英文书籍的第三位作者是华兹生（Burton Watson），也算是你们的太老师。我没有正式选过他的课，可是我在哥伦比亚大学念书的时候，他在那里教书，也是多产的作家，论述性的著作大概有四本。其中他第一本关于太史公的著作，分量比较最重，也最知名。他翻译的幅度很广，他选译过《史记》的列传部分，也翻过苏东坡、陆游跟寒山（唐代，公元8世纪左右）的诗；子书方面，除了我这里所列的三种选译之外，他还有《韩非子》选译，也是哥伦比亚大学出版社出版的。顺便提一下，我这里用的是他的《庄子》选译，但华兹生也有《庄子》全译。

你们也许注意到，我所开的书，有中文的原本，也有译本，这可能引起两个问题，或者说至少有两个问题。一个问题是，为什么用了中文原文，还要用英文译文？原因很多，我想我只举两个。第一个是用双语（dual languages）的材料，对各位的中英文都有帮助。我们（包括我自己在内）不要以为自己的中文没有问题，中文是中国历史文化上的一种现象，就像中国历史文化本身一样，不是一成不变的，所以也有好多种，有时空性。不要说我们今天去运用这些语言是困难重重，就是前人去看他们前人的作品，也是有问题的。举个简单的例子，说“四书”吧，各位都读过，甚至小时候都读过，可是汉朝人在注《论语》《孟子》的时候，已经遭遇到了问题，还不是义理上的问题，而是语言上的技术性问题。你们去看看汉人注《论语》里“空空如也”的一段，就有好几种说法，而后人的说法就更多了，所以我们今天对前人的语言感到困难，是不足为奇的。而做翻译的人，也多少对传注有过一番专门研究的，他们的翻译可以帮助解决一些语言上的困难。

至于说这些翻译是否可靠，那就很难说。翻译是没有定本的，这一点翻译跟注一样，从原则上说，翻译和注都跟原文会有距离的，是两回事，都带着一定程度的主观跟时空性，要不然翻译和注应该有定本，可是事实上没有。你们去看看严灵峰先生编辑的《无求备斋论语集成》，收了多少家的注，都不一样，哪一个是定本？所以陈荣捷先生跟华兹生先生的翻译也不是定本，因为他们都有他们的主观。我这里所谓的主观，不是个人的主观，而是一种集体的、社会的、文化的，在一个特定的时空里的主观，人人都有的，不可避免，亦避免不了的。如果用尼采、海德格尔、维特根斯坦或者傅柯这些人的理论来说，主观不只是避免不了，也是无须避免的。为什么？因为如果没有主观就没有立场；而没有立场，我们就不可能了解任何事物，因为了解本身是一种诠释，所谓understanding is interpretation。我们靠语言去解释事物，也靠语言去了解事物，而语言既是构成历史文化社会的一个条件，也是历史文化社会的一个产物，有时空性；有时空性，就是有主观性。所以陈先生跟华兹生先生的翻译有他们的主观性，而他们的主观性就反映美国当今汉学界的一些情况，所以我们从他们的翻译里，虽然不一定完全得到原文的真义，但至少可以了解到一点美国当今汉学的动态。当今对中国历史文化的研究，已经是一种世界性的活动了，洋人对我们国内的学术动态很留意，我想我们也应该在这方面下一些功夫。用陆象山的话说："宇宙不曾限隔人。"我们不要自限自小，这是我用双语资料的另外一个原因。

我们这一学期要谈的问题，我列举了九个。对这九个问题，我们不一定花同样的时间，我通常在学期刚开始的时候，每一个问题花的时间比较多，因为你们对我的思想模型、解析方式还不熟悉，可是以后慢慢地，我的速度会加快。我不讲韩非，因为个人没有心得。每个题目的相关阅读资料都已在syllabus注明了。

因为我们的阅读资料，有一部分是英文的，而英文资料里，凡是遇到中文里的专有名词，像人名、地名或是中国哲学思想上的术语，都是用罗马拼音（所谓的romanization或transliteration，叫译音吧），我想我也许应该把罗马拼音的几个基本原则介绍一下。各位对罗马拼音是否熟悉？如果熟悉，那我就不多此一举了。

汉字的罗马拼音，也有好几种，有赵元任先生设计的一种，有所谓耶鲁大学的一种（Yale system），还有中国大陆所通用的一种等等。这类汉字罗马拼音的系统，不但有好几种，并且还有继续增加的趋势。往往总有人以为现有的系统，不够精确，不够完美，而希望能另外设计出一套十全十美的汉字罗马拼音系统。其实，拼音是一种人为的符号系统；既是一种人为的符号系统，就无所谓十全十美或者是不全不美，而所谓的十全十美，都是在“相互主观”的条件下，而由社会的成员大家公认所产生出来的那么个东西。用《荀子·正名》里的话说，是一种“约定俗成”的结果，既是“约定俗成”的结果，符号系统的本身，就无所谓美，无所谓全，用庄子的话来说，就是所谓的“名无固善”。所以只要我听到谁又在挖空心思，想弄出一套新的罗马拼音系统，我就会怀疑，这个人的创作生命可能是在走下坡了，是running out of gas。

不过，汉字罗马拼音的系统虽然多，在我们这门课所用的英文资料里，所用的只是一种拼音系统，这种拼音系统叫Wade-Giles系统，是根据两个人的名字而命名的。在这个系统里，所有的母音也就是a, e, i, o, u的发音，就像是德文或者西班牙文里的母音，这就是说：

a读起来就等于是“father”这个字里的“a”。

e就等于是“end”这个字里的“e”。

i就等于是“eve”这个字里的第一个“e”。

o就等于是“old”这个字里的“o”。

u就等于是“rude”这个字里的“u”。

而u上面假如有两点，也就是所谓ü，那它的发音就等于是德文里的umlaut“ü”。举个例子来说，翻译《西游记》的Anthony Yü，他的中文名字叫余国藩，而他的姓的译音，就要用到“ü”。

以上所说的，是关于母音的几个基本原则，可是只要有原则，就会有例外，而我们上面所说的原则也不例外。第一个例外是出自第二个母音“e”，这个母音“e”，如果它前面没有“i”或者没有“y”，也就是说，假如“e”不是跟在“i”或者“y”之后，那么“e”的发音就像是“up”这个字里的“u”。举个例来说，原则的“则”，或说是一代女皇武则天的“则”，它译音字母的拼法是tse，这里的“e”，前面既没有“i”，也没有“y”，所以这个“e”的发音，就像是“up”这个字里的“u”。反过来说，我的姓“钱”字，译音的拼法是Ch'ien，各位暂且不要管“Ch”后面的一撇，所谓的apostrophe，我等一下会告诉各位，这一撇所代表的是什么。我姓里面的“e”是跟在“i”这个字母后面的，所以这个“e”的发音，就照常规，也就是说，这个“e”的念法，就相当于“eve”这个字里面的“e”。

母音发音的第二个例外，跟“i”这个字母有关，假如“i”这个母音的后面有一个“h”，那么这个“i”字母的发音，就像是“stir”这个字里面的“ir”。譬如说，“知之为知之，不知为不知，是知也”，这句话的两个同音字“知”和“之”，都拼成chih，这里的“i”后面有“h”，所以这个“i”就念成像“stir”这个字里的“ir”。

母音发音的第三个例外，跟“u”这个母音有关，如果“u”这个字母是紧跟在“ss”或者是“tz”之后，那么这个“u”，就念得很轻。轻到什么程度，十分十分轻，非常非常轻，也就是说轻到几乎听不到，譬如说儿子的“子”或女子的“子”，它的拼法是“tzu”，这里的“u”就念得很轻很轻（hardly pronounced——几乎不发音）。再举个例，像是斯文扫地的“斯”字，拼成“ssu”，这里的“u”，也几乎不发音。

在Wade-Giles的拼音系统里面，有的时候有两个母音紧接在一起同时出现，在这种情况下，这两个母音构成一个单元，作为一个单元念，英文里叫diphthong（姑且译成联音）。一共有三个联音：

1. 第一个联音是由a和i这两个母音组成的，这个联音的念法，就等于是“ice”这个字的“i”。譬如说，大麦、小麦的“麦”字就拼成“mai”，而未来大饭店的“来”字，就拼成“lai”，而情爱、仁爱的“爱”字，就拼成“ai”。

2. 第二个联音是由o和u组成的，这个联音的发音就等于obey这个字里的“o”。譬如说禹汤文武周公的“周”字，就拼成Chou。
3. 第三个联音，是由a和o组成的，这个联音的发音，就等于是cow这个字里的“ow”。譬如说好坏的“好”字，就拼成“hao”，骄傲的“傲”字就拼成“ao”，而平剧武戏里所谓专靠、短靠的“靠”字，也就是投靠的“靠”，就拼成“k’ao”，各位可以以此类推。

子音和两个所谓的“半母音”（semi-vowels），也就是w和y，就比较简单，没有多少问题，它们的念法，多半跟英文里的子音和“半母音”的念法一样。唯一不同的地方是，在Wade-Giles的系统里，无论是“吐气的”或是“不吐气”的子音，所谓aspirated跟unaspirated consonants，是用同一个字音来代表的。所谓“吐气”的子音，就是念的时候，大吐一口气，而所谓“不吐气”的子音，就是念的时候不吐气。这听起来，不一定能明白，其实是很简单的。譬如说，d是不吐气的子音，而t就是吐气的子音，而b也是不吐气的子音，可是p就是吐气的子音。再举个例说，g这个子音，当它念成注音符号里的ㄍ时，像是在guide这个字里的g，就是不吐气的子音，而k就是个吐气的子音。

在Wade-Giles的系统里，不管是吐气还是不吐气的子音，都是用同一个子音来代表，这就是说，在Wade-Giles的系统里，没有d、b和g这些字母，而所有专用d、b和g的场合，都用t、p和k来代表。可是中文里的子音，还是有吐气跟不吐气的区别，而Wade-Giles系统里，用来指示这种区分的一个符号，就是“一撇”，也就是所谓的apostrophe。所以t这个子音，如果没有一撇，就念成d，而有一撇的时候，就念成t；而p这个子母，有一撇的时候，就念成p，当没有一撇的时候，就念成b；至于k，有一撇的时候就念k，而没有一撇的时候，就念成“guide”这一个字里的g。譬如说情投意合的“投”字，也就是投笔从戎的“投”字，就拼成t'ou；而勾心斗角的“斗”字，就拼成tou；拖拖拉拉的“拖”字就拼成t'uo；多少的“多”字，就拼成tuo；必须的“必”字，就拼成pi；调皮捣蛋的“皮”字就拼成p'i；治国平天下的“国”字，就拼成kuo；阔气的“阔”字，就拼成k'uo；“管理”的管字，就拼成kuan；“宽广”的宽字，就拼成k'uan；……你们可以以此类推。

还有子音里面，如果遇到没有一撇的ts或者是tz，都念成英文里的dz，譬如说，孔子的“子”，就拼成tzu，可是慈禧太后的“慈”，就拼成tz'u，而tsu就念“祖”（祖国的“祖”），可是ts'u就念“粗”（粗细的“粗”）。如果ch有一撇，也就是吐气的ch，就念“ㄔ”，或者念“ㄑ”。到底要念ㄔ还是ㄑ就要看情况，什么情况？我举几个例子，你们就会明白的。如果是像我姓的那种拼法Ch'ien就念ㄑ，可是禅宗的禅拼成Ch'an就念ㄔ，陈情表的“陈”，拼成ch'en，念作ㄔ，可是自强的“强”，拼成ch'iang，就念为ㄑ；如果ch没有一撇，就是不吐气的ch，而不吐气的ch，有的时候念ㄐ，有的时候念ㄓ，譬如说知道的“知”，拼成chih，这里不吐气的ch念ㄓ；哲学的“哲”，拼成che，这里不吐气的ch也念ㄓ（你们留意一下，此处的e，前面既没有i，也没有y，所以发音像是up这个字的“u”）。而明心见性的“见”字，拼成为chien，这种不吐气的ch，就念成ㄐ，而不念ㄓ；讲话的“讲”，拼法是chiang，这里的不吐气的ch，也念成ㄐ而不念ㄓ；既然的“既”，拼成chi，这里不吐气的ch也是念ㄐ；张飞的“张”，拼法是Chang，这里不吐气的ch，都念ㄓ，而不念ㄐ。这些你们弄习惯了，就不会有问题。

j这个子音，念起来有点像r，所以仁人君子的“人”，就拼成jen；而顾炎武《日知录》的“日”字，就拼成jih；刚柔的“柔”，也就是温柔的“柔”，就拼成jou。这些例子里，所有的j，都念得像r。注音符号里的ㄒ，是由hs来代表的，而sh是用来代表注音符号里的ㄕ，读法跟英文里的sh不同。英文里的sh，在Wade-Giles系统里是用hs来表示的，所以历史的“史”，是拼成shih，而夏商周的“夏”字，就拼为Hsia。ㄒ的音是以hs来表示的，荀子的“荀”是用hs来拼的——Hsün，而人皆可以为尧舜的“舜”字，就用sh来拼，拼法是Shun。ss的念法与s没有什么两样，它唯一的作用是指示它后面所跟的u，是要念得非常轻而几乎是不发音。司法院的“司”就拼成ssu，而俗气的“俗”都拼成su，是用一个s来拼的。

各位有没有问题？你们目前也许不能马上把这个拼音系统弄得很清楚，可是用上一阵子，就不会感到困难了。

第二讲 | 人文主义在天（神）人关系中的问题性：韦伯、黑格尔式论中国历史文化之解体性批判（中）

我不晓得你们是否已经开始看陈荣捷先生的*A Source Book in Chinese Philosophy*，如果已经开始看了，那么你们就会记得；如果还没有开始看，那你们以后会发现，陈先生在他那本书正文的第一页上说，假如有人想要用一个字来概括中国的传统哲学思想的话，那个字应该是humanism。所谓humanism，用我们现代的话语来说，就是人文主义。其实人文主义这个名词，在中国的传统哲学语言里是找不到的，而是现代汉语里的一个新名词，原先是拿来翻译西方所谓的“humanism”，可是我们传统的哲学语言里，虽然没有“人文主义”这个名词，这并不表示说，我们的传统哲学里没有所谓的“人文主义”这种现象。人文主义的现象，在我们的传统哲学里的确存在，可是这种人文主义现象，与西方所谓的“人文主义”不尽相同。不仅是不尽相同，甚至是属于一种完全不同的类型，我们有必要把中国传统哲学上的“人文主义”跟西方历史文化里的“人文主义”加以区分，否则就容易引起误解。事实上误解曾经发生不少。

至于说，这种误解究竟是一种什么样的误解，那就说来话长。我想我也许可以从一位名叫Harold Isaacs的美国人士说起。Isaacs先生是一位有相当成就和相当声望的新闻工作者。他虽然不做专业性的学术研究，但也有相当的学养，所以用一般的标准来说，他也可以算是一个学人。1954年，他做了一项调查，所调查的问题是美国人对中国和印度所持的印象和认识感受，所谓image and perceptions。他调查的方式是：亲自去访问当时美国的社会人士，他一共访问了181位美国人，这181个美国人，不能算是美国当时社会上一般人的代表或抽样（samples），因为他们并不是来自美国社会的各个层面。

以这181个美国人的职业来说，他们要么是政府的官员，或是工商界的上中层人士，要么就是学人、教师、牧师、新闻记者，或是其他行业的专业人士。如果以他们的教育水准言，那他们每个人都上过大学，而其中的绝大多数都至少有学士的学位，还不只是有学士学位而已，甚至他们之中有86个人（181位之中几乎有一半）的学位是来自美国有数的几个有名大学，像哈佛、耶鲁、普林斯顿、哥伦比亚、斯坦福、麻省理工学院、芝加哥或者是加州的伯克利与理工学院。所以这181个被访问的美国人，并不能算是一般的美国人（average Americans）。在当年的美国，上大学并不是那么普遍，甚至在1985年，上大学的美国人也不过是美国高中生人口的50%。可是他们当中，除了53个人在政府或工商机构做事，其余的128个（也就是差不多有2/3），是从事教育、教会或是大众媒体传播这一类工作的。就是说，这181个美国人之中，差不多有2/3是形象或印象的制造者，是image-makers。因此我觉得我们有理由相信,他们这些人对中国或印度所持的印象或看法，都或多或少地影响到美国一般人对中国、印度的印象或看法，所以这些被访问调查的181个人，虽然在职业跟教育上，不能代表一般的美国民众，但他们对中国或印度的印象和看法，多多少少也能反映一般美国社会在当时对中国或印度的印象跟看法。

Harold Isaacs先生在他一连串访问里，所用的访问方式跟技巧，很像我们近代心理分析里所说的“自由联想”（free association）。在访问刚开始时，他所用的问题在设计上尽可能笼统而不带限制性，好让被访者主动地自由发挥，所以他通常问人家的第一个问题是：“当你一想到中国或印度时，你心里有什么感受？脑子里想起什么形象？”而被访问的人（interviewees），在一听到这个问题的时候，最初的反应往往是“不知所措”，不晓得要说什么好，所以总说：“没有什么特别的感受，也没有什么特别的印象。”这跟心理分析（psychoanalysis）的过程之中刚开始的情况是相当类似的，可是经过Harold Isaacs先生的一番引导之后，那些被访问者才逐渐意识到，他们不但对中国和印度在心里有感受，在脑子里有印象，而那些感受和印象还是十分具体的，毫不含糊的。当然，他们的感受和印象也相当复杂。我这里的所谓“复杂”，还不只是说，他们这一伙人里，对中国和印度的印象、感受，并不是人人都一致，而是有相互的矛盾和冲突，甚至每一个单一的个人，他本身心里的感受和脑子里的印象，也不是完全没有矛盾冲突的。

关于这一点我想我们不用感到惊奇，我们对人、对事、对物的感受和印象，经常不是绝对完全的喜欢，也不是绝对完全的厌恶，而是喜欢与厌恶掺杂在一起的。只是一般人的自觉性（self-awareness）不一定很高，有的时候意识不到自己内心的感受或印象的矛盾性、冲突性。其实这种情形是很普遍的，并不稀奇。值得我们稀奇，值得我们注意，而且也是耐人寻味的，倒不是那些被访问者对中国和印度的感受与印象有矛盾、有冲突，而是他们的矛盾与冲突，不是偶然的，不是杂乱无章的，而是相当有秩序、有规律的。在这一方面，那些矛盾与冲突，就像是我们潜意识（sub-consciousness）里的内容一样，初看起来，似乎是乱七八糟，毫无条理，可是经过一番分类分析之后，我们会发现，所谓潜意识里的内容，是有他们的组织性和系统性的，是相当有规律并且是很可以理解的（comprehensible）。我举个简单的例子，我们都以为黑跟白，或者左跟右、南跟北构成一种矛盾，可是我们不认为黑跟黄、或者左跟上、南跟西是矛盾。为什么？因为在我们所习惯的思考里，所谓的矛盾冲突，不只是指两样事物不一样，有不同而已，而是指一种特殊的不同。在这种特殊的不同之中，两个所谓相矛盾的事物，除了是相互冲突以外，也还是相互规范，相互界定，相依相生的。没有左，就无所谓右，因此也就无所谓有左右的矛盾；

没有进，也就无所谓退，当然也就无所谓有“进退两难”了。所以我们日常所谓的矛盾，并不是抽象含糊、捉摸不定的，而是有一定的意涵，是非常具体的。一个矛盾里的正和反，就等于是一个钱币的正反两面，洋人所谓的two sides of the same coin。

我想，我刚刚所提到的那181个美国人对中国跟印度之有矛盾的印象与感受，也应该用同样的观点去加以处理分析。不过，我打算对关于印度的部分撇开不谈，而把我们的注意力集中在有关中国的部分。根据Harold Isaacs的调查结果，那181个美国人对中国或中国人有好的印象，也有不好的负面的印象。好的正面的印象，或者说是他们认为是我们的优点吧，大致有六个：

1. 中国人讲求人文主义，很实际，很懂得人情世故，很会享受人生，也就是说：中国人是humanistic, down-to-earth, pragmatic, worldly-wise; they really know how to enjoy a good life。
2. 中国人智慧很高，highly intelligent，有个古老的文化，而这个古老的文化还发明了纸张、火药和罗盘等（有四大发明）。
3. 中国人友善，很有礼貌，并且是能屈能伸，所谓的flexible或者说是supple（柔和）。
4. 中国人很勤劳，diligent and industrious，那181个人中有不少说，中国人是hard working and uncomplainingly so，也就是说能任劳任怨。
5. 有耐心，能吃苦，能持久，中国人是patient，有endurance。
6. 有一种异国情调的魅力，是exotically charming or charmingly exotic。

缺点亦有六：

1. 无精神文化，太过现实，不注重宗教情操（irreligious）。
2. 狡猾，不老实，非常sly，并且投机取巧，是opportunistic。
3. 讲究形式，口是心非，难沟通（hard to communicate with;

never know what they had in mind)。

4. 像一杯温开水，不知痛痒，既不兴奋，也不愤怒，好像是没有感觉神经似的（conspicuous for the absence of nerves或痴呆症Mongoloid idiots）。
5. 贱价劳工来源（source of cheap labor）。
6. 中国人鬼鬼祟祟、莫测高深，满脑子隐藏着多种多样不可告人的动机，所以是不可信任的，所谓是mysterious, inscrutable, full of hidden motives and not trustworthy。

如果各位把那181个美国人说我们的优点和缺点，多列一栏，把优点跟优点比较，把缺点跟缺点比较，那么你们会发现，他们所列举的几个优点或者是缺点，都是节节相连，相互照应的，假如不是在语意上相互重叠（overlapping）的话，也至少有相当程度的相关性。譬如说，第四项所说的勤劳，就与第五项所说的有耐心、能吃苦、能持久，是相互重叠的；而第一项所说的中国人讲求人文主义、很懂得人情世故，也可以算是中国人智慧很高的一种表现。假如你们更进一步，把所谓的几个优点，跟所谓的六个缺点，并排对比，你们还会发现，那所谓六个优点里的每一项，都至少可以跟所谓的六个缺点里的某一项搭配得上，而形成一种对称或矛盾。譬如说，优点里所谓的中国人智慧很高，这一项就可以跟缺点里所说的狡猾、投机、不老实配得上，而形成一对相互规范、相互界定、相依相生的矛盾；其他的几个优点，像讲礼貌、勤劳、耐久和exotic charm，显然可以跟讲形式、口是心非、缺乏神经细胞，贱价劳工以及鬼鬼祟祟、莫测高深这些所谓的缺点配称得上，而优点里所谓的讲求人文主义也跟缺点里所谓的缺乏宗教情操、不注重精神生活，相配搭而形成一对矛盾。

至于说，为什么讲求人文主义，跟缺乏宗教情操、不注重精神生活，能成为一种矛盾，这跟欧美人的历史文化有关，尤其是跟他们对人和神之间关系的构想有关。这是在一定的时空条件之下，所产生的一种矛盾，不是绝对的、先验的（apriori）矛盾。其实矛盾这个问题，并不像亚里士多德的逻辑里讲的那么简单，可以普遍化、公式化，因为矛盾这个问题的本身，是不能脱离人的“矛盾感”（sense of contradiction）而独立存在的。

在某种的时空条件，或者说是历史文化之下，就有某种特定的“矛盾感”，而这种“矛盾感”，也不是很容易能够从一个时空移植到另外一个时空的。事实上往往某一个时代或社会里，被认为是矛盾的现象，在另外一个时代或社会里，就不被认为是矛盾，而有的时候还被认为：既不是矛盾，也不是不矛盾，也就是说，无所谓矛盾不矛盾。在这一点上，所谓的矛盾和幽默是很相似的。我们有的时候听人说，幽默是世界性的、普遍性的，只要是好笑的东西，任何人看到了或听到了都会笑的。其实这个话是有问题的，只要在海外生活过的，或者是在国内看过一些美国的电视节目的都会感觉到，美国人的某些笑话并不好笑，或者觉得无所谓好笑、不好笑，至少在最初接触的时候是如此。

关于这类的问题，哈佛大学的奎因（Willard Van Orman Quine）先生曾经探讨过，各位如果有兴趣可以参看他的东西，[1]而我等一下会继续探讨所谓“人文主义”与“缺乏宗教情操”的这个矛盾现象将涉及哪方面的问题。目前我想先强调一下，那181个美国人对我们中国人所持的那种有内在矛盾的印象，并不只是1950年代的美国人才有，事实上19世纪与20世纪初期的美国人中，已经有人对中国人持有那种内在矛盾的印象，而我这里所说的美国人，还不是一般的美国人，我是指像爱默生（R. W. Emerson）或者是哈特（Bret Harte）这类的作家，或者是像老罗斯福（Teddy Roosevelt）这类的政界人物。再进一步说，那些印象还不只是美国人有，在欧洲近代史上的一些著名思想家，对中国人或中国历史文化也持有类似的印象。譬如说，黑格尔（G. W. F. Hegel）就是其中一个很显著的例子。黑格尔在

[1] （编注）Willard Van Orman Quine, *From a Logical Point of View* (Cambridge: Harvard University Press, 1953).

他的《历史哲学》这本书的第一章“导论”里，对中国人的评论，如果拿来跟我刚才所列举的美国人所说我们的六个缺点相比较，是如出一辙。譬如说，黑格尔说我们中国人“都是堕落的（The Chinese are alike degraded）”。他又说：“中国人是以欺骗出名的，只要能欺骗，他们就随时随地欺骗……并且他们欺骗的方式，非常高明狡猾，因此欧洲人对中国人都得非常痛心疾首地小心提防。（They are notorious for deceiving wherever they can ... Their frauds are most astutely and craftily performed, so that Europeans have to be painfully cautious in dealing with them.）”一言以蔽之，黑格尔认为中国人是不讲道德的，还不只是不讲道德，而且根本上是不可能真心讲道德的；而中国人之所以不可能真心讲道德，也有其原因，这个原因是中国人没有、也不可能有“精神文化”；而中国人之所以没有、也不可能有“精神文化”，是因为中国人的文化是人文主义的文化；既然是人文主义的文化，中国的文化意识里就没有一种所谓超越人的神的观念，就因为缺乏那种超越人的神的观念，所以中国没有、也不可能有一种真心属于内在心灵的宗教情操。因此黑格尔说，中国人尽管有拜拜，可是没有真正的宗教，而中国人所谓的宗教，并不是真正的宗教，因为中国人宗教里所崇尚的，仍然是一个人文的世界，而不是一个在人文世界之外、超越人文世界的神的世界。

黑格尔这段对中国人的评论，我想，也许后半段对当代的中国人来说，不算是太冒犯，因为从五四以来的中国人里面，有许多把宗教认为是迷信，是反科学、反理性的，他们没有往宗教情操的这一个角度去看宗教上的现象。可是我想，当代的中国人里面，除了一些可能的少数例外之外，绝大多数都会觉得黑格尔的前半段话是“胡诌”，甚至认为他是仇视中国人，侮蔑中国人，是恶意中伤，要不然他怎么可能说我们中国人不讲道德？！我们中国人为人处世，在言行上，跟其他国家、其他社会里的人一样，有违犯道德规范的时候或情形，可是当这种情形发生的时候，我们会认为那是做错了事，自己会反省，而旁人也会指摘，所以黑格尔有什么道理可以说我们中国人不讲道德？并且，中国人是最道德的，国父不是说过吗，洋人做生意要发誓的，而中国则一句话算数，因此，怎可说我们口是心非？

可是，我们如果把黑格尔的这段话，仔细推敲一下，就会发现，他并不是完全没有道理。问题的焦点，不出在他没有道理，而是出在他的道理，是他这类欧洲人的道理，不是我们传统中国人的道理。也就是说，他的道理，有一定的时空性，受一定时空的限制，是西方文化那个符号系统里的产物，并不是绝对的普遍的真理。所以他对中国人和中国文化的这种说法，虽然在我们中国文化的这个符号系统里，被认为是胡诌、是侮蔑，可是在西方文化的那个符号系统里，都可以是“持之有故，言之成理”，是很可以讲得通的。而他那种语法之所以能讲得通，就因为在西方文化的符号系统之中，人往往跟神在本体上是对立的，形成一种存在上的矛盾。用基督教或是天主教的教义来说，人乃宇宙之中心，而中心不是顶点，不是半神半兽，人不可能靠着人本身的自力来超越自己而成神成圣，人之能成神成圣，一定要靠神，假如没有神的恩典（grace），人就不可能得救。在这么一个样式的符号系统之下，假如要肯定人，就很自然地会否定神。基于同样的理由，假如有人要提倡人文主义，他就很自然地被认为是反对一切以超人的神为原则而建立的宗教或精神道德生活。黑格尔从这么一个模式的观点出发，而又认为中国的文化是人文主义的文化，那他也就会很自然地认为中国人是没有、不可能有真正的宗教情操、真正的内在精神或道德生命。

就因为黑格尔对中国人和中国文化的胡诌，在西方文化的这个符号系统里可以说得通，所以从他这个模式的观点出发来谈论中国和中国文化的，在欧美的近代现代史上，还不乏其人。这些人里面，有的对中国人和中国文化，还抱着一种欣赏，甚至是赞美的态度，可是这些人虽然说了我们一些好话，他们这些好话，在诊断分析的方式上，仍然是跟黑格尔的坏话属于同一类型的。我们不能因为他们某些话中听，而忽略他们那些话里面所总合的论述架构的时空性和问题性，否则，我们跟着他们一样地去谈中国人或中国文化，那我们不只是对他们所说话的具体意涵缺乏了解，并且也会对我们自己的身份和历史文化的认同产生曲解。

我想我可以用韦伯（Max Weber）的书作为例子。他是个法学理论家，也是个社会学家，他的名字现在在中国应该不算生疏，他的东西现在在中国也已经谈了好多年了。他对中国文化的态度，在某一个定义上跟黑格尔相当地不一样，他在《中国的宗教》（*The Religion of China*）这部书里，就赞赏过中国传统的人文主义，可是他虽然如此地肯定我们人文主义的价值，却仍然像黑格尔一样，把我们文化传统里的人文主义，跟缺乏宗教情操画等号，所以他在这部书里说我们的文化传统是一个“完全入世的传统”（completely secularized tradition）。他特别把我们中国人跟西方的清教徒（Puritans）作对比，说我们中国人在根本上和西方的清教徒不同。在价值观念上，中国人不像清教徒那样把人和神看成是一种本体上的绝对对立，因此中国在个人与社会的关系上，所强调的是对社会现状的适应和协调，不像西方的人往往以神的世界来批评人的世界，而要求改变社会的现状。根据韦伯的讲法，就因为中西文化在这一点上的不同，所以中国的历史社会缺乏原动力，是静态的，是static，而西方的历史社会是动态的，是dynamic，是有变迁和发展的。我想你们不难看出，韦伯的解析论断方式，在架构的意涵上，是与黑格尔属于同一类型的。

对中国历史文化有同情心的，除了韦伯之外，我还可以举一个美国在华的传教士为例。这个传教士的名字叫史密斯（Arthur Smith），他是在19世纪后期到中国来传教的，一共在中国住了21年，他把他这21年之中的亲身观察和经历，写成了一部书，这部书的书名叫《中国人的特征》（*Chinese Characteristics*），是1894年出版的。我想我应该特别强调一下，史密斯对中国人是既同情，也是有感情的，就是因为他对中国人是既同情而又有感情，所以他对他那时代在中国的洋人，有过相当的批评。他说："我们西方人，对西方各国在中国的所作所为，几乎没有一件是有理由可以引以为荣的。(There is very little in the contact of any Western nation in its dealings with the Chinese of whose we have any reason to be proud.)"他并且以为西方人，尤其是美国人，有许多地方是大可以也应该向中国人学习的，像是中国人的礼貌客气（politeness)，中国人的孝道（filial piety)，中国人"天生的乐观性"(innate cheerfulness)，以及中国人对于逆境，也就是不顺利的境遇之能逆来顺受（unlimited capacity for patient endurance)。在这些方面，史密斯认为洋人可以，也应该向中国人大大学习，他把中国人比作竹子。他说："〔中国人就像〕竹子一样，很有风度，也非常有用，并且中间是空的，因此是能随着境遇而屈伸。当东风吹的时候，中国人就像竹子一样地往西弯，当西风吹的时候，他们就往东倾，而没有风的时候，就不弯不倾。"我现在把史密斯的原文念给你们听，他说："[The Chinese are like the bamboo.] It is graceful, it is everywhere useful, it is supple and it is hollow. When the East wind blows, it bends to the West. When the West winds flows, it bends to the East. When no wind blows, it does not bend at all."

我想各位也许已经注意到了，史密斯通过了一个看起来像是很寻常无辜的比喻，就列举了一连串他所认为的中国人的特征，像是有风度、讲礼貌、有用、能屈能伸。基于我上面所讲的，这些所谓的特征，也不只是史密斯一个人认为是中国人的特征，其他还有许多欧美人士，也认为那些是中国人的特征，甚至还有许多人认为这些中国人的特征，也正是中国人的优点长处所在，像史密斯本人就是持这么一个看法的。可是史密斯尽管对中国人有这么高的赞美，他对中国人仍然有一个根本的保留，而他这一个根本的保留，也就是他与黑格尔和韦伯交会点所在。就像黑格尔和韦伯一样，史密斯也认为中国人缺乏宗教情操，没有心灵内在的精神生命。他以竹为喻并非偶然，因为竹子的中间是空的，象征中国人的内心也是空而没有灵性的。作为一个传教士的史密斯，他当然很希望能够用基督教里的“圣灵”（Holy Spirit）来充实中国人内心的空虚。

我想史密斯之用竹子来比喻中国人，并没有什么值得我们稀奇，我们中国人自己也常常用竹子来比喻人。各位都知道，竹子在中国文化这个符号系统里，是一个很重要的象征。我们通常把松、竹、梅称为是岁寒三友，十三四世纪时李衎的《竹谱》即谓竹子的中空象征着“妙粹灵通”；而为《竹谱》写序的柯谦（活跃于1310年间），也说竹子的中空就像是一个人的虚心，因为“心虚”如竹，而“以虚应物”的人必然能够“与物无忤也”。而各位也一定听过王阳明格竹子的故事，王阳明虽然格竹子格病了，却始终没有因此对竹子起反感，他一生中一直肯定竹子的象征意义，他在《君子亭记》里说：“竹有君子之道四焉：中虚而静，通而有间，有君子之德；外节而直，贯四时而柯叶无所改，有君子之操；应蛰而出，遇伏而隐，雨雪晦明，无所不宜，有君子之时；清风时至，玉声珊然，中采齐而协肆夏，揖逊俯仰，若洙泗群贤之交集，风止籁静，挺然特立，不挠不屈，若虞廷群后，端冕正笏，而列于堂陛之侧，有君子之容。”

对像王阳明这么一个人来说，竹子所象征的意义，还不只是一种道德上的气节，而更象征着一种非常高尚、高超的宗教情操。就因为竹子是中空的，所以可以用来象征圣人的无“意必固我”，而就因为圣人是没有“意必固我”，所以圣人能够随时随地地超越他的小我，而以天地为心，以生民为命，而达到与天地万物为一体的那种超然神秘的宗教境界。所以史密斯与王阳明虽然都用竹子来作比喻，看起来像是同样的一个比喻，可是对他们两个人来说，却是有着显著的不同，而且是恰好相反的具体意涵。我想我们没有必要去怀疑史密斯是居心不正，是故意在歪曲我们符号系统里的一个符号象征。他歪曲我们的符号象征是事实，但他的这一个歪曲，是一种误解，而这种误解的产生，是由于他没有从我们的符号系统里去探求我们符号象征的具体意涵。在这一点上，史密斯跟黑格尔和韦伯没有两样，他们都是从西方文化的符号系统出发，来看我们的历史文化。他们都“自以为是”（self-righteousness），以“自我作中心”（self-centeredness），以为他们的人文主义就是我们的人文主义。他们没有意识到他们自己文化的时空性、有限性和特殊性（particularity），而有意无意地肯定他们欧美历史文化上的经验和思想行为是常规（norms），是有普遍性的，是超时空的，是可以用来作为分析和描述其他时空里的经验和思想行为的指涉架构（frame of reference）。

其实，世上犯这种“自以为是”、以“自我作中心”的毛病的人很多，是一种通病。不只是洋人犯，我们中国人也犯。在我们近代的中国人里面，特别是喜欢以比较分析的方式（comparative analysis）谈中西文化或国民性格的人士，尤其有这种通病。他们之中有的是肯定（不一定是有意地肯定）以中国历史文化上的经验和思想行为为常规，而从中国历史文化这个符号系统，来分析、描述判断西方；也有的是像黑格尔、韦伯和史密斯一样，以西方历史文化的经验与思想行为为准则，来分析、描述和判断中国。可是不管他们是用哪一个符号系统作准则或规范，他们都以一个符号系统作中心，而因此忽略了其他符号系统的个性（individuality），也因此而歪曲了其他符号系统里的符号象征的具体意涵，并且也违背了其他符号系统本身的意向（intentionality）。

我们要对付这个毛病，就要想办法跳出这个自我的中心，要de-center这个自我，要作所谓的self-decentering。我们要不以自我的自我作中心，也不以他人的自我作中心，不管是自我的自我，还是他人的自我，都不许它占有一个特权的中心地位。我们都知道政治上有特权，社会上有特权，经济上有特权，其实思想上也有特权。在思想上凡是没有以对话的方式、没有经过约定俗成的程序，而被认为是理所当然、不证自明的，就是特权。

我这里说要跳出自我的中心，并不意味着要跳进一个在时空之外、而又是完全客观的无我世界。我第一次上课时就已经说过，我个人是不相信人为的世界里，有任何东西或现象是在时空之外、而又是完全客观的。这也就是说，我个人相信人是一定要存在于一定的时空之中，而必然有一种具体的、主观的。我这样相信的理由之一，是因为人是语言动物（linguistic animal），我们离开语言，就不可能思考，也不可能了解任何事物，而语言是一种特定历史文化的产物，在某一种时空的条件下，会产生某一种特殊的语言。我们既然不能离开语言而生存，那我们也就不能摆脱我们所用的语言的时空性和主观性。所以当我说要设法跳出自我的中心，我并不是说要去追求一个超时空的完全客观的无我世界，而是希望我们都是自觉并尊重我们自己自我的时空性和主观性，同时也意识并尊重他人自我的时空性和主观性。然后在这个条件之下，通过对话的方式，相互沟通的程序，来树立一个多元中心的相互主观世界（multi-centered world of inter-subjectivity）。

我们要跳出自我的自我，就一定得要跳进他人的自我，而如果我们跳不进他人的自我，我们也就跳不出我们自我的自我。这跳出与跳进是同时迸发的，因为如我刚刚所说的，人是不能脱离时空主观而生存的，要想跳进他人的自我，就不能不投入他人的时间与空间。我这里所说的时间与空间，不是指可以用钟表来计算的时间，不是clockwork time，也不是指可以用美洲和欧洲这种地域名词来加以规范界定的。我所说的时空，乃是一个特定历史文化过程之中的韵律，而我们要探求这种韵律，就不能不熟悉这个特定历史文化的符号系统；而我们要熟悉一个特定历史文化的符号系统，所需要知道的，还不只是那个符号系统里面的符号单元。因为符号单元，虽然我们称之为单元，它们并不能独立存在，如果我们把所谓的符号单元一个个孤立起来看，它们本身是没有意涵的，它们的意涵是来自它们相互之间的关联或关系（inter-connectedness and inter-relationship）。所以我们要了解一个历史文化的符号系统，就一定要设法了解那个符号系统里的符号单元之间的相互关系，这也就是说，我们一定要设法去了解那个符号系统的系统性，而这所谓的系统性，也就包含着我所一再强调的主观性、时空性和意向。而我们如此这般地把一个特定的历史文化当作一种符号系统，去探求它的系统性，并更进一步去找出它的主观性、时空性、意向和有限性，这就是我的讲义里第一个提纲中所提到的“解体性分析”（deconstructionist analysis）或“解体性批判”（deconstructionist critique）。

这种“解体性的分析”或“批判”，跟一般所谓的“逻辑分析”或“批判”不同。一般逻辑分析或批判，所追求所关心的问题，是某一个观念或推理的真假值或有效性（truth/value or efficacy），而从事解体性分析或批判的人，他们所关切的问题是一个符号系统的主观意涵（subjective meaning）；而且从事解体性分析的人，也不承认有所谓绝对的、普遍的、超时空的、全然客观的真假值或有效性。这并不是说，从事解体性分析的人不作价值判断，正相反的，他们认为任何的分析，都牵涉到一种或多种的价值判断，所以对他们来说，任何的一种知识，或认知活动，都是一种普遍性伦理的作业（ethical undertaking）；所以他们所追求的，不是要学习如何避免价值判断，而是要找寻出价值判断的时空性和主观性，以便对我们所作的价值判断有个自觉性的选择，并负起自觉性的责任。

我们前面所讲到的黑格尔和韦伯以及史密斯的问题，就在于他们没能跳出他们历史文化的自我，而他们之所以没能跳出他们历史文化的自我，也就是因为他们没有跳进中国历史文化的自我，因此他们把我们的人文主义看成是他们的人文主义，而没有了解到我们历史文化上的人文主义，跟欧美历史文化上的人文主义，是两种不同的现象，而这两种不同现象所牵涉到的人跟神的关系，或者说是人跟天的关系，也是属于两种不同的类型，而有着两种不同的具体意涵。

我之前提到，西方历史文化里的人文主义，在肯定人的时候，往往会否定神，而假如不否认神的话，也至少会把神的世界中立化，也就是neutralize神的世界，而认为神的世界跟人的世界是不相干的。可是中国历史文化上的人文主义，就不是如此。中国历史上的人文主义，并不因为要强调人的价值就否定神，因为中国的传统哲学不但不把人和天在本体上截然划分为两种不同存在，并且还认为人和天在存在上是一体的，以为人之成神、成圣是人的本性的自我实践。所以中国的传统哲学，在肯定人的时候，也同时肯定天，而肯定天的时候，也同时肯定人。所以我说中国的人文主义跟西方的人文主义是两种不同的类型。

中国跟西方在人文主义上的不同，所牵涉到的还不只是人文主义这一个问题而已，中国跟西方在这个问题上的不同，象征着中国跟西方在思想的模态上有关键性的差异。亚里士多德或亚里士多德式的逻辑上的“排中律”（the law of the excluded middle），说是A不是也绝不是~A，并且A不能同时既是A又是~A。这一个亚里士多德式的构想对一个走中国传统哲学路线的人来说，是完全不能认同，而且是毫无意义的。也就是说，对一个走中国传统哲学路线的人来说，他会觉得这个“排中律”是nonsensical；而一个走中国传统哲学路线的人所以有这样的感觉，是因为他把整个宇宙当作是一个大的有机体，一个vast organism，而在这么一个大的有机体里面，没有任何一个事物或者现象是单独存在的（nothing exists in and of itself 或nothing has self-hood or self-being）；而每一个事物或现象都是存在于一种跟其他事物或现象的关系之中，也就是说，每一个事物或现象的存在，都是一种关系性的存在，是一种relational existence；而所谓每一个事物或现象的存在，都是一种关系性的存在，也就是说，在宇宙这一个大有机体里面的所有的事物或现象，归根结底，在存在上是一体的，是ontologically identical。用李约瑟（Joseph Needham）的话来说，这种中国传统的思考方式，是一种organismic way or mode of thinking。

这种“有机体式的思考方式”，在我们传统哲学的语言里，可以找到很明显的迹象。譬如说，我们中国人往往用同一个“心”字来指洋人所谓的mind and heart。各位都知道，洋人所谓的mind，是指我们认知思考的器官，也就是说，我们的脑子；而洋人所谓的heart，是指我们感受的器官，所牵涉到的feeling，是emotion。可是我们中国人就只用一个字来同时指mind and heart，这并不表示，我们的传统哲学把认知上的活动跟感觉感情上的活动混为一谈，而完全不作区分。区分是有的，可是这种区分，不是本体上的绝对区分，而是一种关系性的区分（relational distinction or relational differentiation）。这种关系性的区分，不认为认知的活动跟感情感受上的活动是对立的，或者说是互相排斥的。这种关系性的区分，不但是不认为认知的活动跟感情感受上的活动是mutually exclusive，并且还认为这两种活动是相依（inter-dependent），是相通（inter-penetrating），是在存在上一体的。因此，在中国的传统哲学里，往往把认知的领域当作是我们感情感受领域的认知面，而把感情感受的领域当作是我们认知领域的感情面或感受面，也就是说mind是我们heart的intellectual side，而heart是我们mind的emotional or affective side，二者在存在上是一体的。

我们中国的传统哲学，还不只是往往没有像西方哲学那样把mind跟heart当作是一种本体的对立，我们的传统哲学，也没有像西方的传统哲学那样，把所谓的being和becoming在本体上截然划分为两回事。being是名词，所指涉的是一种静态的本质状态，而becoming是动词，所描述的是一种动的过程。在中国传统的思想意识里，being跟becoming，也像我刚刚说到的mind和heart那样，是互相界定，互相规范的。也就是说，他们define and determine each other，所以在中国的传统哲学里，所谓的being，不是存在于becoming这个过程之外的，而是being在becoming这个过程之中的一种自我超越的活动。也就是说，Being is the self-transcending activity of the being's becoming。我国小说或中国传统哲学把宇宙当作是一个有机体，并且认为这个有机的宇宙之中，没有任何事物或现象是单独存在的，所有的事物或现象都无“物自身”（self-hood or self-being）。这种中国传统哲学上对“物”的看法，跟我这里所说的being和becoming有直接关系。既然being不是存在于becoming这个过程之外的，那么也就无所谓“物自身”可言了，并且being既然不是存在于becoming这个过程之外的，而是在becoming这个过程之中的一种自我超越的活动，那么，being在中国的传统哲学里，就不只是一种静态的存在（static being），它也是一种动态的存在（dynamic existence）。而所谓的becoming也不只是种动态的存在，它也是一种静态的存在，因此在中国的传统哲学里，being就一定得要在becoming这个过程中去追寻。所谓的becoming也就一定得把它看成是being的一种开展或实践，也就是说，Being is the unfolding or realization of being。中国传统哲学里动和静的关系，就好比是我们刚刚所说到的mind跟heart之间的关系，也往往是相依相通，在存在上是一体的，是一种有机式的关系。

第三讲 | 人文主义在天（神）人关系中的问题性：
韦伯、黑格尔式论中国历史文化之解体性批判（下）

动静之间的关系，既然是有机体式的，那么，所谓动就不是静的否定，而是一种即静之动；而所谓静也不是动的否定，而是一种即动之静。既然动是一种即静之动，那么这种动，在动了以后，就会自静自止，它不需要其他的外力来使它静、使它止。同样地，就因为中国传统哲学里所讲的静，是一种即动之静，所以这种静的由静而动，也不需要其他的外力来把它推动之后才能动，而是一种静的自动。既然静的由静而动，是静的自动，所以中国的传统哲学里，就没有像亚里士多德所讲的prime mover，也没有像基督或天主教里所说的创世主（所谓的Lord the Creator）。还不只是没有那样的说法，事实上，那样的说法在中国的传统哲学里是不可想象的（inconceivable），甚至还不是一个被批斥的可能（rejected possibility）。

各位如果去看看世界历史上的几个主要文化，像埃及文明、两河流域的文化，或者是基督教和犹太教文明，他们都有一种像创世记那样的神话，都有所谓的创生神话（Creation myth）。可是，中国的历史文化就没有所谓的创生神话，而我们一般所说的“盘古开天辟地”的这一个神话，原来并不是我们中华文化的一部分，它在我们中华历史上的出现相当晚，大约在3世纪左右，是从我们今天所谓的西南地区的少数民族那边输入的，并且在输入以后，这个“盘古开天辟地”的神话，在中国的传统哲学里也始终没有起过决定性的作用。在中国的历史文化意识里面，一般都认为宇宙的创生，是一种宇宙的自我创生，也就是说，宇宙是self-created and self-creating。所以《易经·系辞》里就说：天地之大德是“生生”。

可是，中国的传统思想史上，虽然没有所谓的创生，而以为宇宙的创生是一种宇宙自我的创生，这并不表示中国的历史文化缺乏宗教性，也不是说历史上的中国人都没有所谓的一种神圣（holiness or providence）这样的观念或感受；这只不过是表示历史上的中国人认为宇宙的本身就有一种内在的、而非外来的神圣感，而是intrinsically holy。而就因为宇宙本身具有内在的神圣性，所以在宇宙之中的人都是具有内在的神圣性。因为，我上次已经说过，人跟天或宇宙在存在上是一体的，既然是一体，那么宇宙能自我创生，人也就能自我创生，而又因为人能自我创生，所以人能够超越在特定时空里的自我，而自我实践人的本性而成为“完人”。我这里所谓的“完人”，当然不只是就道德伦理上说，也是就精神和宇宙的层面上说，所谓的一种cosmic being，而这种cosmic being又是spiritually perfect。

基于我这一种说法，我想我们很容易了解到，为什么中国传统思想里的人文主义跟西方文化里的人文主义不一样，而无须像西方文化里的人文主义那样地去否定神，或把神中立化。为了区分上的方便起见，我想我们可以把中国传统思想的人文主义，称为“内在人文主义”（intrinsic humanism），而把西方文化上的人文主义叫做“外在人文主义”（extrinsic humanism）。而我之所以要把中国传统思想里的人文主义称为“内在人文主义”，是因为中国传统思想里的人文主义，认为神、或者说是“至高无上的存在”（ultimate being or ultimate reality）跟人在存在上是一体的，不是超越人或是在人的存在之外的，而是人自身存在的一种内涵，也就是说，在中国传统思想上所谓的人文主义里，ultimate reality不是other than man，而是intrinsic to man's existence as man。

我似乎在人文主义上大作文章，可是我如此地大作文章，是因为这个问题的问题性大，里面有文章可作，也必须作，要不然，像黑格尔、韦伯和史密斯那种对中国文化的曲解会层出不穷。这种由于对人文主义这个问题的问题性认识不清而对中国文化产生的曲解，有的时候还不像黑格尔的那种诬蔑那么明显，而容易被人看破。举例来说，在近代的社会人类学上有一个说法，说中国的传统文化是一种东方文化（Oriental culture），而这个东方式的中国文化在教育孩子的原则上，跟西方有根本的不同。在中国，如果小孩子犯了错，大人在矫正小孩子错的时候，往往想办法唤起小孩的羞耻感（feeling of shame）；可是在西方，大人在矫正小孩子错的时候，往往想办法唤起小孩的罪恶感（feeling of guilt or sin）。根据这一派人类学的说法，这所谓的"羞耻感"和"罪恶感"有天壤之别，"羞耻感"所注重的是外在的，是他人对自己的看法或印象，也就是说，"羞耻感"是socially oriented，是other-directed，它所引起的顾虑是"面子"，是怕人家"讲闲话"。"罪恶感"所注重的是个人内心的成长，也就是说，"罪恶感"是inner-directed，是一种超自然的取向（supernaturally oriented），它所引起的顾虑是内在的良心，不是外在的"面子"，是怕将来死后会受到神的审判和惩罚，而不是怕人家"讲闲话"。

这一派社会人类学的理论曾经相当盛行，还不只是在西方盛行，在中国也盛行。中国一些喜欢用比较分析方式来谈中国国民性格的人士，就往往应用这样的理论。其实相信这种理论的人，虽然不像黑格尔那样说中国人是不道德的、没有真正的道德意识，但是他们在理论的架构上，还是跟黑格尔、韦伯和史密斯一样，把人跟神当作本体存在上的矛盾。我已经说过了，这种对人和神之间关系的构想有时空性，是西方历史文化的一个产物，我们不能把它从西方历史文化的时空中抽离出来，而当作是超时空的、有先验普遍有效性的公理。西方历史文化上所说的"内"与"外"，显然跟我们传统思想上所说的不同。

我们不要以为黑格尔、韦伯和史密斯以及一些说中国文化是"羞耻感文化”的社会人类学家都不是专治汉学的，对中国的历史文化的认识有限，所以他们说的话可以不算数；我们也不要以为像他们这批人，如果念上十年的中文和中国书，就自然会改变他们对中国文化的看法。问题并不如此简单。认知过程的关键所在，往往不是知识累积多少，而是观点立场（perspective），而这观点立场所牵涉到的是思路的问题。思想上的路子，跟我们平常上街所走的路是一样的，如果我们所走的路不对，那么无论走多久、走多远，总还是到不了我们的目的地。事实上，像黑格尔和韦伯这些人对中国的历史文化所有的那种曲解，在国内国外的汉学界也都相当普遍。譬如说，国内国外的汉学界都有人说，中国传统思想在基本上是入世的，注重实际的伦理道德，而不讲求虚无飘缈的形上学；并且还有人说，在这种入世而注重实际伦理道德的中国传统思想里，没有个人主义（individualism）。而也就因为被认为是没有个人主义的，所以中国传统思想（尤其儒家）也往往被认为是一种重集体而轻个人的价值，是一种权威至上的威权主义（authoritarianism）。如果我们不以西方历史文化的形态当作标准，而以中国历史文化自身的形态去论中国历史文化，我们会发现，中国传统哲学的出发点往往不是团体，而是个人。譬如说，《大学》里所讲的“八条目”，其中的第一条目就是修身，修身的身就是指个人一己的自身。

这一点，我们以后还会详加讨论，这里我希望先强调一下，我们中国人在传统上不是没有个人主义，只是我们传统上的个人主义，不是西方式的个人主义。为了区分的方便起见，我想可以把中国传统上的个人主义称为“关系性的个人主义”（relational individualism），或称之为“整合性的个人主义”（integrative individualism）；而西方式的个人主义，我们可以称之为“原子性的个人主义”（atomistic individualism），就是把个人当作是古典牛顿物理里面所说的原子，认为每一个个人自身的存在，在人的世界里是一个独立的单元。而所谓的关系性或整合性的个人主义，就否定“原子性的个人主义”这种对个人的观念。前者认为个人自身的存在是一种关系性的存在，它本身不能成为一个独立的单元，而是存在于人跟人结合所形成的一系列关系之中。

这两种不同形态的个人主义，是两种不同历史文化的产物，也是构成两种不同历史文化的不同条件，而他们之间的不同正反映着两种思想模式的不同。在西方的文化里，人为世界里的人伦关系推论到终极点，是来自神这个创世主，而且还不只是来自神这个创世主，事实上，人伦世界里面的人伦也还得依赖神这个创世主的存在而存在。因此在西方的人伦世界里，个人之间并没有内在的直接相互关系，他们之间之所以有相互关系，是因为他们每一个人都是上帝所创造的，而却跟上帝这个创世主有着一个共同的关系，也就是说，在西方文化里个人与个人之间的相互关系之产生和存在，需要有跟神这个创世主的共同关系作媒介（mediated relationship）。所以，西方文化里的个人主义是“原子性的个人主义”，认为个人虽然得依赖神的存在而存在，可是相对于其他个人的个体而言，每一个个人在本体上都是一个独立的存在。

中国传统思想的模式是有机式的，把宇宙看作是一个大的有机体，而认为宇宙里的人和事事物物都是内在牵连的，所以个人就不能相对于其他的人或事物有独立的存在，而一定要存在于跟其他的人或事物的关系之中。这并不表示，历史上的中国人不肯定个人的价值，这只是表示，历史上的中国人所肯定个人的价值，跟西方历史上所肯定个人或个性不同，以至于形成两种不同形态的个人主义。这两种不同形态的个人主义不是偶然的，它们之间的不同跟我们前面所说的两种人文主义的不同有密切的关联，可以搭配得上而成为一种对称。西方式的原子性的个人主义正好可以跟西方式外在的人文主义搭配得上，而成为一组相称的对应；中国式的关系性的个人主义也正好可以跟中国式内在的人文主义搭配得上，而形成另一组相称的对应。

我们很难说这种中国式的人文主义在历史上到底是什么时候才

起源的，我们只能肯定它起源得很早，在新石器时代的商代就已经有了迹象。各位都知道，商代的文化已经发展到了一个相当的程度，有文字，有城市生活，有成套的政治制度和行政系统，经济上也有相当程度的地区专业化（regional specification，或者说是regional differentiation），并且商代的人在青铜器制作的技术上，尤其精巧熟练（sophisticated）。有人认为商代在青铜器制作上的成就，在当今世上，还没有任何一个国家或社会的人可以赶得上。可是，商代虽然在许多方面有许多的成就，商代人的神话世界却是相当令人失望的（disappointing）。如果各位把商代的神话跟其他历史文化里的神话并列而作一个对比，你们会发现，商代的神话是平平淡淡的，甚至可以说是枯燥无味的，非常没有想象力，非常缺乏灵感。也就是说，商代的神话是枯燥无味、无聊、无想象力、无启发性；不像其他历史文化里的神话，那么热闹而富有戏剧性。譬如说，我们在其他历史文化的神话里所见到的种种猜忌、暴力、酗酒、乱伦、颓废、堕落以及嬉笑怒骂这些现象，在商代的神话里都找不到。

可是，话又得讲回来，商代的神话虽然枯燥乏味，也有一定的意义。我已经说过了，世界上几个主要的历史文化，几乎都有所谓的创生神话，而中国的历史文化却是一个例外。这在商代的时候，已经是如此，商代的神话里就没有创生神话，而没有创生神话的这个现象所牵涉到的问题也相当多，还不只是牵涉到宇宙论（cosmology）和宇宙起源论（cosmogony）上的问题，并且也牵涉到中国思想史上对人性和真理的观念问题，跟我们刚刚谈到的intrinsic humanism有密切关系。中国人之没有创生神话，是因为中国以及宇宙的起源，不是靠着宇宙存在之外的任何外力，而认为宇宙是自我创生的，是self-created and self-creating，在中国思想史上甚至还有人认为，所谓的宇宙就是创生力本身的一种具体化（embodiment of creativity）。

就因为中国的传统思想上没有创生神话，而不承认在宇宙的存在之外有那么一个创世主的外力，所以中国的传统思想上，也就不承认有所谓的“启示的真理”（revealed truth or truth as revealed）。所谓不承认有“启示的真理”，就是说，历史上的中国人不承认真理是由一个高高在上、超人的神所启示给人的，而是认为真理是可以、也必须在人世之中找寻得到的。讲得具体一点，这也就是说，历史上的中国人认为真理是在历史的过程里显现，必须在历史的过程中去追寻和求证，也必须在我们每个个人的日常生活里去体验和实践的。这是为什么在我们中国的思想史中，早在马克思之前，就有人提出“知行合一”“即知即行”的理论，这也是为什么我们中国有很强烈的历史感。在世界的各个文化里，中国文化有最悠久的史学传统。我们的史学传统，还不只是最悠久，在19世纪后期之前，我们的历史传统也还是世界上最精湛的。

我们历史上的许多思想家，不管他们是属于哪一派或哪一流，在他们论理的过程中都往往喜欢用历史上的前例来作比喻或证据，孟子即是最好的例子。各位也都知道，我们“五经”之中有两经——《书》和《春秋》，两者事实上是历史，而经跟史之间的关系问题，也是中国思想史上的一个大课题。我们近代的中国人，往往一说到“六经皆史”，就联想到章学诚，其实早在晚明的时候，李卓吾（李贽）就已经很明确地提出了这个说法，而这个说法所牵涉到的经史之间的关系问题，也早在宋朝的时候，就有人提出来作讨论了。所以我说历史上的中国人有很强烈的历史感，而这种强烈的历史感，又跟中国传统上对真理的观念密切关联。

就中国思想史上的人性观来说，就因为我们的思想传统上没有神这一个创世主的观念，所以中国历史上的人性观里面，也找不到“原罪”（original sin）的这种观念，荀子虽然讲“性恶”，可是荀子所说的恶，跟西方基督教里所说的“原罪”/“原恶”完全是两回事。中国历史上的思想家虽然也承认并意识到“恶”的存在，可是他们都认为“恶”是我们良善本性的出轨（deviation）或者败坏（corruption），而不是一种本体形上的先验存在，所以荀子曰：“涂之人可以为禹。”

我并不是说，我以上所说的那些对宇宙真理、历史以及人性的观念，早在商代的时候，就都已经被完完整整地提了出来，事实上，那些对于宇宙真理、历史以及人性的观念全都是商代以后中国思想史上的产物。可是有一点我希望在此强调，就是，那些商代以后中国思想史上的产物之所以可能产生，是因为有一个特殊的产生条件，使得他们可能在中国思想史上产生，而这个产生条件的存在，在商代的文化里，就已经有了迹象。商代的文化，就是因为没有创生神话，所以使得以后的中国历史可能产生像内在的人文主义以及与其相关的一系列价值思想产品。

说得具体一点，所谓没有“创生神话”，也就是说，中国上古史上的神话多半是“英雄神话”（hero myth）。在题材方面，这些“英雄神话”所涉及的，大致可以分为两类，一类是跟多个氏族先祖的诞生有关系的故事，另外的一类是描述各个氏族祖先的所作所为以及他们之间的血缘关系。用社会学上的术语来说，古代的中国，也就是说商周时代的中国是一种氏族社会，而这种氏族社会的每个氏族，都有它自己这一个氏族起源的神话。这种现象在周代的后半期，尤其普遍，而我们大致也可以肯定，早在商代的时候，中华文化就已经有这种现象。我说我们可以大致肯定，因为我们并不能真正肯定（所知不多），但有理由肯定，而理由是商周的社会在结构上相当类似，都是一种氏族社会，而且在这种氏族社会里，居领导地位的氏族（leading class），又都是一种父系的血缘团体（patrilineal kinship groups）。

若以西方文化为准，没有创生神话是一种“缺乏”（absence），可是这种“缺乏”在中国思想史上是一种“现有”（presence）。这一点，我希望各位在从事比较分析的时候都能够留意！我这里所说的比较分析，不只是中西文化历史思想的比较分析，我个人不相信纯粹实证主义的思考模式是可能的，所有的分析思考都是诠释，都涉及我们的时空性，也都因为我们的时空性而成为可能。所以，任何分析都牵涉到两种或两种以上的视野观点的比较，除了中西的比较之外，也还有今古的比较，这是我们下学期讨论宋明清思想的时候所要经历的一个操作过程。我希望我们在从事这一个操作的时候，不会把我今天所说到的中西文化思想间比较的那类问题，再带进我们对宋明的理学和心学以及前清汉学的解释之中。我们这学期一起看了些许理论文献，[1]所以我们多少都有理论意识，都有了戒心。我们都知道，虽然我们的理解都是诠释，可是我们也都知道，我们得诠释，得以一物释一物。

刚刚说到商代氏族社会，这种父系的血缘团体，所注重的是父子之间的关系，而不是母子或母女的关系。这样的社会当然是重男轻女的，中国人重男轻女的观念，早在商代就已经有了甲骨文里的记载，遇到生男，就常常写“佳”，而遇到生女，却往往写“不佳”。

在我们现有的文献里有关商代各氏族先祖的神话，至今还保存的，只有一个。各位大概想得到，这个仅存的商代氏族里的神话，所说的是商代的一个居于统治地位的氏族（ruling house），这个统治氏族的姓是子，始祖叫契。这个神话事实上有好几种说法，而这几种说法，在细节上也是有些出入的。可是在基本的轮廓上，这几种说法都大致一样，说“子”的这个氏族的始祖是契，契的母亲叫简狄，是有娀氏之女。而简狄之所以能够生契这个始祖，跟一只叫“玄鸟”的鸟有关，至于这只叫“玄鸟”的鸟怎么会有那个能耐可以使简狄怀孕而生契的，就有两种不同的说法。一种说法是简狄跟她的先生（她先生到底是谁，历来也有争议，所以我们就姑且叫他作“简狄的先生”），在春分时节祈于郊，有玄鸟至，简狄就因此怀了孕，而以后也就生了契；另外还有一种说法是说简狄在行浴，见鸟堕其卵，简狄取而吞之，因孕生契。神话或宗教里的始祖之降生都与父亲无关。传统的说法认为所谓的“玄鸟”就是一种黑鸟（玄的一个意思是黑），而这种黑鸟也就是燕子（swallow）。可是“玄”这个字，也可以作“幽深神秘”（profound and mysterious）解，譬如说《老子》的“玄之又玄，众妙之门”。所以在近代就有像郭沫若一类的学人把“玄鸟”当作是一种有神性的鸟

[1] （编注）参见课程大纲及参考书目之编注。

(divine bird)，而认为“玄鸟”可能就是凤凰（phoenix）。郭沫若并且认为，这所谓的“玄鸟”，假如不真就是凤凰的话，也至少可以说是一种阳具的象征（phallic symbol）。

郭沫若把“玄鸟”说成是一种神鸟，我想我们可以接受。《诗经·商颂·玄鸟》里就明说“天命玄鸟，降而生商”，可是他硬要把“玄鸟”说成是一种阳具的象征，这在近代人类学上固然可以讲得通，但是近代的人类学，是近代西方文明的一个产物，我们是不是可以把它当公式来框套我们古代的历史，是有商榷余地的。

我已经说过了，商代的神话世界是平淡乏味的，这个关于契的神话就是一个例子。可是这个神话虽然是枯燥无味，我们从这个神话里可以看出，在商代的神话世界里，死去的祖先跟某些神话性的动物（legendary animals）都扮演相当重要的角色。而除了死去的祖先跟神话性的动物之外，商代社会所崇拜的神也还包括一些自然界的天体和现象，像日月星辰、风雨之类。这些自然界的神祇，我们可以称之为Nature spirits。商代的人把这些Nature spirits跟死去祖先的神灵以及一些神话性的动物组织起来，成为一个有等级阶层的神灵系统，而这个神灵关系，又有一个至高无上的神来统御，商代的人称这个至高无上的神为“帝”或“上帝”。

顾名思义，“上帝”这个名词意谓着这个至高无上的神，是在人的世界之上，可是所谓在人的世界之上，并不就等于是说，这个上帝就一定是“天”，或者是住在天上的。商代的上帝，到底是不是在天上的，我们不能下定论。不过，不管是不是在天上，上帝是一个至高无上的神，而既然是一个至高无上的神，上帝对人的世界和自然界也就操有一种最后的决定权。可是上帝虽然有最后的决定权，他自己本身却并不直接行使他的权力，而是透过他手底下的神来发号施令的，所以商代的人跟上帝没有直接的接触。如果人对上帝有什么祈求的话（譬如说希望丰收吧！或是想生个男孩吧！），他们得请他们死去祖先的神灵作媒介，把他们的祈求代为转达给上帝。

商代的人虽然跟上帝没有直接的往来，而必须透过死去的祖先为媒介，他们却又没有把上帝跟死去的祖先划分为截然不同的两种神。在商代，上帝跟死去的祖先，有等级上的差异，可是没有本质上的不同。所谓没有本质上的不同，就是说，我们可以把商代的上帝当作是死去远祖神灵的总和，或者是商代王室先祖的神化。我想各位很容易看得出，这个商代对于上帝的观念，跟我们前面所谈到的内在性人文主义，在意涵上是有密切的关系的。这个上帝的观念显示出，商代的中国人把人的世界看作是上帝这个神的世界的继续和延伸，而认为人是来自这个神的世界，也终究回归于这个神的世界。

商代的人如果想要跟祖先的神灵沟通，就必须占卜，而他们占卜所用的方法，在英文叫做scapulimancy。它所以被称为scapulimancy，是因为这种占卜在最初是用一种叫做scapular的骨头，其实就是牛的肩胛骨（shoulder blades），后来除了牛的肩胛骨之外，也还用乌龟腹部的那块扁平甲骨。我想各位对这种占卜的程序一定都熟悉，台北故宫博物院展览甲骨文的部门，有很详细的说明。简单地说，就是在占卜之前，先在甲骨的一面挖一个沟，或者打一个凹。所谓的打一个凹，就是挖掉一块，可是不挖穿，然后在这个比较薄的沟，或者是凹的部分用火烧，烧了以后就有裂纹，而占卜的人就根据裂纹的形状来求得他所问问题的答案：是肯定的？还是否定的？

我想我应该特别强调一下，在占卜方面，用动物的骨头主要是在商代，到了周代，动物的骨头就用得不多了。而商代之用动物骨头来占卜，也不是偶然的。我刚刚已经说过了，在商代的神话世界里，除了死去祖先的神灵之外，神话性的动物也扮演一个相当重要的角色，而商代的占卜用动物的骨头，就显示在商代的宗教里，动物占很重要的地位、起很大的作用。这些动物有些是我们经验世界里可以见到的动物，像水牛、犀牛、老虎、象、羊、蛇、蚕、知了、鱼等等，可是也有些动物是神话性的动物，像龙、凤凰以及一种叫陶铣（饕餮？）

的动物。这些动物经常在商代的青铜器上出现，而各位当然也都知道，这些青铜器在当时多半是祭祀用的器具，是一种宗教性的器具。就因为动物在商代的神话和宗教里，占很重要的地位，所以有人认为，商代的宗教可能是一种巫术，也就是所谓的萨满教（shamanism）。各位大概都知道，一个巫师在他行巫术的时候，往往用一种动物作为辅助来完成他的任务。并且，据现在（编按：1986年）已经过世的芝加哥大学一位专治宗教的伊里亚德（Mircea Eliade）先生的研究，一个巫师，也就是所谓的萨满（shaman），在神灵附体之后他假如要上天的话，往往变成一只鸟而飞上天，而假如要入地的话，往往变成一只兽而进入地下。

商代的神话跟宗教世界，到了周代，起了一连串的变化，而这一连串变化的动向，有人称之为“理性主义的抬头”（a growing trend towards rationalization），可能跟我们现代所见到的商代的神话世界之平淡无奇、枯燥乏味有关。我们都知道，商代的人尚鬼，所以他们原来的神话世界，可能不像我们在今天的文献里所看到的那么无精打采，而我们今天在文献里所见到的商代的神话，之所以如此枯燥、如此乏味，很可能是因为商代的神话，在周代的时候，被周代的人用“理性的手笔”删改过了。由于在周代有这种所谓“理性主义的抬头”，[1]所以在商代所通用的那种占卜方法，也就是用动物骨头来占卜的scapulimancy，到了周代就逐渐没落。到了周代的末期，这种用动物骨头的占卜法，就几乎完全为另外一种占卜法取代，这种新的占卜法，跟我们“五经”里面的《易经》密切相关。

各位都知道《易经》原来是、而现在也还是被某些人来用作占卜

[1] 在这儿，我想先说明一下这种在周代所谓的“理性化动向”，所谓的理性、非理性这一类名词，当然时空性、主观性很强的。可是，我们语言里又找不到超时空、超主观的名词，所以我们不得不用，只要用的时候有自觉，知道我们用这类名词所指的具体现象为何，而不像笛卡儿（René Descartes）一样，用那些名词来指超时空、超主观的超越性理智就行了。我这里所谓的理性，在周代到底是指哪些具体的现象，等一下各位自然清楚。

或者算命，这种占卜或算命所用的媒介不是动物的骨头，而是蓍草（milfoil or yarrow stalks）。周代人之所以逐渐地不用动物骨头来占卜，是因为他们对动物的“魔力”（magical or mythical potency）逐渐失去了信心。商周两代在这一点上的不同，我们还不只是可以在占卜方法的变化中见得到，我们也可以在商周两代青铜器的差异上找到迹象。各位都一定去过台北故宫博物院，请你们在脑子里把在这里所看到的商周青铜器作一个比较。比较的结果，你们会发现，周代青铜器上所铸的动物比较形式化（stylized/conventionalized），不像商代青铜器上的动物那么生动而有一种神秘活力（mythical vigor）；并且，周代青铜器上的动物也比较小，在周代很少有动物的铸像是占青铜器器面的大部分的。在海外有很多治艺术史的学者，认为这些周代青铜器上的变化是一个没落，而认为周代的青铜器在艺术价值上远不如商代的青铜器。可是站在文化史的立场来看，这些从商到周在青铜器铸像上的变化是有意义的，这些变化象征着所谓“理性主义”的抬头。

在思想上，“理性主义”抬头所表现的具体现象是“天”这一个观念的提出，周代的人以“天”取代了商代的上帝。所谓取代，不是说周代的人不用“帝”这个字，“帝”这个字在周代还用，可是周代的“帝”与商代的“帝”在意涵上不同。在意涵上，周代的天要比商代的上帝较为抽象、较为广泛。所谓较为抽象、较为广泛，就是说周代的天跟统治王室的关系，不像商代的上帝那么直接而密切。周代的天不是一个以血缘为原则而建立的观念，天所代表的权威也因此可以适用到氏族的范畴之外。可是天虽然比上帝要更抽象、更广泛，天还仍然是一个拟人化的观念（anthropomorphic concept），因此周代的天对人世间的事务是节节关心的，天有它一定的意志（will）和很强烈的道德意识（moral consciousness），而所谓天有它一定的意志和强烈的道德意识，也就是说，天有“天命”（Mandate of Heaven）。

各位大概都知道“天命”这个观念，是周人为了要说明他们起来反叛、推翻商代的统治王室而提出来的一个自圆其说的说法。根据这个说法，一个家族的统治权是上天所赋予的；可是，这个上天所赋予的统治权不是绝对的，而是有条件的。所谓有条件，就是说，上天之所以把统治权赋予某一个家族里的某一个人，是因为这个家族里的这个人有特别出众的德性。这个家族如果想要继续享有这种统治权，就必须不断地在德性上下功夫、行德政，否则上天会收回它的天命，而把统治权赋予另外一个家族。所以我说天命这个观念所讲的统治权不是绝对的，而是有条件的，与西方的天主神权说不可相提并论。

具体地说，构成这种统治权的条件有两个，一个是天的道德意识，另外一个是统治者这个人的道德义务（moral obligation）。而天命这个观念所涉及的统治权既然是有条件的，那么天命之命就不是全然不变的，所以《诗经》跟《书经》这两部书里都强调天命的不常。譬如说，《尚书·周书·康诰》里就明说“惟命不于常，汝念哉，无我殄享”；而《诗经·大雅·文王之什·文王》也说“天命靡常”“帝命不时”，因为天命的命不是全然不变的，所以周代的人可以用天命这个观念来解释他们的反叛商王室而说：“周虽旧邦，其命维新。”晚清康梁变法的“百日维新”中维新的用法是不改朝换代的，而与《诗经》里所说的“维新”不同。

这所谓天命的不常有两个意义，第一个意义，我刚已经提过了，就是：天命的维系，要靠统治者本人在德性上不断地下功夫、行德政；第二个意义是说，天命之授受一定是在一个人或一个家族的修德有成之后，而不是在一个人或一个家族的修德有成之前。关于这一点，《诗经·大雅·文王之什·文王》里就说得很清楚，文王之所以受命，是因为文王之有修德在先，德闻于上，然后天才降命于文王。因此，我们传统里所说的天命跟西方基督教传统里所说的“神命”（commandment）很不一样。在基督教的传统里，是因为有上帝的命令出之于先，然后才可能有人之修德于后。所以，在基督教文化里，“神命”是人道德生活的起点和原动力；可是中国传统里所说的“天命”既不是道德生活的起点，也不是人道德生活的终点，事实上在中国的传统文化里，人的道德生活（moral life）是既没有起点，也没有终点的。得天命之前要修德，而得天命之后还仍然要修德，否则天命就维持不了。

我刚刚说《诗经》跟《尚书》都强调天命的不常，可是事实上，我们在同样的书里也可以找到说天命是继续不已的说法。譬如说，《书经·周书·君奭》一篇里，周公就对君奭（即召公，君为尊称，奭乃召公名）说："我受命无疆惟休。"而《诗经·周颂·维天之命》也说："维天之命，于穆不已。"初看起来，《诗经》跟《书经》一方面说天命"靡常"，而一方面又说天命是"无疆"、是"不已"，似乎是自相矛盾，其实不然。因为天命之所以不常，就正因为天命是"不已"、是"无疆"。道理很简单，因为天命既然是"不已"，既然是"无疆"，那么天命就不得中断。既然是不得中断，那么天命也就不能不"靡常"，因为如果天命不是靡常的话，那么遇到一个统治者无德，不遵天命而不行德政的时候，天就不可能降新命，把统治权授给另外一个统治者，来确保天命的"不已"和"无疆"，所以我说天命的"不已"跟天命的"靡常"，并不形成一种矛盾。

我刚刚说过，周代之以天来取代商代的上帝，象征着中国思想史上"理性主义"的抬头，可是我们没注意到，这个抬头的"理性主义"，是中华式的"理性主义"，是跟我们前面所谈到的那种内在式的人文主义的逻辑相符合的，并且也还是落实在内在式人文主义所代表的范围之内的。因为天这个概念里所说的天命，虽然被称为天命，却并不是完全操纵在天的手里，而有一部分是人的德性和德行来决定的，所以天命之所在（locus），是既不在人，也不在天，而是在天与人的相互关系（mutuality）之间。这是一个典型的中华观念，只可能在中国式的传统思想这个符号系统里产生，也只可能在中国式的传统思想这个符号系统里生存和成长，这一点值得各位留意。

第四讲 |
《论语》中的“仁”及对话文学

在这门课里，我用了一些观念或术语，各位不一定都听过，而即使听过，也不一定就完全明白它们的含义。这我不是不知道，我是个过来人，各位在现阶段所遇到的问题，有许多是我自己也曾经历过的。可是我虽然知道，却没有因此对那些观念术语一个个下定义。我所以没有如此做，倒不是跟各位过不去，而是有原因的。原因有两个：第一个原因是，我相信一个字或观念的含义来自用，是活的，所以必须在活用的过程和用法里去体会，而不是机械式的定义可以说得清楚的；第二个原因是，我希望各位能借着我这种讲书的方式而逐渐熟悉到我的运作方式（operational style），熟悉了我的运作方式，会有助于你们对中国思想史上一些典籍的了解，因为中国思想史的许多典籍，都不是用下定义那样的方式去谈问题的，所以许多观念都需要我们从它们的实际用法中去体会。维特根斯坦（Ludwig Wittgenstein）曾说过：“语言的意义在于其用。”此话尤适用于华人传统的典籍，《论语》这部书，就是一个典型的例子。

在英语里，《论语》一般都称之为*The Analects*，可是，虽然我们在英语里一般都那么称，这个称法并不是很理想。《韦氏大词典》把“Analects”这个词解释为“a collection of miscellaneous literary passages”，作为这么一个含义的词，不能完全表达“论语”这一个中文名词的具体内涵。所谓“论”，就是“discussion”，所谓“语”就是“saying”，而所谓“论语”，就是“discussion and sayings”。所以如果我们把《论语》叫做*The Analects*，而认为它是一部“片断文句的杂集”，那么我们就不免把《论语》看得太笼统，而忽略了《论语》这部书在体裁上的个性或特殊性；因为《论语》这部书所收集的，不是任何特性的literary passage，而是对话（dialogues or conversations）。这个体裁上的个性，用我们中文的原名可以表达，可是英文里的Analects这一个字就概括不了。这一点，我们不能不注意。

各位都知道，《论语》一共有二十章，而每一章又有二十或二十多节。严格地说，那二十章之中，并不是每一章都全是对话。譬如说，第十章《乡党》所记的是孔子的行事与气象，就不是对话。可是《乡党》这一章在体裁上是一个例外，在《论语》其余的十九章里，所记的几乎全都是孔子本人或者别人所说的话，所以就体裁而言，《论语》可以算作是“语录”，是一种对话文学（dialogical literature），是一种用对话的方式来探讨问题的作品。

用对话的方式来探讨哲学的，不只是在中国有，在西方或世界其他地方也有。各位大概都知道，在古代的希腊和印度，也都有用对话这种方式来探讨哲学的，柏拉图的《对话录》以及印度的《吠陀经》（*Vedas*）就是很明显的例子。而在中国历史上，用对话方式来探讨哲学的，也不限于儒家。就子书时代而言，除了儒家的孔子、孟子和荀子之外，墨子、庄子以及名家的惠施，也往往都用对话来探讨问题。可是《论语》里的对话，在性质上与柏拉图的对话很不一样。柏拉图的对话往往是辩证式的（dialectical），事实上，在希腊文里，dialogue这个字跟dialectic这个字原来是同义的，所以柏拉图的对话形具着（embody）一种辩证法。柏拉图式的辩证法，使得柏拉图在思辨的过程之中，可以从现象界的具体物件里超脱出来，在逻辑的层次上逐步高升而到达一种纯抽象的（purely abstract）、纯形式的（purely formal）理念世界。对柏拉图来说，这个纯抽象的、纯形式的理念世界，才是真正的实际（true reality），而我们一般感官所经验到的具体现象界，不过是这个真正的实际的一个影子（shadow），是既不真、也不实的。这就是说，柏拉图的真实理念世界是在我们的经验现象界之上，只可意想、而不能凭我们的感官接触得到。所谓意想不是妄想，因为这种意想得遵循一定的思辨过程，而这个一定的思辨过程，就是所谓的柏拉图式的辩证法（Platonic dialectic）。

这听起来也许有点玄，不过我举个例子，从这个例子里，各位应该可以得到一点比较具体的印象。譬如说，各位所坐的一张张椅子，都是现象界的具体物件，这些现象界的具体物件，都是我们凭感官可以经验得到的，我们可以用眼睛看得到，也可以用手脚摸得到。可是对柏拉图来说，这些一张张眼睛可以看得到、手脚可以摸得到的椅子，都不是绝对真实的存在，因为这些椅子的存在，有它们存在的所以然，而它们存在的所以然，是chairness这个理念（idea）。所以一个从事哲学思考追求真理的人，不能就只观察一些经验现象界的具体物件算是了事，他必须从这些所观察到的具体性之中超越出来，凭着辩证的思维过程，去寻求纯抽象的、纯形式的理念世界。所以柏拉图的对话，有一个很明显的特征，就是：那些对话往往以辩证的方式来进行的，有层次，且步步高升。

所谓特征，我并不是说辩证式的对话只有柏拉图的《对话录》才可以找得到，事实上，我刚提到的印度《吠陀经》，其中有许多对话也是以辩证的方式来进行的；甚至在我们中国的子书里，像《墨子》《荀子》，也有一些对话含有一定程度的辩证性。所以我说辩证式的对话是柏拉图的《对话录》的特征，是相对于《论语》里的对话而言。你们会发现，这两种对话显然不同，柏拉图《对话录》里的对话，往往是长篇大论并且层次分明，在推理上也是按部就班、节节高升；可是《论语》里的对话却往往是短而简洁，多半是几句话，甚至有的时候只有几个字。除了短而简洁之外，《论语》里面各段对话之间，也往往像是各自为政，没有什么明显的逻辑关系；也就是说，跟柏拉图《对话录》里的对话相比较，《论语》里的对话总像是有一句没一句的，因此这整部书给人的印象是没有系统（unsystematic）。譬如说，《论语·里仁》里，孔子对曾子说："参乎，吾道一以贯之。"曾子回答说："唯（Yes）！"曾子说完以后，孔子就走了，孔子走了之后，门人就问曾子："何谓也？"曾子说："夫子之道，忠恕而已矣。"我不知道各位对这段对话有什么感觉，我个人是觉得这段对话相当耐人寻味的（intriguing），我说这段话是耐人寻味的有两个原因。一个原因是：孔子他本人虽然说他有"一贯"之道，可是真正具体地说明他"一贯"之道的，不是孔子自己，而是曾子；另一个原因是：当孔子说他有"一贯"之道的时候，他似乎就是在提醒他的门人，说他的思想有一套系统，可是他又不直接说出他这一套系统到底是什么，不只是在这一段对话里没有明说，在全书其他的对话里也没有明说。

又譬如说，"仁"这个观念，在《论语》里可以说是相当重要的，而一般人也往往把"仁"当作是《论语》的一个中心观念，说是可以代表孔子的"一贯"之道。可是我们看看《论语》里谈"仁"是如何谈法的。在《颜渊》里，"司马牛问仁"，"子曰：'仁者，其言也讱。'"司马牛再问："其言也讱，斯谓之仁已乎？"孔子回答说："为之难，言之得无讱乎？"这一段司马牛跟孔子之间的一问一答，在《论语》的对话里可以算是一个典型的代表。司马牛问了一个概念性的问题，而孔子的回答却是具体的、细节性的，也就是说，孔子的回答没有对司马牛所问的"仁"作一个定义式的规范，所以听起来似乎有点不相干的感觉，好像孔子并没有真正回答司马牛的问题。司马牛本人显然有这样的感觉，所以他紧接着就问："其言也讱，斯谓之仁已乎？"可是尽管司马牛追着问，孔子仍然没有为"仁"下定义，而这一段对话，也就似乎因此而不了了之。

司马牛对孔子的第二个回答有什么反应，我们无从知道，可是一个已经过世的英国汉学家，叫韦利（Arthur Waley）的，他翻译过一些中国和日本的文学以及思想上的作品，其中有一部是《论语》。在他的译本里，他就对这一段司马牛和孔子的对话直截了当地评论，孔子并没有真的回答问题，不只是没有回答问题，他甚至还认为孔子是回避问题（evasive）、是顾左右而言他。孔子是不是在顾左右而言他，我们等一下再讨论，目前我希望强调的是，孔子不只是在这一段对话里，甚至在全书其他的对话里所有谈到“仁”的地方，几乎都不曾为“仁”下一个定义，他对于问“仁”的回答，几乎都是具体的、细节性的，看起来似乎没有什么系统。

正因为《论语》里的对话似乎是没有什么系统，所以就有人认为《论语》的体裁是比较古老（archaism），这一种古老的表达方式表示早期中国的思想家对语言的控制还没有十分的把握，他们还在摸索的阶段，试着有系统地表述他们的思想和意念。这个讲法听起来像是有点道理，其实是很值得怀疑的，值得怀疑的原因是：这种讲法忽略了中国思想史上一个很重要的现象，而这个现象就是：《论语》的体裁看起来似乎古老，可是这种体裁不只是在《论语》里面用，而在以后的禅宗和宋明理学心学里面的语录文学里也常常用。这一方面的例子可以举得很多，我们以后讲到禅宗和宋明理学心学的时候再说，或者你们可以先行翻看王阳明的《传习录》，或者是《无门关》《碧岩录》这一类禅宗的公案文学，就可以知道我所说不虚。既然我所说不虚，那么我们就有理由相信《论语》这部书在体裁形式上缺乏系统性，所显示的不是一种古老的表达方式，而是一种有意的选择（deliberate choice），是别有用意。那就是说：编《论语》的人以及孔子他自己，可能跟以后中国历史上的禅师和宋明理学心学家一样，都认为宇宙生命的真理是活的、是无边际的、是敞开的（open-ended），而任何一个系统又却是有限有边的（close-ended），因此对宇宙生命的真理的论述就不能也不应该用任何一个系统去概括，而必须落实在我们日常生活的具体情况之中。对我们这些习惯系统式论述的现代人来说，《论语》体裁缺乏系统性可能会是一种困扰，可是我们没有必要、也不应该认为那是《论语》的一个缺陷，而说《论语》形式上欠缺圆熟

(stylistically deficient)。

其实《论语》在体裁上虽是没有系统、缺乏组织的，可是在内容上也还是有它一定的条理（coherence），而从这些条理里面，我们也可以看出《论语》这部书的思想结构，而这个结构，我想我们可以用仁、礼、义以及君子这几个观念来说明。“仁”这个观念，在《论语》里占一个很显要的地位，根据陈荣捷先生的统计，仁这个字，在《论语》里一共出现105次，并且《论语》总共有二十章，而这二十章是由四百九十九节所集合成的。在这四百九十九节中，就有五十八节专门讨论仁这个观念的，所以我说“仁”，在《论语》里占着一个很显要的地位。

可是“仁”虽然重要，它的确切意义却又是相当的不可捉摸。我前面所提到的那位韦利就在他的《论语》英译本的《导论》里说：“仁”这个观念是一个“神秘的存在”(mystic entity)。韦利的这个说法是有原因的，假如我们仔细地去看一看《论语》里面对“仁”的许多说法，我们会发现，这许多说法往往不同，还不仅是不同，有的时候还似乎是相互矛盾。譬如说，《子罕》里就明说，孔子是很少谈论“仁”的，说是“子罕言利，与命，与仁”；可是我刚已经提到过了，事实上，仁在《论语》里谈得很多，占一个很显要的地位。又譬如说在《泰伯》里，曾子认为“仁”是既重又远，说是：“士不可以不弘毅，任重而道远，仁以为己任，不亦重乎？死而后已，不亦远乎？”孔子本人对仁也有类似的说法，认为仁是“先难而后获”，在《雍也》里，樊迟问仁，孔子就回答说：“仁者先难而后获，可谓仁矣。”可是，如果我们翻到《述而》，仁却变得既不重，又不远，而更不是难，孔子说：“仁远乎哉？我欲仁，斯仁至矣。”这些例子里，各位可以观察得到，《论语》里对仁的说法，不只是有许多种不同，甚至有的时候还似乎是自相矛盾。所以问题就来了，我们究竟应该怎么解？

我想我们至少可以有两种解法。第一种解法是：我们像韦利一样，把孔子当作是evasive，而认为孔子假如不是思想不清的话，至少是故弄玄虚，是有所隐瞒；第二种解法是：我们把《论语》里对仁的许多不同而看起来又似乎是相互矛盾的说法当作是一个谜（enigma），而去探求这个谜的谜底。我不晓得各位是选第一个解法，还是第二个解法，我个人以为，我们应该选第二个解法，而排除第一个解法。我之所以如此选择，是因为孔子在《论语·述而》里，就曾经明说，他的人生是一个透明的人生，一无所隐，他说："二三子以我为隐乎，吾无隐乎尔，吾无行而不与二三子者，是丘也。"我觉得我们没有理由怀疑孔子讲这句话的诚意，所以我以为我们应该把《论语》里面许多讲仁的话，当作是一个谜，去探求谜底。

在《论语》里，这个观念有两种不同的用法，因为有两种不同的用法，所以有两种不同的含义。第一种用法的仁，我们可以称之为狭义的仁，狭义的仁所指的是一个particular virtue。所谓是一个particular virtue就是说，狭义的仁所指的是众德之中的一个德，是众德之一；第二种用法的仁，我们可以称之为广义的仁，广义的仁所指的不是众德之中的一个德，而是指一种完美的道德境界（moral perfection，或者说是moral excellence）。我们仍然可以把广义的仁，看作是一种德，可是我们必须把这种德跟其他特殊性的德加以区分，而称之为"全德"（perfect virtue）。

第一种狭义的观念，并不是《论语》首先提出的，我们在《论语》之前的一些典籍里，像是《诗经》和《书经》，就已经可以找得到了。在《诗经》和《书经》里，仁是指众德之一德，用英语来说，这个particular virtue就是benevolence。Benevolence是上对下的一种关切，尤其是君王对于臣民的一种关切，我们往往把仁这个字解析为"二人"，其实这种讲法是汉朝人提出来的，并不一定就是古人造字的原意。文字学跟其他的人为科学一样，也是有时空性，不是一门可以超脱价值判断的纯技术性的学问。各位大概都知道章太炎（章炳麟）提出过一个讲法，说是：我们现在的"上"字，在古代写作""，而我们现在的"下"字，在古代写作""。根据章太炎的这个讲法，房兆

楹先生就有一次对我指出，“仁”这个字不应该解作“二人”，而应该解作“上人”，所谓“上人”就是“君王”“君上”。我自己对文字学是一窍不通，所以对房先生的这个讲法无法下判断，不过我觉得把“仁”解析为“上人”，在仁这个观念的实际意涵上，倒是可以讲得通的，因为仁这个观念在《论语》之前的典籍里，是benevolence的意思，是指在上君王对在下臣民的一种关切。

这个把仁当作是benevolence的用法，在《论语》里还仍然存在，就是我刚刚所说的狭义的仁，可以举的例子不少。譬如说，在《里仁》第二节，《雍也》第二十一节，《子罕》第二十八节，《宪问》第三十节，《卫灵公》第三十二节，以及《阳货》第八节里面所谈到的仁，都是狭义的仁。一般说来，在《论语》里，只要仁是跟智、勇或者是义这一类诸多德性相提并论的时候，仁就是狭义的仁，它的意思就是benevolence。可是有一点我们必须注意，《论语》里面的benevolence跟《诗经》《书经》里面的benevolence不一样，《论语》里的benevolence可以是、但是不必一定是指圣王对臣民的一种关切，它可以泛指一切在上的人对在下的人的一种关切。狭义的仁在《论语》里，不如广义的仁来得重要，《论语》里谈到仁的场合，绝大多数指广义的仁。

至于说狭义的仁跟广义的仁之间，到底是什么样的一个关系？我想我们可以有两种说法，这两种说法，不尽相同，可是虽然不尽相同，却也不是互相排拒而不能并存的。第一种说法是把狭义的仁当作是广义的仁的一个范例（exemplification），而第二种说法是把狭义的仁当作是广义的仁的一个具体实践。也就是说，在第一种说法里，广义的仁是我们价值判断的一个依据，为狭义的仁提供一定的裁判、标准，任何一个被认为是狭义的仁的行为，一定得要符合广义的仁的特定内涵，否则那个行为就不能被称为仁；既然广义的仁是我们价值判断的一个依据标准，那么广义的仁就必须是存之于先，而我们的判断是来之于后。这也就是说，广义的仁是在我们要作价值判断的时候，所用的一个回溯标准（retrospective standard）。

在第二种说法里，广义的仁没有预定的特殊内涵，它的真正具体内涵是在狭义的仁的具体实践过程中产生的，这也就是说，在第二种说法里，广义的仁是一种有待修养，有待实践的理想或目标，它的作用不是回溯性的，不是retrospective，而是prospective，是前瞻性的。我说过了，这两种说法并不一定是相拒而不能同时并存，而事实上，在《论语》里这两种说法都可以用得上，可是多半的时候《论语》里的仁不是回溯的标准，而是一种有待实践的理想。这也就是说，《论语》的仁所注重的是行、是实践、是一种动态的理想，不是一种静态的教条（dogma），也不是一种绝对的、一成不变的道德公理（moral axiom）。

我刚刚说，广义的仁是一种全德（perfect virtue），所谓全德，也就是说广义的仁是一种概括包容性的德（inclusive virtue）。我所以说它是概括包容性的德，是因为广义的仁概括包容其他一切具体的德，所以在《论语·阳货》里，当“子张问仁于孔子”的时候，孔子就说：“能行五者于天下，为仁矣。”而这五者就是：“恭、宽、信、敏、惠。”这一段子张跟孔子之间的对话就说明：仁概括这五种具体的德，而一个仁人，就一定会具有这五种德。可是广义的仁虽然概括一个个具体的德，仁本身并不就是这些一个个具体的德的堆积或总和；一个仁人一定是有一个个具体的德，可是有了一个个具体的德的人，不一定就能算是仁人。因为仁这个“全德”所指的是一种境界，是一个人在修德或成德圆熟完满之后，自然呈现出来的一种气象。

仁既然是我们在修德践德圆熟完满之后自然呈现的一种气象，它本身就不是、也不可能成为我们修身的直接对象。就这个意义上说，仁就显得不可捉摸、很“难得”，所以孔老夫子说仁是“先难而后获”。可是，话又得说回来，就因为仁是一种修德圆熟完满的自然成果，而不是、也不可能成为我们修养的直接对象，所以我们不需要在修炼一个个具体的德之外，再作任何其他特别的努力。既然不需要作任何其他的努力，不需要下什么特别的功夫，所以仁也可以说是得来甚易，所以孔子说“仁远乎哉？我欲仁，斯仁至矣”（《论语·述而》）。所以仁是既难也易，其所以难，正因为它是易；而其所以易，也正因为它是难，两者之间并无冲突，不能说《论语》有矛盾。

再说，仁这个完德，既然是一种气象，它就一定充盈（suffuse）我们道德生活的每一方面，在我们的人格行为里处处表现。它概括我们所有的德行，可是又不是我们的任何德行所能够概括得了的；它是一个整体性（holistic）的东西，有具体的表现，可是又是在所有的具体表现之上，超越于所有的具体德行。从这个意义上说，仁这个全德，可以算是一个“神秘性的存在”（mystic entity）。我们可以谈仁的具体表现，不过，不管我们列举多少仁的具体表现，我们始终是隔靴搔痒，并不能真正说出仁这个全德本身的真谛，因为仁这个完德本身是不可说的。这是为什么《论语》虽然谈仁谈得很多，却又说孔子“罕言仁”。

我们如果把《论语》里说仁的话收集起来，加以分类，我们可以得到三类的话。第一类的话都是否定说法（negative statement），就是说这一类话从来不正面说仁是什么，而只是反面地说仁不是什么。譬如说，《公冶长》里，孟武伯问孔子，子路算不算仁，孔子说：“由也，千乘之国，可使治其赋也；不知其仁也。”孔子的这个回答，是一个否定说法，他不说仁是什么，只说仁不是什么，千乘之国，能治其赋，不算是仁，与仁无关。第二类说法所说的都是如何求仁，描述在求仁过程之中所涉及的问题，像“先难而后获”这句话，就属于第二类。第三类所说的都是仁的结果（consequence），也就是说，说一个人假如是仁的话，就会如何如何。譬如说，《里仁》说：“子曰：‘不仁者，不可以久处约，不可以长处乐，仁者安仁，知者利仁。’”这段话就属于第三类。这三类话都没有说到仁本身是个什么东西，所以我说《论语》里说仁虽然多，但也可以说“罕言仁”，因为《论语》里说仁的话，都没有说出仁本身到底是个什么东西，而《论语》之所以不说出仁本身到底是个什么东西，是因为仁是个“神秘性的存在”，它本身是不可说的。

可是仁虽然是个“神秘性的存在”，仁却又是非常实际的，非常实在的，并不因为是神秘，仁就不实际、不实在。我之所以这么说，不只是因为一个有仁的仁人就一定具有多种多样的具体美德，还更因为仁这个“神秘性的存在”会直接地、也是必然表现在一个人的人格之中，而成为一种对他人的积极关爱，所以在《论语·颜渊》里，“樊迟问仁”，孔子就回答说：“爱人。”《论语》里面把仁讲成是“爱人”的这一种说法往往被忽略，因此往往有人把儒家所讲的爱跟天主基督教所讲的爱对比，而认为基督教所讲的爱是博爱（universal love），是不讲等级的爱，而儒家所讲的爱，是有“等级的爱（graded love）”，是因人而异的，也就是说，跟什么人、是什么样的关系，就有什么样的爱。持这种说法的人还往往认为在中国的传统思想里，讲博爱的不是儒家，而是墨子。这种说法，并不是全无道理，墨子讲兼爱，而儒家所讲的仁爱，也的确是因人际关系的不同而有差异，所以《论语·学而》里就说：“孝弟也者，其为仁之本与！”因为在儒家的思想里，人际关系里最重要的是家庭关系，家庭关系是一切人际关系的起点和基础，所以孝弟被认为是仁爱之本。可是话也得说回来，在儒家思想里仁之为爱，虽然是因人际关系的不同而有差别，却不是完全受限于这些不同的人际关系，也不是完全可以用这些不同的人际关系来加以规范。

这些不同的人际关系，只不过是我们实践仁的一些切身的网络（contexts），而仁的最终实践一定得要超越我们切身的人际关系，而概括全人类，甚至全宇宙。所以仁之为爱，虽然是要落实在具体的人际关系之中，但是它的最终实践，则有待于我们之能够把人际关系由近至远地不断延伸扩张，所以仁之为爱，也是有普及性的（universalistic）。但是仁爱的普及性，跟基督教“博爱”的普及性不一样，两者所期许的是两种不同的普及性（universality）。仁爱的普及性来自仁爱的延伸性，为了要强调仁爱的普及性，而又希望能把儒家的“仁爱”跟基督教的“博爱”加以区别，所以我不把儒家的仁爱叫做universal love，而称之为extensive love，与博爱不同，可是并不比博爱少一些普及性，就好像中国的个人主义，跟西方的个人主义不同，可是并不比西方的个人主义少一些个别性。

仁的最终实践，要靠忠和恕这两个具体的德。各位都知道，根据曾子的说法，忠、恕是孔子的“一贯”之道，而仁又是《论语》的中心观念，所以忠、恕这两个具体的德，跟仁有着十分密切的关系。我以前提到过韦利（Arthur Waley），他把忠译为loyalty，把恕译为consideration，陈荣捷先生把恕译为altruism。我想用consideration和altruism来译恕都算妥当，这两个英文字都能表示出恕这个具体德的着眼点在他人，恕是指人和人之间的相互关怀，也就是说，恕是指自我对他人的一种关怀，所以孔子把恕解作“己所不欲，勿施于人”（《论语·卫灵公》）。恕是一种“为他”的德，是other-directed and other-regarding，所以把恕译成consideration或altruism，都算可以。可是韦利把忠译为loyalty，就需要加以一番澄清，因为忠是一种很特别的loyalty，不是我们一般所说的loyalty。这一点陈荣捷先生在他的书里已经提过了，[1]忠恕的忠，不是“为人谋而不忠乎”的忠，它不是对某一个人、某一个团体或某一种主义的忠，而是指我们每个人对自我内在道德性的一种真诚（truthfulness），其着眼点在我们每个人自己，是self-focused，是self-regarding；跟恕不一样，恕是other-directed and other-regarding。这两个具体的德，可以算是仁这个“完德”的内在标准（internal criterion），所以仁这个完德是兼顾人我的，是既为己又为他人的。

我刚刚说过，《论语》里所说的仁，所注重的是行，是实践，是一种动态的理想，不是一种静态的教条，它不是一种可以用来作为推理或演绎基础的道德公理。也就是说，仁这个“全德”不是一种道德公

[1]（编注）Wing-tsit Chan, *A Source Book in Chinese Philosophy* (Princeton: Princeton University Press, 1969), p. 27.

理，它的实际内涵是在具体实践的过程之中逐渐显现、逐渐产生的，而仁之所以能够在我们的日常生活之中被具体实践，是因为我们都有“礼”(ritual or rites)，这是为什么在《论语·颜渊》里“颜渊问仁”，孔子就回答说:“克己复礼为仁。”这“克己复礼”的“复”，韦利把它译作“submit”，而陈荣捷先生把它译作“return”，所以韦利对“克己复礼为仁”的译法是“He who can himself submit to ritual is good”，而陈先生的译法则是“To master oneself and return to propriety is humanity”。陈先生把“复”译成“return”，并不算是很理想，可是他的“return”要比韦利的“submit”好很多，因为“submit”这个字意含着一种被动性（passivity），而“复礼”的“复”所指的不是一种被动的行为，是一种主动的积极参与（active participation）。所以当孔子说“克己复礼为仁”的时候，他不是说“我们要卑躬屈膝地向礼作被动性的降服”，而是说“我们要主动地参与投身于礼”。

“礼”这个观念跟仁一样，有广义的和狭义的两种意义。狭义的礼是指我们日常生活里的一些行为和仪容的规范，这种狭义的礼有点像法律，是可以把它制度化而具之于文的；也就是说，狭义的礼就是可以把它条文化的，我们《礼记》里面所谓的“礼经三百，威仪三千”，就是这种可以被条文化的狭义的礼。广义的礼不一样，广义的礼所涉及的不是我们日常行为和仪容的细节，而是我们遵行礼仪规范这种行为的道德意义。这种广义的礼，在我们道德修养的过程之中是不可或缺的。

根据《论语》里的说法，我们一般所谓的德，如果不合乎礼，就不能算是德，所以《论语·泰伯》里，孔子就说:“恭而无礼则劳，慎而无礼则葸，勇而无礼则乱，直而无礼则绞。”恭（courtesy）、慎（caution）、勇（daring）、直（straightforwardness）都算是美德，可是不合乎礼的话，就都不算是德；不合乎礼的话，恭就变成是劳（laboriousness or bustle），慎变成葸（timidity），勇变成乱（turbulence），而直也变成绞（rudeness），甚至被认为是“仁之本”

的孝，也是无礼不行，所以在《论语·为政》里，孔子把孝解说成“无违”，而又把“无违”解说成是：“生，事之以礼；死，葬之以礼，祭之以礼。”

礼作为我们道德行为的实行方式，是我们道德行为之所以能够实践的一种媒体（medium）。这种作为我们道德行为之所以能够实践的一种媒体的礼，不能脱离仁而单独存在。仁为礼提供一种内在的道德标准（internal moral criterion），是合乎礼的行为的内在道德意涵，礼而无仁，就成为一种空洞的矫揉造作，是一种形式。反过来说，仁也不能离开礼而单独存在，因为如果没有礼，仁就不可能在我们日常生活中具体显现。所以如果我们说仁是礼的一种内在的道德标准的话，我们也必须同时要说，礼是仁的实践的一种外在道德呈现，没有礼的话，我们的仁就无法表现于外，而成为我们实际生活之中的具体道德行为，因此仁跟礼是相依为命的。而所谓仁跟礼是相依为命的，也就是说，《论语》里面所讲的伦理道德，所关心到的不只是每一个个人的人格问题，它还牵涉到每一个个人在群体里该如何扮演一个角色的问题。这也就是说，《论语》里面所讲的伦理道德，所顾虑到的不只是一个个人的人格建造，也还是一个个人的角色扮演。

从《论语》的这个立场出发，如果一个人只是心正是不够的，一个人除了心要正之外，还要行得正、行得合乎礼，否则这个人就不能算是道德的。在我们当代的社会里，假如一个人做错了什么事，往往有人说：“哎呀，这个人用意是好的（He means well）。”这种说法，在《论语》里是讲不通的，《论语》里的伦理道德，所牵涉到的不只是心，还必须是行，而我们修身所要修的也不只是仁，还必须是礼。

《论语》之如此重视礼，而把礼认为是我们道德生活的一个必要条件，这对我们这些处于20世纪末期的后现代人来说，似乎是一种过分要求，我们后现代人往往把“礼”当作是对我们自由的一种束缚，使得我们不能真正地去自由实践我们内在的自我。可是我们后现代人之所以有这种想法，是因为我们后现代人没有能够体会到我们人生的存在（human existence），是一种必然的“礼性存在”。我这里所说的“礼性存在”的“礼”不是斜玉旁的“理”（reason or rationality），而是“礼”（ritual, ceremony or decorum）。我们人生的存在是一种“多向度的存在”（multi-dimensional existence），人往往都有饮食男女之类的生理需求，所以人生的存在有一个生物向度（biological dimension），而可以说是一种生物存在（biological existence）；人也往往都要用语言这种符号系统，所以人生的存在，有一个语言向度（linguistic dimension），可以说是一种语言存在（linguistic existence）；我们也可以说，人都生活在一定的时空里，有一定的时空性或历史性，所以人生的存在有一个时间（temporal）或者说是历史向度（historical dimension），而说人生的存在是一种时间或是历史的存在（temporal or historical existence）。

在人生存在的许多向度之中，有一个向度是“礼性的向度”（ritual or ceremonial dimension），我们人生的存在，没有礼是不可想象的。其实所谓礼，只不过是一个文化或社会里的一些文明习俗，这些文明习俗，使得一个文化或社会里的成员在生活上可以沟通跟协调，而这种沟通和协调又都是自动自发的（spontaneous），是不需要老有人在发号施令的。如果我们人生里没有礼，那么我们的人际关系，在没有人发号施令的情况下，就不可能是如此地和谐与平顺。我们在日常生活里，几乎无时无刻不在讲礼和行礼，我们不一定都自觉到在那么做，可是事实上却又都是在那么做，这就显示礼有一种效果，可以维系我们人际关系上的一种自发性的沟通和协调。

举一个很简单而大家又都经历过的例子。譬如说，我三年前刚回到台湾，打了个电话给我们的主任梅广先生，说我到了，梅先生说：“那我这就来看你。”我说：“不敢当，还是我过去。”客气了一番之后，结果我还是不如遵主任之命，让梅先生过来。那是我们第一次见面，所以我们碰头的时候，梅先生就自我介绍说：“我是梅某人！”他一方面这么说，一方面就伸出右手，而我看到他伸出手，也就很快并且很自然地伸出我的右手，于是两只右手碰在一起，握了一个手。这个握手动作的形成，完全是自动自发的，并且也是十分协调，梅先生没有、也不需要告诉我把手伸出去，他也没有、也不必一个箭步上前一把抓起我的右手，把我的右手上下摇动。他的伸手、我的伸手，以及我们的握手都是自发性的，并没有人在发号施令，而都是一种自然的协调，而我们之所以能在握手这个动作上有自然的协调，是因为我们都遵行握手这一个"礼"。这个例子虽是极平凡，可是也显示出礼在我们日常生活上的重要性。当然，我们一生之中所经历的礼并不都是如此平凡、如此简单，握手是家常便饭，结婚就不是家常便饭，可是在性质上，隆重的婚礼跟家常便饭的握手礼没有两样，我们可以把婚丧喜庆上的隆典大礼看成是日常生活里面礼貌细节的升级或复杂化与精致化(escalation or elaboration)。

基本上，礼是一个文明社会里面用来维系文明生活的一种习俗，这种习俗有一定的束缚性，可也是一个文明社会之所以能够成为文明社会的原动力，而这种原动力的推动又是一种自发性的推动。在一个有礼的社会里，一切文明的活动都像文明本身一样自发自动。这是为什么《论语》说一个真能以礼治天下的圣王，可以无为而治，理由很简单，一个人人都讲礼的社会，人际之间是自然沟通、自然协调的，所以说治者是无为可为，而却又无为不成。许多人往往把"无为"当作是道家的一个特有的观念，其实儒家也讲"无为"，只是儒家讲"无为"是基于"礼"而讲，跟道家的"无为"讲法不一样，在具体意涵上不同。

第五讲 | 孟、荀论心、情、性（上）

我刚刚说过，礼有一定的束缚性，可是礼的束缚性并不是绝对而是相对的。所谓相对的，就是说礼的规范有一种open texture，是一种敞开式的规范，是相对于我们当前的情况而可以有适度的调整；这也就是说，我们在行礼的时候一定要顾及我们当前行礼的实际情况而有一定的伸缩性。《论语》里面讲实际情况，而使得礼在遵行的时候能有伸缩性的观念是“义”。在《论语·里仁》里，义是对立着“利”而说的，所以孔子说：“君子喻于义，小人喻于利。”这种把义和利对立起来的说法，导致一般人对儒家的一个错误印象，说儒家是轻“利”的，是不注重物质生活的，并且因为轻利，所以儒家也轻商。这种对儒家的印象是似是而非，传统的儒家往往把商列为四民之末，在这个意义上，儒家可以说是轻商，可是传统的儒家并不轻利，也并不忽视物质生活的重要性。至少我们可以说，传统的儒家不是轻所有的利，也不是不注重物质生活本身意义的重要性。

《论语》里面谈利谈得不多，仅仅是把义和利作为一种对立。可是虽然《论语》里面谈利谈得不多，孔子以后的孟子跟其他的儒者却谈得很多。我们从这些孔子以后的儒者对利的许多说法里，可以看得很清楚，儒家并不真正地轻利。各位都知道孟子说过：“无恒产者，无恒心。”孟子的这个说法，很明白地显示，孟子了解到对大多数人来说，没有充足的物质条件，就不可能有健全的伦理道德，所以孟子并不轻所有的利，他只是在某种条件之下轻利，也就是说，孟子只轻某一种利，这某一种利，就是只为己而不为人的私利，这一点我们可以在孟子与梁惠王的一段对话里看得很清楚。各位都一定熟悉这一段对话："孟子见梁惠王，王立于沼上，顾鸿雁麋鹿，曰：'贤者亦乐此乎?'孟子对曰：'贤者而后乐此，不贤者虽有此，不乐也。'"说完了这句话，孟子接着引了《诗经》里面的一段话，文王用"庶民"之力来经营亭台楼阁，并且在他这个有亭台楼阁的乐园里养了珍禽异兽，可是，文王虽然"以民力为台为沼"，人民不但没有抱怨，却反而"欢乐之，谓其台曰灵台，谓其沼曰灵沼，乐其有麋鹿鱼鳖"。文王之所以能够为此，是因为他能"与民偕乐"。文王不是一个人享受，他跟大家一起享受，所以文王虽然"以民力为台为沼，而民欢乐之"。不然的话，"民欲与之偕亡，虽有台池鸟兽，岂能独乐哉?"孟子跟梁惠王的这一段对话，说得很清楚，物质享受本身不是问题，物质享受之成为问题，是因为有人自私地独自享受，不跟人民大众来共同分享，所以我说儒家并不是轻一切的利。当儒家把义与利作为对立的时候，这个与义对立的利有特定的具体内涵，是指只为己不为人的私利。

跟"利"对立的"义"这个观念，跟我们当前所处的情况有关(situational)，就是说我们在某种情况下应该如何做，我们可以把义译作"oughtness of situation"。"义"既然是讲实际情况的，我们根据义这个观念，就必须对我们当前的情况判断，看看在我们当前的情况之下是不是适合行某种特定的礼；这就是说，礼不是一成不变的，如果情况不许可，我们就可以根据我们"义"的意识去改礼，或者甚至放弃礼而不行礼。这是为什么孔子在《论语·里仁》里说："君子之于天下也，无适也、无莫也，义之与比。"又《中庸》第二十章："义者，宜也。"《朱熹集注》里注《学而》"信近于义"亦曰："义者，事之宜也。"一个君子人物并不因为有礼的制约而坚持要一定如何作为。他虽然讲礼，但是他的道德行为模式并不是预定的，不是pre-determined，因为一个君子不只是讲礼，他也讲义，他基于义来衡量他当前的实际处境，对他当前的实际处境作个判断，然后下个决定、应该如何行事。

“义”这个观念，既然是跟我们当前的实际处境有关，我们应该可以用儒家里面“经权”的这个说法去加以申说。“经”所指的是“常”，是不变的“常”理，而“权”所指的是千变万化的实际情况，是不稳定、不固定的，是需要我们去衡量的。“权”作为动词用的时候有衡量的意思，我们通常说“权衡”。所以讲“经权”，就等于是讲常与变这个说法，《论语》里没有细说，可是虽然《论语》里没有细说，《孟子》里有，在《孟子·离娄上》里，有一段孟子跟淳于髡的对话，就是讲“权”的观念的，淳于髡问孟子:“男女授受不亲，礼与?”孟子回答说:“礼也。”淳于髡又问:“嫂溺，则援之以手乎?”孟子回答说:“嫂溺不援，是豺狼也。男女授受不亲，礼也。嫂溺，援之以手者，权也。”孟子的这段话很值得我们注意，孟子把“嫂溺援之以手”说是“权”，可是他并不认为这种“权”是违背“男女授受不亲”的“常”礼，而认为是“权”，是在某种实际情况之下应有的行为，不这么做，就是豺狼，就不是人。我们在“权”的情况之下所行的“权宜”之计，之所以不被认为是违背“常”礼，是因为“权”的情况是落在“常”礼范畴的情况之外的，没有也不是“常”礼可以规范得了的。所以“权宜”之计跟“常”礼并不形成一种矛盾或二律背反，而是在“礼”的常规不适用的情况之下，我们基于实际情况的“合宜性”（propriety of a situation）所作的一种判断和决定。

因为孔、孟讲当下所处的情况、讲义、讲权，所以孔、孟的伦理道德就既不是一成不变的教条，也不是不讲时空的定律。我这种对孔、孟的解释跟五四以来的一些说法是显然不同的，可是我这种说法是有根据的，要不然，孔子就不会讲“义”，孟子也不会讲“权”，而孔子之讲义、讲情况，也正显示孔子对人生有活生生的体验，他了解到活生生的人生是动态的过程，不是静态的，不是可以用几条定律或教条来加以规范得了的，也不是完全可以加以系统化、制度化的。我想这是为什么孔子在《论语》里的对话，不像柏拉图的对话之有系统性，这也是为什么孔子在《论语》里还特别提出“君子”这个观念。

“君子”这个观念在英文里有两种不同的译法：“superior man”和“gentleman”。这两种译法都可以，着重点有不同，但不是相互排斥的。把君子译为“superior man”，是强调君子在人格上的高超；把君子译为“gentleman”，是强调君子在“礼”或文化这一方面的修养，因为君子讲礼，所以他有修养、是温文儒雅。《论语》里面谈君子谈得很多，我不一一列举、一一分析，我只是想加强一点，就是《论语》里面的君子，可以算是我们为人的模范（paradigmatic individual），是既有仁又讲礼，而也是有很强烈的“义”的意识，所以一个君子具仁、义、礼于一身，这也就是说《论语》的仁、义、礼是由活生生的君子气象人格中所显现出来的。这是我刚刚为什么说，孔子之提出“君子”这个说法是必要的，因为他体验到人生的实际是活的，是动态的，不能用教条或定律来规范，他因此提出“君子”这么一个活生生的模范人格作为典型，来具体地、动态地展示他伦理道德的实际意涵。

我们如果把《论语》跟《孟子》来作个比较，可以发现二者在体裁上有显著的不同。孔子不辩而孟子却好辩，在《论语·阳货》宰我对孔子抱怨三年之丧太长，一年就够了，宰我并且说：“君子三年不为礼，礼必坏；三年不为乐，乐必崩。”孔子没有跟他辩，孔子只问他：“食夫稻，衣夫锦，于女安乎？”可是宰我回答说：“安。”孔子就说：“女安，则为之，夫君子之居丧，食旨不甘，闻乐不乐，居处不安，故不为也。今女安，则为之。”其实，孔子有理由跟宰我辩，而他的理由是：“子生三年，然后免于父母之怀。”可是孔子虽然有理由，但没有跟宰我当面辩，他这理由是在宰我走了以后才说出的一种感叹。他没有跟宰我辩，在这一点上与孟子很不一样。

孟子好辩，他辩的问题也多，不过我在这里所要强调而想加以分析的是他辩论的方式（mode of argumentation），所以我们没有必要去括述他对每一个问题辩论的细节，我只打算把他对两个问题的辩论提出来加以讨论。我相信由孟子对这两个问题辩论的具体过程之中，我们可以看出孟子辩论的方式和思想模型。这两个问题都是大家所熟悉的，一个是他的性善说，另一个是他的王道论。我虽然说是两个问题，其实这两个问题在孟子的思想里是密切相关的，是一而二、二而一的，至于说这两个问题到底在什么意义上是一而二、二而一的，我们等一下再说，现在我们先看一看他的王道论。

孟子的王道论在基本上肯定"天命"。天命这个观念我们已经讨论过了，周人用这个观念来说明他们为什么起来反叛推翻商代的统治王室。根据天命这个说法，一个家族的政权是上天所赋予的。可是这个上天所赋予的政权，跟欧洲17世纪"君权神授"说的君权不同，因为天命说所讲的政权虽然是上天所赋予，却不是绝对的，而是有条件的。所谓的有条件是说上天之所以把统治权赋予某一个家族的某一个人，是因为这个家族的这一个人有出众的德性，而这个家族如果想要继续维持这个政权，就必须不断地在德性上下功夫、行德政，否则上天会收回成命，把政权授予另一个家族。孟子基本上肯定天命这个说法，可是孟子的这个肯定并不是述而不作，他还把天命这个观念在内涵上加以充实和复杂化，所以孟子他本人不仅仅是肯定道德在政权上的意义和重要性，还为一般人所谓的"弑君"（regicide）这种行为提出辩护。他的这个辩护见于《孟子・梁惠王下》：

> 齐宣王问曰："汤放桀、武王伐纣，有诸？"孟子对曰："于传有之。"〔齐宣王〕曰："臣弑其君可乎？"〔孟子〕曰："贼仁者谓之贼，贼义者谓之残，残贼之人谓之一夫。闻诛一夫纣矣，未闻弑君也。"

陈荣捷先生在他的*Source Book*里说，孟子的这段话代表一种革命的思想（doctrine of revolution），[1]我想陈先生的话不算过分。孟子

[1]（编注）Wing-tsit Chan, *A Source Book in Chinese Philosophy* (Princeton: Princeton University Press, 1969), p. 60.

这种革命的想法来自一种民本思想，跟近代政治上的民主不一样，不能用近代的民主观念来套。近代的民主政治跟选举和议会这些制度是分不开的，而孟子并没有提倡这些近代文明里的制度，所以孟子不能算是一个民主斗士。可是孟子虽然不能算是一个民主斗士，我们也不能低估他的民本思想在历史上对当权者所构成的威胁性。

我刚刚所引的那一段孟子跟齐宣王的对话，我们现在看起来算不了什么，可是在江户时代（The Edo period, 1603—1867）以儒家为正统的日本就认为孟子的那一段话很具颠覆性，是有碍政治的安宁的，所以统治江户时代日本的德川幕府（Tokugawa Bakufu）把孟子那一段话在官定本的《孟子》里删掉了。在我们中国历史上明太祖（1368—1398在位）也显然认为孟子是危险分子，《孟子·离娄下》有一段孟子对齐宣王说的话，说是："君之视臣如手足，则臣视君如腹心；君之视臣如犬马，则臣视君如国人；君之视臣如土芥，则臣视君如寇仇。"明太祖有一天看到这段话大为光火，下令把孟子从孔庙里面扫地出门，停止对孟子的祭祀。[1]

除了为"弑君"提出辩护之外，孟子还为天命这个观念里面所讲的德政提供了具体的制度意涵。对孟子来说，一个政权的德政所涉及的不只是当政者本人和他家人、族人的私德，也不只是当政者本人和他家人、族人对被统治的臣民在心理意识所感受到的一种责任感。对孟子来说，所谓的德政还涉及当政者对被统治的臣民的一种制度性的义务，这种制度性的义务就是当政者在制度上要为被统治的臣民提供充足的物质条件，这是为什么孟子一谈到仁政的时候，也往往联系地谈恒产、税收以及井田这些制度上的问题。

各位一定都熟悉孟子说"恒产/恒心"的这一段话（《孟子·滕文公上》），他说："民之为道也，有恒产者有恒心，无恒产者无恒心；苟无恒心，放辟邪侈，无不为已。及陷乎罪，然后从而刑之，是罔民也。

---

[1] （编注）Wing-tsit Chan, *A Source Book in Chinese Philosophy*, p. 76.

焉有仁人在位，罔民而可为也？”所以孟子接着说：“是故贤君必恭俭礼下，取于民有制。”所谓“取于民有制”，就是税收不能无度，而是要“挍数岁之中以为常”；反之，当收成好的年份，“多取之而不为虐，则寡取之”，可是如果在凶年，“粪其田而不足，则必取盈焉”，以至于人民“终岁勤动，不得以养其父母，又称贷而益之，使老稚转乎沟壑”，这就不是“为民父母”的仁君所该做的事了。要保证民有“恒产”，一个当政者还不只要“取于民有制”，他还得要行“井田”。对孟子来说，井田是“仁政”之始，有了井田才可能正“经界”、均“井地”、平“谷禄”。

仁政又是王道之要，是王道之所以有别于霸道的原因。各位都知道霸是“以力服人”，是“以力假仁”，而所谓王是“以德服人”，是“以德行仁”，“以力服人者，非心服也，力不赡也；以德服人者，中心悦而诚服也，如七十子之服孔子也”（《孟子·公孙丑上》）。孟子认为王道之行是一件轻而易举的事，有如反掌折枝之易。所以他对齐宣王说：“王之不王，不为也，非不能也。”（《孟子·梁惠王上》）孟子之所以这么说并不是因为他天真，他这么说有他这么说的道理，而他的道理就在于他认为王道的实践并不需要什么特别功夫，因为王道只不过是一个仁君把他自我的完美私德从他个人的领域向外扩张、延伸到公众领域的这一过程的自然结果。

这一点，孟子在《梁惠王上》里跟齐宣王的一段对话里说得很明白。大家一定都熟悉这一段对话，齐宣王问孟子：“齐桓、晋文之事，可得闻乎？”孟子显然不愿意谈齐桓、晋文之事，因为齐桓、晋文是霸、不是王，所以孟子用了一番外交辞令说：“仲尼之徒，无道桓、文之事者，是以后世无传焉，臣未之闻也；无以，则王乎？”齐宣王就问：“德何如，则可以王矣？”孟子说：“保民而王，莫之能御也。”齐宣王又问：“若寡人者，可以保民乎哉？”孟子说：“可！（Yes, indeed.）”齐宣王再问：“何由知吾可也？”齐宣王不问则已，一问就给孟子创造了一个机会，孟子抓紧了这个机会就问齐宣王说：他听到一个齐宣王以羊易牛的故事，是不是属实？齐宣王说“有之”。然后孟子就说：“是心足以王矣！百姓皆以王为爱也，臣固知王之不忍也。”听了孟子这段话，齐宣王心里不免有点疙瘩，所以就说：“然！诚有百姓者，齐国虽褊小，吾何爱一牛？即不忍其觳觫，若无罪而就死地，故以羊易之也。”孟子也显然意识到齐宣王心里的疙瘩，可是孟子并没有因此而说安慰齐宣王的话，反而是火上浇油为百姓辩护说：“王无异于百姓之以王为爱也，以小易大，彼恶知之，王若隐其无罪而就死地，则牛羊何择焉？”孟子这么说，是振振有词，而齐宣王也毕竟是个通情达理的人，所以他听了孟子这番话后心里就感到尴尬，于是无可奈何地“笑曰：‘是诚何心哉？我非爱其财，而易之以羊也，宜乎百姓之谓我爱也。’”看到齐宣王心里感到尴尬，孟子也就开始说安慰的话了，说：“无伤也，是仁术也。见牛未见羊也，君子之于禽兽也，见其生不忍见其死；闻其声不忍食其肉，是以君子远庖厨也。”孟子这一安慰，齐宣王也就喜笑颜开说：“夫我乃行之，反而求之，不得吾心，夫子言之，于我心有戚戚焉。”可是齐宣王心里的疙瘩虽然消了，仍然不免疑惑，所以他又问：“此心之所以合于王者，何也？”孟子的回答就是大家都熟悉的“不为”与“不能”的一段话，而这一段话的结论就是：齐宣王的不王是“不为”而不是“不能”。而孟子之所以这么说，是因为“老吾老以及人之老，幼吾幼以及人之幼，天下可运于掌。《诗》云：‘刑于寡妻，至于兄弟，以御于家邦。’言举斯心，加诸彼而已！故推恩足以保四海；不推恩无以保妻子。古之人所以大过人者，无他焉，善推其所为而已矣。”既然王只是“举斯心、加诸彼”，孟子就可以问齐宣王说：“今恩足以及禽兽，而功不至于百姓者，独何与？”孟子的这个问是一种rhetorical的问，不需要被问人的回答，因为答案很明显，是“不为”而不是“不能”。

从孟子这一段跟齐宣王的对话里，我们可以很清楚地看到，孟子认为仁政王道是仁君基于他不忍之心而有的仁德的一个扩张或延伸。孟子这样的说法不只是在他跟齐宣王的那段对话里有，他在别处也这么说。《孟子·公孙丑上》里，他就直截了当地说："人皆有不忍人之心，先王有不忍人之心，斯有不忍人之政矣，以不忍人之心，行不忍人之政，治天下可运之掌上。"孟子的这个说法，我们可以把它当作是儒家的仁之为爱具有普及性的一个实例，这是为什么我上次说，儒家的仁爱与基督教的博爱不同，但是也跟基督教的博爱一样有普及性，是一种推己延伸的爱。

所谓仁政王道是仁君仁心仁德的一个扩张或延伸，就是说，在孟子的思想里，政治上的王道与当政者的德性是一而二、二而一的。这也就是说，孟子认为政治上的问题归根结底是道德上的问题，而道德上的问题也就是人心感受的问题。有不忍人之心，才可能有不忍人的仁德；有不忍人的仁德，才可能行不忍人的仁政；有仁政才可能有王道。这是孟子王道论的论理过程，这个论理过程的出发点是我们个人心理上所感受的情，我们可以把孟子的这种论理方式称之为心理的推论（psychological mode）。

孟子的这种论理方式，还不只是在他的王道论里可以看得到，我们在他的性善说里也可以见得到。他性善说的论理也是一种心理的推论方式，这是为什么我说他的王道论和性善说是密切相关的，是一而二、二而一的。就运作的方式（operational style）而论，孟子的王道论和性善说可以说是两个同心圆（concentric and homologous），他这两种论说的出发点都是我们个人内心主观所能感受到的情（subjective inner feeling）。我们都知道孟子说人性本善是因为人都有四端，也就是所谓的仁、义、礼、智，而孟子之所以能够说人都有四端，是因为他观察到我们人在我们主观的感受上，都自动自发，并且也是自然而然有恻隐、羞恶、辞让、是非这四种心，所以他说：

> 所以谓人皆有不忍人之心者，今人乍见孺子将入于井，皆有怵惕恻隐之心；非所以内交于孺子之父母也，非所以要誉于乡党朋友也，非恶其声而然也。由是观之，无恻隐之心，非人

也；无羞恶之心，非人也；无辞让之心，非人也；无是非之心，非人也。恻隐之心，仁之端也；羞恶之心，义之端也；辞让之心，礼之端也；是非之心，智之端也。人之有是四端也，犹其有四体也。有是四端而自谓不能者，自贼者也。

各位一定都熟悉以上这一段话，见于《孟子·公孙丑上》。所谓“无恻隐之心，非人也；无羞恶之心，非人也；无辞让之心，非人也；无是非之心，非人也”四种主观所能感受到的情，是我们每个人都可以直接经验到的，是有普及性的，是我们人之所以为人在存在上的构成条件，在这一点上圣人与常人并无不同，圣人不过是先得我心之所同。所以孟子在《告子上》说：

故凡同类者，举相似也。何独至于人而疑之？圣人与我同类者。故龙子曰：“不知足而为屦，我知其不为蒉也。”屦之相似，天下之足同也。口之于味，有同耆也。易牙先得我口之所耆者也。如使口之于味也，其性与人殊，若犬马之与我不同类也，则天下何耆皆从易牙之于味也？至于味，天下期于易牙，是天下之口相似也。惟耳亦然。至于声，天下期于师旷，是天下之耳相似也。惟目亦然。至于子都，天下莫不知其姣也。不知子都之姣者，无目者也。故曰：口之于味也，有同耆焉；耳之于声也，有同听焉；目之于色也，有同美焉。至于心，独无所同然乎？心之所同然者，何也？谓理也，义也。圣人先得我心之所同然耳。故理义之悦我心，犹刍豢之悦我口。

既然圣人与常人在本性上没有不同，只不过是“先得我心之所同然”，所以圣人做的事我们都能做，人皆可以为尧舜。这是为什么孟子“言必称尧舜”，孟子之“言必称尧舜”并不是诉诸权威，而是说尧舜虽然是圣人，可是圣人也是人，是人而成为圣人就表示凡是人都可以成为圣人，因为有圣人所以我们可以有自信，我们都可以成圣，圣人之为圣是我们都可以成圣在经验上的例证和借证。这一点，在《孟子·滕文公上》里有很清楚的说明："滕文公为世子，将之楚，过宋而见孟子。孟子道性善，言必称尧舜。"滕文公虽然没有被孟子说服，可是在"自楚反"的途中，复见孟子，孟子曰：

> 世子疑吾言乎？夫道，一而已矣！成覸谓齐景公曰："彼丈夫也，我丈夫也，吾何畏彼哉？"颜渊曰："舜何人也？予何人也？有为者亦若是！"公明仪曰："文王我师也。周公岂欺我哉！"

在这一段话里，孟子一连串引了好几个人，而这几个人都是有自信，都自以为可以并且也有志作圣的。据孟子的思想系统，他们之所以有如此的自信是因为常人与圣人在存在上并无不同，在本性上都是善，而我们可以相信人的本性上都是善，是因为我们在主观内心里都能够自然并且直接体验到恻隐、羞恶、辞让、是非这四种情。

因为孟子是即情言性，而又认为恻隐、羞恶、辞让、是非这四种具体的实情是自动自发、自然而然的，所以他在《孟子·离娄下》里就特别反对以逻辑抽象的方式来谈人性。他说：

> 天下之言性也，则故而已矣。故者以利为本，所恶于智者，为其凿也。如智者若禹之行水也，则无恶于智矣。禹之行水也，行其所无事也。如智者亦行其所无事，则智亦大矣。

孟子的这一段话在语文上颇有困难，历来的解说也颇有不同，我是采用蒋伯潜的注，把"故"当作《荀子》里面"持之有故，言之成理"的"故"来解，也就是说，我把"故"说成逻辑上的"therefore"，所以我说孟子反对以抽象逻辑论理的方式来谈性。用“故”来谈性是一种巧智，就是不自然，跟大禹治水能够循着水性而“行其无事”不一样，而孟子所谓的“自然”，就是指我们心里面能实际感受到的情，这些情都是“人皆有之”，不是外来的，是“我固有之”，所以孟子说：“乃若其情，则可以为善矣。”（《孟子·告子上》）

孟子的即情言性是他的一种论辩方式，他不只是即情言性善、即情说王道，他也还即情讲礼乐。据孟子的讲法，礼乐的产生都是基于我们内心的情，是我们内情的一种自然表示，所以孟子在《滕文公上》里就说：“盖上世尝有不葬其亲者，其亲死则举而委之于壑。他日过之，狐狸食之、蝇蚋姑嘬之。”于心不忍，于是回家去拿了铲子来埋他们的父母。所以孟子说：“孝子仁人之掩其亲，亦必有道矣。”在《公孙丑下》里，孟子为他母亲棺材的厚度辩护说：“古者棺椁无度，中古棺七寸，椁称之，自天子达于庶人。非直为观美也，然后尽于人心。”孟子这些话都说明他认为我们的礼是源自心，是我们内心情的一种自然要求、自然表示，他对乐的说法也是如此。《离娄上》里说得很清楚，是我们心有所感，自然而然、不知不觉地手舞足蹈。

孟子讲情，荀子也讲情，可是他们两位对情的讲法不一样。对孟子来说，我们内心主体所感受到的情，是他性善说在本体存在的论据。我们的本性所以善，是因为我们有良知良能，说得具体一点，所谓有良知良能就是说，我们每个人在人之为人的本体存在上，都有仁、义、礼、智这四种德，而我们之所以可以相信我们每个人在本体存在上都有这四种德，是因为我们每个人在主体内心里，都能自然而然地体验到恻隐、羞恶、辞让、是非这四种情，所以孟子是即情言心，而同时又是即心言性。在孟子的思想系统里，情、心和性这三个观念之间的相互关系，在结构上是一贯的（structurally unitary）。这也就是说，在孟子思想里情、心和性这三个单元所指涉的在存在上是一体。我们性善，是因为我们内心的情善，所以孟子讲“尽心知性”，并且也讲“存心养性”。

荀子也把情当作是我们本性存在上的一种依据，并且他也像孟子一样地以情论性，而认为情和性都是天生自然的，所以他在《荀子·正名》里就说："性者，天之就也；情者，性之质也。"在同一篇里他还说："生之所以然者，谓之性……不事而自然谓之性。性之好、恶、喜、怒、哀、乐，谓之情。"可是荀子虽然把情和性当作是我们本体存在上的一种依据而就情论性，他却把心跟情以及性截然划分当作是对立，所以他既不能像孟子那样地即情言心，也不能像孟子那样地即心言性。荀子一方面是即情言性，而在另一方面是对心言情和性。所谓一方面是即情言性，而另一方面却是对心言情和性，也就是说，在荀子思想里，人的性不善是因为人的情不善，而人之所以能为善，是因为人的心能为善，能够把以情为"质"这性加以转化而成德，荀子对情的看法显然跟孟子不一样。

荀子的情是就"欲"说的，他在《正名》里就说："欲者，情之应也，以所欲为可得而求之，情之所必不免也。"所以我们要了解荀子对情的看法，就不能不追究他对"欲"的说法。荀子对"欲"是既怀疑而又肯定。他之所以怀疑"欲"，是因为"欲"既然是"情之应"（response of feeling），是非得要满足不可的，因此我们就不能不加以疏导节制。如果不加以节制，人人"顺情随欲"，那么天下一定大乱。所以荀子在《礼论》里，就说："人生而有欲，欲而不得，则不能无求。求而无度量分界，则不能不争；争则乱，乱则穷。"这里所谓的穷，据王先谦的解释是"计无所出"的意思。这段话说得很明白，荀子认为"欲"是争乱之源，"欲"本身有导致社会分化的倾向（inherently anti-social），所以值得怀疑。

可是欲又是"人生而有"的，是天生自然的。既然是天生自然的，我们就不能，也不可能把"欲"完全压抑或根除，而必须在一定的程度上肯定欲的"自然生命"，使欲能够在一定程度上得到满足。这是为什么荀子只主张"道欲"和"节欲"，而不主张"去欲"或"寡欲"。他在《正名》里说：

> 凡语治而待去欲者，无以道欲而困于有欲者也。凡语治而

> 待寡欲者，无以节欲而困于多欲者也。有欲无欲，异类也，生死也，非治乱也。欲之多寡，异类也，情之数也，非治乱也。

所谓“情之数”，是说“人情必然之数”；而所谓“生死也”，一般的说法是：有欲、无欲两类的区别之大，有如生死之间的差异。可是王念孙认为“生死也”这三个字，跟上下的文义不相属，又与“情之数也”不相对称，应该根据同一篇的下文改为“性之具也”。要不要照王念孙的建议改，各位自己决定，我个人觉得，改了以后在行文和意思上比较好，可是不改也可以讲得通，无论是改还是不改，这段话的意旨是很清楚的。这所谓的意旨就是荀子肯定欲的“自然生命”，而认为我们在一定的程度上，有必要去满足欲的要求，在这一点上，我们可以追随陈荣捷先生，而说荀子的思想是一种自然主义（naturalism）。

如果我们仅就荀子的“道欲”和“节欲”这两个观念来说，荀子对欲的那种既怀疑而又肯定的态度，可以说是没有问题，并不构成一种自相矛盾。他之所以怀疑是因为欲会导致社会的分化和争乱，所以是一种社会意义上和人文领域里面的怀疑；而他的肯定是自然主义式的肯定。我们可以说，就是因为荀子在不同的意义上，以不同的方式对欲同时地加以怀疑和肯定，所以他才提倡“道欲”和“节欲”，而反对“去欲”“寡欲”和“顺情随欲”。可是“道欲”和“节欲”这两个观念所直接涉及的，不是欲本身存在上的问题，而是对欲如何处理的问题。如果我们追究一下荀子对欲本身在存在上所发的议论，我们会发现他对欲的那种既怀疑而又肯定的态度是可以成为问题的。

就欲本身的存在而言，荀子把欲说成是人对自我本身所缺所无的东西的一种希求，这一点荀子在《性恶》里说得很清楚，他说：“夫薄愿厚，恶愿美，狭愿广，贫愿富，贱愿贵，苟无之中者，必求于外，故富而不愿财，贵而不愿执，苟有之中者，必不及于外。”如果我们遵照荀子这段话的逻辑，并且从荀子“人性无善本恶”的命题出发，直往前推，我们应该可以说，人就是因为他的内在本性是“本恶无善”，所以人一定有求善为善之欲。而事实上，荀子也的确这么说。荀子是很讲究逻辑的，他在《性恶》里就明说："人之欲为善者，为性恶也。今人之性，固无礼义，故强学而求有之也；性不知礼义，故思虑而求知之也。"既然人有"为善"之欲，那么欲就可以成为我们为善的一种动力，而欲既然可以成为我们为善的一种动力，我们应该可以对欲在它的自然生命之外，更作人文价值上的肯定，孟子就是那么肯定的。

孟子认为人的礼义之欲可以甚于人的求生之欲，所以肯定欲在人文价值上的正面意义，并从而证得人性的本善。可是荀子完全没有如此做，所谓完全没如此做，就是说，荀子甚至没有因为人有"为善"之欲，而对欲在人文价值上作有限的肯定。他并没有说，人的欲可以为善也可以为不善，所以是既善而又不善。他完全没有这么说，他反而以人有"为善"之欲来反证人性之本恶无善，这似乎跟他认为欲可以是人"为善"的动力的这一个看法有矛盾。所以我说，仅就荀子对欲本身在存在上所发的议论而说，他对欲的那种既怀疑而又肯定的态度，是可以成为问题的。

这个问题，唐君毅先生也曾经意识到。在他的《中国哲学原论·原性篇》[1]的第二章里，唐先生说，荀子"人之欲为善"的那段话，是"最有理趣"的。唐先生对这个问题的解释是，为善之欲并不等于为善之实，荀子因为意识到"人所欲之善"跟人在"现实上尚无此善"之间有差距，所以荀子在这"二者互相对较对反之关系中，以所欲之善为标准"，而"反照出"人"尚未有善之现实生命状态之为恶"。唐先生是这么说，可是我并不觉得唐先生的这个说法是有说服力。如果荀子的心里真是像唐先生所说的那么想，荀子他本人始终就没有那么说；在我们现存的《荀子》里，没有一句话我们可以拿来作为根据，而说荀子在为善之欲和为善之实之间作区分，也没有一句话，我们可以拿来作为根据，而说荀子像许多近代的人那样，认为理想的"标准"跟"现实生命状态"之间，是一种"互相对较对反"的关系。近代的人往往把理想和现实对立，我们往往听到人说，

[1]（编注）原文附注为第51页。这里用的应该是1974年香港修订再版，或1984年台北的全集校定版的页码，1991年台北《唐君毅全集》卷十三版则在第69页。

有了理想才可能改变现实而有进步；我们也往往听到人说，某人的理想不错，可是不合现实，行不通；我们也还往往听到人说，某人太现实了，就是没有理想。诸如此类的说法，都把理想和现实对立，可是我没有理由相信这是荀子的心态，这就是说，我认为所谓的理想和现实这种有分辨的观念类别（conceptual categories）是在荀子的思想系统之外的，是外在于荀子的思想体系，与荀子思想体系的意向（intentionality）无关，不足以也不作兴用来描述或分析荀子的思想。所以我觉得，唐先生的说法是唐先生的说法，不能解释荀子的欲在本体论上所呈现的问题。

可是，如果我们不接受唐先生的解释，我们又该怎么解？我的建议是：我们可以听其自然，无为而为，我们不一定要怎么解。我之所以说我们不一定要怎么解，是因为我以为荀子的欲在本体上所呈现的矛盾问题不一定就是问题，不一定就是矛盾，这是为什么我刚刚在谈这个所谓的问题的时候，就说："仅就荀子对欲本身在存在上所发的议论而说，他对欲的那种既怀疑而又肯定的态度，是可以成为问题的。"所谓"可以成为问题"，就是说不一定就是问题。我这么说，并不是因为我模棱两可，而是因为在我的思想领域里面，不能问：某一个问题到底是不是问题的问题；我只能问：某一个问题在哪一个意义上是问题，在哪一个意义上不是问题的问题，而所谓某一个问题在哪一个意义上是问题，在哪一个意义上不是问题的问题，也就是由谁来看的问题。

我在学期开始的时候说过，所谓的矛盾问题并不是绝对的，也不是先验客观的，而是有特定的时空性，并且是以我们主体主观的"矛盾感"和"问题感"为产生和存在条件的。这是为什么我以前提过哈佛大学的教授奎因先生会说："一个人的矛盾是另外一个人的常理。(One man's contradiction is another man's common sense.)" [1] 从这

[1] （编注）不知出处为何，编者只找到奎因言论中一处相似者如下："One man's antinomy is another man's falsidical paradox, give or take a couple of thousand years." Willard Van Orman Quine, *The Ways of Paradox* (Cambridge: Harvard University Press, revised and enlarged edition, 1976), p. 9.

个观点出发，我们可以说荀子的欲在本体论上所谓的问题，可以算是问题也可以不算是问题。所谓可以算是问题，是就孟子的立场来说的，孟子即情言心而又是即心言性，所以他可以因为人有为善之欲，而直证人的情性是本善；可是荀子是即情言性，对情言心，并且他又以为人的善是来自心，在思想体系的结构上，荀子跟孟子有根本的差异。所以孟子因为人的求义之欲可以甚于求生之欲，因此肯定人的欲是善；但是荀子却把人的舍生取义，"从生成死"说成是心化利欲的一个结果。荀子在他的《正名》里说："人之所欲生甚矣，人之所恶死甚矣；然而人有从生成死者，非不欲生而欲死也，不可以生而可以死也。故欲过之而动不及，心止之也。"正因为荀子是对情言心，而又认为善都来自心，所以他虽然说人有"为善"之欲，却不能因此而更说人的情性是善，他只能用"为善"之欲来反证人性的不善。这就显示，荀子所说的"为善"之欲的善，只是自然主义的善，不是人文价值的善，在荀子的思想里，这是两种不同的善，不能混为一谈。

荀子把自然和人文严加区分，他这么做又是跟孟子唱反调。在孟子的思想里，人跟天在结构上是一贯的，所以孟子在《孟子·尽心上》里说："尽其心者，知其性也。知其性，则知天矣。"荀子的说法正好相反。荀子认为人和天是两种不同的类别（categorically different），所以他在《荀子·天论》里说：

> 明于天人之分，则可谓至人矣。不为而成，不求而得，夫是之谓天职。如是者，虽深，其人不加虑焉；虽大，不加能焉；虽精，不加察焉；夫是之谓不与天争职。天有其时，地有其财，人有其治，夫是之谓能参。舍其所以参，而愿其所参，则惑矣！列星随旋，日月递照，四时代御，阴阳大化，风雨博施，万物各得其和以生，各得其养以成，不见其事而见其功，夫是之谓神。皆知其所以成，莫知其无形，夫是之谓天功。唯

> 圣人为不求知天。

荀子的这段话，说得很清楚。他明分天人，而认为天跟人是两种不同的类别，荀子所以如此把天跟人严加区分，是因为他对天的观念是一种自然主义的理念（naturalistic conception），也就是说，荀子的天所指的是宇宙自然界的一些运行过程和现象，而这些宇宙自然界的运行过程和现象，相对于人来说有独立的生命。换言之，天不是为了人文世界的存在而存在。所以荀子在《天论》里说："天行有常，不为尧存，不为桀亡。"在同一篇里，他还说："天不为人之恶寒也辍冬，地不为人之恶辽远也辍广。"

荀子的这些话无非是在说明人文与自然在类别上的不同，而我已经说过了，荀子的欲是"人生而有"的，是"情之应"，而情又是"不为而自然"的"性之质"，所以荀子的欲应该是属于自然而不属人文。这也就是说，荀子"为善"之欲的善，是自然主义上的善，而不是人文价值上的善。所谓是自然主义的善，就是说这种善是一种描述性的善（descriptive goodness），这种描述性的善所涉及的是有无的问题，而不是人文上的价值问题。所以当荀子说"人有为善之欲"的时候，他只是肯定人"为善之欲"的这种自然现象是有，是存在，但是这种"为善之欲"虽然被肯定是有而存在的自然现象，在人文价值上却没有真实性。在人文价值上，"为善之欲"的善是虚说的善，是虚善，因为这种善是自然主义上的善，在人文的领域里没有价值意义。对荀子来说，所有人文价值上的实善都来自心，心是众善之源。

心之所以能够成为众善之源，是因为心能"知道"，而心之所以能"知道"，是因为心是"虚壹而静"。荀子在《解蔽》中说：

> 人何以知道？曰：心。心何以知？曰：虚壹而静。心未尝不臧也，然而有所谓虚；心未尝不两也，然而有所谓一；心未尝不动也，然而有所谓静。人生而有知，知而有志；志也者，

臧也；然而有所谓虚，不以所已臧害所将受，谓之虚。心生而有知，知而有异；异也者，同时兼知之；同时兼知之，两也。然而有所谓一，不以夫一害此一，谓之壹。心卧则梦，偷则自行，使之则谋；故心未尝不动也，然而有所谓静，不以梦剧乱知，谓之静。未得道而求道者，谓之虚壹而静……虚壹而静，谓之大清明。

因为心是“虚壹而静”，是“大清明”，“不以所已臧害所将受”，“不以夫一害此一”，“不以梦剧乱知”，所以心能求“未得”之道而“知道”，因为“知道”所以能“衡”。所谓心能“衡”，用《解蔽》的话说，心一定会“可道”，而不会“不可道而可非道”，“可道，然后能守道以禁非道”，这是为什么荀子说，心是“道之工宰”。心既然是能“衡”的“道之工宰”，所以就会考虑到情之可否，而选择所为之情而行之，这种心对于情的考虑和选择，荀子称之为“伪”。所以荀子在《正名》里就说：“不事而自然，谓之性。性之好、恶、喜、怒、哀、乐，谓之情。情然而心为之择，谓之虑。心虑而能为之动，谓之伪。虑积焉，能习焉，而后成，谓之伪。”因为有“伪”，所以有善。这一点荀子在《性恶》里说得很明白，他说：“人之性恶，其善者伪也。”

既然善是来自心的虑积能习之伪，所以情虽然是不可根除的万恶之源，会造成社会的分化和争乱，可是情却都跟治乱的问题不相干，不是治乱的关键所在，因为治乱的关系在心，这一点荀子在《正名》里说得很肯定。他说：

有欲无欲……非治乱也。欲之多寡……非治乱也。欲不待可得，而求者从所可。欲不待可得，所受乎天也；求者从所可，所受乎心也。……故欲过之而动不及，心止之也，心之所可中理，则欲虽多，奚伤于治！欲不及而动过之，心使之也。心之所可失理，则欲虽寡，奚止于乱！故治乱在于心之所可，亡于情之所欲。不求之其所在，而求之其所亡，虽曰我得之，失之矣。

荀子的这段话是接着我前面已经引过的“道欲”/“节欲”那段话而说的，这两段话接在一起说，正显示荀子在肯定欲的自然生命的同时，又主张要以心之“伪”来“道”、来“节”我们的情或欲，使得我们在情或欲的自然生命上能得到一定程度的满足，而另一方面又可以有社会上的“治”和人文价值上的“善”。要“道欲”“节欲”，就非得要有礼乐以及孝恭和辞让这类的伦理道德。荀子跟孟子一样，也讲礼乐和伦理道德，可是他的讲法跟孟子不一样。孟子认为礼乐和伦理道德都是我们内心情性的自然外露，可是荀子却认为礼乐和伦理道德都是人为的产物（human artifice），是“生于圣人之伪”，所以荀子在《性恶》里就说：

> 今人之性，饥而欲饱，寒而欲暖，劳而欲休，此人之情性也。今人饥，见长而不敢先食者，将有所让也；劳而不敢求息者，将有所代也。夫子之让乎父，弟之让乎兄，子之代乎父，弟之代乎兄，此二行者，皆反于性而悖于情也；然而孝子之道，礼义之文理也。故顺情性则不辞让矣，辞让则悖于情性矣。……故工人斫木而成器，然则器生于工人之伪，非故生于人之性也。圣人积思虑、习伪故，以生礼义而起法度，然则礼义法度者，是生于圣人之伪，非故生于人之性也。……故圣人化性而起伪，伪起而生礼义，礼义生而制法度；然则礼义法度者，是圣人之所生也。

圣人之所以能够“生礼义”而“制法度”，并不是因为圣人在本性上与常人不同，在本性上圣人跟常人一样都是恶，但是圣人在本性上虽然跟常人一样是恶，圣人都能够“化性起伪”而因此成圣，所以荀子在

《性恶》里说：

> 故圣人之所以同于众其不异于众者，性也；所以异而过众者，伪也。……凡人之性者，尧舜之与桀跖，其性一也；君子之与小人，其性一也。……凡所贵尧、禹、君子者，能化性、能起伪，伪起而生礼义，……所贱于桀、跖、小人者，从其性、顺其情，……天非私曾〔子〕、〔闵子〕骞、孝己而外众人也，然而曾、骞、孝己独厚于孝之实，而全于孝之名者，何也？以綦于礼义故也。天非私齐、鲁之民而外秦人也，然而于父子之义、夫妇之别，不如齐鲁之孝具敬父者，[1]何也？以秦人之从情性、安恣睢、慢于礼义故也，岂其性异矣哉！

荀子所说的这种“化性起伪”而“生礼义”的能耐是人人都有的，因为人都有那个虑积能习之心，所以荀子也跟孟子一样肯定人皆可以成圣。孟子说“人皆可以为尧舜”，而荀子在《性恶》里也说“涂之人可以为禹”。在同一篇里荀子还说：“小人君子者，未尝不可以相为也；然而不相为者，可以而不可使也。”所谓“可以而不可使”，就是说：“小人可以为君子，而不肯为君子；君子可以为小人，而不肯为小人。”所以在人皆可以为圣的这个信念上孟、荀并无不同，所不同的是他们两人认为这个信念之所以可以成立的理论根据不一样。孟子认为人皆可以为圣的理论根据是与心性一贯的情，而荀子认为人皆可以为圣的理论根据是与情、性对立的心。因为孟子认为人皆可以成圣是由于跟心、性一贯的情，所以孟子成圣的功夫是“尽心知性”“存心养性”；而因为荀子认为人皆可以成圣是由于跟情、性对立的心，所以荀子的成圣功夫是“化性起伪”。“尽心知性”和“存心养性”是“勿忘勿长”，自然而然的“乃若其情”；而“化性起伪”的功夫是“反性”“悖情”的

[1] 据王念孙，“孝具”改为孝恭；“敬父”改为敬文，敬而有文，谓夫妇有别也。

人为“矫饰”（我这里所说的“反性”“悖情”和“矫饰”这三个词语都应该加引号，都是荀子本人在《性恶》里的用语）。

我想各位一定都能看得出，孟、荀二人在成圣问题上的不同，也跟他们两人在其他问题上的不同一样，是“即情性言心”跟“对情性言心”的不同。孟子因为是即情性言心，所以他把人文价值的领域当作是宇宙自然的一个延伸；而荀子因为对情性言心，所以他把人文与自然严加区分，并且在一定的意义上把人文和自然当作是对立。这是我为什么以前说，孟、荀的不同不只是他们对某一个或某几个问题的看法有不同，他们两人在某一个或某几个问题上看法的不同，正显示他们两人之间的不同是系统性的不同（systematically different），而他们之所以有系统性的不同，是因为他们两人在思想的体系上有不同（systemically different）。

我已经说过了，荀子之所以如此地把人文与自然严加区分，是因为他对天或者说是自然的观念，是一种自然主义式的观念。正因为荀子对天或自然的观念，是一种自然主义式的观念，所以有人把荀子比拟为我们思想史上的道家和西方近代哲学里的“实证派”，而说荀子是Taoistic，是Positivistic，主张这种说法最有力的是原来在西雅图华盛顿大学教书的施友忠先生（Vincent Y. C. Shih）。施先生于1964年2月在我们（台湾）的《清华学报》里发表过一篇文章，叫做“Hsün Tzu’s Positivism”，这篇文章的主旨是在说明荀子的思想是实证派的，是道家式的。我想我们可以肯定，荀子对天的观念是自然主义式的，并且荀子还把人文和自然加以区分而视为对立；我们也可以肯定道家和实证主义对自然的观念也是自然主义式的，并且道家和实证主义者也都把人文和自然加以区分而视为对立。可是，我以为我们是不是就因此可以说荀子是道家式的或实证派的，也还仍然是个问题。我之所以说“也还仍然是个问题”，是因为道家和实证派的立场不仅仅是把人文跟自然加以区分而视作对立，他们之所以要把人文跟自然严加区分而视为对立，是因为他们认为自然界是规范人文界的准则。这也就是说，道家和实证主义者都认为自然界是人文界所应该效法的对象。各位都知道，老子在《道德经》第二十五章里说："人法地，地法天，天法道，道法自然。"而实证主义者也都认为，只有自然科学才是科学、才是知识，所以实证主义者假如不真否定人文科学和社会科学的存在价值的话，就是希望能够把人文科学和社会科学加以自然科学化，使人文科学和社会科学都能因此而成为所谓的真正的科学。这也就是说，道家和实证派的自然主义都蕴含着一种化约的简化主义（reductionism），希望把人或人文化约成天或自然。可是荀子是既没有这么说，也没有这么做。荀子之所以要把人文和自然严加区分而视作对立，是因为他想要肯定人文和人为，所以就"意图"（intentionality）而言，荀子的自然主义跟道家以及实证派的自然主义正好相反，这是为什么荀子一方面认为天是无目的的（non-purposive），不是为了人的存在而存在。在《天论》里荀子说，"夫日月之有蚀，风雨之不时，怪星之党见"，这种自然界的灾异现象，是"怪之，可也；而畏之，非也"；而另一方面又说"礼义不修，内外无别，男女淫乱"，"父子相疑，上下乖离"这类的"人袄"是真正"可畏"的（见《荀子·天论》）。这也是为什么荀子一方面说"圣人"是"明于天人之分"，而"不与天争职"，而另一方面又说：

> 若夫志意修，德行厚，知虑明，生于今而志乎古，则是其在我者也。故君子敬其在己者，而不慕其在天者；小人错其在己者，而慕其在天者。君子敬其在己者，而不慕其在天者，是以日进也；小人错其在己者，而慕其在天者，是以日退也。……君子小人之所以相县者，在此耳。（《天论》）

所以荀子的思想里虽然有一种自然主义，可是这种自然主义并不是把人"琐碎化"（trivialize）而成为自然，而是要肯定人和人文。我们虽然叫它作自然主义，其实我们也可以称之为人文主义，因为这种自然主义是既肯定人而又肯定天的。对荀子来说，我们的宇宙有一个特定的、不可化约为自然的人文向度，并且也就正因为人文界和自然界不同，所以人才可能参天地而跟天地成为三位一体。这是为什么荀子在《天论》之中说:“天有其时，地有其财，人有其治，夫是之谓能参。”这也是为什么荀子在《王制》里还更说:“天地者，生之始也；礼义者，治之始也；君子者，礼义之始也。为之，贯之，积重之，致好之者，君子之始也。故天地生君子，君子理天地；君子者，天地之参也……”

第六讲 | 孟、荀论心、情、性（下）

荀子在这一点上跟道家和实证派的不同，我们还可以在他们的语言观里看得到。道家跟实证派都因为语言是人为的东西而加以否定，所以老子说“道可道，非常道”，而认为人为的名不足以描述道之实，而实证派的提倡者也总希望把人类的语言加以自然科学化，而使之成为一种所谓的理性的数学语言。荀子就不同了，荀子虽然也认为语言是人为的东西，可是他并不因此而否定语言，他反而因为语言是人为的东西，而肯定语言的价值和有效性，所谓“肯定语言的价值和有效性”并不是说，荀子只讲究言而不讲究默，他是既讲言而又讲默的，在这一点上，荀子跟孔、孟并没有多大的不同，孔、孟也都是既讲言而又讲默的。

我们不要因为老子说“道可道，非常道”，释迦说“不可说，不可说”，而就以为在中国思想史上只有佛、道两家是讲默的，早期的儒家也讲默，并且也还认为所谓的终极的真实（ultimate reality）是一种先于语言而存在的默（prescriptive silence），只是儒家所说的默与佛、道二家的默不同罢了。我们都知道，孔子本人说过“予欲无言”，而当子贡问他说：“子如不言，则小子何述焉？”孔子就回说：“天何言哉？四时行焉，百物生焉，天何言哉！”（《论语・阳货》）孔子之外，孟子也说“天不言”。在《孟子・万章上》里，万章问孟子说，“尧以天下与舜，有诸？”孟子曰：“否，天子不能以天下与人。”〔万章又问：〕“然则舜有天下也，孰与之？”〔孟子〕曰：“天与之。”〔万章再问：〕“天与之者，谆谆然命之乎？”〔孟子〕曰：“否，天不言，以行与事示之而已矣。”孔、孟的这两段话说得很清楚，“天不言！”这种“天不言”的说法，也都表示孔、孟对“言”在一定的意义上有一种怀疑(linguistic skepticism)。

我刚刚所引的孔子的那段话是对子贡说的，我想孔子把这段话对子贡说是有意义的，不是偶然的，子贡跟宰我在孔门里都以能言善道而闻名，所以孔子对子贡说“天何言哉”可以说是语重心长，孔子对子贡那么说就等于是对子贡提出一种忠告和警戒，而孔子之所以要对能言善道的子贡提出这种忠告和警戒，是因为他本人对言抱持着一种怀疑的态度。孟子也是如此，这是为什么孟子虽然多辩，他都会对他的多辩感到不安，而自觉地为他的多辩提出辩护说：“予岂好辩哉？予不得已也。”(《孟子·滕文公下》)并且孟子还批评轻易讲话的人说：“人之易其言也，无责耳矣。”(《孟子·离娄上》)

所以孔、孟对言都抱持着一种怀疑的态度，可是，孔、孟对言的怀疑跟释、道两家对言的怀疑在具体的意涵上有结构性的不同。孔、孟虽然都认为“天不言”，但是他们都不像释、道两家那样说天是“不可道”“不可说”的。孔子并不因为天是先于语言而存在的默，就认为我们不能用语言来“谈天”“说道”，此即谓孔、孟对言之所以起怀疑，并不是因为他们认为“名”本身在先天上有缺陷，不足以显实，而是因为他们认为言不如行。这也就是说，孔、孟的linguistic skepticism在观念结构上所涉及的是言行的对立，而不是名实的对立。这一点我们在孔子的“天何言哉”以及孟子的“天不言”这两段话里可以看得很清楚。孔子在“天何言哉”之后，接着就说：“四时行焉，百物生焉。”而孟子在“天不言”之后接着就说：“以行与事示之而已矣。”在这两段话里，所谓“不言”都是就“行”而说的。

孔子把言行作为对立而认为言不如行的话说过很多。在《论语·为政》的第十三节里，“子贡问君子”，子曰：“先行其言，而后从之。”在《论语》的其他场合里，孔子还说“君子欲讷于言而敏于行”（《论语·里仁》）；“君子耻其言而过其行”（《论语·宪问》）。孔子还把“刚毅木讷”跟“巧言令色”作为对比，说“刚毅木讷”是“近仁”（《论语·子路》），而认为“巧言令色”是“鲜矣仁”（《论语·学而》），是“左丘明耻之，丘亦耻之”（《论语·公冶长》）。孔子之所以如此说，是因为“仁者”深知“为之难”，所以“其言也讱”（《论语·颜渊》）。孟子也说过类似的话，孟子认为恭俭之类的美德所涉及的问题是行的问题，跟我们的声音笑貌无关，所以他在《孟子·离娄上》里就说：“恭者不侮人，俭者不夺人。侮夺人之君，惟恐不顺焉，恶得为恭俭？恭俭岂可以声音笑貌为哉？”

根据我以上所引的这些话，我想我们可以肯定，孔、孟都意识到言行可能会不一致，而认为言不如行，可是他们虽然都意识到言行可能会不一致而认为言不如行，他们都并不坚持言而必行，他们不但不坚持言而必行，甚至还以为言而必行是小人的一个特征。所以孔子在《论语·子路》里就说：“言必信，行必果，硁硁然小人哉！”《孟子·离娄下》里也说：“大人者，言不必信，行不必果，惟义所在。”孔、孟这么说，也许有人会觉得奇怪，其实孔、孟都有他们的道理。对孔、孟来说言行不一致所形成的道德问题，并不是言而必行可以解决得了的，我们如果真的要正视这个问题、处理这个问题，就必须在我们用言的时候要谨慎小心。

所谓“在我们用言的时候要谨慎小心”，也就是说，我们说话的时候要讲究tact。tact这个字一般在中文里都译为“技巧性的圆到”，所以如果某一位人士话讲得圆到、漂亮，善于外交辞令，我们就说这位人士讲话很有技巧（tactful）。我这里所说的tact也有“技巧”的意思，可是我所谓的“技巧”不只是一个技术性的问题，也还是一个道德价值上的问题。这也就是说，我们讲究tact所顾虑到的，不只是为了要把话讲得漂亮、讲得圆到，我们还更希望把话讲得妥当、讲得适宜（见加达默尔在*Truth and Method*对此观点的分析）。

所谓“话讲得妥当、讲得适宜”，也就是说我们讲话的时候要考虑到我们讲话时处境的时空性，这也就是说，我们要针对我们讲话时的实际处境而考虑到我们该如何说话，也考虑到哪些话该说、哪些话不该说，还更考虑到我们是该言还是该默。凡是我们做不到的话就不该说，就应该保持沉默，如果有人说了做不到的话，而说了以后又不顾一切拼着老命去行他这做不到的话，那么这个人就是“硁硁然，小人哉”。

孔子对我这里所说的tact有很深的体会，并且也十分讲究，所以他在《论语·宪问》里就说:“其言之不怍，则为之也难。”这是孔老夫子告诉我们讲话的时候，要考虑到做不做得到的实际问题，而不要大言不惭。所谓不要“言之不怍”，孔子在《宪问》里有很具体的说法，他说:“邦有道，危言危行；邦无道，危行言孙。”除了要顾及做不做得到的实际问题，而不“言之不怍”之外，我们讲话还要考虑我们讲话的对象，所以孔子在《论语·卫灵公》里说:“可与言而不与之言，失人；不可与言而与之言，失言；知者不失人亦不失言。”面对着合适的讲话对象，我们讲话还得要及时、要看脸色，所以孔子在《论语·季氏》里说:“侍于君子有三愆：言未及之而言，谓之躁；言及之而不言，谓之隐；未见颜色而言，谓之瞽。”孔子的这些话无非是在说明，我们说话要讲究“技巧”，要tactful。孔子本人讲话就很注重“技巧”，他很能考虑到他讲话时候的实际处境，在不同的场合里跟不同的对象，以不同的方式说话。所以《论语·乡党》里就说:“孔子于乡党，恂恂如也，似不能言者。其在宗庙朝廷，便便言，唯谨尔。朝，与下大夫言，侃侃如也；与上大夫言，訚訚如也。君在，踧踖如也，与与如也。”

孟子跟孔子一样，也讲究讲话的“技巧”，注重讲话的对象。所以他在《孟子·尽心下》里说:“士未可以言而言，是以言餂之也；可以言而不言，是以不言餂之也，是皆穿窬之类也。”孟子还特别指出“不仁者”和“自暴者”这两类人是“不可与有言也”(《孟子·离娄上》)。他说:“不仁者,可与言哉?安其危而利其灾,乐其所以亡者。不仁而可与言,则何亡国败家之有?……‘天作孽,犹可违,自作孽,不可活’,此之谓也。”孟子还声明,如果有人“挟贵而问,挟贤而问,挟长而问,挟有勋劳而问,挟故而问”,他就“不答”(《孟子·尽心上》)。所以孟子虽然好辩,却也并不是有求必应,有问必答的,他应不应、答不答,要看他当前的情况而定。如果在他当前的情况之下答是合乎义的,那么他就答,如果不答是合乎义的,那么他就不答。

在孟子的思想里,义这个观念,我们已经说过了,有一种很强烈的situational orientation,跟我们当前所处的实际情况有密切的关系。如果一个人不顾及“义”、不考虑到他当前情况的oughtness,而有求必应,有问必答,那么这个人就是“冯妇”。什么叫“冯妇”,孟子在《尽心下》里说了个故事解释什么叫“冯妇”。孟子说这个故事是因为齐国闹饥荒,有人请他去向齐王说情,把仓库里的储粮拿出来赈饥。这样的事孟子以前做过一次,并且也做成功了,可是这一次他却不肯去说情,他说如果他这次再去说情的话,他就“是为冯妇也”。接着他就说“冯妇”的故事,他说:“晋人有冯妇者,善搏虎,卒为善士。则之野,有众逐虎,虎负嵎,莫之敢撄,望见冯妇,趋而迎之。冯妇攘臂下车,众皆悦之,其为士者笑之。”

孔、孟之如此讲究说话的“技巧”,是因为他们以言行对说,而又以为言不如行。这种以言行对说而又以为言不如行的设想,蕴含着一个值得我们注意的意义,意谓着在孔、孟的语言观里“默”,或者说是silence,不只是我们一般所谓的不说话,不只是absence of speech,而是指超越于语言的行,是一种transcendence of speech in action。就这个意义上说,孔、孟的“默”是一种行(action),因此我们可以说孔、孟讲默就等于是讲行、讲practice,行是孔、孟之所以会对语言产生怀疑的条件。

我刚刚已经说过了,这种因言行的对立而产生的linguistic

skepticism，并不认为名有先天上的缺陷而不足以显实，所以孔、孟虽然都说天“不言”，可是这种天不言的说法，只意味着孔、孟都认为最高真际[1]的存在之实是见于语言的一种存在，这也就是说对孔、孟来说，语言（或“名”）是外于实的存在而存在的（extraneous to reality），可是虽然是外于实的存在而存在，孔、孟却又都深信名可以显实。他们意识到名实之间可能会有差距，可是这种差距所形成的名不符实的问题只是一个技术性的问题，而不是跟语言本身的性质有关的形上问题。只要我们用名的时候，据“实”而用、言之有物，不让我们的语言脱离实际而成为一个自我指涉而又独立存在的纯符号系统（not allowed to be used apart from reality or to become self-referential as an independent system of pure signs），那么名不符实的问题就不会发生。

在孔、孟的语言观里，名实的问题是technically problematical，而不是metaphysically disturbing，是一个技术性的问题，而不是一种形上学上的困扰，所以孔、孟虽然都认为天不言，可是他们却并不因此而提倡“去言”或“泯言”。技术性的问题可以用技术来解决，而孔子解决这个问题的技术，就是“正名”。这是为什么孔子讲“正名”而说：

> 必也正名乎……名不正，则言不顺；言不顺，则事不成；事不成，则礼乐不兴；礼乐不兴，则刑罚不中；刑罚不中，则民无所措手足。故君子名之必可言也，言之必可行也。君子于其言，无所苟而已矣。(《论语 · 子路》)

孟子本人不明讲正名，可是他也跟孔子一样主张要言之有物，据实用名。我以前说过，孟子是即情言心，而又是即心言性、即性言天，所

---

[1] （编注）“最高真际”应该是“ultimate reality”的一种中译。在本书他处或作“终极的真实”（例如本讲，第89页）、“终极实际”（例如本讲，第95页）或“终极真际”（例如第十一讲，第184页）。依原稿如此保留。

以孟子的“天”这个终极实际（ultimate reality）有一个很显著的心理学的面向，因此对孟子来说，语言的作用至少有一部分是为了表达我们内心所感受到的情，所以他认为我们不可以离开我们的内心之情而从事言说。这是为什么当告子说：“不得于言，勿求于心，不得于心，勿求于气”的时候，孟子就马上提出异议而说：“不得于心勿求于气，可；不得于言勿求于心，不可。”（《孟子・公孙丑》）孟子还说：“故说《诗》者，不以文害辞，不以辞害志，以意逆志，是为得之，如以辞而已矣。《云汉》之诗曰：‘周余黎民，靡有孑遗。’信斯言也，是周无遗民也。”（《孟子・万章上》）

孟子之所以说“不以辞害志”，所以说“不得于言”要“求之于心”，乍看似乎跟魏晋南北朝时期玄学家们所讲的“言不尽意”的说法很类似，其实不然。这并不是因为孟子认为“言”在先天上有缺陷而“不能”“尽意”，而是因为他跟孔子一样，意识到名实之间可能会有差距而形成名不符实的问题，可是这种意识并不影响到孔、孟对于语言能够充分显实的信心。对孔、孟来说，只要我们据“实”用名，不让我们的语言脱离实际而成为一种自我指涉的纯符号系统，那么名之能够描述实这个信念，在原则上是不容置疑的。并且对孔、孟来说，如果有人不据“实”用名，而使语言因为脱离实际而变成一种自我指涉的纯符号系统，那么这个人就是滥用（abuse）语言，这种滥用又是可以透过“正名”的过程加以纠正的。还不只是可以透过“正名”的过程而加以纠正，这种滥用也还可以透过所谓的“知言”之术而加以识破，这是为什么孔、孟都讲究“知言”之术。

孔子把“知言”跟“知命”“知礼”相提并论，认为三者同样重要。他在《论语》的最后一篇《尧曰》的最后说：“不知命，无以为君子也；不知礼，无以立也；不知言，无以知人也。”至于孟子，他显然对他自己有“知言”的能耐感到相当骄傲，所以当公孙丑问他：“敢问夫子恶乎长？”孟子就很坦白、很当仁不让地说：“我知言，我善养吾浩然之气。”而当公孙丑再追问孟子“何谓知言”的时候，孟子就信心

十足地回答说:“诐辞知其所蔽，淫辞知其所陷，邪辞知其所离，遁辞知其所穷。”(《孟子·公孙丑上》)

孔、孟这种对语言能够指实、述实、显实的信念，似乎是古代儒家的一个共同信念。不只孔、孟有此信念，荀子也有这种信念。在古代的儒家中，荀子对语言问题所作的探讨和分析可谓是最周密(elaborate)，也是最有系统(systematic)，但是荀子对语言的看法，跟孔、孟在根本上有许多雷同之处，他也像孔、孟一样以为言不如行，并且他也认为言是一种应该顾及当前处境之是否合宜而行的道德行为。荀子显然以为用言是出于不得已，所以在《荀子·正名》里荀子就说:

> 故明君临之以势，道之以道，申之以命，章之以论，禁之以刑，故其民之化道也如神，辨势恶用矣哉。今圣王没，天下乱，奸言起，君子无势以临之，无刑以禁之，故辨说也。实不喻然后命，命不喻然后期，期不喻然后说，说不喻然后辨。

可是“期命辨说”虽然是出于不得已，在“圣王没，天下乱，奸言起”的情况下，也仍然是有必要的，并且也还是可以起作用，所以荀子一方面说“明君”不事“辨说”;而另一方面又说“期命辨说”是“用之大文也，而王业之始也”。这也是为什么荀子虽然认为用言是出于不得已，而却又在《荀子·非相》里批评那些“不好言，不乐言”的人说:“法先王，顺礼义，党学者，然而不好言、不乐言，则必非诚士也。”荀子还在《荀子·非十二子》里特别指责子夏的门生“终日不言”，而因此说他们是“贱儒”，他说:“正其衣冠，齐其颜色，嗛然而终日不言，是子夏氏之贱儒也。”最后一句话“是子夏氏之贱儒也”，在文字上可以有问题，可以说是“为子夏氏所贱之儒”，可是，我的讲法是根据叶绍钧的注，[1]把这句话解作“列子夏之门者为贱儒”，这些“不好

[1] (编注)叶绍钧:《荀子选注》，《无求备斋荀子集成》(台北:成文出版社，据民国十九年[1930]排印本影印，1977年)，第三十册，第56页。

言、不乐言”的“非诚士”和“终日不言”的“子夏氏之贱儒”，跟君子形成一种相反的对比：“君子之于言也，志好之，行安之，乐言之，故君子必辩。”君子之所以“乐言”而“必辩”，是因为：

凡人莫不好言其所善，而君子为甚。故赠人以言，重于金石珠玉；劝〔原文作观，据王念孙注改为劝〕[1]人以言，美于黼黻文章；听人以言，乐于钟鼓琴瑟。故君子之于言无厌，鄙夫反是。（《荀子·非相》）

可是君子虽然“乐言”“必辩”，荀子却又说君子是“少言”，而荀子之所以说君子“少言”是因为君子之辩，是为了“言仁”，所以如果所辩“非仁之中也”，那么君子是宁“默”不言、宁“呐”〔读成nà，呐同讷〕不辩（《非相》），并且，君子不妄自空说，君子所说的都合乎圣人制作的典法，所以荀子在《非十二子》里说：“少言而法，君子也。”因为是“少言而法”，所以荀子认为君子不如圣人，圣人是“多言而类”。

所谓“多言而类”是说圣人的话很多而却又是有条有理，并且圣人说话是自然而然的妥当合宜，所以荀子在《非相》里就说：“不先虑，不早谋，发之而当，成文而类，居错迁徙，应变不穷，是圣人之辩者也。”君子就不同了，君子说话要先谋虑，所以不是完全地spontaneous，荀子又说：“先虑之，早谋之，斯须之言而足听，文而致实，博而党正，是士君子之辩者也。”可是君子虽然不如圣人，要比起小人来却可得算是高明，小人是“多言无法”（原文作“多少无法”，今据卢文弨注改）[2]而“流湎”不止（《非十二子》），小人所以如此，是因为小人不懂得“默”。而对荀子来说“默”跟“言”是同样重要，荀

[1] （编注）王念孙：《荀子杂志》，《无求备斋荀子集成》（台北：成文出版社，据清道光十二年〔1832年〕《读书杂志》刊本影印，1977年），第三十四册，第94页。

[2] （编注）卢文弨、谢墉校：《荀子》，《诸子集成新编》（成都：四川人民出版社，据嘉业谢氏藏版影印，1998年），第3页。

子跟孔、孟一样也认为或言或默是当不当的问题，所以他在《非十二子》里说："言而当，知也；默而当，亦知也，故知默犹知言也。"

荀子注重辩而说"君子必辩"，在这一点上，他跟孔子不一样而跟孟子比较相近。我以前说过，孔子不辩，好辩的是孟子，可是孟子和荀子虽然都注重辩，他们两人辩论的路数不一样，这一点我们也已经讨论过了。孟子的辩是即性言心，而又是即心言性、即性言天，所以孟子的辩不分自然与人为，而认为自然与人为是一样的；可是荀子的辩对自然与人为严加区分，并且把自然与人为在一定的意义上视为对立，正因为荀子把自然和人为严加区分，并且在一定的意义上视为对立，所以，在语言观上荀子就要比孟子多一层转折。孟子的语言观跟孔子的一样，在概念结构上是两元式的（dyadic），说得具体一点，所谓两元式的，也就是说，孔、孟的语言观是由名跟实这两个观念单元所构成的。这两个观念单元之间的关系，是一种直接的关系，所谓"直接的关系"，不一定就是正面的，也可以是负面的，这也就是说名可以符实，也可以不符实；可是不管名是符实还是不符实，名实之间有一种直接的关系，没有、也不需要第三个观念单元来作媒介。

荀子的语言观就不一样了，荀子的语言观在概念结构上多一层转折，是三元式的（triadic）。荀子的语言观，除了名实这两个观念单元之外，还有一个"约定俗成"的观念单元，而因为有这么一个多加的观念单元，所以，荀子语言观里的名实关系就不是直接的而是间接的，这也就是说在荀子的语言观里，名实之间之所以会产生关系，是因为有约定俗成这个社会习俗在作媒介。这是为什么荀子在《正名》里会否定所谓名有"固宜""固实"的讲法而说："名无固宜，约之以命，约定俗成谓之宜，……名无固实，约之以命实，约定俗成谓之实名。"

荀子的这段话，很能显示出荀子认为语言不是自然的现象，而是人为的活动，有一种社会性和文化性。所谓有社会性和文化性有两个意义。第一个意义是说：语言受一个特定社会文化的规范和制约（socially regulated and culturally conditioned），这一个意义在我刚才所引的“名无固宜”/“名无固实”的那段话里说得很明白。第二个意义是说语言，或者说是名之所以产生，是为了实现一个社会文化的目的（social and cultural purpose），这个社会文化的目的就是要明“贵贱”、别“同异”，希望因此我们社会上的人不会有“志无不喻之患”，社会上的事不会有“困废之祸”，这一点荀子在《正名》里也说得很肯定，他说：

> 异形离心交喻，异物名实玄纽，贵贱不明，同异不别，如是，则志必有不喻之患，而事必有困废之祸。故知者为之分别制名以指实，上以明贵贱，下以辨同异。贵贱明，同异别，如是，则志无不喻之患，事无困废之祸，此所为有名也。

这一段引文的头两句话，在文字上相当有问题，历来的注和当代的几位翻译大师，像华兹生、H. H. Dubs和陈荣捷先生（*Source Book*，第125页），对这两句话都有不同的解说，而我自己的讲法，在基本上追随唐君毅先生（唐先生建议把“异形”的“形”字作“状”字讲）然后又把这两句话，就荀子对“状”跟“实”之间所作的区分来加以解释。

唐先生的这个建议牵涉荀子哲学里的一些术语观念（technical concepts），相当复杂，细节方面请各位自己去看他的《中国哲学原论·导论篇》（第138、140页），[1]我这里只想就唐先生的说法对这一段文字作一个大致的解释。这段文字大致是说：如果不同形状的物，被在心智上相互疏离而没有共识的人，用同样的一个名来指称而交喻的话，而又如果不同的物是用跟实纠缠不清而有玄纽的名来指称的话，那么就会产生“贵贱不明，同异不别”的现象，有了这种现象就必然有人志的不喻之患和事的困废之祸，为了要避免这些患和祸，所以就

[1] （编注）这里用的应该是1974年香港修订再版的页码，台北1984年全集校定版和1991年《唐君毅全集》卷十二版则在第158及160页。

有“知者”出来“制名以指实”。

这一段荀子对于名的来源的说法，也显示荀子认为语言是人为而不是自然的这一个看法。可是荀子虽然认为语言是社会文化的人为产品，他并不因此就认为名就不能指实而说道之实是“不可道”“不可说”的，而荀子之所以没有如此认为，是因为他认为名，或者说是语言里所讲的同与异，是人实际情况里的同与异的忠实反映，而我们语言里所讲的同与异之所以是如此，是因为我们制定语言的时候是以实际情况里的同与异作为“枢要”、作为依据，所以荀子在《正名》里说：

> 物有同状而异所者，有异状而同所者，可别也。状同而为异所者，虽可合，谓之二实。状变而实无别而为异者，谓之化；有化而无别，谓之一实。此事之所以稽实定数也，此制名之枢要也。

根据荀子的这段话，我们不但可以说语言不因为是人为的产物就不能述实、显实，我们还甚至可以说，正因为语言是人为的产物，才可能真正充分地述实、显实，而我所以可以如此说是因为我们制定语言这个人为产物的时候，是以实际情况为依据、为“枢要”的，而我们人在制定语言的这个人为活动里之所以能如此做，是因为我们都有荀子在《正名》里所说的“天官”(natural faculties, literally heavenly organs)。这些“天官”包括我们的耳目鼻及心体（体指身体，即body，我们的身体也是一个感觉器官，有触觉，可以touch），我们的这些“天官”能够如实地体验到实际事物的同与异，而后再在我们“约定俗成”的人为语言里面如实地反映出来。

至于说，我们到底是如何从“天官”的实际体验而走到语言的如实反映，这一个过程，荀子在《正名》里有一段话可以引来作为说明，他说：

> 然则何缘而以同异？曰：缘天官。凡同类同情者，其天官

之意物也同；故比方之疑似而通。是所以共其约名以相期也。形体、色、理，以目异；声音清浊，调竽奇声以耳异；甘、苦、咸、淡、辛、酸、奇味以口异；香、臭、芬、郁、腥、臊、漏庮、奇臭以鼻异；疾、痒、沧、热、滑、铍、轻、重以形体异；说、故、喜、怒、哀、乐、爱、恶、欲以心异。心有征知。征知，则缘耳而知声可也，缘目而知形可也，然而征知必将待天官之当簿其类，然后可也……此所缘而以同异也。

我想这一段话很足以说明，为什么荀子认为人为的语言可以充分地、如实地反映实际。就这一点而论，荀子跟孔、孟一样，荀子的语言观，虽然在观念结构上比孔、孟要多一层转折，可是荀子并不因为多了这么一层转折而对语言述实、显实的能力起怀疑，这是为什么荀子在《正名》里一方面说“名无固宜”“名无固实”，而另一方面又说“名有固善，径易而不拂，谓之善名”。这也是为什么荀子虽然以“名”是“约定俗成”的人为产物，而仍然还可以说：“名闻而实喻，名之用也。”（《正名》）荀子跟孔、孟一样，认为名可以指实、述实、显实，所谓跟孔、孟一样，也就是说跟老、庄、释迦不一样，老、庄、释迦都认为名不可能符实，而说“实”是“不可道”“不可说”的，可是老、庄、释迦又都说、都讲，这似乎是一个矛盾，其实不是。如何个不是，等我们讲到老、庄、释迦的时候再追究，现在我们先来谈一谈墨子。

第七讲 | 墨子:“兼爱”说所比喻呈现的客观化思想模式

孔、孟都讲仁，而仁之为爱，我们已经讲过了，有普及性，是一种universal love，可是仁之为爱的普及性来自仁的延伸，是一种extensive love。这种有普及性的extensive love跟墨子所讲的兼爱不同，而其间的不同也并不是如一般所说的兼爱是一视同仁，不像仁之为爱，会因为人际关系的亲疏而有差别。这里面所牵涉的还有儒、墨之间意识形态不同的问题，兼爱只是墨子思想里的一个象征符号(symbolic sign)，因此仁爱与兼爱之间的不同，也还象征着儒、墨二家，在思想上有系统性的不同。这个话是怎么说，我等一下再解释，现在我想先简单地说一下《墨子》这一部书。

就我们现有的版本而言，《墨子》这一部书一共有十五卷七十一篇，而这七十一篇之中有十八篇已经亡佚，所以我们今天能够真正看到的只有五十三篇。这五十三篇里的材料又大致可以分为两类。一类是跟逻辑和军事科技有关的材料，这些材料大概都成之于墨子之后，出自墨子门人之手，并且这一类的材料有相当的专业性及技术性，所以特别难读，再加以《墨子》这部书在文字上本来就问题大。子书时代的典籍大致到了三四世纪的时候，都至少有一种注，唯独《墨子》是一个例外。《墨子》受到重视而开始有人加以整理作注，还是十八九世纪以后的事。因为受到长时期的忽略，所以《墨子》这部书在文字上的脱漏和错误特别多，要读本来就困难，而那关于逻辑和军事科技的部分，又是深具技术性的材料，所以难上加难。

对这一部分的材料，我自己没有下过特别的功夫，所以我这里不讲，各位如果有兴趣，可以用孙诒让的《墨子闲诂》[1]作依据，再参阅谭戒甫的《墨辩发微》，[2]高亨的《墨经校诠》[3]和葛瑞汉（A. C. Graham）的*Later Mohist Logic, Ethics and Science*。[4]葛瑞汉的书是1978年由香港中文大学和伦敦大学的School of Oriental and African Studies联合出版的，这部书有两个特点，很值得看。第一个特点是：这部书的书末附有一个很详尽的书目（bibliography），列举了中、日、英、美、法、德各国学者研究《墨子》的成果，这个书目很有用；第二个特点是：葛瑞汉不像高亨那么轻易地认定《墨子》的原文有脱漏错误而擅加修改，葛瑞汉对《墨子》一书的用语和句法，作了一番细心的分析，然后在尽可能不改动原文的原则之下，就《墨子》一书本身原有用语和句法的规律性和习惯性来解释《墨子》，他这样的做法除了有助于我们对一书文字的了解之外，在校勘学（textual criticism）和语言学上也都是一种贡献，很值得我们留意。葛瑞汉的书，我们的图书馆有，希望各位有时间的时候去看一下。

至于我这里要讲的《墨子》，在材料方面是属于第二类，这第二类的材料，是一般比较熟悉的卷二的《尚贤》，卷三的《尚同》，卷四的《兼爱》，卷五的《非攻》，卷六的《节用》和《节葬》，卷七的《天志》，卷八和卷九的《明鬼》《非乐》《非命》和《非儒》。这些卷里，除了《非儒》这一个题目只有上下两篇之外，其余的每个题目又都分为上中下三篇，这上中下三篇在文字上有些出入，但是在论点和意旨

---

[1]（编注）孙诒让：《墨子闲诂》（木活字本，清光绪二十一年〔1895年〕）。

[2]（编注）谭戒甫：《墨辩发微》（北京：科学出版社，1958年）。

[3]（编注）高亨：《墨经校诠》（北京：科学出版社，1958年）。

[4]（编注）A. C. Graham: *Later Mohist Logic, Ethics and Science* (Hong Kong: Chinese University Press, Chinese University of Hong Kong; London: School of Oriental and African Studies, University of London, 1978).

上以及论理的方式没有显著的不同，我们可以把上中下三篇看作是同一篇论说的三种不同记录。根据俞樾的说法，墨子死后墨学分而为三，所谓的“相里氏之墨”“相夫氏之墨”和“邓陵氏之墨”，而我们现存的《墨子》里，对“尚贤”“尚同”和“兼爱”这些问题的论述之所以有上中下三篇，是因为墨学三派的传本不同，所以后人合以成书，就产生了一篇而有三的这种现象（见俞序的孙贻让《墨子闲诂》）。

《墨子》这几篇里的论述，在文字的组织上可以算是有条有理，可是就是没有什么文采、很bare、很stark、也是很flat，读起来很单调，句法的变化不多，而用语也常常重复，给人的感觉是墨子好像是在说教喊口号，这种情形在《墨子·非乐上》里尤其明显。这一篇的主旨是在说明，为什么“乐之为物，将不可不禁而止也”，我建议各位抽空去看一看，看了以后，我相信你们会发现，墨子的论说体式很公式化（formulaic），他每一段话都用同样的结语，说了一番话之后，他的结语总是：“是故子墨子曰，为乐非也。”结果是：短短的一篇文字里面，这个“为乐非也”的结语一共用了六次，墨子这种单调的、公式化的文体，显然引起了荀子的不满，而成为荀子嘲弄的对象。荀子在《荀子·乐论》里有一番反驳墨子“非乐”的话，在这番话里，荀子把“而墨子非之奈何”这同一个公式化的结语重复地用了三次，这种体式跟《荀子》其他各篇里的体式很不一致，所以我相信荀子这么做是故意在模仿墨子，对墨子是有意嘲弄（parody）。

根据韩非子的说法，墨子或者说是墨家的不讲究文采也有其原因，在《韩非子·外储说·左上》里有一段记载，这段记载是楚王跟一个追随墨子，名叫田鸠的齐人之间的对话，在这段对话里楚王对田鸠说：

> 墨子者，显学也，其身体则可，其言多而不辩，何也？

田鸠回答说：

昔秦伯嫁其女于晋公子，令晋为之饰装，从衣文之媵七十人，至晋，晋人爱其妾而贱公女，此可谓善嫁妾，而未可谓善嫁女也。楚人有卖其珠于郑者，为木兰之椟，熏以桂椒，缀以珠玉，饰以玫瑰，辑以翡翠，郑人买其椟而还其珠，此可谓善卖椟矣，未可谓善鬻珠也。今世之谈也，皆道辩说文辞之言，人主览其文而忘有用。墨子之说，传先王之道，论圣人之言，以宣告人，若辩其辞，则恐人怀其文、忘其直，以文害用也。此与楚人鬻珠、秦伯嫁女同类，故其言多不辩。

田鸠的这一段话，可能是在为墨子的缺乏文采作掩饰，说墨子是不为，而不是不能，可是不管是不是掩饰，这一段话至少也可以说明在子书时代的华人，就已经注意到墨子的单调和没有文采是墨子文章言说的一个特色。这个特色的产生不是偶然的、是有意义的，而我之所以说“是有意义的”，是因为墨子文体的单调和缺乏文采，在他的思想系统里不是一个孤立的现象。墨子“非乐”，而又讲“节用”，他大声疾呼地提出这些主张，是因为他要提倡frugality、反对文饰（cultural refinement），认为文饰是一种无用的靡费，而墨子的缺乏文采跟他的这些主张在脉络上是一贯的，是墨子提倡节俭、反对文饰这种心态的一个具体表示。

《墨子》这部书，除了没有文采之外，也还相当impersonal。我查了一本词典，这本词典把impersonal这个字，解释为“不具人格的”，这个解释有点生硬，也有点含糊。所谓“不具人格的”并不是就道德的意义上说，所以当我们说《墨子》这部书是“不具人格的”，我们并不是说《墨子》这部书不提倡人格操守，而是说《墨子》这部书给人一种“很难亲近”的感觉。说得具体一点，所谓“很难亲近”就是说，我们不容易通过《墨子》这部书而“亲近”墨子这个“人”，而我们之所以会有如此的感觉，是因为《墨子》这部书所注重的是墨子的言说，而不是墨子的事迹。

在这一点上，《墨子》和《论语》很不一样。《论语》除了孔子的言论之外，还记了不少孔子的行为和性格，所以我们可以通过《论语》而知道孔子是什么样的一个人。我们读《论语》就会知道：孔子因为宰予昼寝而发脾气，骂宰予是“朽木不可雕也”（《公冶长》）；在齐国“闻韶”，孔子会乐得“三月不知肉味”，而大加赞叹地说：“不图为乐之至于斯也！”（《述而》）颜回不幸早死，孔子感伤至极，以至痛哭流涕而声嘶力竭地大呼一声，说：“噫！天丧予！天丧予！”而当一个在场的人认为他悲恸过分而说“子恸矣”的时候，孔子又十分激动地回答说：“有恸乎？非夫人之为恸而谁为？”（《先进》）

在《论语》的记载里，孔子是一个有血有肉的活生生的人，可是《墨子》这部书就不同了，《墨子》这部书对于墨子的行为不能说是只字不提，在《墨子·公输》里，就有墨子跟公输盘斗法而阻止楚国攻宋的故事，这个故事说出来，我相信是大家都知道的：

> 公输盘为楚造云梯之械，成，将以攻宋。子墨子闻之，起于齐，行十日十夜而至于郢……公输盘九设攻城之机变，子墨子九距之，公输盘之攻械尽，子墨子之守圉有余。公输盘诎，而曰：“吾知所以距子矣，吾不言。”子墨子亦曰：“吾知子之所以距我，吾不言。”楚王问其故，子墨子曰：“公输子之意，不过欲杀臣。杀臣，宋莫能守，可攻也。然臣之弟子……三百人，已持臣守圉之器，在宋城上而待楚寇矣。虽杀臣，不能绝也。”楚王曰：“善哉！吾请无攻宋矣。”子墨子归，过宋，天雨，庇其闾中，守闾者不内也。故曰：“治于神者，众人不知其功，争于明者，众人知之。”

所以《墨子》这部书对于墨子的行为并不能说是完全没有记录，但是根据葛瑞汉的研究，我刚刚所引的那个跟公输盘斗法的故事，是《墨子》一书中唯一讲到墨子行为的地方。

《墨子》一书除了逻辑和军事科技之外，其他部分所记载的绝大多数是墨子的言说，而且这些言说也都还不像《论语》里面所记载的孔子的言说那么能够显示出墨子的个性。我们谈《墨子》可以因此而知道墨子的脑子里在想什么，可是我们并不能因此而知道他心里的感受是什么，我们对墨子的行为和性格，知道得很少。可是我们虽然对墨子的行为和性格知道得少，却又有许多专家学者对他的身世提出多方的揣测。譬如说，一位名叫江瑔的先生在他1917年出版的《读子卮言》里（此书曾为文海出版社翻印，年代不明）[1]就曾经揣测说，墨子的“墨”字并不像一般传统所说的是“姓”，而是“墨”的意思，是指在户外劳动、被太阳晒黑的一群苦工。钱穆先生的讲法稍有不同，在他1931年商务出版的《墨子》一书里，钱先生把“墨”字解释为“墨刑”的墨，“墨刑”是一种刑罚，也叫做“黥面”，用英语说是一种“branding”，或者说是“tattooing”，所以钱穆先生以为“墨”这个字，是形容墨子和追随墨子的人是苦行者，他们工作勤苦，勤苦得像被强制劳役的囚犯一样。日本的渡边卓（Watanabe Takashi），在他1967年出版的*Bokka Shishō*（《墨家思想》）[2]里认为“墨”字是指木匠所用的墨绳，所以他说墨子和墨家的人物大概都是工匠。冯友兰在他1964年出版的《中国哲学史新编》[3]里也认为墨子的原来出身是工匠，可是后来却成为一个“士”，所以冯友兰认为墨子和墨家的学说，是反映春秋战国时代类似工匠阶级的利益的要求。这几种揣测在细节上有些出入，但他们的目的不外是在说明墨子和他的弟子是下层社会的人物，假如不真是下层社会的人物的话，就至少也是在为下层社会说话，跟儒家之为上层社会说话形成一种对立。

---

[1] （编注）应指台北文海出版社1967年收入《国学集要》二编第十九册的影印本，文海版未标明所根据原版本为何，经查应系根据上海商务印书馆1917年排印初版或其再版本影印。卷二第十四章为“论墨子非姓墨”。

[2] （编注）收入宇野精一等编：《中国思想：墨家·法家·论理思想》（东京：东京大学出版会，1967年）。

[3] （编注）冯友兰：《中国哲学史新编》（北京：人民出版社，1964年）。

提倡对墨子作这样解释的学者，也还不只是在“墨”这一个字上作文章，他们还提出了些别的证据。譬如说，《墨子》这部书里有一部分材料跟军事科技有关，这就被认为是足以说明墨子和他的弟子，的确具有工匠们的专业性知识。并且《墨子》这部书，虽然很少说到墨子的行为和身世，可是在其他的子书里，我们可以找到另外的一些资料，这些“另外的一些资料”，似乎可以说明墨子是一个下层社会的人物。譬如说，我刚刚所引的那个跟公输盘斗法的故事不只在《墨子》里有，在《吕氏春秋》里也有，《吕氏春秋》的记载和《墨子》里的记载大致相同，但是在细节上有一个显著的差异，就是，根据《吕氏春秋》的记载，墨子到了楚国之后见到楚王，他自我介绍说他是“北方之鄙人”（见《吕氏春秋》卷二十一），他这种自我介绍似乎可以用来证明墨子的出身低微。在《荀子·王霸》里，荀子认为“人主”应该授权给他手下的百官，不要什么都管，样样事都“自为之”，墨子是出身低微的“役夫”，并且墨子“非乐”，而又主张“节葬”“节用”，这似乎又表示是下层社会的人看不惯上层社会的讲究文饰，认为上层社会是寄生虫，在靡费社会上的财富。

所以说墨子和他的弟子出身低微，或至少是在为下层社会说话，也不是完全没有理由，但是我觉得这些理由不够确切。不错，我想我们大致可以肯定，墨子和他的弟子具有工匠的专业知识，可是具有工匠的专业知识并不足以证明他们就是下层社会的工匠；不是出身工匠的人一样可以取得专业性的工匠知识，这在春秋的末期和战国时代恐怕尤其是如此。各位都知道这个时代不是一个稳定的时代，有相当程度的social mobility（参见许倬云*Ancient China in Transition*），[1]有所谓的“小人阶级上升，君子阶级下降”这种现象，下降的君子尽可以因为实际的需要而学取“小人阶级”的专技，而我们有理由相信墨子和他的弟子有实际上的需要去学取专业性的工匠知识。我们都知道

[1] （编注）Cho-yun Hsu, *Ancient China in Transition: An Analysis of Social Mobility, 722–222 B.C.* (Stanford, Calif.: Stanford University Press, 1965).

墨家提倡“非攻”，反对侵略性的战争（aggressive wars），但这并不表示墨子和他的弟子是反战者（pacifists），反对一切的战争。而墨子和他的弟子只反对侵略性的战争，他们并不反对所谓防御性的战争（defensive warfare），事实上，他们甚至提倡并从事防御性的战争，认为“防御性的战争”是阻止侵略性战争的一种有效手段。墨子和他弟子尽可能为了“防御性的战争”的需要而学取专业性的军事科技，所以墨子和他弟子之具有专业性的工匠知识，很可能是因为他们主张“非攻”，而不是因为他们出身于下层社会的工匠。

至于荀子在《王霸》里的那段话，说“墨子之说”是种“役夫”之道，这里所说的“役夫”不一定就是实指，很可能是一种比喻性的说法，所以不足为凭。再说墨子“非乐”反对文饰是事实，但是我们没有充分的理由去相信，墨子就一定认为“礼乐”、文饰是上层社会的专利，而是在借“非乐”和反文饰来反对上层社会。我们今天反对拜拜而认为拜拜是一种浪费的人，恐怕不是一般所谓的下层社会，而是上层社会。墨子的时代也未必就不是如此，所以我说，说墨子是出身低微或是为下层社会说话，在立论的根据上不够确切，比较确切的是《吕氏春秋》里的那段话，说墨子自我介绍，说他自己是“北方之鄙人”，可是就凭这么一个片断的记载，就说墨家是出身低微或是在为下层社会说话，似乎是说得过分。

除了立论的根据不够确切之外，我还有一个理由，认为墨子和他的弟子并不一定是出身低微，或是在为下层阶级说话，我这个理由是：墨子讲的对象不是下层社会的人物，而是上层社会的掌权者，他跟他之前的孔子和在他以后的孟子一样到处周游，希望能够找到一个“明君”来实现他的理想，而他的理想，也并不比孔、孟的理想要更为下层阶级着想。各位可以去看看他《尚同》篇里所说的话，他这些话不只是很注重权威的（authoritarian）与阶层的（hierarchical），并且比起孟子的民本思想要差上十万八千里。

所以我们不能肯定墨家的人物是出身低微、是在为下层社会说话，我们只能肯定墨家显然是盛行过一时，并且是与儒家对立。我们可以如此肯定，一方面固然是因为《墨子》这部书里，有《非儒》篇是明目张胆地在批评儒家，另一方面也因为墨子之后的孟子和荀子都把墨子当作是儒家的头号敌人，所以儒、墨两家在子书时代的冲突是可以肯定的，而他们冲突的焦点也并不像一般所说，只是在墨家的兼爱之说。我刚刚已经说过了，兼爱只是墨子思想里的一个象征符号，因此兼爱与仁爱的不同，也还象征着儒、墨二家，在意识形态上有系统性的不同。

唐君毅先生在他的《中国哲学原论·导论篇》里把墨子跟孟子对比，说墨子所说的心是“知识心”、是“理智心”，而孟子所说的是“性情心”。唐先生根据哈佛燕京社的《墨子引得》[1]作了一个统计，统计的结果发现《墨子》这部书里，“知”这个字用了300多次，而“情”这个字只用了26次，并且在那所用26次的“情”之中，多半的时候“情”的意思是“情实”的“情”，是situation，或者说是actuality，而不是指feelings or emotion。

“情”用作feeling的意思，在观念上主要是孟子提出的，在《论语》里不见，可是儒家之重视情并且诉之于情，已经可以在《论语》里看到一些端倪。我刚才说《论语》跟《墨子》在体式上很不一样，《墨子》的体式是“不具人格的”（impersonal），而《论语》正好相反，非常personal。我们读《墨子》只能知道他脑子里在想什么，可是并不能因此而知道他心里的感受是什么，而我们读《论语》却可以知道孔子心里的感受是什么，并且我以前也还说过《论语》这部书在体裁上很特殊，是对话式的，而《论语》里的对话又跟柏拉图式的对话不同，不是长篇大论，也不在推理上按部就班，而往往是短而简洁（laconic），并且《论语》里面各段对话之间又往往是各自为政，没有什么明显的逻辑关系。这种体裁的用意和效果主要是在启发

[1]（编注）*Mozi Yinde* (*A Concordance to Mo Tzu*), Harvard-Yenching Institute Sinological Index Series, Supplement no. 21 (Cambridge MA: Harvard University Press, 1956).

(inspire)，而不是在论理。

各位应该还记得我以前举过的那个“三年之丧”的例子，当宰我抱怨说三年之丧太长，孔子虽然是有理可辩，却不辩，孔子直接诉诸宰我的“情”，问他“食夫稻，衣夫锦，于女安乎？”而当宰我说“安”，孔子就说：“女安，则为之，夫君子之居丧，食旨不甘，闻乐不乐，居处不安，故不为也，今女安，则为之！”这是一种诉诸“情”的说法。可是墨子就不一样了，《墨子》里面的各篇，都是论理性的文字，所以《墨子》这部书里“故”，也就是“therefore”，这个字用得很多，一共用了300多次。还不只是用了300多次，并且“故”这个字所引起的推理问题，也还是墨家逻辑里面特别探讨的一个对象。论理性文字的用意和效果不在启发，而是在说服别人，是希望能唤起我们认知的心，而不是希望能激起我们内心的情，所以“知识心”与“性情心”之间的差别，不只是墨子跟孟子之间的不同，也可以说是墨、儒两家之间的不同。

我如此说，并不是说孔、孟完全不讲“知”，《论语》里面说到“知”的地方并不少，而孟子也说“良知”“良能”，所以儒、墨的不同也还并不尽如唐君毅所说的，只是一个讲情，一个讲知，两家所讲的知，在具体内涵上也显然不同。孔、孟的知，尤其是孟子的知，是就我们个人内心的主体感情说；而墨子所讲的知，是一种经过客观化的东西。这也就是说，墨子不像孟子，他不认为一个人内心的主观感情有普遍性，因为没有普遍性，所以墨子认为我们个人内心的主体感情不足以成为我们行为或判断的依据，他认为我们的行为或判断要依据一种经过客观化而人人都认同的“知”，这一点我们可以从墨子在《墨子·非命》的一段话里看得很清楚。这段话说：“言必有三表”，据孙诒让的注，“表”是“法”的意思，所谓“三表”就是“三法”，也就是陈荣捷先生在英译本里所说的“three standards”（*Source Book*，第222页），是三种标准、三种依据的意思。

具体地说，所谓“言必有三表”，是说：我们的“言”要“有本之者，有原之者，有用之者”，“本”就是陈先生所谓的“bases or foundation”，而“原”和“用”就是陈先生所谓的“examination”和“practical application”。用墨子自己的话说，所谓“本”就是要“上本之于古者圣王之事”，所谓“原”就是要“下原察百姓耳目之实”，而所谓“用”也就是“废以为刑政，观其中国家百姓人民之利”（据王念孙的注，“废”是“发”的意思，“发废古字通”）。陈荣捷先生认为墨子“三表”的说法是一种“surprisingly scientific procedure”（*Source Book*，第222页），陈先生这么认为的理由是：墨子讲“实际经验”，讲“actual experience”，主张任何一种理论或说法，一定要通过“实际经验”的“验证”之后，才能算是成立。

我想陈先生对墨子“三表”的这种解释是一般性的说，不是专业性的说。专业性的说，科学里面所说的“验证”所依据的“实验经验”，跟我们通常所说的“耳目之实”或见闻之知不是一回事，而是由一种所谓的“controlled experiment”所产生出来的东西。顾名思义，所谓“controlled experiment”，不是指毫无规划、随兴之所至的盲目试验，而是指有目的的，在特定的理论指导和控制之下来进行的一种实验。所以从这种“controlled experiment”之中所得到的“实验经验”，跟我们通常耳目感官所得到的“实际经验”不同，没有“偶然性”的（accidental or random），并且就考察性的科学观点来说，我们一般所说的“见闻之知”并不可靠，不能真算是“实”。

我们都知道我们的感官可以是相当的误导（misleading），我们用眼睛所看到的、用耳朵所听到的，往往不是科学上所说的实，不能用来在科学上当作论理或判断的依据和标准，所以我觉得与其说墨子的“三表”所主张的是一种科学的程序（scientific procedure），还不如说，它是在提倡把我们个人内心的主观之情，通过所谓的“三表”加以客体化而建立共识。这也就是说，当墨子说我们要“下原察百姓耳目之实”的时候，他这句话的焦点不在“耳目之实”而是在“百姓”众人，而所谓焦点在“百姓”众人而不在“耳目之实”，也就是说，墨子这句话是在强调：要以“百姓”众人的共识来客体化我们个人的主观，使我们个人的主观，都能够成为有普遍性和一致性的客观之知。[1]这一点我们可以从《墨子·明鬼下》里的一段话看得很清楚。《明鬼》本来也跟《尚贤》《尚国》《兼爱》《非攻》《节用》《节葬》这一类的其他篇章一样，有上中下三篇，可是上篇和中篇却已亡佚，所以我们现在只有下篇。在这一篇里墨子一开始就说，他当时的时代是一个上不“惠”、下不“忠”、父不“慈”、子不“孝”的大乱之世，而他又认为此乱之所以起，是因为当时的人都“疑惑鬼神之有与无之别，不明乎鬼神之能赏贤而罚暴”，他认为如果“天下之人偕若信鬼神之能赏贤而罚暴”，那么天下一定不会大乱。所以《明鬼下》这一篇的主旨无非是在肯定世上的确是有鬼神。

墨子之所以能够如此肯定地“验证”，就正是“三表”里面所说的“百姓耳目之实”，他说：“是与天下之所以察知有与无之道者，必以众之耳目之实知有与亡为仪者也。”所以，墨子以为如果有人不信世上真有鬼神，那么就叫这个人“入一乡一里而问之”，看看从“古以及今”，自有“生民以来”，是否有人“尝见鬼神之物，闻鬼神之声”。如果有，那么世上就是有鬼。接着墨子就引了一些记载，这些记载都是一些人“见鬼”的故事，根据这些记载，墨子就肯定世上的确有鬼。

我在刚开学的时候，跟各位介绍过华兹生（Burton Watson）这位人士。华兹生是一位从事翻译的美国学者，翻过《庄子》，也出过《墨子》选译的单行本。在他《墨子》选译的单行本里有一篇导论（Introduction），在这篇《导论》里华兹生说，墨子那种肯定世上有鬼的论证方式是很糟糕的（disastrous）（第4页）。我想我们生活在20世纪的末期，作为所谓的“现代人”，大概都会跟华兹生先生有同感，觉得墨子肯定有鬼的那种论证方式是很糟糕的。可是尽管作为“现代人”的我们是如此感觉，我们不必要、也不应该因此而忽略了墨子这种论

[1] 这与荀子不同：(1) 荀子以“名无固宜”，承认知之社会性而讲“约定俗成”；(2) 荀子之“约定俗成”之所以可能，因心之虚静，而此种心乃人人皆有，人的主观之中即有客观，此乃非客观化的主观，而是个人本身根植于社会化之事宜。

证方式在思想史上的意义。墨子的“众人之耳目”的所见所闻作为有无之“实”的“验证”，是他思想客观化意向的一个具体呈现，墨子否定我们个人的主观和特殊性，希望能因此而建立共识、发展共性，[1]所以墨子的思想里我们个人说有说无都不算数，要众人说有说无才算数。墨子不提倡“反求诸己”，他不以为我们个人内心的主观之“情”可以成为一种“验证”。对墨子来说，只有在客观化之后，为“众人之耳目”所共认的才是“验证”。墨子这种对于“验证”的观念，跟他提倡“尚同”的主张在脉络上是一贯的，是同出一辙的，都是要把主体的个性客观化，建立一种没有主体个性的一言堂共识和共性。

因为墨子的思想“意向”注重客观化、提倡“尚同”，所以他就很自然而然地要讲“兼爱”。在客观化的思想“意向”之下，墨子尽可以不管，也不可能顾虑到我们个人对人是否会因为人际关系的亲疏之别而会感到有不同样的爱。对墨子来说，个人主体内心的感受，不作兴成为我们行为的依据。由他的立场出发，我们应该把我们个人主体的内情客观化，使得人我一致，结果是既无亲疏之别，而又无爱之差等，所以墨子一定要讲“兼爱”。

各位都知道，墨子除了主张“尚同”和“兼爱”之外，还主张“非乐”，提倡“节用”“节葬”，而墨子之所以要“非攻”“非乐”，要“节用”和“节葬”，是因为他认为战争、音乐、舞蹈和隆厚的丧礼都是一种浪费，对大多数人并无好处。以大多数人的好处作标准，可以算是功利主义（utilitarianism），而许多近代的学者也往往把墨子跟近代西方的功利主义者，像边沁（Jeremy Bentham）和穆勒（John Stuart Mill）相比拟。可是严格地说，墨子所讲的利跟近代西方功利主义者所讲的利并不一样。不错，近代西方功利主义者提倡所谓的

[1] 我们尽可以肯定个性而讲协调。（编按）此简要原注出现于原稿正文侧边空白处，有两种可能的解读，一是讲授者继续解释墨子思想的复杂性，以及此复杂性中对于个性、协调、共识及共性的关系；另一则是提出与墨子相对的看法，说明建立共识与发展共性，未必要否定个性。依上下文的讨论脉络来看，后者似乎比较切合讲授者的一贯理路。

“绝大多数人的最大幸福”，可是，他们所提倡的是以所谓的开明的自我利益（enlightened self-interest）为前提的，这也就是说，近代西方功利主义之所以提倡“绝大多数人的最大幸福”，是因为他们都相信个人对他自我的利益都有一种开明的认识，所以近代西方的功利主义者，虽然提倡大多数人的功利，都也同时肯定个人。墨子就不一样了，墨子不肯定个人，所以墨子讲功利，跟近代西方功利主义者讲功利，不能算是一回事，不能比附。

墨子讲功利，又是他思想以客观化来探视个人主体“意向”的一个具体呈现，他这种客观化的思想“意向”是儒、墨二家的真正差别所在。因为在“意向”上有着这么一个基本的差异，所以儒、墨二家会有其他种种一系列的不同，这些一系列的不同所包括的并不只是像“兼爱”之类在具体学说上的不同，还包括了儒、墨二家在文章体式上的不同。因为墨子讲客观化、否定个性，所以他不讲文饰，所以他的文章是bare，是stark，是flat，是impersonal，而也因为墨子讲客观化，所以墨家会特别下功夫研究逻辑，希望把理论的过程客观化、规律化、公式化。

我前些时跟各位提起过的韦利（Arthur Waley），认为墨家之注重逻辑、发展逻辑，是因为墨家受到攻击，需要为他们的学说立场辩护，因此有实际需要注重逻辑（参见他的著作*The Way and its Power*，第65页）。墨家受到攻击是事实，我上次说过了，孟子和荀子都把墨子当作头号敌人，可是儒家也受到攻击，并且是受到墨子的攻击，可是儒家并没有因此而研究发展逻辑。所以，我觉得受到攻击并不必然就能产生逻辑，墨家之注重逻辑，可以从墨子思想的“意向”上去解释，是墨子讲究客观化的一个很自然、很逻辑的成果。

墨家讲究逻辑，想要把论理的过程客观化、公式化，不仅跟孔、孟不同，也跟老子有很大的差别，如果我们认为《论语》的体式是散落的（disjointed），是有一句没一句的，可是要是跟老子比，还应该算是小巫见大巫。《老子》在体式上，要比《论语》更是有一句没一句，更富神秘性。

第八讲｜老子：道与“无为”

《老子》这部书可能是世界上篇幅最小，而又是最能使人发生兴趣、影响最大的一部书。全书只有五千多个字，可是，如陈荣捷先生在他的*Source Book*里所说的，历来对于我们传统典籍的注，要以《老子》为最多，而《老子》的英译本也要比任何中文典籍的英译本为多。《老子》也叫《道德经》。既然是叫《道德经》，所以《老子》这部书的中心思想是由道与德这两个观念构成的；这两个观念之中无论是就思想上的分量说，或是就使用的次数说，道都要比德来得重要。道这个观念在《老子》书里一共出现67次，并且是被用来指一种通贯宇宙一切所有，而又是宇宙一切所有之母的根本存在。可是这个观念虽然在《老子》里要比“德”来得重要，我这里却打算先讨论“德”，然后再讨论“道”，我之所以要如此做，是因为“德”这个观念容易引起误解，所以需要先加以澄清。

在我们中华思想史上有许多思想家，不管他们是属于儒家的，还是属于道家或是佛家的，往往都把“学”看成是一种“退”，而不把“学”看成是一种“进”。这也就是说，在我们的传统里有许多思想家认为learning是一种un-learning，或者说是de-conditioning的过程。说得具体一点，这种把“学”看作是“退”的说法，是认为我们学是要学我们所犯的错误是什么，如果我们知道我们所犯的错误是什么，而因此从我们所犯的错误退出，那么我们就算是“学”了。这是为什么老子说“为道日损”，是一个“daily decrease”的一种过程，这也是为什么庄子讲“心斋”，《易经》讲“洗心”。所谓“心斋”（fasting the mind）、所谓“洗心”（washing the mind），都是反面的（negative）的讲法，都是把“学”当作是一种un-learning或者说是de-conditioning的过程。

佛家常常把“学”比喻为“去病”，这也是一种反面的讲法。这种把“学”比喻为“去病”的讲法，在宋明时代的理学、心学也很盛行，像陆象山和王阳明就是那么说的。我们常听人说教书要因材施教，陆象山和王阳明也都讲因材施教，可是他们的因材施教是从反面说的，他们把因材施教说成是“因病下药”。各位不一定都看过《易经》，我希望你们有机会的时候不妨去翻一下，翻过之后你们会发现：《易经》里的第二十三卦是“剥”，第二十四卦是“复”。所谓“剥”就是“peeling off”，剥橘子在英语里叫peel an orange；到海滩上去晒太阳，如果身上没有涂防晒油，晒多了会脱皮，弄得面目全非，遇到别人，人家也许会说：“What happened to your face? You're peeling!”所以“剥”就是“peeling off”；而“复”就是“recovery”，或者说是“restoration”。

在宋明时代有些理学家心学家认为《易经》里的“复”被挑在“剥”之后，不是一种偶然的巧合，而是有意义的，他们把“复”解释成“复”我们“至善之本性”，是我们为学的目的，我们要达成“复”至善之本性这个为学的目的，就非得经过一段“剥”的过程不可，所以他们说“复”这个卦之前一定得是“剥”。他们这种解释也许并不符合《易经》的本意，可是至少也可以说明他们认为“学”不是“进”而是“退”，不是有所获而是有所“损”、有所“剥”，因为有所“剥”，有所“损”，我们才可能解而化，才可能除去我们至善本性的种种蒙蔽，使我们的至善本性能自然而然地重新呈现，而自我实践那种与天地万物为一体的圣人境界。

所以我们的思想史上有一种把“学”看作是de-conditioning的传统。这种传统虽然是反面的讲法，但并不消极，而是积极的，而且也很切实，至少就我自己人生历程的经验来说，我的感觉是如此。我不知道你们的经验是如何，我自己从小学到中学，从中学到大学，又从大学到研究所，前一段所学的往往被后一段所学的否定，是一种un-learning的过程。所以我要先讲德、后讲道，希望先把对德这个观念的一些注解加以澄清。我这样做是基于我们的传统，也基于我们自己对于人生历程的体验。我所要澄清的误解，各位不一定都有，可是如果你们没有我所要澄清的误解，还是可以把我所说的当作是对“什么不是德”这个问题的一个说明。

从反面去说明“什么不是德”，有助于呈现“什么是德”的正面意义。一般人不太习惯这种反面的说法，总觉得反面的说法没有真正把一个东西的本身说出来，所以假如有人问茶碗是什么，如果我们回答说：茶碗不是饭碗、不是汤碗、不是玻璃杯，也不是咖啡杯，问的人大概会觉得我们的回答一直在围绕着“茶碗”这个东西转，而始终没有说出茶碗到底是什么东西。可是这种反面的说法在思想的文献里是很常见的，而思想家之所以用反面的说法来说一样东西或一个现象也有他的原因。如果一个人认为一样东西或一个现象的存在是一种可以独立存在的实体存在（substantial & essential existence），那么这个人可以就某一样东西或某一个现象的本身去说明它的特征和性质，为这一样东西或一个现象下一个正面的定义，这是一般人比较熟悉的正面说法；可是假如一个人根本不承认任何东西或现象是一种可以独立存在的实体存在，而认为所有的东西或现象都是关系性的存在，那么这个人就不可能就一样东西或一个现象下一个正面的定义，他只有围绕着这一样东西或现象，借着这一样东西或现象周遭的事物来说这一样东西或现象，这是围绕式的说法，而反面地说“什么不是什么”（What something is not），就是这种围绕式的说法之一。我们围绕着茶碗这个东西转，说茶碗不是饭碗、不是汤碗、不是玻璃杯、也不是咖啡杯，就等于是在茶碗这个东西的周围画一个圈，使茶碗这件东西能够在一个有限的语意空间里面呈现出来，这也就是说，当我们用“什么东西不是什么”这种反面的说法去说明一件东西的时候，我们是在整理规范一个语意空间（create a semantic space or semantic enclosure），使得我们要说明的东西能够在这个语意空间里呈现出来。

在英语里说明一样东西叫“talk about something”，而绕着一样东西兜着圈子说可以叫“talk around something”，一般人往往以为“talk around something”不是“talk about something”，可是，基于我刚刚的那个解释，“talk around something”尽可以被接受是“talk about something”。这是为什么我说，我们说“什么不是德”可以有助于“什么是德”的正面意义的呈现，我们的语言有这种功能，各位多多少少都弄一点语言学，[1]我希望各位对这种语言的功能能够有一定程度的体认。

老子《道德经》里面所说的德，有人在英文里把它译为virtue。这个译法我们可以有限度地接受，也就是说我们不能把virtue当作是现代英语里的一个一般性词语来看待。现代英语里一般所说的virtue，跟我们汉语里一般所说的仁义道德的德，都是指一种有伦理意义的善（moral perfection），可是老子《道德经》里面所说的德，不是一种伦理学的善，所以如果我们一定要把老子的德译成virtue的话，我们就应该先澄清我们所谓virtue是古代希腊诡辩派（Sophists）所说的virtue，而不是一般现代英语所说的virtue。

古代希腊诡辩派所说的virtue是一种工具式的观念（instrumental conception），这也就是说诡辩派所谓的virtue是就功能和效验说的，他们用virtue这个字来指一个能够发起效验所必须具备的条件。所以根据诡辩派的说法，我们可以说一个医生的virtue在于他能够医病，而我们也可以因为一个人诚实公正，而说这个人是有德的（virtuous）。

[1] （编注）这份讲稿中文版最先是在新竹清华大学中语系讲授，所以预设了听者“多少都弄一点语言学”。

一个人的诚实公正跟医生能够医病可以相提并论，都被称为virtue，这是因为医生的医术有治病的效验，而诚实公正有诚实公正使一个人在社会上受到尊重、受到信任的效验，所以都被称为virtue。

老子的德跟诡辩派的说法有相似之处，也是就效验说，跟我们一般伦理学上所说的仁义道德完全是两回事。不只是两回事而已，以老子思想的意愿而言，老子的德跟我们一般伦理学上的仁义道德，还甚至可以说是背道而驰。这一点我们必须得先认识，否则我们谈老子的《道德经》往往会遇到困难。至于说到底是什么样的困难，我可以举例子来说明。在《道德经》第五十五章里，老子说："含德之厚，比于赤子。"在第二十八章里也有类似的话，老子说："常德不离，复归于婴儿。"在这两句话里，老子把"德""赤子"和"婴儿"连在一起说，"赤子"和"婴儿"是老子所说的德的两个象征和比喻。假如我们把老子的德看成一般伦理学上的仁义道德的德，那么我们就很难处理这两个象征和比喻。我们通常说"年高德劭"，所以我们通常将伦理学上的德归之于白发苍苍、上了年纪的人，我们通常不把有伦理意义的德归之于赤子婴儿，我们尽可以说赤子婴儿是天真纯朴、是一块未琢之石，我们不能说赤子婴儿是"含德之厚"、是"常德不离"。可是老子就是那么说的，而老子之所以那么说也有他的道理。至于说他的道理是什么？我们可以从《道德经》第五十五章的话里看出一个端倪。

在第五十五章里，老子说了"含德之厚，比于赤子"之后就紧接着说："蜂虿虺蛇不螫，猛兽不据，攫鸟不搏。骨弱筋柔而握固，未知牝牡之合而全作，精之至也，终日号而不嗄，和之至也。"这段话告诉我们，赤子之所以可以说是"含德之厚"，是因为赤子是"和之至也"，这种生命力是宇宙自然的生命力，在它自身之内就含有一种本然的和谐，能够"终日号而不嗄"，而这种宇宙自然的生命力之所以在它自身之内有一种本然的和谐，是因为这种生命力对宇宙间的事物不作牝牡雌雄之类相对相反的分辨。用老子的话来说，这种宇宙自然的生命力是"未知牝牡之合而全作，精之至也"。

所以老子的德是就宇宙自然生命力的本然的和谐，是可以用赤子来比喻的。不只是可以，我们还应该可以说，用赤子来比喻是很恰当的，因为赤子是初生的婴儿，刚刚来自自然之手（fresh from the hand of Nature），是天真、是纯朴，赤子的意识形态跟成人的意识形态不同，成人的意识形态讲男女有别，而赤子的意识形态是“未知牝牡之合”、不作任何相对相反的分辨。很显然的，老子这种以赤子婴儿为象征，就宇宙自然生命力的本然的和谐而说的德，跟我们一般伦理学上的仁义道德的德不同。老子的德不作任何相对相反的分辨，而我们一般伦理学上的仁义道德的德是植基于我们道德意识之能够分辨善恶的相对相反而为善去恶，就这一点而言，老子的德跟一般伦理学上的仁义道德的德是背道而驰的。我们可以如此说，而老子本人也的确把他的德跟一般的仁义道德的德看作是一种对立。在《道德经》里老子把德推崇备至，但是却大加排斥忠孝之类的一般伦理之德。我们来具体地看一看老子是怎样说德的。在第二十一章里他说“孔德之容，惟道是从”，这是把德和道相提并论，即道言德；在第五十一章里，老子还说“万物莫不尊道而贵德。道之尊，德之贵，夫莫之命而常自然”，这段话是说万物全都尊道贵德，而万物之如此做并不是有谁在命令他们如此做，他们是自然而然地如此做（matter of self-so-ness）。

我们再看一看老子是如何地说孝慈忠信仁义之类的一般伦理之德的。在第十八章里他说：“大道废，有仁义；智慧出，有大伪；六亲不和，有孝慈；国家昏乱，有忠臣。”这是把忠孝仁义一般伦理之德跟道对立着说。在第三十八章里，老子还说：“失德而后仁，失仁而后义，失义而后礼。夫礼者，忠信之薄而乱之首也。”这段话是把仁、义、礼跟德对立着说，德的存在先于仁、义、礼的存在，并且这两种在时间上有先后之别的存在，也还是两种在本体上相互排斥的存在，只有在德不存在之后，才逐渐有所谓的仁、义、礼的出现，而仁、义、礼的连续出现所代表的局面，又还是一个“每下愈况”的局面，等到礼出现的时候，世界就已经开始乱了。老子的德是宇宙自然生命力的本然的和谐，而一般伦理学上的仁义道德之德正好相反，被老子认为是不和跟乱的表现（disorder）。

老子把他所推崇的宇宙自然生命力的本然的和谐之德称为“上德”；把一般的伦理之德称为“下德”。上德是“不德是以有德”，是“无为而无以为”；下德是“不失德是以无德”，是“为之而有以为”。陈荣捷先生把“上德”译作“superior virtue”“下德”译作“inferior virtue”。陈先生这个译法不是很理想，因为“上德”与“下德”之间的对立不是优劣的问题，而是一个有无的问题，两者之间的对立所表现的局面是一种此有彼无、此无彼有的不并存、不两立的局面。用老子自己的话来说，“上德”是“有德”，“下德”是“无德”，所以“下德”不能译作“inferior virtue”解，应该说是失了“上德”之后，堕落到德之下的一种“无德”的局面。我以为与其把“下德”译作“inferior virtue”，还不如把它译作“below-te”，“下德”不是“劣德”，而是“德之下”的意思。

就字的结构而言，德这个字是由三个部分组成的：第一个部分是左边的“彳”，所指的是小步行走，基本的意思是行、是“to go or to move”；第二个部分是右下角的“心”，基本的意思是mind/heart；第三个部分是右上角的“直”，对这第三个部分有两种不同的解释。一种解释认为这第三个部分是“正直”的“直”字，这种解释是郭沫若提出的，另外一种解释认为这第三个部分是眼睛的象形（），所指的是眼睛或者是眼睛这个感官所具有的“看”的这种功能。因为郭沫若把这第三个部分解释为“直”，所以他很自然而然地把德这个字的右边两个部分说成是“正直之心”（correct mind）。

郭沫若的这个说法我觉得不是很妥当，因为他这个说法太不实际了。而我刚刚已经说过了，老子的德不是一般伦理学上的德，老子的德我们可以把它说成是一种善，可是这种善是超越善恶之分的善。借用王阳明四句教里的话来说，老子的德是一种“无善无恶”之善，不是我们一般所说的道德，所以我觉得我们不能追随郭沫若的说法，我们应该选择第二种说法，把这第三个部分当作是眼睛的象形。

至于说，把这第三个部分当作是眼睛的象形又怎么样？我等一下再说，现在我们先来看一看“心”这个部分。郭沫若和英国的李约瑟（Joseph Needham）都把“心”这个部分解释为人的思考能力（thinking power）。这个说法我也觉得不妥当，因为我们一般所说的思考是一种分辨性的思考，对宇宙间的事事物物以及物我（或者说是subject跟object）作各种各样的分辨，而老子的德不作任何的分辨，所以我以为老子所说的德这个字里面的“心”的部分，所指的不是我们的思考官能，而是宇宙间事事物物自身中心内涵的生命。

这个心是“中心”的心，假如有人真一定要把“心”这个部分说成是我们的思考官能也不是完全不能说，可是说这话的人应该要先认清这里所说的思考，不是一般分辨性的思考（不是analytical thinking或者intellection），而是一种不分彼我、不分主客的直觉性思考（intuitive thinking）。

说到这里，我想我们可以又回过头来，考虑一下“眼睛象形”的那个部分了。初听起来，把这个部分当作是眼睛的象形似乎是有问题的，因为老子本人并不肯定眼睛这个感官的价值；不只是不肯定，他事实上还否定眼睛这个感官的价值。在《道德经》第十二章里，老子说：“五色令人目盲……是以圣人为腹不为目。”我想我们应该可以了解为什么老子是如此这般地提倡“腹”而排斥“目”。民以食为天，我们每个人都有肚子，肚子饿了要吃，不吃不行，并且我们要是真的饿得不得了，我们会饥不择食、不加分辨，所以“腹”是我们自然生命原始本能的所在地，用来比喻老子的德很恰当。可是眼睛就不一样了，眼睛这个感官把世界上的五光十色展现在我们的面前，我们因为有眼睛，才可能对世上的事事物物在意识里作种种的分辨和选择，而因此失去我们自然本能原始生命力的本然之和，所以我说把德这个字的第三个部分当作是眼睛的象形，在老子的思想里也不是全然没有问题。可是这个问题虽然是问题，却并不是解决不了的问题。所谓“并不是解决不了的问题”，也就是说，如果我们把“眼睛象形”的部分孤立起来看，才会有问题，但是如果我们把这个部分跟其他的两个部分合在一起解，就不会有问题。

让我们先把“眼睛象形”的部分跟“心”的部分连起来解。当我们把这两个部分连在一起解的时候，我们可以说“眼睛”的部分所代表的不是一般的seeing，不是通常所说的视觉，而是很特殊的seeing，是一种能够透视宇宙间事事物物中心内涵本然生命的seeing。我已经说过了，德这个字的第一部分“彳”，基本上是行的意思、是“to go or to move”，如果我们把已经结合起来的第二和第三部分，再跟第一部分并在一起，我们应该可以进一步说，我们这里所说的透视，所看到的宇宙间事物中心内涵本然生命不是一种静态的本质（essence），而是一种动态的韵律（dynamic rhythm）。就字的整个结构而言，我们可以说，这个由彳、心和眼睛的象形三个部分所组成的德，是指我们透过万物的外表形相，直接投向万物的中心内涵，而因此发现并遵行的宇宙自然生命韵律的一种能耐和效验。

这种能耐可以使我们这种已经失去了赤子婴儿那种天真的成人返璞归真，重新再跟宇宙自然生命韵律建立起一种本然的接触（vital contact），而这种能耐之所以会有这种效验，是因为能耐是一种“虚静”的能耐，能够使我们的感觉器官跟事物的外在形相接触而感受到的种种分殊和动荡，“静”下来而归“一”，这一点老子在《道德经》的第十六章里有说明。他说：“致虚极、守静笃，万物并作，吾以观复。夫物芸芸，各复归其根，归根曰静，是谓复命。”这段话说得很清楚，虚静的能耐是一种“观复”的能耐，而所谓“观复”也就是说“观”万物的“复归其根”。这里所说的“根”，所指的就是宇宙自然之道。

我已经说过了，道是万物之母，宇宙一切的根源，所以“观”万物的“复归其根”，就等于是“观”。老子在第四十章里说“反者，道之动”，既然道是一种回返的运动（reverse movement），那么万物之“作”，就应该可以说是作而不作，是一种不作之作，而万物之“芸芸”，也应该可以说是芸而不芸，是一种不芸之芸。所谓作而不作、芸而不芸，也就是说，万物在“并作”而成为“芸芸”之后，还仍然会返回到道的本然静一，所以作等于不作，而芸亦等于不芸。因此我们通过“观复”这种contemplation，可以超越我们在感官上所感受到的“芸芸”分殊和“并作”动荡，而体会到万物的终极统一与和谐。

老子的德直接来自道，所以在《道德经》的第二十一章里老子说：“孔德之容，惟道是从。”至于道，我刚刚已经说过了，是万物之母、宇宙一切的根源，并且这个万物之母、宇宙一切根源的道也还是贯穿渗透普及宇宙万物的一种根本存在。可是道跟宇宙万物之间也还是有一点差异，宇宙万物都有具体的形相，而道却没有具体的形相，道的存在是一种形而上的存在（metaphysical existence），因为是不具形相的形而上的存在，所以道的本身是不可道不可名的，道的本身没有形相可道可名。至于说，既然是不可道不可名，为什么老子还明知故犯、又道又名？这个问题我们稍后再说，在这里我希望强调的是：道的本身没有形相可道可名，所以道在宇宙间的呈现就不是一种具体的呈现；在宇宙间作具体的呈现不是道，而是来自道的德。

我们可以说德是道在宇宙间的具体呈现、是道的效验（efficacy），所谓是“道在宇宙间的具体呈现”，也就是说德是道的个体化（individualization），是内涵于由道所生的宇宙万物之中，能够使宇宙万物发展成长的个体生命力，这是为什么在第五十一章里老子说：“道生之、德畜之”，并且这种德之“畜”物是万物的自养自畜。理由很简单，德既然是内涵于宇宙万物之中的个体生命力，德之“畜”物当然也就是万物的自养自“畜”，进一步说，德之“畜”物既然是万物的自养自“畜”，那么万物的尊道贵德也不过只是万物在自尊自贵它们的自性而已，是一件非常自然而然的事。所以老子在第五十一章里说：“万物莫不尊道而贵德。道之尊、德之贵，夫莫之命而常自然。”这段话我已经引过了，不过我引的时候并没有说出这段话的道理，而现在我即使不说，我想各位也一定可以了解这段话的意义。

我说德是道的个体化、宇宙万物的个体生命力和个性，我这么说显然意味着德是有分辨性的，是一物跟另一物之不同而可以区分的所以然，这跟我前面对德的解说似乎有矛盾。我前面说过老子的德不作任何相对相反的分辨，而是指一种宇宙自然的生命的本然和谐，所以各位有权、也有理由问我，我说话有没有前后矛盾？我认为我没有，而我所以认为我没有前后矛盾的原因是：当我说德是道的个体化、有分辨性的时候，我所说的分辨是一种分而不分、辨而不辨的不分辨之辨。在这一点上，老子的德跟亚里士多德所讲的Physics不同。

Physics亦指万物的自性（self-nature），但亚氏的自性是闭锁性的，而不是开放性的，虽然能成长发展，但没有本质性变化，在本体存有上不可能与其他存有转换、沟通，分了以后就不可能再合，是一种绝对的分辨。老子的德在本体存有上可以互通、转化，是开放性的，有机体式的。亚氏的Physics是已经成长成熟的生命状态，老子之德是初生的生命状态，柔软、脆弱，以退为进，调适于环境，所以老子以赤子婴儿为至人的模范，在[1]第七十六章说："人之生也柔弱，其死也坚强。万物草木之生也柔脆，其死也枯槁。故坚强者死之徒，柔弱者生之徒，是以兵强则不胜。"正因为老子所珍惜的是柔软脆弱的初生生命，而不是已经成长的成熟生命，所以老子以赤子婴儿为至人的比喻，并且在第二十八章里要我们都"复归于婴儿……〔而〕为天下式"。我已经说过了，道是没有形相可道可名的，在宇宙间的呈现是一种不具形体的呈现，老子称这种不具形体呈现的道为"无"，用英语来说，所谓无就是non-being，或者说是nothing or nothingness。而老子之所以称道为"无"，一方面固然是因为道不如一般具体事物那样地受形相的决制和约束，所以相对于一般事物之"有"而言，道是"无"、是非物；而另一方面也因为道没有属于它自己的内容，用《老子》第四和第五章的话来说，所谓"没有属于它自己的内容"也就是说，道是

[1]（编注）此处原讲稿漏缺一页，今据编者1989年课堂笔记补记。

"冲"(empty)、是"虚"(vacuum)。可是道虽然是"冲"而"虚"的无，却又是一个实体的存在（real existence），这个作为实体存在的道，包含混融宇宙间所有的矛盾和歧异，这是为什么老子在《道德经》里往往用一种自相矛盾的语言来说"道"。譬如说，在第十四章里老子说：

> 视之不见，名曰夷；听之不闻，名曰希；搏之不得，名曰微。此三者不可致诘，故混而为一。其上不皦，其下不昧。绳绳不可名，复归于无物。是谓无状之状，无物之象，是谓惚恍。

类似的话，我们在第三十五章里还可以找到，老子说："道之出口，淡乎其无味，视之不足见，听之不足闻。"这两段话都足以说明，老子认为作为"无"的道是一种极端无限微小的存在，微小到我们的感官不能捉摸，可是在《道德经》其他场合里，老子却又说道是"大"，而认为我们的感官之所以捉摸不了道，正因为道是极端的"大"。譬如说，在第四十一章里老子说："大方无隅，大器晚成，大音希声，大象无形，道隐无名。"在第二十五章里老子还说："吾不知其名，字之曰道，强为之名曰大，大曰逝，逝曰远。"这两段话都说道是大，跟第十四章和第三十五章里说道是"小"的话正好相反，所以我说老子往往用一种自相矛盾的语言来说"道"。

一般走"实证主义"（positivism）路线的人，往往把自相矛盾的话当作是荒谬（nonsense），可是我们不是走"实证主义"路线的人，至少我不是，而各位已经接受我一学期的影响，至少应该对"实证主义"的思路有些怀疑，所以我们不能轻易地把老子的矛盾语认定是荒谬，我们应该从老子思想系统的本身里去追究他之所以使用矛盾语的意义。经过一番追究之后，我们会发现，老子这么做也的确有他的原因、是有道理的。他的原因是：作为"无"的实体存在之道没有属于它自己的内容，而是以宇宙间所有不同的千变万化的事物为其内容的，既然是以宇宙间所有不同的千变万化的事物为其内容，所以道也就必然地包含混融宇宙间所有的矛盾和歧异。就这个意义而言，我们可以说：道是矛盾对立的吻合（coincidence of opposites），是一种绝对无限的大（absolute maximum），而这种绝对无限的大在主体上，又同时是绝对无限的小（absolute minimum），所以道既可以说“大”也可以说“小”，是一种绝对无限的小与绝对无限的大的一致对应。而道之所以会是矛盾对立的吻合，是因为宇宙间千变万化万物之母的“无”之道，本身就是变，宇宙间所有的事物都变而不常，正因为宇宙万物之母的道本身是变而不常。

在《道德经》里老子似乎说过一些道本身是恒常不变的话，譬如说，在第二十五章里老子说：“有物混成，先天地生，寂兮寥兮，独立不改，周行而不殆，可以为天下母。”“独立不改”似乎是说道是一种恒常不变的存在，其实不然，我们不能把“独立不改”这句话孤立来看，我们应该把这句话放在老子的整个思想体系来解释，那么所谓“不改”不是说道“不变”，而是说道之为变是“不变”，也就是说：道是“常变”、是“变之常”。老子的道是一个过程性的动体、是动态的存在（dynamic reality）。关于这一点，老子在第四十章里有很清楚的说明，曰：“反者道之动，弱者道之用，天下万物生于有，有生于无。”这几句话充分说明道是一种动体、是一种有机性的、有创生力的存在，而道之创造宇宙间生命的过程，又是一种像蜉蝣那样的细软微弱的过程，所以老子说“弱者道之用”，并且这种细软微弱的创生过程不是漫然的妄动，而是一种有一定格式的韵律之动，是一种循环式的回返之动（cyclical movement of reversion），所以老子说“反者道之动”，因为“道之动”是一种循环回返式的“反动”，所以道才可能成为矛盾对立的吻合，在本体存在上是绝对无限的大，而同时又是绝对无限的小。理由很简单，既然道的创生活动是一种循环回返式的“反动”，那么道就一定会自然而然地由大变小，由小变大。在道的创生过程中，大小以及其他所有的矛盾对立都因为“反”这个韵律，在本体上可以互相转化，这是为什么老子在我刚刚引过的第二十五章里说：“周行而不殆，可以为天下母，吾不知其名，字之曰道，强为之名曰大，大曰逝，逝曰远，远曰反。”

我说老子的道是一种循环回返式的创生过程，这是一种比较传统式的说法，在这个传统式的说法之外，还有一种比较新的说法，这个新的说法是刘殿爵（D. C. Lau）提出的。他于1958年在英国的一个叫做*Bulletin of the School of Oriental and African Studies*的学报里发表过一篇文章，题目是“The Treatment of Opposites in Lao Tzu”。[1]在这篇文章里，他首先肯定老子这部书所讲的主旨、是谋求生存的长生之术，他并且指出老子所说的长生之术是柔、是退，而不是刚、不是进，在老子的思想体系里凡是柔和刚或退和进有冲突竞争的时候，总是柔和退得胜。

刘殿爵认为老子这种重视柔和退的心态，跟我们一般把老子的道翻译成循环回返式的创生过程的这种说法不符合，而刘殿爵之所以会认为二者之间有矛盾，是因为假如老子的道真的如一般所说的是循环回返式的创生过程的话，那么宇宙间的生命在成长之后，就必定会衰亡而不可能有所谓的长生之术，所以刘殿爵以为老子的道所说的不是一个循环回返式的变化过程，而后世的人之所以会把老子的道说成是一种循环回返式的变化过程，是因为后世的人往往没有把《老子》和《易经》作严格的区分，而就《易经》来解《老子》。根据刘殿爵的说法，把宇宙间创生变化的活动看成是一种循环回返式的过程的是《易经》而不是《老子》。

刘殿爵认为《道德经》第四十章里面“反者道之动”这句话所说的，不是一个循环回返式的变化过程，而是说任何一个有生命的个体在生长成熟之后，就一定会衰亡归根。可是一个生命的个体在生长成

[1] （编注）D. C. Lau, “The Treatment of Opposites in Lao Tzu,” *Bulletin of the School of Oriental and African Studies* 21.2 (1958): 344–360.

熟之后，必然会衰亡归根，这并不意味着一个在衰亡归根之后的生命个体就一定会再生长成熟。根据刘殿爵的分析，在老子的思想体系里，衰亡归根和生长成熟是全然不同的两回事，衰亡归根是必然的，而生长成熟却不是必然的。所谓“不是必然的”，也就是说“不是自然而然的”，而是一定要花力气（deliberate effort）才能达成的，而所有要花力气的活动都是“为”，都是老子所排斥的，所以刘殿爵认为老子的道所涉及的变化不是一个循环回返式的过程，不像是我们在游乐园或游园会里所看到的“Merry-go-round”，[1]而是像小孩子们玩的溜滑梯。我们爬上滑梯要花很大的力气，是一种“不自然”的活动，可是当我们爬上滑梯的顶端再往下滑的时候就急遽而轻松，因为这个下滑的过程是自然的、也是必然的。刘殿爵认为我们必须把老子的道看作是孩子们的滑梯，而不把道看作是一个循环回返式的变化过程，否则老子所提倡的退让顺柔的长生之术就成为没有实用价值的空话了。

刘殿爵的这一个说法很新鲜、很耐人寻味，很能够凸显老子思想里面对脆弱退让顺柔这些宇宙生命现象的重视与提倡。可是话虽然是如此说，我仍然觉得刘殿爵的说法有问题。在《道德经》这部书里，说宇宙创生活动是一种循环回返式的过程的话，不限于第四十章里面“反者道之动”这一句话，即使我们愿意追随刘殿爵的说法，认为任何生命个体在生长成熟之后就一定会衰亡归根，我们还仍然要面对第二十五章里“周行而不殆”这句话，并且《易经》也不如刘殿爵所说的，把宇宙创生活动看作是一种循环回返式的过程。

我以前说过了，《易经》所讲的“生生”是一种敞开式的无止境的创生过程，这是为什么《易经》讲“生生”的时候也同时讲“日新”，这也是为什么《易经》里面的六十四卦以象征天地男女的“乾”“坤”为始，而又以“未济”为终。再说老子虽然重视并提倡脆弱退让顺柔这些宇宙生命现象，可是老子如此这般地重视提倡也并不就像刘殿爵

[1]（编注）一般译作“旋转木马”。

所说的，跟循环回返式的这种创生过程的观念形成一定的矛盾。因为在老子的思想体系里，这个由生长与衰亡所构成的循环创生过程，虽然在终极意义上是必然而不可避免的，但是在这个循环的过程之中，从生长这个阶段到衰亡这个阶段的期限却并不是预定而不可改变的，所以任何一个有生命的个体尽可以借着修持脆弱退让顺柔这些宇宙生命现象而达到延续生长、避免衰亡这个长生的目的。因此我觉得刘殿爵的说法有问题，我个人仍然采用比较传统式的说法，以为老子的道所指涉的是一个循环回返式的创生过程。我以为我们只有在这种比较传统的说法之下，才可能了解到老子为什么用一种自相矛盾的语言来说“道”，老子这么做，是因为道是矛盾对立的吻合，而道本身之所以是矛盾对立的吻合是因为“反者”是“道之动”，所以在道的创生过程之中，大和小以及其他所有的矛盾对立都可以互相转化，在存在上是一体互通的。

就《道德经》里面所用的形象而言，老子往往把作为“无”的道比喻为一个中空的容器，这个中空的容器全然没有属于它自己的内容，可是却又像聚宝盆一样的能无穷尽地产生宇宙间的万事万物，所以老子在《道德经》第四章里说：“道冲而用之或不盈，渊兮似万物之宗。”这段话里的“冲”字，据《说文解字》所引的《老子》应该是“盅”字，是“器虚也”。根据段玉裁的说法：“凡用冲虚字者皆盅之假借。”所以陈荣捷先生把“道冲”译为“Tao is empty (like a bowl)”，“盈”字的本意是“满”的意思，这里所谓的“满”是“尽”，所谓“不盈”就是“不尽”、是无穷尽的意思。在《道德经》第五章里，老子还说：“天地之间，其犹橐钥乎？虚而不屈，动而愈出。”橐钥是冶铁的风箱，屈是“竭尽”的意思，“不屈”也，而所谓“天地”所指的就是道。老子用天跟地来作为风箱的周罩的象征，而以风箱来比喻道。这第四、第五章的文字都把道比作中空的容器，在第四章里这个中空的容器是“盅”，在第五章里这个中空的容器是“风箱”，可是不管是“盅”还是“风箱”，都是中空的容器，而老子之所以要用中空的容器来比喻道，又显然跟他认为的道是一种女性的存在有关。

我说过了，老子推崇柔弱静下而贬斥刚强，所以他在《道德经》第三十六章里说“柔弱胜刚强”；在第四十章里说“弱者道之用”；在第四十三章里说“天下之至柔，驰骋天下之至坚”；在第六十一章里说“大国者下流，天下之交，天下之牝。牝常以静胜牡，以静为下”；在第七十六章里说“人之生也柔弱，其死也坚强……故坚强者死之徒，柔弱者生之徒，是以兵强则不胜”；在第七十八章里说“天下莫柔弱于水，而攻坚强者莫之能胜”。我们传统里的思想家往往都以柔弱静下为女性的象征，老子也不例外，所以他在我刚刚引过的第六十一章里说：“牝常以静胜牡，以静为下。”老子既然把柔弱静下当作是女性的特征，那么他推崇柔弱静下就等于是推崇女性的存在，这是为什么他在第十章里说：“天门开阖，能无雌乎？”这也是他为什么在第二十八章里说：“知其雄、守其雌，为天下溪”，这两段话都是要我们为雌不为雄，而老子之所以推崇柔弱静下，要我们为雌不为雄，是因为他认为道是一种女性的存在，这一点在第六章里说得很明白。他说：“谷神不死，是谓玄牝。玄牝之门，是谓天地根。绵绵若存，用之不勤。”这里明说，有创生实力而可以成为天地之“根”的道是雌性的“玄牝之门”。

第六章里的文字没有像第四、第五章里的文字那样直接地说道是“冲”、是“虚”，可是就所用的形象比喻而言，第六章也显然和第四、第五两章一样认为道是中空的。在第六章里老子把作为“天地〔之〕根”的“玄牝之门”比喻为“不死”的“谷神”，“谷”（valley）所唤起引发的也是一种中空的形象，所以我们通常说“虚怀若谷”。再说“玄牝之门”的“门”字也教人联想到中空的容器，因为这里所说的门不是普通的“门”，而是“玄牝之门”。这个“玄牝之门”登堂入室而到达的领域，是女性身体内部能够孕育生命的一种空洞（hollowness），所以说“玄牝之门”是“天地根”，也就等于说，作为“无”的道是一种女性的存在，是一种能够孕育生命的mother principle。在第二十章里老子把这个mother principle的道，直截了当地称之为“食母”，说：“我独异于人，而贵食母。”所谓“食母”，就是作为我们取食的对象而又孕育我们生命的母亲，《礼记·内则》有“大夫之子有食母”的话，根据注，所谓“食母”是“乳母也”。

我想我也许应该强调一下，《道德经》第四、第五和第六这三章里的文字。虽然分为三章，可是却是有连续性的三章，这三章接连地叙说同一个题目，这同一个题目就是作为“无”，却有创生力的道。第四章把道比为“盅”，说道是“渊兮似万物之宗”，这个说法只是一个静态的陈述，说道是“万物之宗”，这种静态的陈述到了第五章就转变成为一种动态的描写，说作为“无”的道是“动而愈出”的橐钥，第六章又更进一步把道比喻为“玄牝”，说道是一种有机性的母体存在，这种有机性的母体存在的创生跟犹太/基督教传统所说的创生不同。犹太/基督教里所说的创生是命令式的创生，是上帝用命令在一个星期之内完成的，可是道之创生却不诉诸发号施令，而是像母之生子，是宇宙自然生机本身的一种性命跃然，并且这种宇宙自然生机本身的一种性命跃然也不是一个在特定时间之内的即席活动，而是一种孕育性的有机过程。这种孕育性的有机创生过程，不像《创世记》里面上帝的创造宇宙之有突发性，而是渐进微妙的、是若有若无、若隐若现的，用《老子》第六章里的话说，这个过程是一种“绵绵若存，用之不勤”的宇宙自然生命力的本然延续。

如果我以上所说的没错，也就是说，如果我们真的可以肯定老子的道是无、是一种女性的存在，那么我们基于这一个肯定还可以作进一步的推论，而说老子对道这个观念构想，可能是脱胎于我们中国古代的一种巫术信仰（Shamanism）。根据美国圣约翰大学陈张婉莘（Ellen Marie Chen）所作的研究，“无”这个字在古时候的写法跟跳舞的“舞”字相同，而跳舞的“舞”字在甲骨文里又跟女巫的“巫”字是一样的写法，都是一个手上拿着一种祭器在跳舞的女巫的象形，这个女巫在跳了一阵舞之后进入一种陶醉忘我的状态（trance），而因此能够跟阴间的鬼神沟通对话。我自己不弄文字学，无法对陈张婉莘的说法下判断，不过各位都选过文字学，[1]在这方面有点修养，所以我把陈张婉莘的说法在这里提出来供给你们参考。也许无、舞、巫这三个同音字的写法相同只是巧合，可是如果不是巧合的话，那么我们就有理由相信老子的道很可能是脱胎于中国古代对“巫”的一种信仰，是中国古代对女巫所能够接触到的阴间的神力的信仰的一种哲学性的转化。

我前面说过，老子的德是就功能和效验说，不是我们通常所谓的moral perfection。我这么说是就德这个观念说，不是就整个老子的思想体系说，所以虽然老子的德跟我们一般伦理学上所说的仁义道德是两回事，我们并不能因此就说老子的思想是非道德的（a-moral），老子的思想也有其一定的伦理意义。在《道德经》里老子肯定某些东西而同时也否定排斥另外一些东西，他显然认为他所肯定的东西是好是善，他也显然认为他所否定的东西是恶，所以老子也作价值判断，有他自己一套是非善恶观。

老子所谓的恶可以分为两种，第一种恶我们可以称之为“因恶”（causal-evil）；第二种恶我们可以称之为“果恶”（consequent-evil）。顾名思义，所谓“因恶”是引起恶的原因，而所谓“果恶”是由“因恶”所导致产生的“恶果”。就老子的思想具体地说，所谓“因恶”是指我们人为意志的刚愎自用（assertive use of the human will），而所谓“果恶”是指由于这种人为意志的刚愎自用所产生的种种折磨和苦难（suffering）。

我如此这般地把老子所否定排斥的恶分为“因恶”和“果恶”两类，并不是床上叠床、头上按头的多此一举，而是有必要的，因为老子所要加以否定和排斥的并不全都是折磨和苦难。“因恶”被认为是恶，是因为“因恶”会导致折磨和苦难，但是“因恶”本身并不是一种折磨和苦难，只有“果恶”才是。既然“果恶”是折磨和苦难，而

---

[1] （编注）这份讲稿最先是在新竹清华大学中语系教授，所以预设了听者都选过文字学，与前文同。

果恶又是人为意志的刚愎自用所引起的，所以我们可以说，在老子的思想里，世界上种种的折磨和苦难都是人为的，并且既然是人为的，那么这种种的折磨和苦难也都应该是可以避免得了的。至于说如何避免，我稍后再讲。

这里我想先强调一下，我说“因恶”是指人为意志的刚愎自用，我这个说法是有限制地说，不是无限制地说。我不是说任何的人为意志或所有的人为意志之用都是恶。在道所生而又为道所充贯的宇宙里，人为意志的本身也和其他事物的个体一样，不是恶；只有当人为的意志是违反了道的自然韵律的和谐而刚愎自用的时候，才能算是恶。这种违反和干扰道的自然韵律之和谐而刚愎自用的伪意志，老子称之为“为”。在英文里通常都把“为”译作“doing”或“action”，但是就“为”的实际内涵而言，“为”应该是“willful action”。

和“为”相对的是“无为”，“无为”通常都译作“non-action”，可是就“无为”这个观念的实际内涵而言，我们应该说，“无为”是“not having willful action”。“为”是所有一切“因恶”的根源，而“因恶”又是所有一切“果恶”的根源，在《道德经》里“为”这个字几乎全都是用来指“willful action”，唯一的例外是“为无为”这一个词语里的第一个“为”字，所谓“为无为”是“从为无为”的意思。这种“为”不是“willful action”，而是宇宙自然之道的运作方式。

除了“为”之外，老子也还用其他的字语来指人为意志的刚愎自用，这些其他的字语包括：“心”（mind and heart）、“志”（will）、“欲”（desire）和“知”（knowledge）。在《道德经》里这些字语并不完全一定是被用来指人为意志的刚愎自用；有的时候是，可是也有的时候不是。至于说什么时候是，什么时候不是，这就要靠我们读者就文字与意义的脉络来决定了。譬如说，《道德经》第三章里有一段话是说：“……是以圣人之治，虚其心，实其腹，弱其志，强其骨。常使民无知无欲。使夫知者不敢为也。为无为，则无不治。”这段话里的圣人显然是行“无为”之治的，而所谓的“无为之治”就是“虚其心，实其腹，弱其志，强其骨"，"腹"应该要"实"，而"骨"应该要"强"，因为"腹"跟"骨"都是我们自然本能生命原体的一部分。所以"实其腹"和"强其骨"是一种"无为"之为，而"心"须要"虚"，"志"要使它"弱"，"知"要使它"无"，是因为"心""志"和"知"都是指一种人为意志刚愎自用的"为"。

我们说"无为"是宇宙自然之道的运作方式，这是一种负面的说法，可是"无为"也有它正面的积极意义，这所谓"正面的积极意义"，就是"自然"（self-so or self-so-ness, or spontaneity）。"自然"是指一种最最理想的存在状态，在这种存在状态之下，道能够完全根据它内在自我的韵律来运行，而丝毫不受到人为意志刚愎自用的干扰。如果道的自然运行受到人为意志刚愎自用的干扰，那么宇宙间的正常生命过程就会因此而破坏中断，而宇宙间正常生命过程破坏中断的结果就是苦难。老子用了好几个字眼来说这种苦难，这些字眼包括："祸"（misfortune）、"患"（disaster）、"凶"（calamity or a dreadful event）、"殆"（danger）、"乱"（chaos or discord）和"早已"（early death）等等。根据老子的说法，这些字眼所指涉的苦难都是可以避免的，只要我们停止我们的意志的刚愎自用而"为无为"，就可以避免宇宙人世间的苦难。

宇宙人世间的苦难都是由人为意志的刚愎自用所引起的，这种人为意志引起的刚愎自用破坏这些自然生命韵律的和谐，是"争"，而道的自然生命韵律之所以是和谐，是因为道"不争"，而能够体道行道的圣人也是"不争"。在《道德经》第八章里，老子称这种圣人为"上善"，并且把这种"上善"的圣人比作"水"，他说："上善若水。水善利万物而不争，处众人之所恶，故几于道……夫唯不争，故无尤。"在《道德经》里，老子有一些话是对统治者说的，这显示老子并不是一个无政府主义者，他显然认为政府的存在是必要的，可是就他对统治者所说的话的具体内涵而言，他所认为必要的政府是一种"无为而治"的政府。在西方的汉学里，往往有人把老子的无为而治说成是一种laissez-faire的政治。这个话可以说，起源于英国的曼彻斯特（Manchester）学派的自由主义所说的laissez-faire，也主张政府少管民间的事务，而听任人民自由生活。在这一点上自由主义的laissez-faire跟老子的无为而治确是相同，但是自由主义之所以要政府少管民事，尤其是在民间的经济事务，是因为自由主义者认为，民间的经济因为有自然的竞争而有一定的经济秩序。这种因为有自然的竞争而产生的一定的经济秩序不容政府的政策来破坏，所以自由主义的laissez-faire虽然是反对政府干涉民事，可是却又提倡竞争为光荣之举，在这一点上跟老子很不一样，我们得要分辨清楚，老子是反对“争”的。

“争”可以许多不同方式来进行，可以是人与人之间的相争，也可以是人跟自然争，可是不管是用什么方式来“争”，老子都反对。譬如说，战争是人与人之间以武力的方式所作的“争”，所以老子反对战争。在《道德经》第三十章里，他说：“以道佐人主者，不以兵强天下，其事好还。师之所处，荆棘生焉。大军之后，必有凶年。”这段话说得很清楚，战争是一种“因恶”，而“荆棘生焉……有凶年”是战争这个“因恶”所引起的“果恶”。

至于人跟自然争，因为自然是“无为”、是“不争”，所以这种争不是“相争”，而是单向的争，这种单向的争看起来似乎是对自然不公平，其实是对人不利。自然虽然是“不争”，只是挨打而不还手，可是到头来还是自然得胜，所以老子在《道德经》第二十九章里说：“将欲取天下而为之，吾见其不得已。天下神器，不可为也，为者败之，执者失之。”在老子的思想里，自然是道的自变自化，而这种道的自变自化是一种尽善尽美的创生过程，是不可能再由人来加以改善的。如果我们人想争取改善这种自然之道的自变自化的话，我们不但改善不了，并且也还一定会糟蹋损害自然之道的尽善尽美。

我们人在糟蹋损害了自然之道的尽善尽美之后，也不要更想要以人力来补救改正，这种想法是妄想、是自欺欺人。用人力来补救改正是“抹黑”，愈抹愈黑是自讨苦吃，所以我们千万不要想以人力去补救，我们应该要停止一切的“为”，要听任自然去自疗自愈。宇宙的自然之道在它自身之内有一种本然的愈疗的力量，是可以自疗自愈，人千万不要妄想去取代宇宙的自然之道，用老子在《道德经》第七十四章里的话来说，如果人妄想要取代宇宙的自然之道，就等于是“代大匠斫，夫代大匠斫者，希有不伤其手矣”。

我刚刚说，老子所排斥的恶都是人为的、都是“人祸”，不是也不可能是“天灾”，老子认为宇宙自然的自变自化是一种尽善尽美的过程，在这一点上老子和庄子有显著的不同。庄子和老子一样，也认为人为意志的刚愎自用是一种“因恶”，并且，庄子也排斥一切由人为意志的刚愎自用所导致的种种折磨和苦难，可是庄子并不因此就认为宇宙自然间的所有受难都是由人为而起。庄子肯定有所谓的“天灾”现象的存在，而认为“天灾”是宇宙自然之道在自变自化的过程中所可能产生的自然现象。在《庄子·内篇·大宗师》里，有一个名叫子舆的人士生了病，子舆的朋友子祀来探病，

> ［子舆］曰：“伟哉！夫造物者将以予为此拘拘也。”曲偻发背，上有五管，颐隐于齐，肩高于顶，句赘指天。阴阳之气有沴，其心闲而无事，跰𨇤而鉴于井，曰：“嗟乎！夫造物者又将以予为此拘拘也。”子祀曰：“汝恶之乎？”［子舆］曰：“亡，予何恶……得者时也，失者顺也，安时而处顺，哀乐不能入也……且夫物不胜天久矣，吾又何恶焉。”

这一段文字说得很清楚，庄子认为“物不胜天”，“得者时也，失者顺也”，因此庄子觉得我们应该要能够“安时而处顺”，不以宇宙自然间的怪恶现象为可恶。可是，庄子虽然不以宇宙自然的怪恶为可恶，他仍然还是认为怪恶是怪恶，是“阴阳之气有沴”。对庄子来说，宇宙自然之道的自变自化不是一个十全十美的过程，不时会产生阴阳二气错乱失调（dislocation）的现象，这在老子的思想体系里是不可想象的，

老子认为宇宙本然生命的自变自化有一种自然而然的和谐，是一个尽善尽美的过程。

老子并不是没有意识到宇宙间有我们通常所谓的“天灾”存在。在《老子》这部书里，有不少场合都提到像死亡和狂风暴雨之类的自然现象，而我们一般大概都认为这些宇宙的自然现象是祸害。老子在第二十三章里说:“希言自然，故飘风不终朝，骤雨不终日。孰为此者？天地。”这话明白显示，老子的确意识到宇宙间有我们通常所谓的“天灾”存在，老子以“飘风”“骤雨”为天地的作为，来自自然。可是老子虽然认为飘风骤雨是自然的作为，他并没有因此就说飘风骤雨是祸害，老子没有明说飘风骤雨会带来什么灾害，也没有因为“天地”自然是飘风骤雨的本源而谴责“天地”自然，所以我们没有理由相信老子跟我们常人一样，会以为飘风骤雨是能够引起祸害的“天灾”。事实上，我相信老子极可能会说，假如一个人真的能够与道一体同流而不刚愎自用，那么这个人就一定不会在飘风骤雨中受到任何的伤害。这个人就像“含德之厚”“常德不离”的赤子婴儿一样，具有本然和谐的生命力，能够自然而然地跟宇宙自然和谐相处，而不会受到任何祸害。

至于死亡，《老子》这部书里也提到不少，可是老子虽然以为死亡是宇宙自然之道运行过程之中的一个整体部分，对老子来说死亡是归根，是一种生命形态的自然结束，不是一种痛苦，也不是一种灾难，死亡只有在暴毙和“早已”（unwanted death）的情况之下，才算是痛苦、才算是灾难，而老子以为暴毙和“早已”都是不自然的，都是人为因素造成的。

在老子之后的中国历史上，有许多讲求黄白男女的道教徒（注意：道教不等于道家，道教乃指religion or cultic Taoism，而道家是指philosophical Taoism），往往借用《老子》这部书来作为他们寻求长生不死之术的理论根据，可是就老子的思想体系而言，他们这种做法显然是一种误导（misguided effort）。不错，老子的道是生之道，老子的思想是一种肯定生命的求生思想（life-oriented and life-affirming），可是老子的求生思想所希望预防避免的并不是死亡本身，而是像暴毙和“早已”之类的不自然的死亡（untimely death），老子从来没有说过我们可以长生不死。在第十六和第五十二章里，老子只保证我们可以“没身不殆”，所谓“没身不殆”，也就是说我们可以在死亡之前免于危险（free from danger till death）。类似的话在第三十三章里也有，在第三十三章里老子说："死而不亡者寿"，陈荣捷先生把这句话译成："He who dies but does not really perish enjoys long life." 我不晓得各位的感觉如何，我个人觉得陈先生这句译文，在意涵上，如果不能真说是莫名所以（nonsensical）的话，至少也可以说是有点含糊（obscure）。我觉得“死而不亡者寿”可以简单地直译为“He who dies without destruction enjoys a long life”，这也就是说，假如一个人的大限已到、自自然然地死，而不是暴毙或“早已”，就应该算是长寿。我这些取自第十六、第三十三和第五十二章的引文都能显示老子虽然是讲求生命，但并不提倡长生，事实上老子所说的“长生”不同于我们一般所说的“长生不老”。“死而不亡者寿”这句话说得很清楚，老子所说的“寿”或“长生”，是指一个没有因为人为因素而中断中止的自然生命过程。这种“寿”或“长生”并不是什么了不起的特殊现象，只要我们能够跟尽善尽美的宇宙自然之道同体合流，我们都会自然而“寿”、自然“长生”。

第九讲 | 庄子:“齐物”与“两行”

各位大概都知道，从范晔的《后汉书》以来，老子跟庄子往往是相提并论，而有所谓的“老庄”这一个名词被用来作为道家的指称。一般说来，庄子所说的道和德跟老子所说的道和德，在概念上很相近。庄子的道跟老子的道一样，都是能够生养而又贯穿化融宇宙万物的本体根源，而庄子的德也和老子的德一样，都是形而上的道，在形象界所以能够具体呈现的个体化生命力，并且庄子也还跟老子一样，都反对分辨。在《庄子·内篇·应帝王》，有一个关于“浑沌”的故事。这个故事说：

> 南海之帝为倏，北海之帝为忽，中央之帝为浑沌，倏与忽时相与遇于浑沌之地，浑沌待之甚善，倏与忽谋报浑沌之德，曰："人皆有七窍，以视听食息，此独无有，尝试凿之。"日凿一窍，七日而浑沌死。

这个故事里三个角色的名字都是有意义的，倏跟忽在基本上都是“疾速”的意思，而“浑沌”所象征的是“合和”、没有分辨。“浑沌”之所以能够生而善待倏跟忽，正是因为“浑沌”是不讲分辨、没有开窍的“浑沌”，而当“七窍”一开，有了分辨，“浑沌”就死了，这个故事很足以说明庄子跟老子一样都反对开窍分辨。

可是，庄子跟老子虽然在概念上和思想形态上有一致性，他们各人也都仍然有他们的个性。我以前说过，老子虽然反对分辨，但却作分而不分、辨而不辨的不分辨之分辨，并且，老子也比较偏好脆弱、退让、低下这些价值现象，而庄子就不一样了。庄子没有任何的偏好，他提倡“齐物”和“两行”，主张要超越和无视一切的分辨，包括分而不分、辨而不辨的不分辨之分辨。

就引文的款式（style）而言，老庄也有显著的不同。我们可以说老子是一个语重心长的长者，他的话不多，可是他话里的每一个字都蕴含着深厚的意义；至于庄子，我们可以说他是一个既有幽默感而又富于想象力的才子（是才气纵横的才，不是才子佳人的才），他喜欢幻想、能够把他自己投射到旁人连做梦都想象不到的时空里，跟一些精灵鬼怪、影子甚至骷髅头聊天谈心，并且庄子还常跟人辩，在这一点上，他也跟老子不一样。

老子引文的意旨在规劝或告诫、不在辩论，可是庄子却善辩，他经常辩论的对象并不是一般的无名小卒，而是大名鼎鼎的“辩者”惠施。除了善辩之外，庄子也还显然好辩，所以他虽然经常跟惠子抬杠，却又跟惠子有一段很深厚的情谊，并且很欣赏惠子的辩才。在《庄子·杂篇·徐无鬼》里有一段文字说：

> 庄子送葬，过惠子之墓，顾谓从者曰：“郢人垩慢其鼻端若蝇翼，使匠石斫之。匠石运斤成风，听而斫之，尽垩而鼻不伤，郢人立不失容。宋元君闻之，召匠石曰：‘尝试为寡人为之。’匠石曰：‘臣则尝能斫之，虽然，臣之质死久矣。’自夫子之死也，吾无以为质矣，吾无与言之矣。”

庄子的这段话很能道出他对惠子的眷念和欣赏，因为庄子好辩也善辩，所以他的引文在款式上比较讲逻辑而有系统性，不像老子的话多半是警句格言（aphorism）。

我想我们大概都会承认，跟西方思想的传统比较，逻辑不能算是我们传统哲学的一个特长，逻辑在战国时代曾经兴盛过一时，可是战国之后就没有再继续发展。有些学者（例如Derk Bodde，在他所译冯友兰的《中国哲学史》〔*A History of Chinese Philosophy*〕第二册第203页注释）[1]认为，我们中国思想史上的逻辑之所以没有特别的进展而成为一门显学，跟我们中文本身的性质有关。这些学者说我们中文在基本上是象形和会意的（pictographic and ideographic）文字，并且又没有词形变化（inflection），所以他们说在中文里不太容易把个别具体的事物跟普遍抽象的概念作严格的区分。既然中文在运用上有这种困难，而逻辑又是一门探究抽象概念的专门学问，那么逻辑在中国思想史上没有特殊的进展也就被认为是理所当然的事了。

我不晓得各位对这个说法有何感想，我个人则以为这个说法值得怀疑。从技术性的角度来看，这种以我们"中文在基本上是象形和会意文字"的说法显然是太过简单化。象形和会意不过是我们所谓的"六书"这六大造字原则的两项原则而已，并且中文里虽然没有词形变化，可是这并不表示中文就不能被用来产生像其他有词形变化的语言所能产生的效果。举个很浅显的例子，中文是没有词形变化，所以没有动词的时态，这是事实，但是在中文里靠着所谓转语（circumlocution）的运用也一样可以表达出时间上的先后关系。

这些技术上的问题，我不打算多说，各位如果有兴趣，可以去参阅一篇于1926年发表在一个叫*T'oung Pao*学报里的文章，文章的作者是H. H. Dubs，题目是"The Failure of the Chinese to Produce Philosophical Systems"，[2]这篇文章的题目，也正是Dubs在这篇文章里所想要解答的问题。他对于这一个问题本身所提出的解答并不理想，

[1] （编注）Yu-lan Fung, *A History of Chinese Philosophy*, trans., Derk Bodde (Princeton: Princeton University Press, 1952–1953).

[2] （编注）Homer H. Dubs, "The Failure of the Chinese to Produce Philosophical Systems," *T'oung Pao* 26 (1929): 96–109.

但是他在解答这个问题的过程之中，曾经把我们的汉语跟多种的西方语言，像希伯来文、英文、德文、法文以及希腊、拉丁文作过一番技术性的比较分析，他这一段比较分析很值得看，很可以用来支持我刚刚对于词形变化这个问题所说的话。

除了技术性的角度之外，还有解体性分析的角度。从解体性分析的角度来看，我们尽可以问，为什么一个在基本上是象形和会意的文字就不容易把个别具体的事物跟普遍的抽象概念作严格的区分。所谓“个别具体”和“普遍抽象”这两个观念，并不指涉超越一切时空的客观存在，而是特定历史文化的人为产物，我们不能容许这两个观念占据任何特权的地位而不去追究它们的时空性。再说，一个语言的性质也不是一个固定不变的先验存在，而是在我们实际运用的过程中逐渐形成演变的一种形构。如果我们把我们的逻辑不如西方逻辑之有特别专业的发展这一现象，归咎于我们语言内在性质的局限，那么我们就忽略了一个很重要的史实，这个史实就是尽管我们的语言有所谓的内在性质的局限，我们的传统在战国时代也还是毕竟有人开展出了一套逻辑。严格地说，我们今天所需要正视的问题，不是为什么我们的传统没有发展逻辑，而是为什么我们传统里的逻辑在战国之后没有继续发展？对于我这个以不同的方式重新提出来的问题，我自己并不能号称有详尽的解答，不过我觉得我们有一些线索值得追寻。我以为我们有必要去实际地看一看我们传统思想史上各家（像是荀子和庄子）对于名家辩者到底有过些什么样的看法和批评。

荀子对名家辩者的批评，我们可以在他《荀子·正名》里所说的话，得到一个相当明确的了解。至于庄子对于名家辩者的批评，主要的材料当然是在《庄子·杂篇·天下》里，此外《内篇·齐物论》和《外篇·秋水》里也有不少的话是针对著名名家辩者说的，有必要拿来加以分析。

我顺便提一下，我把《内篇·齐物论》跟《外篇·秋水》，以及《杂篇·天下》并在一起说，也许有人会觉得有问题。我不是不知道，

《外篇》和《杂篇》的文字，如果不说是全部，也至少可以说是大部来自后人之手，不是庄子本人所作。可是对我来说，这一类有关作者的问题不是绝对的重要。我这里所强调的是《庄子》这部书，不是庄子这个人，并且许多人之所以会在作者的问题上大作文章，往往是因为他们有意或无意地把作者当作是作品的生产者。他们以为没有作者就不可能有作品，因此他们认为，我们要了解作品，就不能不先了解作者，而我的想法却正好相反。我跟我曾经提过好几次的傅柯一样，认为作者之所以可以被称为作者，是因为他们有作品存在，所以我觉得作者并不是作品的生产者，而是通过作品产生的过程所逐渐形成的一个特定个体，这也就是说作者是作品的产物，我们尽可以也有必要就作品中去了解作者。一般所谓的作者问题，我倒反而不以为是很重要的问题，我把我的立场声明在先，以免引起误会。

如果我们把我刚刚所提到的《荀子》以及《庄子》里面对于名家辩者批评的资料加以分析，我们会发现，荀子和庄子之所以对名家辩者不满，是因为他们认为逻辑既不是真理之所在，也不是追求真理的途径。荀子和庄子都认为，终极真理的追求一定要有经验性的体认（experiential realization），他们两人对于经验性体认的构想在具体意涵上有不同：庄子的体认所涉及的是一种跟宇宙自然生命之道的神秘结合（mystical union），而荀子的体认所涉及的则是一段化性起伪的作圣功夫。可是荀子和庄子虽然在经验性体认的具体意涵上有差别，他们都认为经验性的体认是必要的，他们都认为终极真理的追寻，不是靠认知式的理念和逻辑分析式的厘清所可以成就得了的。就荀子和庄子这种对于名家辩者的批评而言，我觉得我们有理由可以相信，中国思想里的逻辑，在战国之后之没有继续发展而成为一门显学，是一种价值取向的“不为”现象，而不是因为我们的汉语在先天上有缺陷。[1]

[1] （编注）原稿此处以不同笔迹添文：“事实上，‘先天’的设想在人事上根本用不上。”

我们从现代往回看，庄子和荀子所代表的那种对名家辩者的态度，也许是令人遗憾的。这种态度不只是使得中国的逻辑没有继续开展，并且也使得我们的前人没能把许多有关逻辑的原始材料善加保存，所以我们今天要想比较详尽地了解我们战国时代的逻辑到底是怎么一回事，是有相当的困难的。各位都知道惠施和公孙龙是我们古代出名的两个名家辩者，公孙龙的作品到今天还没有散亡的不过只是一些断简残篇，而这些断简残篇又相当破碎。近代的一些专家学者对于这些断简残篇已经作了不少的整理和诠释，可是我们目前还并不能够真正充分地利用这些材料，还有许多文字方面的问题有待我们去解决。

至于惠子，他的作品是“全军覆没”，我们今天所能够看到有关惠子的资料，不过是《庄子·杂篇·天下》里所记录的“十事”，也就是十个paradoxes，而这所谓的“十事”所保留的也只是惠子的结论。这也就是说，我们并不能就《杂篇·天下》里所记载的“十事”而确切地了解到惠子原来的推理和运思过程，因为我们都知道，不同的前提可以产生同一的结论，所以单凭结论我们不可能确切地推测出一个结论究竟是如何产生的程序。可是虽然是“不可能”，我觉得我们也还是可以试试看，因为庄子不只是批判了名家辩者，他跟名家辩者之间也还有一种整合，这也就是说，庄子跟名家辩者之间的关系是一种辩证式的关系（dialectical relationship），庄子与名家辩者的辩论是辩证之辩，[1]所以我打算要做我自己明知是“不可能”的事，而试着说几句有关公孙龙和惠施的话。

各位一定都听说过公孙龙的“白马论”，关于这个“白马论”有一个蛮有趣的传说。根据这个传说，公孙龙有一天骑着他的白马要过一个关口，可是守关的兵不让他过关，冲着他说：“根据规定，马不许出关”，于是公孙龙就说：“我的马是白的，白马非马。”有人把公孙龙的“白马论”用set theory来解释（也就是Russell[2]所说的类

[1] （编注）或作“庄子argued against名家辩者，but did so dialectically”。

[2] （编注）Bertrand Russell.

〔class〕与分子〔membership〕的理论）。可是公孙龙本人对他“白马非马”的这一个paradoxical statement有他自己的说明，而他这个说明并不是set theory所可以涵盖得了的。我觉得我们可以把公孙龙本人的说明看成是三个论据。第一个论据是：

> 马者，所以命形也；白者，所以命色也。命色者非命形也。故曰：“白马非马”。

在这一个论据里，公孙龙所强调的是：“马”“白”和“白马”这三个指谓的“内涵”，或者说是“intension”有不同，“马”这一个指谓的内涵是一种有特定形态的动物，“白”这个指谓的内涵[1]是一种特定的颜色，而“白马”这一个指谓的内涵是一种有特定形态和颜色的特定动物，因为这三个指谓的“内涵”不一，所以“白马非马”。

公孙龙的第二个论据是：

> 求马，黄、黑马皆可致；求白马，黄、黑马不可致。……故黄、黑马一也，而可以应有马，而不可以应有白马，是白马之非马，审矣。……马者，无去取于色，故黄、黑皆所以应；白马者，有去取于色，黄、黑马皆所以色去，故唯白马独可以应耳。无去者非有去也，故曰：“白马非马”。

在这第二个论据里，公孙龙所强调的是“马”与“白马”这两个指谓的“外括”（extension）[2]的不一。“马”这个指谓的“外括”，不论颜色统摄所有的马，而“白马”这个指谓有一定的颜色区分，只统摄颜色是白的马。因为“马”与“白马”这两个指谓的“外括”不同，所

[1] “qualities & properties, what constitute the concept（构成一个特定观念的特征属性）.”

[2] “things which fall under the concept（一个特定观念所统摄的特定事物）.”

以“白马”的颜色区分只统摄颜色是白的马；因为“马”与“白马”这两个指谓的“外括”不同，所以“白马非马”。

公孙龙的第三个论据是：

> 马固有色，故有白马。使马无色、有马如已耳，安取白马？故白者非马也。白马者，马与白也。……故曰，白马非马也。……白者不定所白，忘之而可也。白马者，言白定所白也。定所白者，非白也。

在这第三个论据里，公孙龙似乎是把“马”“白”和“白马”这三个指谓当作是有普遍性的概念（universal concepts），而强调“white-horseness”跟所谓的“horseness”和“whiteness”不一样，因为“white-horseness”跟“whiteness”和“horseness”都不一样，所以白马不只是“非马”，也还是“非白”，“白马”的“白”是“马”之“白”，有马的局限，而“whiteness”的白却没有这种局限。

也许有人会以为公孙龙的“白马之论”是一种多此一举的诡辩、是无聊、是可憎的（obnoxious），可是根据《公孙龙子·迹府》的说法，他如此做是为了一个很严肃的意愿，他因为“疾名实之散乱”而有所谓的“守白之论”，希望能够“推是辩以正名实而化天下焉”。他希望借着他的“白马论”向世人显示，在宇宙间有一个所谓绝对普遍的领域存在，而在这个所谓绝对普遍的领域的鉴照之下，现象界的具体事物都是相对的（relative），需要我们以相对的眼光去对待。

这种相对心态的讲求似乎是名家辩者的一个共同目标，不只是公孙龙子讲，惠施也讲，所不同的只是惠子借以讲求相对心态的具体媒介不是“白马论”，而是所谓的“十事”。我想我没有必要把这十个paradoxes都提出来讲，讲三个就够了。讲三个就等于是讲多个。各位大概都读过汪中的《释三九》，三是众多的意思，而老子说：“道生一，一生二，二生三”，老子这里所说的三也是众多的意思。

我所要说的“三事”中的第一事，其实也是“十事”里的第一事，这第一事说：“至大无外，谓之大一，至小无内，谓之小一。”（The Greatest has nothing beyond itself and is called the Great One; the Smallest has nothing within itself and is called the Small One.）在英译中，通常都把“十事”称为“ten paradoxes”，可是我个人却看不出这“十事”的第一事到底有什么地方可以说是矛盾，所以我不打算把这第一事看作是一个paradox。我以为我们应该把这第一事看作是一个分析命题（analytical proposition），这个分析命题是惠子“相对观”的一个“建构原则”（constitutive principle）。至于说这个“建构原则”到底有什么具体的意义，我想我们可以从《庄子·外篇·秋水》里的一个故事得到了解。

这个故事发生的时间在秋天，正是洪水应时而涨的季节，因为水涨，所以黄河的“河伯”被冲到北海里去了。在被冲到北海之前，“河伯”曾因为黄河的流量大而沾沾自喜，以为“天下之美”尽在于己。可是当河伯被冲到了北海里之后，河伯才发现，跟北海比，他的黄河实在是小巫见大巫，于是河伯就望洋兴叹，对北海若说：

> 野语有之曰，“闻道百，以为莫己若”者，我之谓也。且夫，我尝闻少[1]仲尼之闻，而轻伯夷之义者，始吾弗信，今我睹子之难穷也。吾非至于子之门，则殆矣。吾长见笑于大方之家。

在这段话里，河伯有对他自己的感叹，也有对北海若的赞赏，可是北海若并没有因为河伯的感叹和赞赏而自以为是，他反而说：

> 井鼃[2]不可以语于海者，拘于虚也；夏虫不可以语于冰者，笃[3]于时也；曲士不可以语于道者，束于教也。今尔出于崖

[1] shǎo（belittle）。

[2] wā，同蛙。

[3]〔清〕郭庆藩：《尔雅释诂》：“‘笃，固也。’……凡鄙陋不达谓之固”，拘限之意。

涘，[1]观于大海，乃知尔丑。……天下之水，莫大于海。万川归之……而吾未尝以此自多者，自以比形于天地而受气于阴阳。吾在于天地之间，犹小石小木之在大山也。方存乎见少，又奚以自多！计四海之在天地之间也，不似礨空[2]之在大泽乎？计中国之在海内，不似稊米之在大仓乎？

听了这段话，河伯觉得真是“得未曾有”，所以又跟着问：

然则吾大天地而小毫末，可乎？

北海若回答说：

计人之所知，不若其所不知；其生之时，不若未生之时。以其至小，求穷其至大之域，是故迷乱而不能自得也。由此观之，又何以知毫末之足以定至细之倪，又何以知天地之足以穷至大之域。

北海若说了这些话之后，河伯又问：

世之议者皆曰：“至精无形，至大不可围”，是信情乎？

北海若回答说：

夫精、小之微也；垺、大之殷也；故异便。[3]此势之有也。夫精粗者，期于有形者也；无形者，数之所不能分也；不可围

[1] yá sì，《说文》：“崖，高边也”，岸也；涘，水涯。

[2] lěi kōng，小洞穴，一说蚁冢，i.e., anthill。

[3] “郭注：大小异，故小大不得同。”

者，数之所不能穷也。可以言论者，物之粗也；可以意致者，物之精也。言之所不能论，意之所不能察致者，不期精粗焉。是故大人之行，不出乎害人，不多仁恩；动不为利，不贱门隶……知是非之不可为分，细大之不可为倪。……以差观之，因其所大而大之，则万物莫不大；因其所小而小之，则万物莫不小。知天地之为稊米也，知毫末之为丘山也，则差数睹矣。

各位也许都已经注意到了，在这个故事里，河伯所提到的“世之议者”所说的“至精无形，至大不可围”，跟惠子“十事”里的第一事所说的“至大无外……至小无内”，在文字上虽然有些出入，可是在语法和语意上却是相同的。所以我们有理由可以相信，河伯所说的“世之议者”所指的是惠子或者像惠子之类的名家辩者。我们既然可以如此相信，那么也就应该可以从“至精无形，至大不可围”这句话在河伯跟北海若的那一段对话所扮演的角色，而推测到“至大无外……至小无内”这一句话在惠子“十事”里的实际意义。

我刚刚说过，“至大无外……至小无内”这一句话不能算是一个paradox，而是一个分析命题，“至精无形，至大不可围”这一句话也是如此，本身不是一个paradox，而是一个分析命题。可是“至精无形，至大不可围”这一句话的本身虽然不是一个paradox，而是一个分析命题，这一个分析命题在河伯跟北海若的对话里都能够导致一个paradox。

说得具体一点，由于河伯提出“至精无形，至大不可围”这么一个陈述，所以北海若才有机会说出“知天地之为稊米也，知毫末之为丘山也”，这么一个跟“大天地而小毫末”相反的矛盾陈述。而“至精无形，至大不可围”这个分析命题之所以可以导致“知天地之为稊米也，知毫末之为丘山也”这么一个paradox，是因为“至精无形，至大不可围”这个分析命题统摄了一种“相对观”(relativity)。这一点我们从河伯跟北海若的对话里可以看得很清楚，当河伯问说：“世之议者皆曰：‘至精无形，至大不可围。'是信情乎?"北海若的回答(见上页引文),可以看作是"至精无形,至大不可围"这个分析命题的一个论释。这个诠释是说,我们通常之所以可以"大天地而小毫末",是因为我们就我们所接触的形象界去看待事物,而不是就纯理念的立场在说话。

就纯理念的立场而言,我们不能说某种东西是至大,某样东西是至小,我们只可以说"至精无形,至大不可围"。在这个纯理念的立场的观照之下,我们通过跟形象界的接触得到的见闻之知,都免不了要受到时空的限制,所以都是相对的,不是绝对的。这是北海若为什么说:"井鼃不可以语于海者,拘于虚也;夏虫不可以语于冰者,笃于时也。"既然是相对的,那么在见闻之知的经验世界里谈大小,就不可能有定论,这是为什么北海若说:"是非之不可为分,细大之不可为倪。"在见闻之知的经验世界里,一件大的东西,跟一件较小的东西比,可以说是大,可是跟一件更大的东西比,却又可以说是小,用北海若的话来说:"以差观之,因其所大而大之,则万物莫不大;因其所小而小之,则万物莫不小。"见闻之知的经验世界里所说的大小都是相对的、不定的。既然是相对的、不定的,那么我们当然也就可以说:"天地"是"稊米""毫末",是"丘山"了。

我想我们现在应该都可以了解为什么"至精无形,至大不可围"这个本身并不是矛盾的分析命题能够开展出"天地之为稊米,毫末之为丘山"这样的一个paradox了。"至精无形,至大不可围"这个分析命题之所以有这种能耐,是因为这个分析命题能够衬照出见闻之知经验世界的相对性。我已经说过了,"至精无形,至大不可围"跟惠子的第一事所说的"至大无外/至小无内"是可以类比的。既然是可以类比,那么我们就应该可以说,惠子第一事的"至大无外,至小无内"所陈述的也是一个本身并无矛盾的纯理念局面,而这个本身并无矛盾的纯理念局面,也应该可以开展得出一套讲求相对观的矛盾。我们应该可以如此说,而事实上惠子也似乎正是如此做。

惠子的"十事"之中,除了第一事之外,其他的九事都是

paradoxes，站在我们类比的“解释”立场，我们可以说惠子的第一事，是其他九事之所以会是paradoxes的原因。这也就是说，惠子“十事”之中有矛盾性的九事，是以一个本身并不矛盾的第一事为“建构原则”的。如果我这个说法可以成立（我以为是可以成立得了的，至少是有理由可以成立的），那么我们就没有必要，也不作兴把惠子的paradoxes当作是无谓的诡辩。我们应该能够认识到这些paradoxes都是有意义的，我们应该可以了解到，这些意旨是在显示见闻之知经验世界的相对性。举两个例子来说。惠子“十事”里的第三事说：“天与地卑，山与泽平”，这一个paradox不过是说我们见闻之知经验世界里所说的高和低只是相对的说法，不能成为定论。“十事”里面的第七事所说的“今日适越而昔来”也是同样的意思。在这第七事里，惠子不过是想说明所谓的“今”和“昔”都是相对的观念，今之昔在事实上是昔之今，而今之今也正是明之昔。所以我们尽可以说：“今日适越而昔来。”

我如此这般地用类比的方式，从河伯跟北海若之间的一番对话去解释“十事”，也就等于是在说明庄子跟公孙龙子和老子一样都提倡“相对观”。这一点我们不只是在《庄子·外篇·秋水》里可以看得到，在《庄子·内篇·齐物论》里也可以得到印证，所以庄子跟名家辩者之间的契合还不只是引文款式上的整合，他们在“相对观”上也有契合。庄子跟名家辩者不同的地方是：庄子不以为终极真理的问题是用名辩所能解决得了的，他认为终极真理是不可道不可说的，是要靠跟宇宙自然生命之道的神秘结合，才可能体认得到的。在这一点上，庄子跟名家辩者分了家，而是跟老子牵上了手，而庄子跟名家辩者分家之处，也正是他跟老子牵手的契合之处。[1]这也就是说，庄子的思想是在两条不同的路线上运行的，是介于老子和名家辩者之间，以名辩解析为始，以无言不辩为终。

[1] 跳出跳进是同时出发的——离开一个地方，也就是去另外一个地方。

关于庄子一生的事迹，我们知道得不多。《史记·老庄申韩列传》说他跟梁惠王、齐宣王同时，这也就等于说，庄子跟孟子也大致是同时。《史记》并且说庄子“尝为蒙漆园吏”。所以，庄子显然也做过官，不过据一般的推测，他做官的时间并不长，他一生的时间大半是以一个非官员的私人身份度过的。庄子似乎是有意地在避免卷入官场，他坚决不肯做官。在《庄子·外篇·秋水》里有一个故事说“庄子钓于濮水”，楚威王派了两个大夫来传话说：

> “愿以境内累矣〔要用楚国的政事麻烦你了〕。”庄子持竿不顾，曰：“吾闻楚有神龟，死已三千岁矣，王巾笥而藏之庙堂之上，此龟者，宁其死为留骨而贵乎？宁其生而曳尾于涂中乎？”二大夫曰：“宁生而曳尾涂中。”庄子曰：“往矣，吾将曳尾于涂中。”

除了这一个故事外，《外篇·秋水》里，还有一个庄子往访惠子的故事。当时惠子正在梁国当宰相，有人对惠子说：“庄子来，欲代子相。”于是惠子恐慌，搜于国中三日三夜，可是就是找不到庄子。最后庄子终于自动出现，对惠子说：“南方有鸟，其名鹓鶵，子知之乎？夫鹓鶵发于南海而飞于北海，非梧桐不止，非练实不食，非醴泉不饮。于是鸱得腐鼠，鹓鶵过之，仰而视之，曰：‘吓！’今子欲以子之梁国而吓我邪？”这两个故事都足以说明庄子不愿意做官，而希望能在家闲居。他把一国之相的高位比作“腐鼠”，可是这并不就等于说庄子是隐士。在家闲居跟隐士不同，庄子显然没有隐居，他显然喜欢与人交游，也显然跟惠子有一段深厚的情谊。

庄子喜欢与人交游，所以他没有像隐士那样地在生活上寻求独立自足，假如他在生活上需要人家帮助的话，他会毫不犹疑地向人求援，还不只是毫不犹疑地向人求援，他有的时候还似乎得不到帮助便不罢休。在《庄子·杂篇·外物》里有一个故事说：

庄周家贫，故往贷粟于监河侯。监河侯曰："诺。我将得邑金，将贷子三百金，可乎？"庄周忿然作色曰："周昨来，有中道而呼者。周顾视，车辙中有鲋鱼焉。周问之曰：'鲋鱼来，子何为者邪？'对曰：'我东海之波臣也。君岂有斗升之水而活我哉？'周曰：'诺。我且南游吴越之王，激西江之水而迎子，可乎？'鲋鱼忿然作色曰：'吾失我常与，我无所处。吾得斗升之水然活耳，君乃言此，曾不如早索我于枯鱼之肆。'"

我不知道庄子在说了这个故事之后，有没有因此就借到米，我猜他大概是借到了，因为我没有看到过有任何记载说庄子是饿死的。不过有没有借到米并不重要，重要的是，庄子并没有想要在生活上求得独立自足而完全不靠别人帮助。

庄子很有个性，我们甚至可以说他有点怪僻（eccentric），可是庄子显然并不与世隔绝（anti-social），这一点我们在《庄子·外篇·天地》里的一个故事可以看得很清楚。这个故事说：

子贡南游于楚，反于晋，过汉阴，见一丈人方将为圃畦，凿隧而入井，抱瓮而出灌，搰搰然用力甚多而见功寡。子贡曰："有械于此，一日浸百畦，用力甚寡而见功多，夫子不欲乎？"为圃者卬而视之曰："奈何？"曰："凿木为机，后重前轻，挈水若抽，数如泆汤，其名为槔。"为圃者忿然作色而笑曰："吾闻之吾师，有机械者必有机事，有机事者必有机心，机心存于胸中，则纯白不备；纯白不备，则神生不定；神生不定者，道之所不载也。吾非不知，羞而不为也。"子贡瞒然惭，俯而不对。有间，为圃者曰："子奚为者邪？"曰："孔丘之徒也。"为圃者曰："子非夫博学以拟圣，於于以盖众，独弦哀歌以卖名声于天下者乎？汝方将忘汝神气，堕汝形骸，而庶几乎！而身之不能治，而何暇治天下乎？子往矣，无乏吾事！"

子贡卑陬失色，顼顼然不自得，行三十里而后愈。其弟子曰："向之人何为者邪？夫子何故见之变容失色，终日不自反邪。"曰："始吾以为天下一人耳，不知复有夫人也，吾闻之夫子：'事求可，功求成，用力少，见功多者，圣人之道。'今徒不然。执道者德全，德全者形全，形全者神全。神全者，圣人之道也。托生与民并行而不知其所之，茫乎淳备哉！功利机巧，必忘夫人之心，若夫人者，非其志不之，非其心不为，虽以天下誉之，得其所谓，謷然不顾；以天下非之，失其所谓，傥然不受。天下之非誉，无益损焉，是谓全德之人哉！我之谓风波之民。"反于鲁，以告孔子。孔子曰："彼假修[1]浑沌氏之术者也：识其一，不知其二；治其内，而不治其外。夫明白入素，无为复朴，体性抱神，以游世俗之间者，汝将固惊邪？且浑沌氏之术，予与汝何足以识之哉。"

庄子讲话的声音往往不只是一个，我相信在这个关于子贡的故事里，庄子是借着"丈人"和孔子这两张不同的嘴巴在同时说话。借着"丈人"的嘴巴，庄子道出了他对于人为文化文明的怀疑保留（skepticism），而通过孔子的嘴巴，庄子又同时说出了他反对遗世隐居的态度，庄子认为一个真正"明白入素，无为复朴"的在道之人是不会遗世隐居的，而是"体性抱神，以游世俗之间"的，所以我觉得我们与其把庄子看作是一个脱世的隐士，还不如说他是一个自然神秘主义者（nature mystic）。

我说庄子是一个自然神秘主义者，并不是说庄子把人跟自然当作是一种对立，庄子没有如此做，庄子把人看作是宇宙自然的一个整体部分，认为人跟宇宙自然在存在上是一体互通的。我之所以要称庄子为自然神秘主义者，是因为我希望强调庄子对于人为文化文明所抱持

[1] 黄锦鋐谓"假借修习"。（编按）见黄锦鋐注译：《新译庄子读本》（台北：三民书局，2005年），第166页。

的一种怀疑，他对人本身并不怀疑，可是他对人为文化所制约的存在却十分怀疑。

庄子对于人为变化文明的描绘既不肯定也无恭维，看起来会叫人啼笑皆非，像是一个喜剧家所写的一部大悲剧。在庄子的思想里，生活在人为文化文明世界中的人，就好像《庄子·外篇·天运》里所说的脱水之鱼一样，“相与处于陆，相呴以湿，相濡以沫”。所谓“相呴以湿，相濡以沫”就是“喘着气，吐着口水，互相湿润”。对庄子来说，文化和文明是人为的、是矛盾的，是会把人跟生命之泉的宇宙自然切断疏离的。

华兹生在他《庄子》英文节译本的《导论》里说，庄子的思想是一种“plea for the freedom of the individual”（为个人自由而有的一种诉求），这个说法没错。可是庄子这种诉求的意义，我以为我们要从他反对人为文化文明的这个脉络中去加以体会的。庄子的确讲个性，也提倡个人自由，可是他讲个性和提倡个人自由的终极意旨，不只是在鼓励个人起来反抗社会，而是要每个人都能够把他自己从他作为一个文化文明人的自我束缚之中解救出来。这就是说庄子所讲的liberation，不只是我们一般所说的解放，他的liberation是一种讲求“自我解放”，而他所讲究的“相对观”也就是他为我们所提供到达“自我解放”的一条道路。

庄子讲究“相对观”，这是他跟名家辩者的契合之处，可是庄子之讲“相对观”还不只是像名家辩者那样地从逻辑结构上去讲，他还就知识跟形上学的角度去讲。通过知识论的角度，庄子指出，我们经验世界里的见闻之知之所以成为可能，是因为作为我们认知对象的可知之物，跟可知之物的周遭环境有着一种特定的关系，可知之物的周遭环境为我们的经验认知提供一种脉络（context），使得我们的见闻之知成为可能。当我们经验认知所依赖的脉络小有变迁的时候，我们的见闻之知也跟着有变化，这种知识论显然是《庄子·外篇·秋水》里，那个有关“河伯”和“北海若”的故事所想要阐明的意旨。河伯原以为自己是大，可是在他遇到了北海若之后，对他自我有一个新的认识，而以为他自己很小、微不足道。他这个新的认识之所以成为可能，是因为他被“秋水”从他原来的河床冲走，被迫迁居到北海，所以“秋水”所象征的是我们认知环境的变化错置（displacement），而我们认知环境的变化又必然会导致我们见闻之知内容的相应变化。既然我们认知的内容会随着我们认知环境的变化而变化，那么我们的见闻之知就不可能是超时空的绝对真理，而必然是有限的、相对的。

从形上学的角度来看，庄子认为道的存在通贯宇宙万物全体，而不是限于某一个面或某一个物。用庄子《内篇·齐物论》的话来说，就是“道未始有封”，既然“道未始有封”，我们就可以也需要往别的不同角度去谈道说道，所以庄子在《内篇·齐物论》里说了“道未始有封”之后，又紧接着说：“言未始有常。”就道的终极形上观点而言，所有关于道的说法，我们不可能通过他们相互之间的比较而加以肯定或否定，这是为什么庄子认为有关道的终极问题不是名辩可以解决得了的。对庄子来说，言说名辩不可能解决是非，所以在《内篇·齐物论》里，庄子说：

> 既使我与若辩矣，若胜我，我不若胜。若果是也？我果非也邪？我胜若，若不吾胜。我果是也？而〔若〕果非也邪？其或是也，其或非也邪？其俱是也，其俱非也邪？我与若不能相知也，则人固受其黮暗。吾谁使正之。使同乎若者正之，既与若同矣，恶能正之！使同乎我者正之，既同乎我矣，恶能正之！使异乎我与若者正之，既异乎我与若矣，恶能正之！使同乎我与若者正之，既同乎我与若矣，恶能正之！然则我与若、与人，俱不能相知也。

这段话说得很清楚，不同观点说法间的相互争论，不可能解决是非真假的问题，要解决是非真假的问题，我们必须要超越不同观点的说法而采取一个更高的观点。所谓“更高的观点”不是指逻辑上更高的层次，而是就形上学的意义说。这个就形上学的意义所说的“更高的观点”，也就是道本身的观点，而道本身的观点之所以能够解决是非真假的问题，是因为道本身的观点能够把是非真假的问题解体融化，使之不成为问题。

至于说道本身的观点为何有这种能耐，我可以举出两个原因。第一个原因是：从道本身的观点着眼，所有不同的说法，都是在有限的见闻之知的基础上形成的，既然是有限，那么他们在他们各自的限度范围之内就一定都对，而一走出他们各自的限度范围之外，就一定都错，所以我们可以说，所有不同的说法既是都对，也是都错。既然是都对也都错，那么我们就没有必要去判决他们的是非，我们所需要做的是，如何在他们各自的限度范围之内去了解他们各自的有限意义，也就是说“see them for what they are”。

第二个原因是，宇宙间所有的东西都有他们能做和不能做的事，就这个意义上说，宇宙间的事事物物都不同，可是道本身的观点是兼容并包的，而道本身的观点所以是兼容并包，是因为宇宙间不同的事事物物都来自道，都是道在创生变化过程中的具体形象化。既然都是道在创生变化过程中的具体形象化，那么宇宙间所有不同的东西，都是在存在上是一体且可以互相转化的，没有彼此之分，在“此”之中有“彼”，在“彼”之中有“此”。这是为什么庄子在《内篇·齐物论》里会冲着公孙龙的“白马论”而说：

> 以马喻马之非马，不若以非马喻马之非马也。天地，一指也；万物，一马也。可乎可，不可乎不可……物固有所然，物固有所可。无物不然，无物不可。故为是举莛与楹，厉与西施，恢诡憰怪，道通为一。

一个能够从道本身的观点去看待宇宙中的万事万物，而能够因此于

“多”中见“一”的人，就是《内篇·齐物论》里所说的“休乎天钧”的圣人。这“休乎天钧”的圣人能够超越所有一切的矛盾对立，而却不否定抹杀事事物物的个性。这个人有无限的调适性，能够因顺宇宙间的千变万化，而对宇宙的各种情境作出自然合宜的响应。这样的圣人可以是任何人，可是在《内篇·齐物论》里，庄子所用来象征这种“休乎天钧”的圣人的人是一个“狙公”:“狙[1]公赋芧[2]，曰:‘朝三而暮四。’众狙皆怒。曰:‘然则朝四而暮三。’众狙皆悦。”狙公从“朝三而暮四”变到“朝四而暮三”，以致取悦“众狙”，他这么做并不意谓着任何的cynicism，他并不是在“耍”猴子，他这么做是因为他能够在不同事物的各自范围之内了解到各个事物的有限意义与存在价值而因此不执着。不执着就能够因顺，能够因顺就能够“和之以是非，而休乎天钧”，能够“和之以是非，而休乎天钧”就是《内篇·齐物论》里面所说的“两行”(following two courses at same time)。

[1] 狙（jū），猿类；狙公，乃养猴子的人。

[2] 芧（xù），一说栗子，一说样子像橡实，i.e. acorn。

第十讲 | 老庄的“道”及其语言观[1]

我以前说过，以孔子、孟子和荀子为代表的早期儒家，都以为终极实际（ultimate reality）是一种先于语言而存在的默（prescriptive silence），可是他们却并没有因此而对语言之可以指实和述实的这种效能起怀疑，他们并没有认为语言在先天上有缺陷或不足以用来作为终极实际存在的代表媒体（medium of representation）。对于语言，孔子、孟子和荀子并不是没有任何的怀疑，他们有他们的linguistic skepticism，可是他们的怀疑，在观念的建构上所牵涉的是言行的对立，而不是名实的对立，言行的对立所开出的问题是言如不行，而不是名不符实。孔子、孟子和荀子也都意识到，名实之间可能会有差距，可是他们却都认为这种差距，只是一种技术性的问题，不是一个语言本身性质的形上问题，这也就是说，孔子、孟子和荀子认为名实之间的关系，会有一种技术上的困扰（technically problematical），但是这种技术上的困扰都不足以成为形而上的顾虑（metaphysically disturbing）。所以孔子、孟子和荀子虽然都以为终极实际是一种先于语言而存在的默，他们并没有因此而主张终极之道是不可说、不可道的，他们也没有因此而提倡“去言”或“泯言”。

---

[1] （编注）此标题不见于原授课大纲，为编者依各讲长度比例与内容题旨所添加。

老子和庄子就不同了。老子和庄子的linguistic skepticism所牵涉的不只是言行的对立，也还有名实的对立，所以老子和庄子除了认为终极存在之道是一种先于语言而存在的默之外，也还都认为作为终极存在的道是不可道、不可说的。老子在《道德经》第十四章里明说道是“绳绳不可名”，在第三十二章里老子还说：“道常无名……始制有名，名亦既有，夫亦将知止。”同样地，庄子在《内篇·齐物论》里也说：“大道不称。”在《杂篇·则阳》里庄子还说：“万物殊理，道不私，故无名。”当然，老子和庄子并没有因为“道”是“无名”就闭口不言，事实上说“道”是“无名”就已经是言，而老子和庄子也都还不仅仅是说“道”是“无名”而已。所以老子和庄子尽管都认为“道”是不可道、不可说的，他们却又都既道且说，他们如此做似乎是明知故犯、自相矛盾。其实不然。我以为他们如此做，正表示他们都承认某一种方式的用言是可以认可的，是合理的，是可以加以肯定的；我并且也还以为他们所肯定的用言方式，非但跟他们认为“道”是“无名”的构想不形成任何的矛盾，而实际上也正是他们这种构想的一个具体的呈现（articulation），很足以显示出他们对于语言所持的怀疑是一种以为名是绝对不可能符实的那种神秘主义式的怀疑。

在唐君毅先生的《中国哲学原论·导论篇》里，他说老子《道德经》里所说的道有六义。相应于唐先生所说的“老子言道之六义”，我们可以把老子在《道德经》里对于道的各种说法归为六类，这六个类显然都不同，但却不是相互排拒（mutually exclusive）。第一类的道所指的是宇宙万物的规律性，是宇宙万物的“共同之理”，这个作为宇宙万物的“共同之理”的道，可以不是有终极意义的“实体”，而是一种“虚理”。所谓“虚理”，就是说这种“道”虽然是宇宙万物所共同依赖的规律原则，它的自身却不是，也没有独立的存在性，所以我们不能把它当作存在的“实体”。我们可以把这个意义的“道”想象为空中的航线，空中航线的自身并不存在，由于有飞机在空中航行，所以才有所谓航线存在的产生，空中的航线不能脱离在空中飞行的飞机而单独存在。同样地，为宇宙万物所遵循的规律之道，也没有它自身的独立存在可言，因为有万物的存在，我们才可能说这种道存在，这也就是说，当我们说到这种道的时候，我们所说的只是我们所观察的宇宙万物的共相，不是有终极意义的道之实体。《道德经》里说到这第一类道的文字，有第四十章所说的“反者道之动”；除了这一个陈述之外，我们还可以举第七十七章里所说的“天之道，其犹张弓欤？高者抑之，下者举之；有余者损之，不足者补之。天之道，损有余而补不足”。这里所说的“天之道”，也是指宇宙万物所共遵共依的规律原则，是一种“虚理”。

《道德经》里所说的第二类的道，所指的是一种形而上的存在，唐君毅先生称这种形而上的存在之道为“道体”。这一类的道有终极意义，是一种终极实体，这种终极实体除了有独立永恒的存在之外，也还是先于宇宙万物的存在的宇宙万物之母。《道德经》第二十五章说：“有物混成，先天地生。寂兮寥兮，独立不改，周行而不殆，可以为天下母。吾不知其名，字之曰道。”这一段话里所说的道，就是指有终极意义的“道体”。

老子第三类的道所说的是指形而上存在的道体之相，唐君毅先生称这一类的道为“道相”，用英语说，我们可以把唐君毅先生所谓“道相”叫做“attributes of the Tao as a metaphysical reality”。道体的自身因为是“混成”（undifferentiated）、是不可割裂的，所以应该是无相可说，可是宇宙间的万物都是有形相的，而道体之道又是有形有相的宇宙万物之母，跟有形有相的宇宙万物有着一种既连续而又超越的双重关系。并且由于“反者”是“道之动”，所以道体之道跟宇宙万物之间关系的双重性也还是必然的，这种有必然性的双重关系，使得道体之道跟它所生的宇宙万物之间形成一种是既相应而又是相对立的比照。在这种比照之下，自身原本是无相的道体，也就呈现了一系列跟有形有相的宇宙万物相应相对的可道可名之相。由于这种道相的呈现，有待于道跟它所生万物之间的比照，所以道相的存在不是一种有独立自我的绝对存在，而是一种有条件的关系性存在。既然是一种有条件的关系性存在，那么道相之可道可名也就不是绝对的，而是关系性的、有条件的。这也就是说，道相这个构想只是在于道体跟宇宙万物的相应相对关系之中，并且也只有在跟宇宙万物形相的相应相对的比照条件之下，才能成为可道可名。既然道相一定要跟万物形相的相应相对的比照之下，才能成为可道可名，那么所有有关道相的陈述也就必然是宇宙万物形相的肯定，而同时又是宇宙万物形相的否定。这是为什么《道德经》说到有关道相的文字，往往是充满了矛盾而似乎是前后不一致，这也是为什么老子在《道德经》第七十八章里要说："正言若反。"相对于宇宙万物的形相而言，因为宇宙万物有"状"、是"物"、是可名，并且又是我们的感觉器官所可见可闻的，所以我们就应该可以像老子《道德经》第十四章里那样地说道体的相是"无状之状"、是"无物之象"、是"不可名"、是"视之不见"、是"听之不闻"、是"搏之不得"。可是我们也可以并且也有必要反过来就相应于宇宙万物形相的观点来说道体的相。就相应于宇宙万物形相的观点而言，因为宇宙万物是一种"有"的存在，是有"名"、可"名"之"物"，所以老子在《道德经》第二十五章里，就把"先天地生"的"混成"道体说成是"有物"，而因此有所谓的"有物混成"这一句话，并且在《道德经》第二十一章里，老子还说"道之为物"是"自古及今，其名不去"，这一段话，也是就相应于宇宙万物形相的观点而有的关于道相的陈述。

老子所说第四类的道是就"德"而说的。我以前说过老子的德直接来自道，所以在第二十一章里有"孔德之容，惟道是从"这么一句话，可是，老子的德虽然来自道，老子的道跟德在观念上还毕竟是有区别的。道在宇宙间的呈现是一种不具体的呈现，在宇宙间作具体呈现的不是道，而是德；德是道在宇宙间的具体呈现，是道的效验(efficacy)，是道的个体化，是内涵于由道所生的宇宙万物之中，而又能够使宇宙万物发展成此个体生命力，这是为什么老子在《道德经》

第五十一章里说“道生之，德畜之”。庄子就不同了，在《外篇·天道》里，庄子把道跟德用同一口气，在同一条管脉里相提并论，他既提倡“循道而趋”，而同时又主张“放德而行”。庄子不像老子如此这般地对道和德在观念上作区分，由于老子对道和德在观念上作区别，所以在《道德经》里，就德而说道的场合并不多，可是尽管不多，也还是有。既然德是源于道，是宇宙万物得自道的个体生命力，那么德跟道之间的关系，也就自然是跟宇宙万物和形上道体之间的关系是相当的，并且，两组的关系既是相当，而形上的道体又是可以用矛盾的方式，就万物形相的肯定与否定来同时论说的。那么，道在它和德的关系之中，也应该可以通过跟德的比照，而同时就跟德的相应和相对的双重观点来说。就跟德相应的观点而言，道就是唐君毅先生所说的“同德之道”，因为道是同德而德又既然是万物各自的具体内涵，那么道也应该可以说是属于万物、为万物所有。在《道德经》第六十二章里，老子把这种属于万物、为万物所有的“同德之道”说成是可以用来进献的“宝”，他说：“道者，万物之奥，善人之宝，不善人之所保……故立天子，置三公，虽有拱璧，以先驷马，不如坐[1]进此道。”就跟德相对的观点而言，道跟内涵于宇宙万物的德，就必须加以区别。在《道德经》第三十八和六十五章里，老子把这个跟德相对的道称之为“上德”和“玄德”。在第三十八章里老子说：

上德不德，是以有德；下德不失德，是以无德。上德无为而无以为；下德为之而有以为。

在第六十五章里，老子说：

古之善为道者，非以明民，将以愚之。民之难治，以其智

[1] 坐，跪也。朱骏声《说文通训定声》：“古席地而坐，膝着席而下其臀曰坐，耸其体曰跪，跪可以言坐，坐不可以言跪也。”《礼记·曲礼》：“坐而迁之。”疏：“坐通名跪。”

多。故以智治国，国之贼；不以智治国，国之福。知此两者亦稽式。常知稽式，是谓玄德。玄德深矣远矣，与物反矣，然后乃至大顺。

第三十八和六十五两章里所说的“上德”和“玄德”，都是指就跟德相对的观点而成为可名可道的道。第四类的道跟第三类的道，显然有密切的关系。我刚刚说过了，德跟第四类道之间的关系，相当于宇宙万物跟第三类形上道体之间的关系，可是，相当并不就是相等，关系密切也并不就是尽然相同。在概念上作为宇宙万物个体化原则的德，毕竟不就是个体的万物，德不像个体的万物，是不可以就属性（attributes）来论说的；德既然不是个体万物，那么，就德而言的第四类的“同德之道”，也就当然是不同于就个体万物而言的第三类的“道相”之道，这两类意义的道是可以也必须要加以区别的。

老子所说的第五类的道，是指人为了要体践道而讲求的一种在人世间有实用价值的方法和技术，这种方法和技术包括我们个人的处世立场，也包括当政者的治国之术。就数量言，《道德经》里面所说的道，以这一类为最多，我们可以举《道德经》第十五、三十和三十七章里的话为例。在第十五章里老子说：

保此道者不欲盈。夫唯不盈，故能蔽不新成。

在第三十章里老子说：

以道佐人主者，不以兵强天下。其事好还，师之所处，荆棘生焉。大军之后，必有凶年。善有果而已，不敢以取强。果而勿矜，果而勿伐，果而勿骄。果而不得已，果而勿强。物壮则老，是谓不道，不道早已。

在第三十七章里老子说：

> 道常无为，而无不为。侯王若能守之，万物将自化。化而欲作，吾将镇之以无名之朴。无名之朴，夫亦将无欲。不欲以静，天下将自定。

老子在这三章里所说的话，都跟有终极意义的形上道体有关，可是这话都不直接涉及有终极意义的形上道体的自身，而是指在形上道体的规范之下所开展延伸出来有应用价值的修道行道之方。

老子所说的第六类，也就是最后一类的道，是指一种已经体现有终极意义的形上道体的事物状态或人格境界；既然是已经体现了有终极意义的形上道体，那么，这种事物状态或人格境界，就应该可以用有终极意义的形上道体的方式来说。这也就是说，《道德经》里所有说有终极意义的形上道体的话，在原则上都可以适用于这种已经体现了道的事物状态或人格境界，这是为什么老子在《道德经》第十四章里在说了道是“视之不见名曰夷，听之不闻名曰希，搏之不得名曰微，此三者不可致诘”之后，紧接着在第十五章里说，“古之善为道者”是“敦兮其若朴……混兮其若浊”，是“微妙玄通，深不可识”。老子在第八、第十五和第十六这三章里所说的道，都不直接涉及有终极意义的形上道体，而是指已经体现了这种有终极意义的形上道体的事物状态或人格境界。有关这第六类道的陈述，我们还可以举《道德经》第八和第十六章里的话为例。在第八章里老子说：

> 上善若水。水善利万物而不争，处众人之所恶，故几于道。

在第十六章里老子说：

> 知常曰明。不知常，妄作，凶。知常容，容乃公。公乃

王，王乃天。天乃道，道乃久。没身不殆。

这第六类的道，显然跟第三类的“道相”之道和第四类的“同德之道”有密切的关系，但是也不尽相同，而我所以说“不尽相同”，是因为第六类的道跟第三类和第四类的道，在指涉的焦点（focus or point of reference）上有不同，并且这种在指涉焦点上的不同，也还意谓着第六类意义的道跟第三和第四类意义的道是两种在用言的程序上有明显不同的说“道”方式。

第六类意义的道，所说的是已经体现了道而不再有割裂和分辨的事物状态或人格境界，在程序上是从有割裂的分辨的领域到没有割裂的和分辨的“混成”领域。第三和第四类意义的道就不同了，这两类意义的道，是以没有并且也从来就没有割裂和分辨，而却是有割裂和分辨的宇宙万物之母的道为起点，然后再通过对有割裂分辨的德和宇宙个体万物的肯定与否定来说没有割裂和分辨的道。第三和第四类的说法是三段式的说法，从没有割裂和分辨的领域，通过有割裂和分辨的领域，而后又再回到没有割裂和分辨的领域，所以第六类的道，虽然跟第三、第四类的道有密切的关系，我们还仍然应该把它跟第三、第四类的道分开而使它自成一类。

就我们所关心的老子的语言哲学而言，我们可以把唐君毅先生所说的“老子言道之六义”重新组合而成为两大类。第一大类是指有终极意义的道，以道为终极的实际，这一大类概括唐先生所说的第二、三、四和六类；第二大类所说的道没有终极意义、不是指终极的实体，第二大类概括唐先生所说的第一和第五类。第二大类，也就是唐先生的第一和第五类方式的“说”，显然不触犯老子“道可道，非常道”的神秘怀疑禁忌，这两个属于第二大类方式所说的道，都不是指有终极意义的形上道体，所以不受老子“道可道，非常道”这一个规范的限制。可能成为问题的是属于第一大类的四种说“道”方式，这四种说“道”方式，都以道为一种有终极意义的实体存在，所以是落在老子“道可道，非常道”这个禁忌的范畴之内的。可是，如果我们反过身来回顾一下我们刚才对于这四种说“道”方式的分析，我们应该会注意到，这四个说道方式有一个共同点，这个共同点就是，由这四种方式说“道”所说的话，包括“道可道，非常道”这句话在内，都不直接涉及形上实体之道的自身存在，而是间接地通过跟可道可名的德和宇宙个体万物的比照说的。所以这四种方式的说，虽然都说了“道”，也可以说是没说，非但没有违犯老子“道可道，非常道”的神秘怀疑禁忌，而事实上也还是在这种禁忌的规范和限制之下所可以认可的说，这也就是说，这四种方式的说，既是以老子对于语言的神秘怀疑为构成条件，而同时也是老子这种神秘怀疑的一个清晰说明（articulation）。这是为什么我认为老子的既道且说跟他“道可道，非常道”的立场是没有冲突的，老子尽可以说“道可道，非常道”，而同时也可以“谈天说道”，他这么做不是明知故犯，没有自相矛盾。我顺便强调一下，我这里一口气连说了两个“同时”，我这里所说的“同时”，是指关系结构系统性的“同时”，是就temporality而言的“同时”，不是就钟表式时间而言的“同时”，这两种时间观念的区别，我们在学期开始的时候已经讲过了。

我刚刚说过了，庄子不像老子如此这般地对道和德在观念上作区别；同时他对道和德不在观念上作区别，而认为两者是同体一贯的，所以庄子对于语言的神秘怀疑，在范畴上要比老子的更大。庄子的“不可道，不可说”所概括的不仅仅是有终极意义的形上道体，也还是以德为具体化原则的个别万物，庄子认为道和物，在终极意义上都超越语言，而且是在言与默之外的。这是为什么他在《杂篇·则阳》的结语里说：“道物之极，言默不足以载，非言非默，议其有极。”可是我们都知道，庄子所说的远比老子为多，并且庄子还不只是话多，他也喜欢辩。所谓喜欢辩，也就是说当他跟人辩论的时候，他这么做显然不是图个解闷，要不然他就不会因为过惠子之墓而发出“自夫子之死也，吾无以为质矣，吾无与言之矣”（《杂篇·徐无鬼》）的感叹。

在庄子的思想体系里，庄子的好辩显得很刺眼，我说是“刺眼”，因为庄子本人不只是说“道物之极，言默不足以载”，他还毫不含糊地特别谴责“辩”，而认为“辩也者”是“有不见也”。所谓“辩者”是“有不见也”，也就是说一个人之所以“辩”，是因为他的见是不足的（deficient）。在《内篇·齐物论》里庄子说：“辩也者，有不见也。夫大道不称，大辩不言……道昭而不道，言辩而不及。”在同一篇里，庄子还批评儒墨两家的互争是非，他认为是非之争是由“成心”（closed mind）所引起的，借着惠施“十事”里面第七事的话，庄子说：“未成乎心而有是非，是今日适越而昔至也。”

可是，如果我们觉得庄子的言和辩跟他所说的“道物之极，言默不足以载”似乎是自相矛盾的话，我们也应该要提醒我们自己，庄子本人也显然意识到他似乎是自相矛盾。在《内篇·齐物论》里，他有一段毫无保留的自白说：“今且有言于此，不知其与是类乎？其与是不类乎？类与不类，相与为类，则与彼无以异矣。”我以前说过，庄子很讲究反讽意识（irony），我刚刚所引的那段“类与不类，相与为类”的话，正是庄子所讲的反讽的一个具体典型表现。因为庄子讲反讽，所以他在说了别人之后，又往往会把他自己从他说话者的主体中心地位中抽出来，而反过身来嘲弄他自己说别人的话。

庄子一方面批评别人，另一方面又同时自我批评。他自觉性很高，往往主动地批评他自己对别人的批评，他不把他自己的话放在一个特权的地位上。他觉得他自己的话跟别人的话一样都是自我取消、自我否定的，而他之所以如此觉得，是因为他认为任何一句话都是以跟这一句话相反的反话为构成条件的。对庄子来说，正话（statement）和反话（counter-statement）是相依为命、也是相生相成；既然正话和反话是相依为命、相生相成的，那么所有的话也就当然是自我取消、自我否定的了。在“此”和“是”之中一定有“彼”和“非”，而“彼”和“非”之中也一定有“此”和“是”，这是为什么庄子在《内篇·齐物论》里说：

> 物无非彼，物无非是。自彼则不见，自知则知之。故曰：彼出于是，是亦因彼。彼是方生之说也。虽然，方生方死，方死方生，方可方不可，方不可方可。因是因非，因非因是。是以圣人不由而照之于天，亦因是也。是亦彼也，彼亦是也。彼亦一是非，此亦一是非。果且有彼是乎哉？果且无彼是乎哉？彼是莫得其偶，谓之道枢。枢始得其环中，以应无穷。是亦一无穷，非亦一无穷也。

这一段引文说得很清楚，是非彼此是相因相生，每一句话之所以成为可能而能够被人说得出来，是因为这一句话在存在上原就蕴涵着一句跟它自身相反的反话，所以所有的话都是自我取消、自我否定的。还不只是自我取消、自我否定而已，庄子的思想体系里，任何一句话也还可以用其他的任何一句话来取代，这就是说，庄子认为所有的话——不管是人话还是鬼话，也不管是党内的话还是党外的话——都是可以相互取代（infinitely inter-substitutable）。这是为什么庄子提倡“两行”，主张我们每个人都应该像“狙公”那样地“朝三暮四”而又“朝四暮三”，能够“和之以是非而休乎天钧”，庄子把这种“彼是莫得其偶”的境界叫做“道枢”。

根据《说文》，所谓“枢”是“户枢也”；根据段注，所谓“户枢”，就是“户所以转动开闭之枢机也”。这一个“枢”，一定要插入一个固定的窠臼里才能起得了作用，所以有它一定的住所，可是虽然有一定的住所，而且又是处于一个“环中”的中心地位，这个“道枢”的“枢”却并不面对任何一个特定的方向（directionally centerless），能够“以应无穷”，所以“道枢”所处的“环中”虽然称之为“中”，这个“环中”的“中”是一种没有固定中心方向的无中之中。

庄子用这种没有固定中心方向而能够“以应无穷”的“道枢”来

象征他所认为的用语理想。根据他这个用语的理想，我们尽可以说话，也尽可以听话，可是我们一定要以“游牧”的方式来说来听，这也就是说，我们说话听话的时候，要能够“逍遥游”，而不把我们自己或他人的任何话当作是一个固定的中心。我们要能够不断地从一个语言符号系统里跳出，而又同时跳进另外的一个语言符号系统。一个有固定中心的宇宙，也许能使人在心理上感到很安全，所以有人要寻根，也有人渴望着回家，许多人都希望自己不是无根的浮萍，也不是无家可归的浪子。可是，对庄子来说，这种家和根所产生的安全感是一种既是自欺欺人，而又能惹是生非的幻觉，庄子认为我们的宇宙没有一个固定的中心，我们可以也应该用来作为安身立命的中心是一个“环中”的无中之中（the center of a non-center）。

在这门课里，我曾经一而再，再而三地提到当代法国的德希达跟庄子颇有相似之处。各位如果喜欢庄子的话，大概也一定会喜欢德希达，他是一个提倡“游牧式”心态的人物，他也认为我们所生存的宇宙没有一个固定的中心，因此他在思想上也崇尚流浪、歌颂漂泊，而跟庄子一样以为我们所有的话都是可以相互取代的。可是他跟庄子在论点上虽然有相似之处，他们两人到达这些相似论点所经由的路线却并不相同。德希达认为我们这个没有固定中心的宇宙是一个彻头彻尾的人为世界，所谓“是一个彻头彻尾的人为世界”，也就是说我们所生存的宇宙是一个我们人为语言所构成的符号系统世界。

我这里所说的人为语言可以是没有专业性而为一般社会大众所通用的日常生活语言，也可以是人文社会科学里所用的文学或哲学语言，也还可以是自然科学里所用的数学或物理语言，任何语言只要是语言就一定是人为的符号系统，既然是人为的符号系统，那么所有的语言都必然会受到特定时空的限制，而脱离不了人为历史文化的主观性。我们通常把这种受时空限制，而又有历史文化主观性的人为语言当作是一种“代表媒体”（medium of representation），因此我们通常都认为语言所指涉的是一个外在于人为语言的独立客观存在。这和德希达的想法很不一样，他认为我们只有通过我们所用的语言，才可能想象并认识我们周遭的宇宙，就这个意义说，我们周遭的宇宙是以我们所用的语言为构成条件的一个人文产物，而不是、也不可能是外在于我们语言、独立于我们文化的客观存在。既然我们周遭的宇宙不是外在于我们语言、独立于我们文化的客观存在，而是由我们的人为语言所构成的，那么我们语言所指涉的，当然也就是我们语言的符号世界本身，是我们语言系统的自我指涉。既然是一种自我指涉，而不是对我们语言文化之外的任何一个独立客观的存在的指涉，那么我们所有的话当然也就都是"口说无凭"。既然是"口说无凭"，那么我们的话当然也就无所谓真假，无所谓是非，而是可以无限度地相互取代的了。

德希达所肯定的世界是一个纯粹人为的语言符号世界，他所提倡的"游牧"是语言符号世界里的"游牧"，这也就是说德希达的"游牧"是一种文字游戏，庄子就不一样了。庄子的"游牧"可以是、但并不只是一种文字游戏，庄子的文字游戏有宇宙本体上的意义和凭据。在庄子的思想里，终极实际的宇宙之道本身和宇宙间的万事万物都是一种变的动态存在，并且这种动态的存在所涉及的变，也还是一种可以互相转化的变，是一种"不知〔庄〕周之变胡蝶"抑或是"胡蝶之变为〔庄〕周""物化"之变，因此庄子的道跟个体万物之间，以及万物的个体之间都是相依相通、相生相灭的。就这个意义说，庄子的宇宙本体在存在上原就是自我否定、自我磨灭的，这个自我否定、自我磨灭的宇宙本体永远是辩证式地来往于"有"跟"无""有始"跟"未始有始"和"未始有始"跟"有未始有夫未始有始"之间。在《内篇·齐物论》里，庄子有一段话，这一段话是紧接着"类与不类，相与为类"那段话而来的，他说：

有始也者，有未始有始也者，有未始有夫未始有始也者。有有也者，有无也者，有未始有无也者，有未始有夫未始有无也者。俄而有无矣，而未知有无之果孰有孰无也。今我则已有谓矣，而未知吾所谓之其果有谓乎，其果无谓乎？

我前面已经说过了，庄子“类与不类，相与为类”的那段话很能够表现出庄子反讽式的心态和语言观。庄子不把他自己放在一个特权的中心地位，他认为他的话跟别人的话一样，都应该是自我否定、自我磨灭的，现在这一段紧接着“类与不类，相与为类”而来的话，又更进一步地说明庄子反讽式的心态和语言观是确有其宇宙本体上的意义和凭据。根据这一段话，我们可以说，他所肯定的用言方式是他对他所体验到的宇宙本体的一种模仿。他之所以认为我们的言辩应该是一种自我否定、自我磨灭的活动，是因为他视我们宇宙的本体原来就是一个辩证式的“物化”过程（process of dialectical transformation）。

所谓“我们的言辩应该是一种自我否定、自我磨灭的活动”有两个意义。第一个意义我已经讨论过了，是说：所有的正话和反话都是相依相灭、相摄相生的，“此”和“是”之中都一定有“彼”和“非”，而“彼”和“非”之中也都一定有“此”和“是”，这一个意思所涉及的完全是一个言说的领域。第二个意义则超出言说的范畴，而以为“言”和“默”也是相摄相生、相依相灭的。就第二个意义说，默中有言、言中有默，因为是默中有言，所以默可以自我磨灭而转化为言；反过来也是如此，因为言中有默，所以言也可以自我磨灭而转化为默。既然庄子的“言”和“默”是可以互相转化而自我磨灭的，那么他的“言”当然就可以说是“无言”，而他的“默”当然也就可以说是“未尝不言”，这是为什么在《杂篇·寓言》里庄子会说：“言无言，终身言，未尝言；终身不言，未尝不言。”“言无言”是庄子所肯定的理想用言方式，这种理想的用言方式有其宇宙本体上的意义和凭据，是对宇宙本体之道的一种模仿。

可是庄子所肯定的“言无言”的用言方式虽然是对宇宙本体之道的一种模仿，这种模仿却并不能保证他所用的“名”就可以有固定完整的含义而成为言说；非但不能有此保证，事实上，这种模仿还正是庄子的“名”之所以不可能有固定完整含义而成为言说的原因。理由很简单，庄子的道是一个辩证式的无限“物化”过程，其本身就不是一个完整而可以界定的固定存在。既然道的本身并不是一个完整而可以界定的固定存在，那么模仿道之“实”的“名”当然也就不可能有固定完整的含义，而不可能成为言说。这是为什么庄子在《内篇·齐物论》里会说:“道未始有封，言未始有常。”既然是“言未始有常”，那么我们在用了言之后，就应该又“忘言”。在《杂篇·外物》里，庄子把这种用语而又“忘言”的“言无言”之言比喻为用来捕鱼和捉兔子的“荃”和“蹄”。他说:“荃者所以在鱼，得鱼而忘荃；蹄者所以在兔，得兔而忘蹄；言者所以在意，得意而忘言。吾安得夫忘言之人而与之言哉?”“荃”和“蹄”这两个比喻显示庄子肯定“言”的“工具效用价值”(instrumental value)，可是这种肯定是一种自我否定的肯定，既然是自我否定的肯定，那么庄子对于用言的肯定，也就等于是不肯定，他的说也就等于是不说。

这种说而不说、不说而说的说，跟老子的说不一样。老子的说从不直接涉及形上实体之道的自身存在，而是间接地通过跟可道可名的德和宇宙个体万物的比照说；庄子的说是对于道的一种模仿的代表(imitative representation)。可是虽然不一样，庄子的说跟他“大道不称，大辩不言”的神秘怀疑信念也不形成矛盾。庄子认为道是一个辩证式的“物化”过程，由于是辩证式的“物化”过程，所以他的道是没有言说的不可道不可说，如果要说的话，只能够游牧式地说、自我磨灭地说。所谓的游牧式地说、自我磨灭地说，也就是“物化”式地说，这种说非但跟庄子的神秘怀疑信念不形成矛盾，也还是他神秘怀疑信念的一个呈现（expression)，正可以说明他特有的那种神秘怀疑主义。

第十一讲 |
《大学》与《中庸》:“修身”与“本性”

在讨论孟子的时候，我曾经说过，孟子的王道说与性善论有密切的关系，是一而二，又是二而一的两个同心圆，在运作的方式上是concentric，在建构上是homologous。他这两种论说的出发点都是我们个人主体内心所能感受到的主观之情，他所以说我们人性本善，是因为我们人都有仁、义、礼、智四端，而他所以能够说人都有四端，是因为他观察到，我们人在主观内心的感受上，都能够自动自发，并且也是自然而然地有恻隐、羞恶、辞让、是非这四种心。这四种心有普及性，是我们每个人都可以直接经验到的，所以被孟子认为是我们人之所以为人在存在上的构成条件。

至于恶，孟子认为跟我们人存在的先验本然无关，是一种后天后验的发展。用《孟子·告子上》里的话来说，人之所以为恶是人“放其良心”的结果，而人之所以“放其良心”，又好比是“郊于大国”，为“斧斤”所“伐”，为“牛车”所“牧”的“牛山之木”一样，是因为“失其养”，如果我们本然的恻隐、羞恶、辞让、是非之心“得其养”，那么就不会为恶。

关于孟子这种对于恶的解释，有人觉得不满意，认为孟子只不过把恶当作是一种形象界的现实问题来处理，没有彻底地去追寻恶的根源。这些不满于孟子对恶的解释的人们还认为孟子很武断，所谓很武断，就是说孟子没有理由只把人之善归之于人先天先验的本性，而不把人之恶归之于人先天先验的本性。诸如此类的批评，我认为不是没有道理可说，而是可以说得通的一种讲法，所以我并不打算在这一点上为孟子辩护。我只希望指出，那些对孟子不满的人士所想要追究的"根源"，是一种具有特定含义的"根源"，这种特定含义的"根源"所指的是我们人所以为恶在形上本体上的凭据，可是恶的形上本体凭据不是、也不可能是孟子所关心的问题，因为孟子根本就不承认恶跟我们人的形上本体存在有任何关系，孟子所关心的问题是何以为善的形上本体依据。

对孟子来说，一个人可以为善而不为善，并不是因为"不能"，而是因为"不为"，"不为"是一种action failure，用孟子的话来说，所谓action failure是"自暴"/"自弃"。既然恶不是"不能"而是"自暴""自弃"的"不为"，那么恶的克服就可以、也需要通过我们各人自我本性里的"良知""良能"的运用才成为可能。我们之所以能够"反身而诚，乐莫大焉"(《孟子・尽心上》)，是因为"万物"本来就"皆备于我"。所以，在孟子的思想体系里，为善去恶的修身功夫，虽然是就"求放心"说的，可是这种"求放心"的修身功夫，也同时可以说是我们具有四端的本然之性的一个体现过程，是我们"良知""良能"的生命跃然。这也就是说，修身是我们本性的一种自我实践，而所谓为善也只不过是我们忠顺于我们的本然之性而实际地做一个真正的人（authentic person)。

修身的"身"所指的是我们每个人的一己之身，所以修身功夫的起点是我们每个人的自我。关于这一点，孟子说得很肯定，在《尽心下》里，说："君子之守，修其身而天下平。人病，舍其田而芸人之田，所求于人者重，而所以自任者轻。"可是，修身虽然是以每个人的自我为起点，却并不以个人的自我为终点，至少不是以西方自由主义里所说的自我为终点，理由很简单，中国传统思想里的自我不是一种原子式的单元存在，而是一种关系性的存在；并且，这种关系性的存在所涉及的关系，也不仅仅是社会、政治和经济上的人际关系，而是概括整个宇宙其他所有生命的全体。这是为什么孟子在《离娄上》里会说："天下之本在国，国之本在家，家之本在身。"这也是为什么孟子在《梁惠王上》里会说："老吾老以及人之老；幼吾幼以及人之幼。天下可运于掌。"孟子这两段话很足以显示，儒家的仁之为爱是一种有普及性的延伸之爱（extensive love），也很足以说明，被认为是人性自我实践的修身功夫是一个持续的自我扩充过程，这个持续的自我扩充过程所产生的终极成果是个人小我的超越，以及与天地万物为一体的大我的形成。

孟子把人的存在看作是宇宙性的存在，这是为什么孟子要就"万物皆备于我"来说"反身而诚"；这也是为什么孟子除了说"天下之本在国，国之本在家，家之本在身"和"老吾老以及人之老，幼吾幼以及人之幼"之外，也还在《尽心上》里说："尽其心者，知其性也。知其性，则知天矣。存其心，养其性，所以事天也。夭寿不贰，修身以俟之，所以立命也。"这几段话说得很清楚，小我与大我之间的关系没有相互排斥性，大我的完成不需要小我作牺牲，而小我的超越也绝对没有任何否定小我的意味。在孟子的思想里，大我的完成是经由小我的自我扩充这一个延伸过程所呈现的一种人我和物我并完并成的二事并了。

这种把个人的自我实践看作是经由推己及人的自我扩充而体现的人我并完并成的二事并，显然是古代儒家的一个共同构想，在《论语》里就已经可以见得到了。在《雍也》里，孔子就说过："夫仁者，己欲立而立人，己欲达而达人。能近取譬，可谓仁之方也已。"还不只是在《论语》里见得到，在《大学》和《中庸》里也都有不少的说明。《大学》和《中庸》这两篇文字的字数都不多，《大学》通篇不过一千七百字左右，而《中庸》也只有三千五百来个字，可是，篇幅虽然有限，这两篇文字在我们传统思想史上的影响却相当深远。我们都知道《大学》和《中庸》本来都是《礼记》的一部分，可是，早在公元前1世纪的时候，这两篇文字就已经脱离《礼记》而成为独立流传的单行本，到了12世纪，《大学》和《中庸》又跟《论语》和《孟子》合并，而成为科举联考所必读的“四子书”。

顾名思义，《大学》这本册子所说的是“大人之学”。用现代话语来说，所谓“大人之学”就是高等教育，是higher education，或者说是education for the adult。可是，不能说是adult education，因为adult education所指的是为成人提供进修机会，带有补习班性质的continuing education，不是“大人之学”。在《大学》里，这种“大人之学”是就“三纲领”与“八条目”来说的。

所谓“八条目”，就是格物、致知、诚意、正心、修身、齐家、治国、平天下，这是我们都熟悉的，不需要解释。我只是希望强调一下，在《大学》里，这八个“条目”所构成的系列有一定的次序，这个次序有规范性，是一种normative sequence，是我们在修习的过程中所必需遵守的。用《大学》里的话来说，“八条目”之间有“本/末”和“先/后”的关系。而所谓有“本/末”和“先/后”的关系，也就是说，在“八条目”这个系列之中，所有出现于“先”的“条目”都是“本”，而任何出现于“后”的“条目”都是“末”，“本”和“末”都是metaphors，并且，这两个metaphors也还都是biological metaphors。“本”是root，而“末”就是branch，两者之间的关系是一种有机性的关系，是一种organic relationship。《大学》用“本/末”这一对biological metaphors来说明“八条目”之间的“先/后”是有意义的。

《大学》这么做，是为了要显示“八条目”这个系列所构成的过程是一个organic process，这个organic process之中的“先/后”次序不是单纯的钟表时间上的“先/后”，而是一种具有生命成长性的“先/后”，“后”脱胎于“先”，是“先”的一种自然成长，两者不只是causally related（有因果关联），并且也还是mutually imply和mutually involve（是相互涵摄、相互牵涉的）。“先”自然能开展出

"后"，而"后"也自然是"先"所结的果。

"八条目"所分疏（articulate）的显然是一个自我扩充的延伸过程，这个过程有成长性，是一种growing process of progressive inclusion，并不如狄百瑞（William Theodore de Bary）先生所说的，有化约性，企图把治国平天下所涉及的政治与社会等复杂问题化约为个人一己的修身问题。在他所编译的*Sources of Chinese Tradition*一书里，狄百瑞说，传统时代的华人大致都"相信，单凭修身就能够解决所有的政治问题而引进一个完美的社会"。原文是："Self-cultivation alone could solve all political problems and usher in the perfect society"。[1]狄百瑞的这一说法是他1960年代的一个构想，他现在早已不说这类话了，可是其他的洋人以及海峡两岸的中国人之中，还仍然有不少是如此认为的。

其实，我们传统历史上的华人建立过成套的社会政经制度，这种成套的社会政经制度也许不适用于我们今天的时代，可是，我们不能否认这种制度体系的庞大和复杂，我们受《大学》教育的前人显然没有因为重视修身而忽略制度的建立，理由很简单，他们认为修身是"本"，"本"是根，是一个成长过程的起点，不是终点，起点的根"本"具有生命力，能够为治国平天下所需要的制度提供发展的原动力而结出枝叶繁茂的制度"末"果。"本/末"之间所涉及的问题是有机性的次序问题，没有价值上的轻重可言。我不是说我们的历史上没有因为重视修身而忽略制度建设的情况存在，可是，这种情况跟《大学》所说的"八条目"无关，冤有头，债有主，我们不能归咎于《大学》或《大学》式的思想传统。

经由"八条目"这个成长过程而登峰造极的终极点是"大学之

[1]（编注）Wm. Theodore de Bary et al., *Sources of Chinese Tradition* (New York: Columbia University Press, 1960).（编按）引文在单册精装本，第128页，双册平装本第一册，第114页。1999年，狄百瑞与卜爱莲（Irene Bloom）主编的第二版出版时，已删去这段文字。

道”。在《大学》里，这个终极的“大学之道”是就“三纲领”说的，而所谓“三纲领”就是:“明明德”“亲民”和“止于至善”，这是我们都熟悉的。“三纲领”所揭示的是一个体道践道的完美人格的具体构想，这个构想是一种较为偏向于伦理、政治和社会意义的构想。在这一点上，《大学》跟《中庸》有明显的不同。《中庸》对理想人格所作的构想不是只有伦理、政治和社会的意义，也还有宇宙论和形上学的意义。

《大学》和《中庸》在这方面的不同，可以由这两部书对“诚”与“慎独”这两个构想的说法上看得出。《大学》的第七章有如下的一段话：

> 所谓诚其意者，毋自欺也，如恶恶臭，如好好色，此之谓自谦，故君子必慎其独也！小人闲居为不善，无所不至，见君子而后厌然，揜其不善，而著其善。人之视己，如见其肺肝然，则何益矣！此谓诚于中，形于外，故君子必慎其独也。曾子曰:“十目所视，十手所指，其严乎!”富润屋，德润身，心广体胖，故君子必诚其意。

很显然，《大学》在这一段话里所说的“诚”与“慎独”是就伦理与社会的意义说的，《中庸》就不同了。至于说，如何地不同，等一下各位自然会清楚，现在我想先来解释一下《中庸》这部书的书名。

在英文里，《中庸》这部书的书名有几种不同的译法。一位名叫James Legge的早期翻译大师译中庸为“the Doctrine of the Mean”，这个译法显然只译了“中”而没有译“庸”。其他的译法有E. R. Hughes的“the Mean in Action”，辜鸿铭的“Central Harmony”以及诗人Ezra Pound的“the Unwobbling Pivot”(Nice image)。在中文里，《中庸》的“中”最直接的意思是“centrality”，用程颐的话来说，所谓centrality，就是“不偏”，也就是朱子所说的“不偏不倚，无过不及”。当然，所谓“不偏不倚之谓中”，不是就空间说的，《中庸》的“中”不是一个spatial concept，而是一个心理和本体的观念，这一点我等一下会申说。

“庸”这字有点麻烦，历来的注家有好些都曾经为这个字伤过一番训诂脑筋，并且说法不一，细节方面，我不打算多说，训诂不是我的专长，我没有专业的理由把你们引进训诂的迷宫。各位如果有兴趣的话，可以从胡志奎先生的《学庸辨证》[1]入手，再旁及其他的书籍。在这里，我只想概念性地指出，《中庸》的“庸”有三个意义：第一个意义是“用也”，所指的是“that which is useful”；第二个意义是程颐所说的“不易”，所指的是“that which is constant or unchanging”；第三个意义是朱子所说的“平常”，所指的是“that which is ordinary or common”。这三个意义在《中庸》里同时并存，意味着《中庸》认为有“用”的“不易”，终极不是什么特殊了不起的存在，而是一种很普通、很“平”凡的经“常”。

《中庸》的主旨在开宗明义的第一章里就已经明说了。以《中庸》本身的标准来衡量，这第一章可以说是比较长的，并且文字也似乎是简明了当，没有多大的困难，可是，当我们真的试着去推敲这一章到底是在说什么的时候，我们很可能会有疑惑。这一章的内容，大家一定都熟悉，我现在念一下，来恢复（refresh）各位的记忆（memory）：

> 天命之谓性，率性之谓道，修道之谓教。道也者，不可须臾离也，可离，非道也。是故君子戒慎乎其所不睹，恐惧乎其所不闻。莫见乎隐，莫显乎微。故君子慎其独也。喜怒哀乐之未发，谓之中，发而皆中节，谓之和。中也者，天下之大本也，和也者，天下之达道也，致中和，天地位焉，万物育焉。

这一章的头三句话没有多大的问题，目的无非在说明“道”乃是人所

---

[1] （编注）胡志奎：《学庸辨证》（台北：联经出版事业公司，1984年）。

禀受于天的“本性”的一种展现，而“教”（teaching）则是“道”的一种“修”习。这三句话所强调的是人跟天在存有上的一体性，如此的强调并不意味着《中庸》对于天或宇宙的构想是一种以人为中心的anthropocentric view。《中庸》并不认为人是宇宙万物的准则，其所以要强调人跟天在存有上的一体性，是因为《中庸》以为人在存在上有超越性，这种超越性来自天，天是人的transcendent anchorage，而同时也因为人而得到现世的肯定（immanent confirmation）。很显然的，《中庸》是我们以前所说的intrinsic humanism的一个典型范例。

这头三句话所强调的天人在存有上的一体性，在第四和第五句话里又再度被肯定。第四和第五句话是：“道也者，不可须臾离也，可离，非道也。”这里所说的“不可须臾离”与“可离”的“离”都是指人而言，译成英文，这两句话是说：“that which is the Tao couldn't be separated from man even for a moment; that which can be separated from man is not the Tao”。这两句话也不成问题，只不过是说明终极的道跟我们人的日常生活与生命不可分割。可是如果我们再往下看，问题就来了。接着“道也者，不可须臾离也，可离，非道也”而来的是：“是故君子戒慎乎其所不睹，恐惧乎其所不闻。莫见乎隐，莫显乎微，故君子慎其独也。”对于这段话，我们可以一连串地提好几个问题。我们可以问：君子所不睹不闻而又戒慎恐惧的到底是什么？我们也可以问：君子的戒慎恐惧跟天人在存有上的一体性以及道和人之间的不可分离性，究竟有何关联？我们还可以问：所谓“是故君子戒慎乎其所不睹，恐惧乎其所不闻”的“是故”又当作何解？这些问题都是我们可以问、也该问的问题，可是我不想马上就正视这些问题，我打算把这些问题暂时搁在一边，我建议我们先往下看，我相信下面的这一段文字对我们处理这些问题会有帮助。

下一段文字的焦点是“中”这一个观念，说：“喜怒哀乐之未发，谓之中，发而皆中节，谓之和。中也者，天下之大本也，和也者，天下之达道也。”根据这一段文字的第一句话，我们可以说“中”是一个心理学上的观念，跟我们的感受（feeling）有关，所指的是我们喜怒哀乐这些情未发时的一种心理状态。这种心理状态称之为“中”，因为这种心理状态内在于我们的人心之中，是我们存有的核心，是the inner core of our being。《中庸》显然不认为我们这种存有的核心之“中”是我们人的感触器官所能睹能闻的，因为不是我们人的感触器官所能睹能闻，所以君子会“慎其独”而戒慎恐惧。可是反过来说，也正因为君子“慎其独”而戒慎恐惧，所以君子有睹闻隐微的能耐，这是为什么《中庸》在“君子戒慎乎其所不睹，恐惧乎其所不闻”这两句话之后，就紧接着说：“莫见乎隐，莫显乎微。”这句话的意思是说：“Nothing is more visible than that which is hidden and nothing is more manifest than that which is subtle”。

《中庸》说君子的戒慎恐惧是一种“慎其独”的功夫，这显然意味着戒慎恐惧有自反内省性，是一种self-introspection，可是这种内省的自反不是一种与外界全然隔绝的内向功夫。理由很简单，喜怒哀乐的未发之“中”，不是一种寂灭的静态心理状态（static state of mind），而是一种动态的心理平衡，是一种dynamic state of mind，随时可以直接自我外发而成为“天下之达道”的“和”。并且，“中”虽然有心理学上的意义，却不全然是一个心理学上的观念。我刚刚已经说过了，“中”是我们人存有的核心，而我们人的存有来自天的超越性，跟终极的道在本体上是一致的，所以“中”也是一个本体论上的观念，是《中庸》所谓的“天下之大本”。

《中庸》如此这般地把“中”构想为一个既有心理意义，而又有形上本体意义的存在是很自然的。所谓“是很自然的”，也就是说，《中庸》的这个构想完全合乎《中庸》首章前五句话所揭示的天人观的内在逻辑，这种天人观一方面肯定人是一种宇宙性的整体性生命（holistic being），另一方面则认为终极真际（ultimate reality）不是一种时空之外的抽象性存在，而是一种我们都体验到的真际（experienced reality）。这种experienced reality的处所，既不在人，也不在天，而是在天与人的相互性之中。这种reality的具体实践需要“诚”，在英文里，“诚”这一个观念通常都译为“sincerity”，其实sincerity不是“诚”的对等语，“诚”在意涵上要远比sincerity为广，“诚”跟“中”一样，不是一个univocal的观念，而是一个multi-dimensional concept，是既有心理和伦理的意义，也有形上本体的地位。

诚这一个观念的多向度性很可以在《中庸》第二十章里的一段话看明白。这段话说：“诚者，天之道也，诚之者，人之道也。诚者，不勉而中，不思而得，从容中道，圣人也。诚之者，择善而固执之者也。”这段话说得很清楚，“诚”有心理的意义，可以使人“不思”“不勉”地“从容”；也有伦理的意义，能够使人“择善而固执之”。除了心理和伦理的意义之外，也还有形上本体的意义，并且，这种形上本体意义之中的形上本体所涉及的不只是人，也还是天。因为能够使人达到“不勉而中，不思而得，从容中道”的圣人之“诚”，也就是“天之道”的“诚”。

《中庸》也没有把“天之道”的诚和作为一个个人品质（personal quality）的“诚”区分为两种不同的“诚”。这种“不区分”并不表示《中庸》有意把形上超越的“天”拟人化来提倡一种人格化的天（anthropomorphic Heaven），而是因为《中庸》认为人的本性来自天，跟天在存在上是一体的。这也就是说，人的本性在根源和本质上都是“天”（Heavenly）真。当天降命于人的时候，天不只是为人建构人的人性，并且也还把天的自性赋予人而具体化成为人的“天”性。这种人性观显然把天跟人之间的关系看成是一种创造者与被创造者之间的关系，可是这种创造者与被创造者之间关系的构想并不导致天人的二元论，理由很简单，在为人建构人性的时候，天只不过使它的“天”性在人身上重现而成为人性，所以天跟人在本体上没有差异。

可是，人跟天虽然在本体上没有差异，这并不表示人没有修身的必要。就《中庸》的perspective而言，正因为人的本性是禀受于天，在根源和本质上都是heavenly，所以人都有一种本体上的义务要修道，否则我们就无法体践我们人自我的“天”性而成为真正的人。这是为什么《中庸》在第二十一章里一方面说“自诚明，谓之性”，而另一方面又说“自明诚，谓之教”，并且在说了这两句话之后，还紧接着说“诚则明矣，明则诚矣”。“诚”与“明”以及“性”与“教”之间有一种必然的关系，这种必然也是我们人本体义务的当然。

基于同样的理由，《中庸》在第二十章里要我们：

> 博学之，审问之，慎思之，明辨之，笃行之。有弗学，学之弗能，弗措也；有弗问，问之弗知，弗措也；有弗思，思之弗得，弗措也；有弗辨，辨之弗明，弗措也；有弗行，行之弗笃，弗措也。人一能之，己百之；人十能之，己千之。果能此道矣，虽愚必明，虽柔必强。

这一段话的结语显示，《中庸》虽然以为人的“性”都来自“天”，却并不否认人在才智上的差异。用《中庸》第二十章里的话来说，所谓“不否认人在才智上的差异”，也就是承认“或生而知之，或学而知之，或困而知之”，以及“或安而行之，或利而行之，或勉强而行之”。可是，虽然承认人在才智上的差异，《中庸》在第二十章里却又说：“及其知之，一也”；“及其成功，一也。”《中庸》之所以要在承认人在才智上差异的同时，又肯定“及其知之，一也”，“及其成功，一也”，并不是为了要鼓励人用功向上，我们不要以小人之心，度君子之腹，《中庸》的思想绝不陈腐，讲的是“高明”，而不是“有志者事竟成”的陈腔滥调。《中庸》如此说的目的是在强调修身在我们体践“天”性过程之中的必要性。

在《中庸》的思想体系里，自我“天”性的体践有本体上的必然性，是一种ontological certainty，而修身有存在上的必要性，是一种existential necessity，两者之间没有冲突。不只是没有冲突，事实上也还是相依相生的：我们来自天的本性是我们所以要修身的理由（reason），而修身则建构我们“天”性之所以能自我体践而成为reality的过程。这也就是说，《中庸》所说的修身焦点在于我们自我内在的“天”性，这种修身所追求的知与明，都是我们的自知和自明，是一种不能由外强加的self-knowledge。这种self-knowledge需要学生本人的体验参与（experiential participation），否则传授不了，就这个意义而言，学生本人就是自己的老师，而所谓“学”也不过只是学生本人的一个主动自我对于他自我的开悟过程。

修身既然以人内在的“天”性为其reason，那么修身的成功当然就无待于上天的“恩典”，而是一种自然而然的必然。并且，我们既然是人，就都必须要修身，倒不是因为我们人在先天的本性上有缺陷，而是因为我们的“天”性在存有上有一种自我体践的要求和冲动。这是为什么《中庸》不在“天之道”的“诚”和“人之道”的“诚”之间作任何本体性的区分，而认为“诚”既是人类道德最忠实的显现，而又是人类“天”性的终极真际。忠于我们自我的“天”性是我们每一个人在本体上的当然，而也只有顺应我们这种本体上的当然，我们才可能体践我们来自天的人性而成为真正的人。这是为什么《中庸》要在第二十二章里说：

> 唯天下至诚，为能尽其性；能尽其性，则能尽人之性；能尽人之性，则能尽物之性；能尽物之性，则可以赞天地之化育；可以赞天地之化育，则可以与天地参矣。

这一段话说得很清楚，人性的实践应该、也必然是一种超越人类现有状况的过程，这也就是说，人所追求的自知自明有宇宙性的意义，是cosmologically meaningful，知人同时也就是知天，既然知人也就同时是知天，那么人的自我体践当然也就是人的自我超越。可是，人的自我超越并不意味着任何对于人性的否定，而是通过人性，并且也是由于人性才成为可能。一个绝对“诚”的人也是一个最真的人，这个人完全体践他内在的自我，是authentic humanity的一个典范，我们可以称之为“完人”。可是，这个“完人”所体践的内在自我不仅仅是他个人的humanness，而是包括全人类以及整个宇宙的有机全体。

在《中庸》里，“诚”这个构想有双重性，是一种two-fold process。这个双重过程一方面要往我们人内在的本体作深度的穿透，进入我们的主体性（subjectivity），另一方面则要往外开展，超越我们个人经验性的心理和生理自我，而将他人与物都纳入我们追求自我体践的过程之中。就这个意义而言，“诚”的修习有必然的方向性，是necessarily directional，这是为什么《中庸》在第二十三章里会说：“诚则形，形则著，著则明，明则动，动则变，变则化。唯天下至诚为能化。”

我说“‘诚’的修习有必然的方向性”，我这么说不是意味着我认为“诚”的修习是以“诚”为目标的一种目的论的过程（teleological process）。我刚刚已经说过了，“诚”内含于我们人的“天”性，所以不是一个可求可获的目标，因此“诚”的修习不可能是在“诚”之外而又以“诚”为目标的一种追寻过程。关于这一点，《中庸》说得一点也不含糊，《中庸》在第二十五章里特别指出：“诚者，自成也，而道，自道也。”这说明“诚”不只是一种存有的静态存在状态（a state of being），也还是一个动变的过程（process of becoming）。作为一种存有的静态存在状态，“诚”是人性终极真际，这种人性终极真际，在存有上跟“天”是一体的；作为一个动变的过程，“诚”是人性终极真际在日常生活之中体践的具体之道。所以“诚”所指的不只是一个人在终极意义上是如何该如何，也还是一个人终究将能够变为什么，因为一个人的终究成就有宇宙性的意义，牵涉到的不只是全人类，也还是宇宙生命的整体，世上的任何物都可以看作是诚的一个具体呈现（enactment），这是为什么《中庸》在第二十五章里会说：“诚者，物之终始，不诚无物”（诚 is the beginning and end of things which cannot come into existence without 诚），就这个意义说，我们可以把整个宇宙构想为“诚”的一种自我展现。

第十二讲｜《易经》中的“生生”观念与共鸣式思想

《易经》这一部书又称《周易》，“易”这个字本来似乎是通指筮书，是筮书的通名。《周礼·春官·宗伯》的“大卜”条有一段话说是：“掌三易之法，一曰连山，[1]二曰归藏，三曰周易，其经卦皆八，其别皆六十有四。”同卷的“簭[2]人”条也有类似的话，说：“簭人掌三易，以辨九簭之名，一曰连山，二曰归藏，三曰周易。九簭之名，一曰巫更，二曰巫咸，三曰巫式，四曰巫目，五曰巫易，六曰巫比，七曰巫祠，八曰巫参，九曰巫环，以辨吉凶。”由这两段话，我们知道，古代的筮书不只是一种，除了《周易》之外，还至少有《连山》和《归藏》，并且《连山》和《归藏》也都称“易”。所以在古代凡是筮书很可能都称“易”，而所谓《周易》也者，本来大概是指周代的筮书，后来因此而成为一书的专名。

以《周易》为一书的专名，由来甚古，除了我们刚刚所引的《周礼》之外，《左传》庄公二十二年，宣公六年、十二年，襄公九年、二十八年和《国语·晋语》也都以《周易》为一书的专名。《周易》又

[1] 〔汉〕郑（玄）注：“名曰连山，似山出内气也〔象山之出云，连连不绝〕。归藏者，万物莫不归而藏于其中。”（编按）“象山之出云，连连不绝”亦为郑玄语，出自〔唐〕孔颖达：《周易正义·论三代〈易〉名》。

[2] 簭（shì），音与筮同。

简称曰《易》，这种称法的最明显例证是《论语·述而》篇。在《述而》里，孔子有一段话，说："加我数年，五十以学易，可以无大过矣。"除了《述而》的这一段话之外，《礼记》的《经解》《坊记》《表记》《缁衣》《深衣》，《大载礼》的《保傅》，《管子》的《山权数》，《庄子》的《天运》和《天下》，《荀子》的《非相》和《大略》，《吕氏春秋》的《务本》《慎大》《召类》以及《战国策》的《秦策》，也都简称《周易》曰"易"。[1]

至于说筮书又为什么要称"易"，在当今的学术界有三种不同的说法。第一种说法认为"易"这个名称是来自一种叫蜥蜴[2]的爬虫，这种爬虫的颜色变化多端，随着它所依附物体颜色的不同而不同，象征着《易经》这部书是说明天地间事物的变化之理，这种说法在日本的学术界颇为流行，[3]主要的根据是《说文》所说的："易，蜥易蝘蜓，[4]守宫也，象形。"根据段注所谓"象形"是"上象首，下象四足，尾甚微，故不象"。《说文》的这一段话，把蜥易和蝘蜓相提并论，没有加以区分，都称为"守宫"，这并没有错，可是如果要区分，也还是可以区分。

根据《尔雅》，"在壁"的守宫叫蝘蜓，"在艹"的守宫叫蜥蜴。第二种说法认为"易"是上日下月的象形，这种说法颇为我们历史上的道家所提倡，当今在台湾主张这种说法最力的是南怀瑾。南怀瑾的根据是号称为汉魏伯阳所作的《参同契》，认为"日月之谓易"的说法"最为合理"。[5]其实这种说法不只是见于《参同契》，也见于《说文》。《说文》在说了"易，蜥易蝘蜓，守宫也，象形"这一段话之后，接着

[1] 高亨：《周易古经通说》（台北：洪氏出版社〔原乐天出版社〕，1977年），第1页。

[2] 蜴（yì），音与易同，《中大》8/407。（编按）应指《中文大辞典》（台北：中国文化大学华冈出版部，1973年），第八册，第407页。下同。

[3] 见南怀瑾、徐芹庭：《叙言》，《周易今注今译》（台北：台湾商务印书馆，1984年），第4页。

[4] 蝘蜓（yǎn tíng），一曰蝘蜓。

[5] 南怀瑾、徐芹庭：《周易今注今译·叙言》，第4页。

又引《秘书》说："日月为易，象阴阳也。"根据段注，所谓"秘书"是指纬书。

高亨先生则认为"秘书说于古无征，必不可信"，[1]所以高亨先生又提出第三种讲法，认为"易"本来是官名，以后又由官名转而成为书名。高亨先生引《礼记·祭义》里的一段话，说是："昔者圣人建阴阳天地之情，立以为易，易抱龟南面，天子卷冕北面，虽有明知之心，必进断其志焉，示不敢专，以尊天也。"郑玄为这一段话下了个注，说是："立以为易谓作易，易抱龟，易官名。"由郑玄的这一段话，高亨先生断定"易"是书名，也是官名，并进而推测，掌卜筮的筮官称"易"，因此筮官的书也称为"易"，就好比史官称史，因而史官的书也称史。

高亨先生还认为"易"的本字很可能是"觋"。各位大概都知道，一般都以"觋"为男巫，以"巫"为女巫，这种说法有它的根据，《说文》就明说："觋，能斋肃事神明者，在男曰觋，在女曰巫，从巫，从见。"《国语·楚语》也说："在男曰觋，在女曰巫。"《荀子·正论》有"出户而巫觋有事"这么一句话，杨倞注这一句话，说："女曰巫，男曰觋。"由此可见，男觋女巫的说法是其来有自。可是，这种说法，虽然是其来有自，却也并不是绝对尽然，《周礼·春官》就有女巫也有男巫，可见巫在古代也不完全是限于女性，所以高亨先生以为巫跟觋原本是同义，都掌卜筮，这是为什么"筮"字从巫，这也是为什么《周礼》"簭人"条所举的"九簭之名"如"巫更""巫咸"和"巫式"等都冠以"巫"字。既然觋跟巫是同义，都掌卜筮，而《礼记》又称筮官为"易"，并且觋跟易也还是同音，所以高亨先生认为《易经》的"易"是觋的借字。[2]

高亨先生对"易"字的这种解说，并不是完全前无古人。朱骏声在他的《说文通训定声·解部》里就曾经说过："三易之易读若觋。"只

[1] 高亨：《周易古经通说》，第1页。

[2] 同前注，第1—2页。

是朱骏声没有提出论据，[1]而高亨却作了一番考订，说得头头是道，至于他的考订是否真的铁证如山、天衣无缝，我留待各位自己去判断。我搞西方东西是半途而废，弄中国东西是半路出家，[2]在座的绝大多数是中语系的科班，训诂的训练应该比我的强，对高亨的评价，我听你们的。不过，不管高亨的说法在训诂上是否站得住脚，我们至少还应该可以肯定，《易经》本来是一种筮书，并且，我刚刚已经说过了，先秦的筮书还不止一种，除了《周易》之外，还至少有《连山》和《归藏》，[3]至于《连山》和《归藏》到底是什么样的筮书，我们今天不得而知。

孔颖达在他所注《周易》的《论三代易名》里引杜子春的话，说："连山，伏羲（一作宓戏）；归藏，黄帝。"又引郑玄《易赞》和《易论》里的话说："夏曰连山，殷曰归藏，周曰周易。"显然杜子春与郑玄两人的说法不一，而孔颖达在引了杜子春和郑玄之后，又自己说："案《世谱》等群书，神农一曰连山氏，亦曰列山氏，黄帝一曰归藏氏。"这是以《连山》为神农易，说法又不同，所以关于《连山》和《归藏》的作者和时代，历来就有多种的说法，而我们今天又因为这两部书久佚，更是一头雾水。这两部书，《汉书·艺文志》没有载录，可是我们有理由相信，这两部书在汉代的时候，还仍然存在。孙诒让在他的《周礼正义》里（《春官大卜》）指出：

> 《连山》《归藏》二易，《汉书·艺文志》未载，而《北堂书钞·艺文部》引桓谭《新论》云："《厉山》（即《连山》）藏

---

[1] 高亨：《周易古经通说》，第2页。

[2] （编注）钱新祖1963年进入加州大学河滨分校读西洋史硕士，其后继续到哥伦比亚大学攻读博士时，才转而专攻中国思想史。关于这段经历，请参考梅乐安著，钟月岑译：《台北、香港、芝加哥——钱新祖先生行述》，《台湾社会研究季刊》第29期（1998年3月），第153—162页；或张诗薇、何立文记录：《专访钱新祖老师》，台大《史系导报》革新版第44期（1990年5月），第4版。两者皆已收入"钱新祖集"中。

[3] 《左传》僖公十五年、成公十六年录有筮辞均不见《周易》，所据自是别种筮书，是否即《连山》《归藏》，则未可断言。（参阅高亨：《周易古经通说》，第5页。）

于兰台，《归藏》藏于太卜。”又《御览·学部》引《新论》亦云：“《连山》八万言，《归藏》四千三百言。”则汉时实有此二易。《汉书》本《七略》，或偶失著录耳。

除了孙诒让所引的桓谭《新论》之外，《礼记·礼运》的郑注也说《归藏》书存，所以我们大概可以接受孙诒让的说法而相信《连山》和《归藏》在汉代还仍然存在，可是汉之后就失传了。因此我们无法知道这两种易究竟是什么样的性质，我们只能根据《周礼》“掌三易之法，一曰连山，二曰归藏，三曰周易，其经卦皆八，其别皆六十有四”的这一个说法来推测，而认为《连山》和《归藏》很可能是跟《周易》相类的卜筮之书。《归藏》很可能成于《周易》之前，而《连山》可能又成于《归藏》之前。如果我们相信桓谭《新论》所说的话，我们也还可以进一步推测，《连山》八万言，可能是有经有传，而《归藏》则因为只有四千三百言，可能是有经无传。[1]

至于《周易》的作者和时代，也是问题重重。《系辞传下》有两段话，第一段话见于第二章，说是：“《易》之兴也，其于中古乎？作《易》者，其有忧患乎？”第二段话见于第十一章，是说：“《易》之兴也，其当殷之末世，周之盛德邪？当文王与纣之事邪？”这两段话都推测“《易》之兴”是在殷周之交，可是却没有说出作《易》者是什么人。《系辞传下》的第二章说：“古者包牺氏之王天下也，仰则观象于天，俯则观法于地，观鸟兽之文与地之宜，近取诸身，远取诸物，于是始作八卦，以通神明之德，以类万物之情。”这段话只认定八卦是包牺氏所创，并没有明言把八卦重叠起来成为六十四重卦的是什么人，而《系辞传下》的第一章也只说：“八卦成列，象在其中矣，因而重之，爻在其中矣。”对于重卦者为何人的问题也完全没有交待。

可是《周易》的本文虽然没交代，后世的说法却有好几种。司马迁

[1] 本段材料多采自高亨：《周易古经通说》，第3—4页。

在《史记·周本纪》里说:"西伯盖即位五十年，其囚羑里，盖益《易》之八卦为六十四卦。"这是以文王为重卦之人。这种说法为班固所承，班固在《汉书·艺文志》里说:"殷周之际，纣在上位，逆天暴物，文王以诸侯顺命而行道，天人之占，可得而效，于是重《易》六爻。"以后的王弼说伏羲重卦，郑玄说神农重卦，孙盛说夏禹重卦。[1]司马迁和班固似乎也还都认为《周易》的卦爻辞是文王所作。[2]司马迁在《史记太史公自序》里说:"西伯拘羑里，演周易。"班固在《汉书·艺文志》里更说了"文王……重易六爻"，之后，还更说"作上下篇"。以后的马融、陆绩则因为爻辞里面颇有一些故事是发生在文王之后，所以认为卦辞是文王所作，而爻辞则是周公所作。[3]这些说法都不见于先秦的文献，所以是有问题的。近代的学者大致都认为《周易》是一部合成性的书，是一种composite text，既不是作于一人，也不是成于一时。可是近代的学者大多也相信《周易》的古老性（antiquity），甚至以批判怀疑出名的顾颉刚也认为经文的本身可以上溯至西周的初叶。[4]

就《易经》的组织结构来说，最基本的成分是六十四组线条，这些线条可以是中断的，也可以是不中断的，都称为"爻"。中断的线条象征阴，叫阴爻；不中断的线条象征阳，叫阳爻。有人认为这两种线条来自我们古代用来计算数字或历数的算筹，[5]所谓的counting rods。这个说法没有什么确切的证据，是一种揣测，揣测当然也有可能是对的，可是即使是对的，《易经》在我们的数学发展史上也没有起过什么

[1] 见孔颖达:《周易正义序》引。

[2] 此乃孔颖达对下引《太史公自序》话之解释，见孔颖达:《周易正义序》。

[3] 此说主"故事"之例，见孔颖达:《周易正义序》。

[4] 高亨则以为"《周易》古经，大抵成于周初，其中故事，最晚者在王文武之世……其中无武王以后事，可证此书成于周初矣。至于最后撰人为谁，则不可知。后儒谓文王作卦辞，周公作爻辞，与此书之内容无所抵触，其或文王、周公对于此书有订补之功欤?"（见《周易古经通说》，第7页。）

[5] Needham, *Science and Civilization*中译文，第二册，第563页。算筹单称算、筹或策，详见Needham中译，卷四，第124—146页。（编按）这里的中译文应指李约瑟著，陈立夫主译:《中国之科学与文明》（台北：台湾商务印书馆，1985年）。下同。显然是为了配合国内中文听讲者而作的脚注书目。

重要的作用。Anyway，《易经》的六十四组线条是由中断和不中断这两种线条所组成的符号，如果我们把这两种线条任取三条来加以排列组合，我们就得到所谓的八卦，英文里叫trigram。

关于八卦的形状和名称，我们民间流行着一首“八卦取象歌”，是一个很上口的口诀，可以帮助我们记忆和辨认八卦。这个口诀是：“乾三连”，这是说，乾卦是三条连续不断的横线，☰；“坤六断”，这是说坤卦是由中分为六段的三条横线所组成，☷；“震仰盂”，这是说，震卦像是一个开口朝上的仰盂，☳；“艮覆碗（wǎn，小盂）”，这是说艮卦像是一个开口朝下的覆碗，☶；“兑上缺”，这是说兑卦上线中断有缺口，☱；“巽（xùn）下断”，这是说巽卦的下线中断，☴；“离中虚”，这是说离卦的中间那根横线是中断而有空隙的，☲；“坎中满”，这是说坎卦的中间那根横线是连续不断没有空隙的，☵。

把八卦以重叠的方式再加以排列组合，我们就得到六十四个重卦，重卦也简称为卦，在英文里叫hexagram。传统的说法认为这六十四个hexagrams是文王的杰作，并且还认为文王为每一个hexagram都附加了一段解释，这些解释就是我刚刚所说的卦辞，也称为“彖”（tuàn）或“彖辞”。彖者，断也，是统论断定一卦总义的“解释”。[1]

在传统《易经》的编排里，紧随着卦辞而来的是爻辞。顾名思义，爻辞是对组成卦的六条横线所作的解释，也叫“系辞”，意思是系属于卦爻之下的释辞。[2]旧说初以为爻辞也是文王的杰作，以后则归之于周公，这我已经说过了。

六十四卦，卦辞和爻辞是《周易》古经的本文，本文之外，还有七种传，称为“十翼”，意思是说，《周易》古经之有传，就好像是鸟之有羽翼。“十翼”的问题，我等一下再谈，现在我想先来说一说，用《易经》来卜筮的筮法。卜筮的工具，最初很可能是用竹子，所以

[1] 见《中文大辞典》，第三册，第1518—1519页。

[2] 同前注，第七册，第609—611页。

"筮"字从竹，后来才用蓍（shī）草的茎。关于这种蓍草的用法，《易经·系辞传上》里有一段话为我们提供了一个大略的描述，这段话是说：

> 大衍[1]之数五十，其用四十有九，分而为二以象两，挂一以象三，揲（shé）[2]之以四以象四时，归奇于扐（lè）[3]以象闰，五岁再闰，故再扐而后挂。天一，地二，天三，地四，天五，地六，天七，地八，天九，地十。[4]天数五，地数五，五位相得而各有合。天数二十有五，地数三十，凡天地之数五十有五，此所以成变化而行鬼神也。乾之策二百一十有六，坤之策百四十有四，凡三百六十。当期之日，二篇之策，万有一千五百二十，当万物之数也。是故四营而成易，十有八变而成卦，八卦而小成，引而伸之，触类而长之，天下之能事毕矣。

所谓"大衍之数五十，其用四十有九"的"衍"字的意思是"演"也，这句话是说，我们卜筮推演的时候所需要蓍草的数目一共是五十策，可是真正拿来用的却只有四十九策，把一策留起来不用，收回袋里。至于为什么要留一策不用，有一种说法认为是象征太极。

用四十九策蓍草来推演的过程包括三个阶段，叫做"三变"，而每一变又包括七个步骤，叫做"七演"：第一演是把四十九策的蓍草任意地分为两堆，一堆在左，一堆在右，象征天地阴阳两仪。左边的一堆是天，右边一堆是地，[5]这就是所谓的"分而为二以象两"；第二演是

---

[1] 郑注：演也。疏：推演天地之数。

[2] 《说文》段注："更迭数之也。"

[3] 《说文》段注："两指之间谓之扐，因之车毂之幅间亦谓之扐。"（编注）段注后漏"笺曰"二字，引文应出自徐灏为段玉裁注所作的笺释，见《中文大辞典》，第四册，第418页，或《说文解字诂林》（台北：鼎文书局正补合编版，1977年），第九册，第1328页。

[4] 高亨："此二十字原误窜入下文，今据《汉书律历志》引移正。"（《周易古经通说》，第113页。）

[5] 孔颖达：《周易正义》疏："天于左手，地于右手。"

用左手往右边的那一堆里取出一策蓍草，夹挂在左手的小指与无名指之间，象征天地人三才，这就是所谓的“挂一以象三”；第三演是用右手往左边那一堆蓍草里，以每次四策的方式，一次次更迭地数出蓍草，这就是所谓的“揲之以四以象四时”。“揲”者，“更迭数之”也；数取到最后，所余的蓍草可能是一策，也可以是二、三或四策，把这些剩余的蓍草夹挂在左手的无名指和中指之间，以象征天道的归残聚余而有闰年、闰月。这是第四演，也就是所谓的“归奇于扐以象闰”。“奇”字所指的是“揲之以四”所剩下的奇零之策，“扐”的意思是“两指之间”；前闰、后闰相去大略是三十二个月，所以，大致说来，不到三年有一闰，五年左右会再闰，因此，在第四演之后，又用左手从右边那一堆蓍草里，以每次四策的方式，一次次更迭地数出蓍草，这就是第五演；数到最后，所余的蓍草数目，跟第四演的结果一样，假如不是一的话，就是二、三或四，把这些剩下的蓍草夹挂在左手的中指和食指之间，这就是第六演，也就是所谓的“再扐而后挂”；第七演是把所有取出来夹挂在指间的蓍草都放下来摆在一边，这就完成了第一变。

经过第一变之后所留下来的蓍草可以是四十四策，也可以是四十策，把这四十四或四十策的蓍草，用同于第一变的七个步骤又演一遍，这就完成了第二变。第二变之后所留下来的蓍草策数可以是四十，也可能是三十六或三十二，把这些四十、三十六或三十二策的蓍草，以同样于第一变的七个步骤再演一遍，这就成了第三变。第二变所留下的蓍草可能是三十六策，也可能是三十二、二十八或二十四策，把三十六、三十二、二十八或二十四的数目用四来除，我们就得到九、八、七或六的数字。其所以要用四来除的原因是每一变都曾经过四度经营，而所谓四度经营就是“分而为二以象两”的“分”，“挂一以象三”的“挂”，“揲之以四以象四时”的“揲”和“归奇于扐以象闰”的“扐”，四度经营构成一次变易，这就是所谓的“四营而成易”。

我刚刚说过了，经过“三变”所剩下来的蓍草数目除以四之后所得到的数目可能是九，但也可能是八、七或六。九跟七都是阳，八跟六都是阴，理由很简单，“天数”和“地数”都是五个，可是“天一，地二，天三，地四，天五，地六，天七，地八，天九，地十”。天是奇数，地是偶数，奇数是阳，用不中断的一画横线（⚊）为代表；偶数是阴，用中断的两画横线（⚋），所以“三变”之后，如果我们所得到的数字是九或七，那么我们要卜的卦的第一爻就是阳（⚊），如果所得到的数字是八或六，那么我们要卜的卦的第一爻就是阴（⚋）。得到第一爻之后，再“三变”五次，我们就得到其他的五爻而成卦。

《易经》里的每一个卦都是由两个八卦所组成，这就是所谓的“八卦而小成”。既然是由两个八卦所组成，所以《易经》的每一个卦都有六爻，这六爻，自下而上，分别用“初二、三、四、五、上”这几个字来标明位次。每爻“三变”，三六一十八，这就是所谓的“十有八变而成卦”。成卦之后，我们就根据所得到的卦的卦爻辞来判定我们所占之事的吉凶，可是有一点必须注意，九跟七虽然都是阳，却有老阳和少阳的区别，九是老阳，七是少阳；同样地，八跟六虽然都是阴，也有老阴和少阴的区分，八是少阴，六是老阴。

老阳和老阴所代表的都是可变之爻，而少阳和少阴所代表的都是不变之爻，其所以如此，是因为《周易》筮法以七象春，以九象夏，以八象秋，以六象冬。春时阳气渐壮，所以象春的七是少阳；夏时阳气渐老，所以象夏的九是老阳；秋时阴气渐壮，所以象秋的八是少阴；冬时阴气渐老，所以象冬的六是老阴。由春而夏，是由阳而阳，这是时序虽改而阳气却未变，所以七是不变的阳爻；由夏而秋，是由阳而阴，这是时序既改而阳气亦变，所以九是宜变的阳爻；由秋而冬，是由阴而阴，这是时序虽改而阴气未变，所以八是不变的阴爻；由冬而春，是由阴而阳，这是时序既变而阴气亦变，所以六是宜变的阴爻。[1]所以我们“三变”之后所得到的数目如果是九或六，那么我们所得到的阳爻和阴爻都是宜变之爻，是九就变六，是六就变九，所以我们除

[1] 此说见高亨：《周易古经通说》，第116页。

了卜筮最初所得到的“本卦”之外，还得到一个变卦，叫做“之卦”。[1]碰到这种时候，我们除了查看“本卦”的卦爻辞之外，还得查看“之卦”的卦爻辞，而“之卦”卦爻辞所说的，就是我们顺从“本卦”的建议所可以预期的结果。

我刚刚已经说过了，六十四卦、卦辞和爻辞构成《周易》古经的本文，本文之外，还有七种传，所谓七种传就是《彖传》《象传》《系辞传》《文言传》《说卦传》《序卦传》和《杂卦传》。这七种传之中的《彖传》《象传》和《系辞传》都各分上下两篇，所以一共是十篇，称为“十翼”。《彖传》的上下两篇构成第一、二翼，顾名思义，这两翼是对卦辞所作的解释。《象传》的上下两篇构成第三、四翼，象（images）有大小之分，大象是卦象，小象是爻象。因为象有大小之分，所以《象传》也分大小，《大象传》的解释对象是卦象，解释的方式大致有三种。

各位都知道，六十四卦都包含两卦，各位大概也都知道，下卦为内，叫做“贞”，上卦为外，叫做“悔”，[2]而《大象传》解释卦象的第一种方式就是分析内外两卦的象征意义。第二种方式是通过内外两个trigrams之间的交互关系（interplay）来说明一个hexagram的性质。第三种方式是叙述卦象所蕴含的moral message，告诉问卦的人该怎么解，这种叙述大多是以“君子”将为何、如何的语气道出。六十四卦之中有五十三卦是采用“君子以”的口气的，其余的卦则用“先王以”“后以”“上以”或“大人以”的口气。

根据《正义》，所谓“君子以”的“君子”是“君临上位，子爱下民，通天子诸侯，兼公卿大夫有地者，凡言君子，义皆然也，但位尊者，象卦之义多也，位卑者，象卦之义少也，但须量力而行，各法其卦也，所以诸卦并称君子”。这是说“君子”都是在位的“有地者”。

[1] 高亨：《周易古经通说》，第119页。

[2] 高亨：《周易古经通说》。然卜筮所得之“本卦”亦称“贞”，所变之“之卦”亦称“悔”。

这种说法颇有问题，跟《乾文言》的说法不符。《乾文言》说："君子以成德为行，日可见之行也。"[1]这是以成就道德为行为准则的人为"君子"，可以是、但不必是在位的"有地者"；而所谓"先王"者，《周易正义》认为："若卦体之义唯施于天子，不兼包在下者，则言先王也。"

"后以"的"后"，跟"先王"一样，是指君王，所不同的是"先王"所指的是"开之君"，而"后"所指的是来之于后的"继体之君"。[2]"上以"的"上人"，是兼指天子诸侯，完全是就"位"而言。至于"大人以"的"大人"，根据《乾文言》的说法，是"与天地合其德，与日月合其明，与四时合其序，与鬼神合其吉凶，先天而天不违，后天而奉天时，天且弗违，而况于人乎？况于鬼神乎？"这段话说得很清楚，"大人"不以位称而以德名，并且"大人"的德，还不是一般所说的伦理道德的德，而是一种既玄妙（mysterious）而又神秘（mystical）的cosmic virtue，是一种能够与天地万物相感应而为一体的玄妙之德。用《乾文言》的另外一段话来说，所谓"大人"也者，就是能够"同声相应，同气相求"，而又"各从其类"的"圣人"。[3]《小象传》的解释对象是爻象，是对爻辞所作的进一步解释，可是却不像爻辞那么重视征兆，比爻辞要less omen-oriented。

第五、六翼是《系辞传》的上下两篇，《系辞传》也称《大传》（《史记·太史公自序》引《系辞传》称《易大传》）。就义理的观点而言，这两篇可以说是最重要的部分，哲学性最强，在安排上，这两翼跟前四翼不一样。《彖传》和《象传》都被支解而分别系属于各卦之下，《系辞传》没有被支解分割，是不附经而独之成篇的，用朱子的话来说，这两翼是"通论一经之大体、凡例，故无经可附"。[4]

---

[1] 《周易正义》："言君子之人当以成就道德为行，令其德行彰显，使人日可见其德行之事。"

[2] 《中文大辞典》引《说文解字》段注，第二册，第560页。

[3] "君子以""先王以""后以""上以""大人以"参阅高明：《易象探原》，黄沛荣编：《易学论著选集》（台北：长安出版社，1985年），第361—362页。

[4] 〔南宋〕朱子：《易本义》。

第七翼是《文言传》，在英语里通常都译为“commentary on the words of the text”。我们现在所有的《文言传》只解释乾和坤这两个卦，并且是附在这两个卦之下，解释的范围既包括这两个卦的总体卦义，也包括这两个卦的个体爻义，特别是注重人跟天地之间的对等和相称，所谓的correlation，是《易经》以人为“小宇宙”(microcosm)，以天地为“大宇宙”(macrocosm) 这种构想的一个具体范例 (exemplification)，这一点我等一下还会再细说。

第八翼是《说卦传》，一共有十一章，也不附经，独立成篇，是讨论八卦的传。十一章之中的头两章，在性质上跟《系辞传》相似，是义理性的文字，可是其他九章的性质就不同了，是术数性的东西，把宇宙间的一些物体或现象分别归属于八卦之中的某一卦，认为这些物体或现象跟八卦之中的某一卦之间都有对等相称的correlative关系。譬如说，乾卦是三根连续不断的横线 (☰)，是纯阳，是宇宙间阳气的典型象征，根据《说卦传》的讲法，跟乾卦对等相称的物体和现象包括“健”(strength)、“马”(horse)、“首”(head)、“天”(heaven)、“圜”(circle)[1]、“君”(the ruler)、“父”(father)、“玉”(jade)、“大赤”(deep red) 等等。跟坤卦对等相称的物体和现象包括“顺”(docility)、“牛”(cow)、“腹”(belly)、“地”(earth)、“母”(mother)、“布”(cloth)、“大舆”(舆、车也)、“柄”(handle)、“黑”(black)。“说卦传”这种对等相称的说法，在今人看来，也许会觉得牵强武断，戴君仁先生在他的《易经的义理性》那篇文章里就说《说卦传》里“说象的话……内中有许多鄙琐的取象，毫无义理可言”。[2]可是我们不要忽略了，任何的分类归类系统都有牵强武断性，并且这种牵强武断性还都是以一个系统的系统性为产生条件的，所有

[1] 《说文》:“天体也”。段注:“许书圆圜圓三字不同……依许则言天当作圜，言平圓当作圓，言浑圆当作圆”。圓，yuán或xuán，《说文》: 规也；换言之，所以为圆。“圜”，《中文大辞典》，第二册，第1104—1105页，或作圓 。

[2] 戴君仁:《易经的义理性》，黄沛荣编:《易学论著选集》，第221页。

特定具体的意义，是可以、也值得我们去追究的，我等一下就要尝试追究《说卦传》那种讲究对等相称说法的特定具体意义。

第九翼是《序卦传》，为六十四卦的先后次序提出一种解释，独立成篇，不附经。第十翼是《杂卦传》，也是独立成篇不附经。《杂卦传》的“杂”字不是miscellaneous的意思，而是“错杂”的“杂”。其所以说“错杂”，是因为这一翼没有依循经文本身和《序卦传》里的卦序，而是把六十四卦之中的每一个卦都跟它相反或“镜像倒转”（mirror image）的反卦并列成对，[1]所强调的是每一组卦的对等性。

传统的旧说以为“十翼”是孔子所作。司马迁在他的《史记·孔子世家》里说：“孔子晚而喜《易》，序彖、系、象、说卦、文言。读《易》，韦编三绝，曰：‘假我数年，若是，我于《易》则彬彬矣。’”班固在《汉书·艺文志》里也说：“孔子为之《彖》《象》《系辞》《文言》，《序卦》之属十篇。”这种说法，从宋朝的欧阳修开始，[2]历代都有人质疑，在今天大概也很少会认可，不认可的原因有好几个。譬如说，《系辞传》里有好几处，都称“子曰”，这显然不是孔子本人的手笔。[3]并且，《论语》里有“曾子曰：‘君子思不出其位。’”这么一段话，这段话在《周易》艮卦的《大象传》里也出现，如果“十翼”真的是孔子所作，那么记《论语》的人似乎不会误作“曾子曰”。并且，《大象传》里的这段话还多了一个“以”字，作“君子以思不出其位”，这似乎显示《大象传》是在抄袭曾子的话，而多加一个“以”字是为了使这一段话在体例上跟《大象传》的其余文句一致而没有偏差。清代的崔述就曾经根据这一点而推断《大象传》是出于孔子之后。[4]

当然，《论语·述而》里有“子曰：‘加我数年，五十以学易，可以无大过矣’”这么一段话，可是我已经说过了，这段话有问题。在

---

[1] 《周易正义》。

[2] 〔宋〕欧阳修：《易童子问》：“《易传》非孔子之作，亦不出于一人之手。”

[3] 参阅〔清〕崔述：《洙泗考信录》。

[4] 同前注。

汉朝的时候，《论语》有《古论》《齐论》和《鲁论》三种版本，《古论》是用古文写的，《齐论》和《鲁论》所用的都是今文。这三种版本之中的《古论》和《齐论》都早已失传，我们现有的《论语》是出自郑玄之手。郑玄就《鲁论》篇章，考之《古论》《齐论》而为之注。[1]对于《述而》的那段话，郑玄所根据的不是《鲁论》，而是《古论》。《鲁论》的文句很不一样，“易”字作“亦”，[2]《古论》是刘歆伪造的古经，不足为凭，所以有人认为我们应该根据《鲁论》而把《述而》的那段话改为“五十以学，亦可以无大过矣”。经过这么一改，这段话不足以证明孔子作传赞《易》，所以我们有理由去怀疑孔子是“十翼”作者的说法。可是如果我们要像钱玄同那么样一口咬定孔子“与《易》无关”，那也不见得说得通。[3]《论语·子路》有孔子的一段话，子曰：“南人有言曰：‘人而无恒，不可以作巫医’，善夫！”“不恒其德，或承之羞。”子曰：“不占而已矣。”这段话里的“不恒其德，或承之羞”是来自《易经》“恒”卦（䷟）九三爻辞的引文，所以除非我们有办法证明这段话不属《论语》的原文，而是后人伪造添加进去的，否则我们就有理由相信，孔子至少读过《易》，[4]不能说“与《易》无关”。

在思想内容上，《易经》显然吸收了古时候阴阳家的一些构想。阴、阳这两个哲学术语的兴起大约是在公元前300年左右，而阴、阳这两个字在字源上也显然跟黑暗与光明这两个意念有关。阴这个字是由三个单元组成的，第一个单元是“阜”，意思是山丘；第二个单元是“云”，意思是“clouds”；第三个单元是“今”。第三个单元是一个phonetic element，为阴这个字提供声音，其他两个单元结合所引发的意念是山或谷的shady side（i.e. 山之北，谷之南），所唤起的联想是寒、云、雨、femaleness、内心及黑暗。阳这个字的左边偏旁也

[1] 《中文大辞典》，第十册，第619页。

[2] 〔唐〕陆德明：《经典释文》，卷二，《周易释文》（一名《周易音义》）。

[3] 钱氏说法摘要见：《周易通考》，黄沛荣编：《周易论著选集》，第63页。

[4] 高亨：《周易古经通说》，第7—8页。

是“阜”，这没有问题，可是右边的部分有两种不同的说法：第一种说法认为上半部（i.e. 日）像太阳之形，下半部（i.e. 勿）是像太阳的斜射光线（slanting rays）；第二种说法认为右边的部分是像一个人手中持着一块中央有孔的玉盘，这种玉盘很可能是古时候的一种天文仪器，象征众光之源的天。无论我们采用哪一种说法，阳这个字在字体的构造上所引发的意念是山或谷的sunny side（i.e. 山之南，谷之北），所唤起的联想是热、春和夏两季以及maleness。[1]

各位一定都熟悉“一阴一阳之谓道”这句话，这句话出现在，《系辞传上》，意思是说，阴和阳这两股动力在宇宙间运作不息，运作的方式是此起彼落，此消彼长的相互交替。这一点，各位一定清楚，可是，我希望强调一下，阴和阳虽然各象征黑暗与光明，并且是此消彼长的轮替，却不能跟Manichaeism里所说的黑暗与光明相提并论。Manichaeism所说的黑暗与光明分别代表恶与善，两者之间的关系是势不两立的斗争关系，所以形成一组敌对的两元（antagonistic duality）。阴阳之间的关系就不一样了，就阴阳之间此消彼长的交替关系而言，我们似乎可以把阴阳看作是一对两极化的polarities，可是这一对polarities之间的交替不是敌对的斗争，而是互化的相生，所以如果我们把阴阳看作是一对polarities的话，这一对polarities是一种有互补性的complementary polarities。

除了阴阳互化交生的构想之外，《易经》思想的另外一个特征是讲究对等相称，也就是讲究correlation，我们可以把这种讲究称之为correlative or coordinative logic，用中文说，我们可以称之为“对等相称”或者“协同式的逻辑”，这种逻辑跟“隶属式的逻辑”很不一样。所谓隶属式的逻辑，也就是subordinative logic，是一种西方思想的模式。隶属式的逻辑，肯定一个外在于宇宙的第一因（first cause），或具有原动力的主动者（prime mover），这个first cause或prime

[1] 李约瑟：《中国之科学与文明》，中译本第二册，第378、452—453页。

mover为宇宙间的某一个particle提供动力，然后这个由于受到外力的刺激而运动的particle，再因为他自身的运动而促使宇宙间其他的particle或particles运动而产生变化。这也就是说，隶属式的逻辑思考认为一个particle之所以会在时空里占有一定的位置，是因为有另外一个particle像撞球那样地把它推撞到那个位置，协同式逻辑的想法就完全不同了。

协同式的逻辑不认为宇宙间的任何一物是可以被涵摄（subsume）在其他任何一物之下，而成为其他一物的隶属，根据协同式的逻辑思考，宇宙间的万事万物都同时并存而形成一个program，并且这些同时并存于一个program之中的万事万物之所以能够交互影响，并不是因为万事万物之间有机械式的因果关系，而是因为它们能够有机地交互感应而起共鸣。这也就是说，在由协同式逻辑所建构的思想模式里，宇宙间某一事物之所以会以某种方式运动起变化，并不是因为有其他任何一件事物的行动在先，为它推动后使它变化，而是因为那件事物在生生不息的宇宙之中占有一定的位置。这个一定的位置赋予那件事物某种内在的性质，而这种内在的性质又使得那件事物的运作方式成为必然和当然，所以协同式的逻辑思考认为宇宙间任何一件事物的发生都不是由于外力或外因的刺激，而是因为这件事物当仁不让地take on（拿起、担当、占有）它在宇宙这个program之中应有的一席之位。

协同式逻辑是我们以前所说的有机性思考模式的一个具体范例。把整个宇宙构想为一个宇宙万物所密切结合而成的有机体，在这个有机的宇宙之中，只要是属于同类的事物都因为能够感应共鸣而交相energize，一起互动；这种有机的宇宙认为宇宙之所以有秩序不是由于一个至高无上的造物者的定论，而是因为万事万物之间在本体存在上就有一种内在的意志和谐。《易经》不承认宇宙间有所谓的造物者/立法者（creator as law-giver），因此《易经》所关怀探求的宇宙秩序是order，而不是law。law跟order都有规范性，可是law带有指挥性，是来自外的强制性法则，而order的规范性是自动自发的，是万事万物本然内在趋向的自我韵律。

我刚刚说，隶属式的逻辑是一个西方思想的模式，所谓"是一个"也就是说，不概括西方思想的全部。类似于《易经》那种讲究对等相称的协同有机式思想，在西方的思想史上也可以找得到。在西方的传统里，有所谓大宇宙、小宇宙的学说，由于所用的"比拟"（也就是所谓的analogy）不同，这种大、小宇宙的学说可以有两种不同的形式。第一种形式是以physical universe为比拟，把宇宙自然构想为大宇宙，也就是所谓的macrocosm，把人的身体设想成小宇宙，也就是所谓的microcosm，认为宇宙自然的大宇宙和人体的小宇宙之间有一对应的相称关系。第二种方式是以国家或社会为比拟，认为国家或社会的大宇宙跟人体的小宇宙之间有一一的对应。

第一种以自然界为比拟的大、小宇宙说，早在柏拉图（Plato）和亚里士多德（Aristotle）的时代就已经出现。柏拉图在他的《蒂迈欧》（*Timaeus*）里就讨论过这种学说，[1]只是柏拉图没有使用过"小宇宙"这个名词，正式使用"小宇宙"这个名词的是亚里士多德。亚里士多德在他的《物理学》（*Physics*）里提出一个主张，[2]认为"运动"既然能在有生命的生物身上发生，就也应该会在大宇宙的身上发生，"因为"，他说，"发生在小宇宙的也会发生在大宇宙。"柏拉图和亚里士多德的这种设想在以后的斯多葛（Stoic）学派里相当盛行，这一学派的人物有许多都认为宇宙自然是活的，并且还有理性，我们可以举塞内加（Seneca）为例。塞内加于公元64年左右提出一种讲法，认为大自然跟人体之间有一系列的对应，河川跟静脉对应，气流的通道跟动脉对应，地震跟痉挛对应，不同地层里的质料（substance）跟我们身上的各种肌肉对应。西方的传统思想里，甚至还有听起来像是我们阴阳

[1] 尤其是35 & 36。（编注）此处应是李约瑟所引*Timaeus*的版本页码，钱新祖转引自李约瑟：《中国之科学与文明》，中译本第二册，第490页的注3，以及其所在的前后脉络所作的综合说明。

[2] i.e. VIII, p. 3.（编注）应指李约瑟所引《物理学》的版本页码，钱新祖转引自李约瑟：《中国之科学与文明》，中译本第二册，第490页正文。

学说的理论，16世纪的布鲁诺（Giordano Bruno）就是一个明显的例子。

布鲁诺认为宇宙是一个由许多小有机体所构成的大有机体，他并且还相信，天地间的万事万物都是因为太阳和地球的交配而生。[1]除了布鲁诺之外，还有比布鲁诺稍晚的弗拉德（Robert Fludd）。弗拉德把创世的天主构想为一个化学家，[2]认为太阳是父亲，跟心脏、右眼和血液相应，而太阴（也就是月亮）是母亲，跟子宫、左眼和黏液（phlegm）相应。用国家或社会为比拟的大、小宇宙说在西方的历史上也出现得相当早，柏拉图在他的《共和国》（*Republic*）里就曾经讨论过，而以后一位名叫萨里斯堡的约翰（John of Salisbury）的人物，还以人体各部分跟国家各种机构之间的对应关系为题材，写过一部叫《论政府伦理》（*Policraticus*）的书。萨里斯堡的约翰认为君主是头，元老院是心，边境的守卫是眼睛、耳朵和舌头，军队跟法院是手和臂膀，工役是脚。类似的说法在莎士比亚（Shakespeare）的一部叫《科利奥兰纳斯》（*Coriolanus*）的悲剧的序幕，以及霍布斯（Thomas Hobbes）的《巨灵论》（*Leviathan*）里也都出现过。[3]19世纪的后半期之后，以国家或社会为比拟的大、小宇宙说在欧美尤其盛行，在社会学方面有斯宾塞（Herbert Spencer）所提倡的社会达尔文主义（Social Darwinism），在政治学方面有白芝浩（Walter Bagehot）所主张的国家有机论，[4]斯宾塞和白芝浩这两个名字对各位来说，应该不算是生疏，他们的学说在我们的近代史上也都曾经盛行一时，并且还都曾经被滥用过来抹杀个人和个性。

用国家或社会来跟人比拟的说法，在我们的传统上不多见，可是也不是完全没有。4世纪初期的葛洪，在他的《抱朴子·内篇》里就曾

[1] （编注）李约瑟：《中国之科学与文明》，中译本第二册，第493页。

[2] *See his Medicina catholica*。（编注）李约瑟：《中国之科学与文明》，中译本第二册，第461、493页。

[3] （编注）同前注，第498页。

[4] （编注）同前注，第499页。

经说过：

> 故一人之身，一国之象也；胸腹之位，犹宫室也；四肢之列，犹郊境也；骨节之分，犹百官也；神犹君也，血犹臣也，气犹民也；故知治身则能治国也，夫爱其民所以安其国，养其气所以全其身，民散则国亡，气竭即身死。

所以用宇宙自然和国家或社会为比拟的有机说在古今中外都有。我这门课不谈今，只道古，以古而论，西方的有机对应说跟我们传统上的有机对应说有显著的不同。传统西方的有机对应说在形态上是schizophrenic，有一种类似精神分裂的双重性，所讲求的有机对应都处于谓词的地位，都是谓词，而这些谓词又都是以一个至高无上的主宰为主词的。这也就是说，传统西方有机对应说之中的有机体都是受制于一个外在的主体力量或存在，这个外在的主体力量或存在可以是柏拉图《蒂迈欧》里所说的赋予"世界"形体与生命的world-soul，也可以是斯多葛学派所追索的Hegemonikon，也还可以是塞内加所说的相当于人的灵魂的宇宙之神，所以，传统西方的有机对应说虽然也蕴含着一种协同式的coordinative logic，可是，这种coordinative logic是被涵摄在隶属式的subordinative logic之下的，这种双重性不见于传统中国的有机式思考。传统中国的有机式思考不追寻、也不诉诸任何外在的主体力量或存在，而是认为生生不息于宇宙这个大有机体的关系网之中的个别生命个体之间，有一种能够感应共鸣的意志和谐。这种能够感应共鸣的意志和谐可以充分解释宇宙现象的奥妙，《易经》里所谈到的卦跟事物之间的种种对等相称关联（associations），就是这种不带双重性的纯协同式逻辑思考的一个具体范例。

《易经》之所以能够把卦和宇宙间的事事物物搭配成种种对等或相称的关联，是因为所有的卦和爻都是象征符号。关于这一点，《易经》的立场很明确，完全没有含糊其辞。在《系辞传上》的第十二章和《系辞传下》的第三章里各有一段话。第十二章的话是说：

是故形而上者谓之道，形而下者谓之器，化而裁之谓之变，推而行之谓之通，举而错之天下之民谓之事业，是故夫象，“圣人有以见天下之赜，而拟诸其形容，象其物宜，是故谓之象。圣人有以见天下之动，而观其会通，以行其典礼。系辞焉，以断其吉凶，是故谓之爻”，[1]极天下之赜者，存乎卦；鼓天下之动者，存乎辞。

第三章的一段话是说：

是故易者，象也。象也者，像也。彖者，材也。爻也者，效天下之动者也。

这两段话说得很清楚，《易经》认为卦和爻都是法象万事万物的symbols，既然是symbols，我们就应该可以把卦和爻比喻地设想为近代符号逻辑里的variables。各位大概都知道，一个variable可以被用来取代一整个class的事物，只要某一件事物或某一个class的事物能够满足某些特定的条件，就可以用某一个variable来取代。《易经》显然认为宇宙间的万事万物都是classifiable而可以归类的，这是为什么《系辞传上》的第一章说“方以类聚，物以群分”，所以只要是同一类、同一群的万物都可以用同一个卦或爻来取代，而系附在一卦之下的《彖传》《象传》和《文言传》就可以被视为是说明这一类、这一群万物建构原则的程式。譬如说坤卦是第二卦，由六根中断的横线组成，所以是纯阴。关于这一卦，《文言传》有一段话，是说：“坤道其顺乎？承天而时行……阴虽有美，含之以从王事，弗敢成也。地道

[1] 引号中文亦见《系辞传上》第八章，参见第八章孔疏。

也，妻道也，臣道也。”这是说明地、妻、臣都是由纯阴构成，都以“顺”为行为准则，所以类别上都归坤，而坤就是象征地、妻、臣三者的variable。

作为象征性variables的卦和爻能够代表宇宙间的所有事物。所谓“所有”是literally“所有”，既包括既往，也包括当今和未来。关于这一点，《易经》的立场很明确。《系辞传下》里有一段话说：“夫《易》，彰往而察来，而微显阐幽。”《系辞传上》还说：“夫《易》，广矣！大矣！以言乎远则不御，以言乎迩则静而正，以言乎天地之间则备矣。”这两段话的口气都大得惊人，六十四个卦、三百八十四根爻竟然可以概括所有，实在叫人难以相信，可是《易经》如此说也有它的道理，而它的道理就在于卦和爻都是symbols，因为是symbols，所以卦和爻的诠释不是一成不变的，而是开敞而活跃的。实际运用的时候，卦和爻都得不断地开展变通，所以可以随时纳入宇宙在生生不息的过程之中所产生的新事物，这是为什么《易经》在《系辞传上》里会说：“……四营而成《易》，十有八变而成卦，八卦而小成，引而伸之，触类而长之，天下之能事毕矣。”这也是为什么，《易经》在《系辞传下》里还说：“《易》之为书也不可远，为道也屡迁，变动不居，周流六虚，上下无常，刚柔相易，不可为典要，唯变所适。”除了说明卦和爻的诠译要活，要有弹性之外，这两段话也显示《易经》对于“变”是十分敏感的，因为对“变”敏感，所以《易经》特别重视“时”而讲究timeliness。可是《易经》所体认的“变”之中也有“常”，所谓“常”，也就是说宇宙的变迁不是杂乱无章的，而是有规律的。

就《易经》所用的语言而言，这种规律常有循环性。《系辞传上》说：“刚柔相推而生变化……变化者，进退之象也。”又说：“一阴一阳之谓道。”这些话都显示《易经》认为宇宙的变迁是一个circular process，这一点，我想我们都可以肯定，可是有人因此认为《易经》的时间观念，也是循环式的，这我就不能苟同了。上学期在讨论《老子》的时候，我曾经提到过刘殿爵（D. C. Lau）的一个论点（thesis），各位一定还记得，刘殿爵认为《老子》的道不是循环式的，而我们之所以会认为老子的道是循环式的，是因为我们都有意无意地受了王弼的影响，就《易经》来解《老子》，把《易经》循环式的时间观念带进了《老子》。

我的了解跟刘殿爵说法正好相反。我认为《老子》的道的确有循环性，可是《易经》的道却不是如此。《易经》用来描述宇宙变迁过程的语言虽然引发一种循环的意象，可是这种循环所涉及的是变化过程的规律性，不表示《易经》的时间观念是循环式的。事实上，《易经》认为宇宙生生不息的变化过程之中会有新的事物出现，这是为什么《易经》说："《易》之为书也……变动不居……不可为典要，唯变所适。"而要我们在诠释卦和爻的时候一定得"引而申之，触类而长之"，这也是为什么《易经》在说了"一阴一阳之谓道"之后，又紧接着说："继之者善也，成之者性也……显诸仁，藏诸用，鼓万物而不与圣人同忧，[1]盛德大业至美哉！富有之谓大业，日新之谓盛德，生生之谓易。"这些话处处都显示《易经》认为宇宙的变化不是一个简单的循环过程，而是一个能够不断开展出新事物的条理井然的演化过程。

这种日新演化的构想，跟西方犹太天主基督教传统里所说的变易有根本的差异，《易经》的日新演化不是一个teleological process，而所谓不是一个teleological process，也就是说，《易经》的日新演化不含任何的目的论，没有末世论的终极的目标。我们都知道，《易经》以乾和坤这两个卦为始，乾是天，坤是地，而《系辞传下》又说："天地之大德曰生。"所以乾和坤象征天地的creative power。

这种creative power不同于犹太天主基督教里所说的造物主，造物主造物是为宇宙提供生命力，而天地的"生"是宇宙的自生，是内

[1] "显诸仁，藏诸用"，注："衣被万物，故曰'显诸仁'；日用而不知，故曰'藏诸用'。""鼓万物而不与圣人同忧"，注："万物由之以化，故曰'鼓万物'也；圣人虽体道以为用，未能全无以为体，故顺通天下，则有经营之迹也。"（孔颖达：《周易正义》）

涵于宇宙本身生命力的运行。所以,《易经》虽然是以乾、坤两卦为首,在意义上却不能等同于《圣经》之以《创世记》为首。《圣经》以《创世记》为首,是因为造物者的造物发动了整个宇宙,是宇宙生命过程的一个特定的绝对起点,有特定的绝对起点,就有特定的绝对终点,所以犹太天主基督教都有teleology,都讲终极目的;而《易经》所说的天地之"生",不是一个创世的特定起点,而是宇宙本然生命的跃然,可以随时随地地呈现。既没有特定的绝对起点,也没有特定的绝对终点,这是为什么《易经》以乾、坤为首,以"未济"为终。所谓"未济",就是"yet to be complete",所以以"未济"为终就等于是"无终"。《易经》的"生"是一种不息的"生生",既无始也无终,无始和无终是两个协同点(coincidental coordinates)。

第十三讲 | 印度的佛学（上）

我以前说过在我们的传统思想史上，除了老庄之外，佛家也认为有终极意义的实体存在是不可道、不可说的，可是佛家既道且说，并且佛家所说的也还比老庄所说的要远为多，一部《大藏经》，假如不说是一生穷不尽的话，也至少可以说是汗牛充栋。佛家的说，跟老庄的说很不一样，但也是一个很耐人寻味的问题，我们以后会有机会讲到，现在我想简单地介绍一下佛学里面几个通用的观念。

佛家或者说是佛教的创始人有好几个称谓，其中的一个称谓是“佛”，所谓“佛”也就是Buddha。Buddha这个字跟bodhi有关，bodhi就是菩提，菩提是一种树，佛教的创始人是坐在菩提树下悟道的，所以bodhi往往被用来象征佛教创始人所悟的道，而Buddha这个字是指一个已经悟得bodhi之道的人，在中文里通常是译为“觉”，是enlightenment的意思（佛或佛陀是音译）。严格地说，这个称谓只有在佛教创始人悟道之后才能用得上，不是他出生时候的本名。他出生时候的本名叫Siddhārtha，意思是“一个已经完成或到达他目标的人”。这里所说的目标，显然不是指他以后所悟所证的佛道，而是指他好几生、好几世以前还是一个婆罗门教士的时候，在燃灯佛（Dīpankara）的面前所许下并且也是为燃灯佛所授记的一个心愿，这个心愿Henry Clarke Warren在他书的第一章第一节（“The

Story of Sumedha"）里曾经提到，[1]就是说他将来要转世投胎，生在一个叫Gautama（Pāli文叫Gotama）的氏族里，后来他显然是出生在Gautama这个氏族里，所以我们有的时候也称佛教的创始人为Gautama。Gautama这个氏族又是属于一个叫Śākya的部落，所以我们也常常把佛教的创始人叫做Śākyamuni，Muni是"智者""圣人"的意思，所以Śākyamuni也就是"the Sage of the Śākya tribe"的意思，中文里通常都音译为"释迦牟尼"。

关于释迦的生平事迹，我们知道得非常少，印度的传统文化不讲究历史，不保存史料，所以我们今天对于释迦的生平，能够肯定的确凿事迹很少，但是这并不是说释迦的信徒对他个人没有兴趣。对历史以及当今各地的佛教徒而言，释迦的现世跟耶稣基督的出生一样是一件大事因缘，是一个"宗教事件"（religious event），是信徒们极感兴趣而又觉得是非常有意义的大事。我们都知道，天主基督教徒有圣诞节，佛教徒有浴佛节。所以关于释迦的出生和生平有许许多多的神话传说，以历史或传记文学的眼光来看，这些神话传统的绝大部分是不可靠的。可是虽然如此，我以为这些神话传统也仍然有其"象征真实性"（symbolic authenticity）。所谓"象征真实性"，也就是说这些神话传说把释迦描述为如他所说教理的一个典范代表，所以我们可以把这些神话传说看成是佛教教理的一个人格化的具体象征，并且这些神话传说虽然充满了超自然的，或者说是supernatural的夸张和渲染，可是从这些神话传说里显现的释迦也并不完全是一个奇迹性的人物。与其说这些神话传说里的释迦是一个truly miraculous being，我们还不如说他是一个史诗上的英雄，是一个epic hero。他一生之中经历过不少的矛盾冲突和诱惑，他也面对过不少的选择，在做选择的时候，他也感到彷徨，并且也犯过错误。在这一点上，有关释迦的神话传说跟我们当今的许多名人传说

---

[1]（编按）应指Henry Clarke Warren, *The Life of Buddha* (Delhi: Eastern Book Linkers, 1978).

很不一样。我们近代史上的许多名人传记里的伟人，都是能够在风雨中坚定不移地先知先觉，他们的信念往往不动摇，也从来不犯错，有时也许因为天下无道，他们会被认为是犯了错而需要引退，可是引退了不久，无道的天下终究会悔悟，而认识到他们的远见，所以又会拥护他们出来领导。他们从不犯错，错都是别人的错。神话传统里的释迦就不同了。他受过诱惑，感到过彷徨，也做过错误的选择，可是他最后终于胜利成功，并且他最终的胜利和成功既不是因为他命好、八字生得正，也不是因他是上帝的选民，享有神的保佑，而完全是他自己努力修行出来的结果。

我不晓得各位是否看过印度的艺术画刊，如果没有看过，有机会的时候不要放过。如果不放过机会，你们很可能会看到一张现今保存在加尔各答博物馆里的一个圆形浮雕（medallion）的图片，这个浮雕原来是用来装饰印度中部的一个灵塔（stïpa）的回廊扶手（balustrade）的。这个浮雕上的中心人物是一个叫Māyā的女人，Māyā的意思是"illusion"，Māyā在这个浮雕上是躺着的，她周遭围着许多侍从，在Māyā和她侍从的头上悬空飘着一个比Māyā要大好几倍的白象，这头白象正要从Māyā身子的左侧钻进Māyā的身体里去。这个浮雕上所描述的细节所代表的是释迦母亲怀孕释迦的一个传说。这里怀孕不是我们普通一般的怀孕，而是纯洁受胎（immaculate conception），我们都知道耶稣基督的降生是一种处女生产（virgin birth），并且许多天主或基督教徒往往把耶稣基督的处女生产看成是天大的奇迹，其实在耶稣基督的那个时代，在世界上的某些地区，处女生产并不是什么天大的奇迹，任何人只要是有名有姓的个人（是somebody而不是nobody），他的出生都是处女生产。释迦的出生也许不真能算是处女生产，因为Māyā在生释迦之前跟释迦的父亲已经结婚多年，所以Māyā在怀释迦之前大概已经不是处女，可是Māyā的怀孕释迦跟她的婚姻生活无关，是一种纯洁受胎，在性质上和处女生产没有两样。

具体地说，所谓Māyā的怀孕释迦是一种纯洁受胎，也就是说，注定要成佛的释迦对他当时的世界作了一番观察，发现世上的情境合适，并具备可以作为他最后一次的转生投胎、活他最后一世的时机，他就自变而成为一头白象，然后当Māyā在睡觉的时候钻进了Māyā的肚子里。象在古代的印度是一种地位崇高的动物，只有皇家才可以拥有，并且也往往是神所骑的交通工具；象也还是《吠陀经》里面的神所最先创造的生物之一，跟所谓的“宇宙之奶”（Milk of the Universe）有密切的关联，象征一种能够蓄养生命的力量，而象之中的白象在印度的神话里，又是云的创造者。这里所说的云，不是普通一般的云，而是雨季（monsoon）的云，这种雨季的云在炎夏烈日的季节之后，带来可以使作物生长所必需的雨，所以更特别象征一种能够蓄养生命的力量。因为白象在印度神话里，跟皇家贵族以及宇宙间的生命力有密切的关系，所以被用来作为释迦受胎的象征，意思是说，释迦的受胎是一个高贵新生命的开始。

释迦的母亲怀了释迦之后，释迦在他母亲的肚子里待了十个月，然后就出生了。出生的时候紫气满屋，铁树开花，并且他一出生马上就会站立。不只是会站立，他还走了七步，然后一手指天，一手指地，用洪钟似的声音宣称他命中注定要成佛，这是他最后一次的转世投胎。他这一个宣称，不久后就被一个住在喜马拉雅山中、名叫Asita的智者所肯定。Asita有一天看到许多神在高兴地跳舞，当他问那些神为何如此兴奋的时候，他得到的答案是：一个命中注定将要成佛的生命，刚刚在喜马拉雅山脚下的小王国里诞生了。Asita于是就用他的“千里眼”向他的四周一望，确切地找到了释迦家里的地点，然后他就腾空一飞到了释迦的家，看到释迦身貌果然不凡，有所谓的三十二好相。因此Asita马上就了解到，这个眼前的小生命将来一定会成佛。想到了这个小生命将来会成佛，Asita就哭了。释迦的父亲叫Śuddhodana（净饭王 Pure Rice King），感到很惊奇，问Asita为何哭，Asita说他哭是因为他生年有限，没有时间等这个小生命长大，所以没有机会听这个未来佛讲道。

释迦出生七天之后，他的母亲Māyā就过世了，于是抚养释迦的责任就落在释迦姨妈的肩膀上，而释迦的姨妈也就成为释迦父亲的第二任太太。在佛教里，释迦母亲在他出生七天之后的死亡是必要的，也是必然的，因为一个已经被未来佛居住过的肚子，不可以有其他的生命再居住，所以释迦的母亲必须在他出生之后七天归天，这是佛教里的一条规矩，这条规矩意谓释迦有先知（omniscience）。因为有先知，所以他事先就知这世上那一个女人在他出生之后七天一定会死亡，于是他就选定这个女人的肚子投胎。

释迦的父亲是一个小但却是很富有的王国的国王，对释迦是宠爱备至，所以释迦小时候的生活极其优裕。譬如说，释迦从小就有三个宫殿，一个是冬宫，一个是夏宫，另外一个是雨季时候住的特别宫。这三个宫里的每一个宫都有很漂亮的莲池，而这些莲池里面所栽的莲花，除了我们通常见到的白莲之外，也还有红色和蓝色的莲花，宫内当然也有许多年轻貌美、能歌善舞的女伴在侍候小释迦。这些女伴成天成夜轮流着为小释迦撑一把大伞（canopy），以免小释迦身上沾到灰尘或露水。

佛教文学里，对于释迦小时候的养尊处优，尤有很详尽的描写，这些详尽的描写是有意义的。这些详尽的描写，一方面固然是为了要吸引读者的想象力而希望能够引人入胜（我们看《红楼梦》也不只是想知道一个故事，对于故事里人物的服饰、房屋里的摆设以及庭园里的布置等等，我们也都会感兴趣），另一方面是想借着释迦小时候养尊处优的细节来提出一个教训，就我们当今世上一些人对佛学的一个看法而言，这个教训尤有其特别的意义。各位都知道当今的印度很穷，各位也都知道佛家以人生为苦海，各位也都知道世上有些人认为佛家这种以人生为苦的看法是悲观的，这些人的联想力很强，他们把一个在他们看来是悲观的人生观跟当今印度的贫困联想在一起，而因此认为佛家对人生所谓的悲观是印度贫困的一个反映。初听起来这个说法似乎不无道理，“贫贱夫妻百事哀”，人穷了有时就难免悲观厌世，可是如果稍微推敲一下，我们就会发现这个说法是全无凭据的。今天的印度是穷，如今的美国父母如果遇到孩子不好好吃饭而糟蹋粮食时，他们会说：“不要作孽，要想想在饥饿中挣扎的印度人。”所以当今的印度穷是国际公认的事实。可是当今的印度虽然穷，古代的印度却并不穷，尤其是释迦的时代。

大约是公元前500年左右，印度跟当时的中国、希腊以及近东同样是世界上的文化和文明轴心（Karl Jasper's “Axial Age”），公元前500年左右的时代是一个相当特殊的时代，世界好几个地方都是思潮澎湃，大师辈出，中国有孔子，希腊有苏格拉底，近东有希伯来人的先知运动（prophetic movement）。在这样的一个时代里，印度也完全没有错过一步而有释迦牟尼的现世，所以把佛家以人生为苦海的构想看成是印度贫穷的反映的说法是没有历史根据的，并且就具有“象征真实性”的佛家神话传说而言，我们也没有理由相信佛家以人生为苦海的论点就一定是以贫困为前提的。我们不但没有理由如此相信，事实上我们还有理由相信佛家的这个论点与所谓的贫困是完全无关的。

释迦从小就养尊处优，可是他并没有因此而爽心得意，他仍然体验到痛苦和烦恼，为了要正视人世间的痛苦和烦恼，他决心抛弃他已有的权力、地位和荣华富贵而出家。他小时候的养尊处优跟他长大后的舍弃一切、决心出家，形成一个强烈的对比，这个对比是对世人的一种提醒，提醒世人：人世间的烦恼和痛苦是必然的，与处境无关，任何人都避免不了，所以一个人，不管他的处境有多好，都不应该想借着他的财势来作任何的逃避。人都应该要面对现实，正视问题，跟人生的苦恼作彻底的对抗，谋求解决人生的苦恼之道。

当释迦16岁的时候（亦即成年的时候），他跟一个叫Yaśodharā的年轻女子结了婚，婚后的生活依旧是养尊处优，可是慢慢地他对他的生活与周遭的环境感到不满。佛教早期用巴利文写的资料说他因为意识到人都免不了老死病痛，而开始对人生不满，最后决定要出家，寻求心灵的平静（peace）和安详（tranquility）。早期的巴利文资料并没有具体说明他是在什么样的情况之下才决定出家的，可是后来的注文却有很详尽的解说。根据这些后来的注文，释迦一出生，他的父亲就请了一群婆罗门僧（Brahmans）来为小释迦算命，这些僧侣预言说，当小释迦长大后看到四种人之后就会决心出家，这四种人是：老人、病人、死人和云游四方的行脚僧（mendicant）。释迦的父亲听了这个预言，马上就起了戒心，而作了种种的防备措施，可是所有的问题都是需要加以正视的，该来的总是要来，问题不会因为我们不愿意面对、正视而从此消失，所以尽管释迦的父亲有种种的防备措施，小释迦还是免不了要看到老人、病人、死人和云游四方的行脚僧这四种人，而因此意识到生、老、病、死的苦恼。

非常讽刺地，释迦之所以会看到那四种人，是因为他对宫廷里养尊处优的生活逐渐地感到厌烦，而想要到宫外去寻求更大的刺激。就在他到宫外去寻求更大的刺激的第一天，他遇到了一个风烛残年的老人：白发苍苍、弯腰驼背，拄着一根拐杖一步一步地拐着走。释迦从来没有看到这种景象，所以他大为惊异，问他的车夫，这个人怎么会是如此。车夫向他解释说，这个人之所以会如此是因为年纪老了，而年老是人生必经的一个生命阶段。听了以后，释迦心里闷闷不乐，所以马上就叫车夫把车子掉头回宫。可是过了一段日子，释迦对宫里的生活又感到厌烦了，所以又出去找刺激。第二次出宫，他遇到了他平生第一次看到的病人，他因此想到一个人在疾病的感觉之下还寻欢作乐是愚蠢的。他第三次出宫遇到了一具尸体，回宫后他就一直想，我们人怎么可以不正视死亡而糊里糊涂地过日子。他第四次出宫找刺激，看到一群农人、小牛在辛苦地耕田，他为农人和牛的辛劳，以及耕作之必须要杀伤田里的蚯蚓、昆虫而感慨万千。于是他就从车上下来，在一棵树底下打坐，开始沉思人世间苦难的意义。沉思了一阵，他的心境平静了下来，可是正当他要站起来的时候，他看到了一个游方的行脚僧，行脚僧一副宁静的相貌，激起了释迦想要出家的念头。

回到宫里，释迦发现他的太太刚刚生了个儿子，这个儿子的名字叫Rāhula（罗睺罗），意思是“枷锁”。就在他想要出家的时候，Rāhula出生了，为他的在家生活又多添了一层“枷锁”，可是释迦的决心很坚定，一心要出家，于是他就禀告他的父亲，说他想要出家做一个游方的行脚僧，寻求宗教真理。释迦的父亲反对他如此做，可是，他父亲的反对不是绝对的反对，而是暂时地反对他如此做。他父亲认为释迦应该走传统婆罗门教的路线，在年轻力壮的时候结婚生子，养育家庭，等孩子们都长大成熟而自己年纪大了，再出家去寻求宗教真理。

他父亲的这种反对是值得注意的，这种反对显示，他们父子之间的冲突不是入世与出世的冲突，而是两种不同宗教的冲突，并且这两种不同的宗教观都承认宗教生活的终极意义，可是释迦父亲的宗教观虽然也承认宗教生活的终极意义，但这种传统婆罗门式的宗教观并不能使释迦满意，而释迦之所以不满，是因为他觉得我们人在认识到宗教生活的终极意义之后，就应该马上寻求这种终极意义，这就是说，他认为我们不只是要认识宗教生活的终极性（ultimacy），我们还必须要认识到宗教生活的即刻性（immediacy）。释迦三次出游遇到了老人、病人和尸体，所经历到的，构成一个在感受上愈来愈深化的过程，在这个过程之中，他逐渐领悟到了人世间苦难的真义。这个领悟不只是一个纯粹认知性的了解，也还是一种十分强烈的感受。这种强烈的感受，直接影响到他心灵的深处，使得他觉得有一种迫切感，他觉得他发掘了一个问题，非要马上设法解决不可，他不能等，因此尽管他父亲反对，释迦还仍然立即出家。他出家的那一年是29岁。

释迦出家之后，先后跟两位名叫Kālāma和Rāmaputra的大师练了一阵子瑜伽术，之后他得到了预期的效果，可是释迦觉得他得到的不是真果，于是他开始过苦行僧的生活，希望能够借着对他肉体的锻炼（discipline）而证得真果。我说锻炼，是用他们苦行僧自己的话说的，对我们一般人来说，他们所说的锻炼是对肉体的一种摧残。譬如说，一个苦行僧为了锻炼他的肉体，会把他的头发或胡子一根根地拔出来，他也会在荆棘上坐上几天几夜，他也还常常会因绝食饿昏了头，诸如此类的苦行，释迦一件件都做了。可是苦行了一阵子，释迦觉得他仍然证不到真果，只是把自己的身体搞糟了，于是他决定放弃苦行僧的生活而开始进食，而逐渐恢复了健康。这一段苦行僧的经验使释迦了解到精神与肉体是不可分割的一体，我们不能为了追求精神生活而牺牲肉体。

健康恢复之后，释迦就选了一棵菩提树，面向东方在树下坐了下来。东方是太阳升起的地方，象征一日之始，也象征一个新生命的开始。在菩提树下，释迦盘腿而坐，开始坐禅入定，他下定决心，如果他证不到真果就不起身。当然我上次说过，释迦不像我们现代名人传里的伟人，他下定的决心，不是绝不动摇的。他受到叫Māra the Tempter（诱惑者）恶魔的干扰，Māra有三个女儿，一个叫“贪”（desire），一个叫“嗔”（discontent），另外一个叫“痴”（passion）。Māra叫这三个女儿联合来引诱释迦。经过几个回合的斗争之后，释迦终于获胜，而能够专心专意地坐禅，结果在前半夜的时候，释迦证得了一种能够记忆他前世生活的能耐，在中夜的时候，他证得了我们轮回转世是因为我们有“业”的因果律，在后半夜的时候，他证得了所谓的“四圣谛”(Fourfold Noble Truth)。

所谓“四圣谛”是:(1）苦：人生是苦;(2）集：生死之苦乃是心与业之招聚;(3）灭：因灭而果灭业尽，则无生死之患;(4）道：灭苦有道。[1]佛家这种灭苦之道为“八正道”(Eightfold Noble Path)，所谓的“八正道”包括：正见（right view)、正思(right intention)、正语（right speech)、正业（right action)、正命(right livelihood)、正精进（right effort)、正念（right mindfulness)、正定（right concentration)。这八个灭苦之道，通常又被分为三大类:(1）戒（Śila)：包括正语、正业和正命;(2）定（Samādhi)：包括正念、正精进和正定;(3）慧（Prajñā，般若)：包括正见、正思。

戒有积极和消极的两面意义。积极的意义是行善，所谓行善，就是要遵行我们一般伦理学上所说的德。佛家遵行的许多德之中，最主要的一种是慈悲（compassion, karuṇā)，慈悲所涉及的还不只是要以实际行动来爱人、助人，慈悲也还是一种心肠，这种心肠以同情心为必要条件。这里所说的同情心，不是一般所说的sympathy，而是心理学上所说的empathy，是自家心理真正能够感受到他人痛苦的一种“同病相怜”的同情心。戒的消极意义是不作恶，佛家所说的恶与天主教里所说的恶不同，不是就违背上帝的意义或告诫而言的，而是完全就人本身的思想与行为而言的，并且佛家对于恶只说可以宽恕，但是没有赦免（absolution)。一个人作了恶，就需要认错悔过，但是认错悔过只表示一个作恶的人承认他做错了，并希望能不再作恶，没有其他的人或神可以因此而赦免他的恶。佛家相信“业”，做

[1]（编按）这段或作所谓“四圣谛”是:(1）苦：life is suffering（人生是苦海);(2）集：suffering has a succession of causes（我们的苦是一群因子所集成的果);(3）灭：suffering can be eliminated（既是一群因子所集成的果，所以可以是可灭);(4）道：灭苦有道。

了事非担当不可，佛家戒律不只十诫，并且非绝对性，乃讲实际情况(circumstance)，悔过一月两次，每月月初和月中，戒是佛教的第一基石。

第二基石是定（Samādhi），一般英文里都译为“concentration”。我们要定的对象是我们的心，佛家经常以猴子来比喻我们心的动荡与烦躁不安，可是佛家也相信我们这种动荡不安之心，可以通过Samādhi而定下来，要做它的功夫需要很长时间的准备。想修行的人先得找一个和尚为师，得绝对顺从这个和尚，由这个和尚先选择一个适当地点，让这个做功夫的弟子可以坐下来，把他的注意力集中在一个固定的物体上而不三心二意。能够把注意力集中在一个固定的物体上而长久不分心是不容易做到的，通常以一个有颜色的圆圈作为我们注意力集中的对象，尽可能地凝视长久些，等到凝视的人即使不看而脑子里还仍然会有一个明晰稳定的形象才停止。心能定下来是准备功夫，下一步是和尚师父根据他对他徒弟性情的观察来选择一个适当对象作定力训练，譬如说如果徒弟特别好色，就叫他到坟地挑选一个正在腐烂的尸体作为他坐定的对象，有一套规矩规范他如何去坟地找尸体：(1）事先通知他的师兄弟，以免被别人诬告说盗坟（在古印度及中国，盗坟者在被发现和被追踪时，往往将所盗之财物丢在正在坐定的和尚身边）；(2）不要逆着风走，以免坟地的腐臭之气引起呕吐；(3）找到尸体后，不要急着就开始坐定，要看看周遭有没有野狼饿虎；(4）和尚不可选女尸，尼姑不可选男尸。通过对于一个正在腐化的尸体的冥想坐定，一个人慢慢会认识到，人体在死后会腐化，人生是无常的。即使人在活着的时候，我们的身体不如我们一般想象中的美丽可爱，不过是一群筋骨、皮肤、毛发和器官的集合体，并且这个结合体的表面上又有种种的毛孔、鼻孔、口孔、眼孔及我们用来排泄的孔道，不断地分泌、排出各种各样的黏液污物。这个对于人体的描写不是很恭维的，脑中影像的人体有时是不快的，或者是毫无忌讳的怪异真实。在做了这一番沉思冥想的功夫之后，可以正式开始坐禅了。

禅（dhyāna，巴利文 jhāna）在英文里通常都译为“trance”，然而与“trance”不尽相同，入禅之人并不失去对外界的知觉感受，只是他的意识（consciousness）有如一池静水，了无波动，没有念头，是一片空虚的寂静，因为是一片空虚寂静，所以真识、真见才可能显现（否则无地盘可现，地盘全被杂念占去了）。禅有深度不同的层次，一般来说，有八个层次，此八个层次为高低两组，各有四个层次，前四个层次叫“禅”，后四个层次叫“定”。就此意义而言，禅、定不是一回事，而是可以区分的，可是“禅”这字经常用来作为这八个层次的类名（generic term），所以禅可以概括定，可是定不可概括禅，定只是后四个层次的深度禅。

佛教的第三个基石是慧（Prajñā，般若）。慧不同于一般的认知，是指一种在不分物我和主客的情况之下，对事物真情实况的直接体认（direct, unmediated and immediate insight into things as they really are）。说得具体一点，这种智慧洞见所体认到的是“无我”和“无常”这两个观念的具体内涵，是指对佛家所谓的“诸法无我，诸行无常”的一种体验性的证悟。

佛家认为我们的宇宙是由许许多多的世界所组成的，所以佛家往往称我们的宇宙为三千大千世界。这个三千大千世界时时刻刻都在变，并且这个变是一种生灭相继的循环过程，我们可以把这个生灭相继的循环过程看成是一个周期。这种周期的期限很长，以“劫”为计算单位。所谓“劫”就是kalpa，在英文里kalpa通常都被译为aeon。“劫”是一个很大的计算单位，远比年或世纪为大，不是年或世纪所可以计算得了的。有人曾经问过佛，到底一个kalpa是多长的时间，佛回答说：“假如我们眼前，有一座周围四万里的大石山，是一块完全没有裂缝而不沾一粒尘埃的纯粹岩石，又假如有一个人用一块细软的绿巾作为工具来磨损这块大岩石，这个人当然需要很长的时间才可能把这块大岩石磨损完尽，可是这个人把这块大岩石磨损完尽所需要的时间，还不及一个劫的千万分之一长。”你们说一个劫的期限有多长？我们三千大千世界的每一个生灭变化周期都是以这种“劫”为计算单位的，而每一个周期又可以分为成、住、坏、空四个阶段。所谓“成”就是formation，所谓“住”就是continuation，所谓“坏”就是dissolution，而所谓“空”就是annihilation，这四个阶段所构成的周期是一个周而复始的循环过程，既然是一个周而复始的循环过程，那么我们的宇宙也就是无始无终地永远在变，是“无常”（impermanent, transitory）；既是“无常”，我们的宇宙也就当然不可能有一个固定的“自我”，所以佛家在讲“无常”之外，又同时讲“无我”。在梵文里“我”是ātman，“无我”是anātman。

我以前跟各位提起过《奥义经》（*Upaniíad*，又译作《奥义书》），《奥义经》认为宇宙间有一个超越万物个体的普遍根本存在，这个有普遍超越性的根本存在，叫做Brahma。这个Brahma是宇宙的根源、是永恒不变的，《奥义经》认为这个有普遍超越性而又是永恒不变的Brahma是一个universal self；除了这个universal self之外，《奥义经》又认为宇宙的个体生命也都有一个“个体自我”（individual self），个体自我来自universal self，也是永恒不变的，跟universal self在存在上是一体的。根据《奥义经》的说法，当一个人能够体验性地证到“个体自我”跟universal self之间在存有上的一体性的时候，这个人就得到了解脱（mokía），不再受业的束缚而可以免除生死轮回的荒谬与痛苦。佛家“无我”的说法是对《奥义经》这种对“自我”信念肯定的一种反动，佛家认为这种对于永恒不变“自我”的信念是人世间最根本，也是最危险的一种幻觉。佛本人指出，他曾经动手动脚、上穷碧落下黄泉地搜寻过这个所谓永恒不变的“自我”，可是他找不到这么一个“自我”，他只找到一个所谓“五蕴”这五个成分所构成的暂时组合体。在梵文里“五蕴”的“蕴”叫做skandha，所以“五蕴”就是five skandhas。在中文里，“五蕴”有的时候叫做“五阴”，也有的时候叫“五众”；在英文里，“五蕴”或“五众”通常都译为“five aggregates”，这“五蕴”所包括的五种成分有属于心理上的，也有属于生理上的，所以“五蕴”所构成的组合体是一个身心的聚合(psycho-physical conglomeration)，佛家认为任何生命都不仅仅是一种生理的存在，而是一种既是心理又是生理的综合存在。

“五蕴”中的第一蕴是“色”(rūpa, form/matter)；第二蕴是“受”(vedanā, feeling，这里的“受”是“感受”的受)；第三蕴是“想”(sañjñā, perception)，sañjñā之为“想”是《周礼·春官·视祲》里面所说的“形想”。“想”这个字可以假借为“像”，与“像”通，所以所谓“形想”，也就是“形像”，而形像之所以成为形像，是因为我们有情，众生有摄取外物和外境形态的能耐，佛家称这种能耐为“想”，用英语说，所谓“想”就是perception；五蕴中的第四蕴叫“行”(saṃskāra)，这里的“行”是心行的“行”，指我们前生前世的业所聚构成的性情动向和运作，用英语说，所说行就是impulse或disposition)；第五蕴是“识”(vijñāna, consciousness)。

根据佛家的说法，任何一个生命，在任何一个时刻和地点，都是由色、受、想、行、识这五种“蕴”所构成的一个暂时组合体。这里所谓“暂时构成”的“暂时”，有两重意义：第一重意义是说，构成一个生命组合体的五蕴本身都是不定的暂时存在，无时无刻不在变化；第二重意义是说，五蕴之所以能够结聚在一起而构成一个生命组合体，是因为我们有情，众生有业，这种促成并维持五蕴结聚的业，也因为我们个体生命随时随地的所行、所思和所言所产生的业而时时刻刻在变化。既然五蕴的本身无时无刻不在变化，而促成并维系五蕴结聚的业也随时随地都在变化，那么一个由业所凝聚而成的五蕴组合体，当然也就是一种常变不定的暂时存在了。

当一个人过世的时候，构成这个生命的五蕴就解散分离，可是五蕴的解散分离所牵涉到的只是一个生命的解体，并不是这个生命全部灭亡。一个人在活着的时候都说话，而且也都有思想和行为，这也就是说，一个人在活着的时候都有所谓的身、口、意三业。“业”这个字在梵文里是“Karma”，而Karma的基本意思是action，业之为action，不是一种单一的孤立现象，而是以从前的业为因和后来的业为果的一种连锁现象；所以一个人在死去之后，虽然他的形体解散，五蕴分离，可是他生前的业还继续存在，不只是继续存在，这个人生前的业还非得有果报不可。这种在一个人死后还继续存在，并且还必然会有果报的业，就是我们人死后所以会再生的生命力，我们可以把这种生命力称之为业力；这种业力纠合一组新的五蕴促使我们再生，也决定我们再生的生命形态。我们再生的新生命跟已经死去的旧生命不同，是一组新的五蕴所构成的新组合体，可是虽然不同，我们的新生命跟旧生命之间都有承继性（succession）；因为我们新生命的形成是以旧生命的业为因，是由旧生命的业所产生的必然之果，所以，就业的因果律而言，新旧生命虽然有别，新生命却仍不失为旧生命的延伸和继续。

佛家所说的这种轮回跟古希腊和尼采哲学里所说的轮回不同。古希腊和尼采所说的轮回是灵魂的转世重生，这种灵魂是一种永恒不变的实质存在，涉及一种irreducible substance，这种永恒不变的本质性灵魂在佛家的思想体系里是不可想象的。佛家所讲的轮回是就业的因果律而说的，业不是一种本质，不是一种永恒不变的本质存在，而是时时刻刻都在由因变为果，而又由果变为因的一种连锁的相承过程。在这个连锁的相承过程之中，既然因和果都不是固定的因和果，那么这个过程当然也就没有所谓的“自性”可言。在梵文里“自性”叫Svabhāva，在英文里通常都译作self-nature或self-existence，没有“自性”就是“无我”，而“无我”也就是佛家所谓的“空”（śūnyatā），所以佛家所说的“空”不是一般的泛泛之论，而是有它特定的具体意涵，是就“无自性”或“无我”而说的。而佛家所说的“无我”又显然跟“无常”这个说法有密切的关系，世上所有的存在都是“无我”，也都是“无常”，“无我”和“无常”相互规范、相互界定，是二而一、一而二的两种说法。

假如一个人能够体证到“无我”和“无常”这二而一，而又一而二的两种说法，那么这个人就可以说是有了“正见”，所谓有“正见”也就是说没有“无明”。就字面直译，无明是without illumination，是ignorance或delusion的意思，在梵文里无明叫avidyā，佛家通常都认为无明或avidyā是我们有情众生之所以会受转世轮回之苦的根本原因（root cause）。佛家把我们有情众生的转世轮回分成十二个环节，这十二个环节都互为因果、相依相生，所以佛家称之为十二因缘或十二缘起（Dvādaśāṅga pratītyasamutpāda）。

这十二个环节所构成的轮回是一种恶性循环，所以是无所谓始，也无所谓终，任何一个环节都可以拿来当作起点，而任何一个环节也都可以拿来当作是终点；可是我们习惯上都认为老死是生命的一个终点，所以佛家通常就把老死看成是轮回循环的一个终点，而说“老死”是十二因缘中的最后一个（也就是第十二个）环节。从这个终点环节回溯逆推，我们可以说，世间之所以会有老死是因为有（第十一个环节）生，这也就是说，假如世间没有生，那么也就不会有老死，老死是依生而有、以生为因，所以“生”就成为十二因缘中的第十一个环节。

“生”之所以成为可能，是因为有（第十个环节）“有”，这也就是说，假如一个生命X没有亡而后“有”，没有再生而成为生命Y，那么世间就不会有“生”，生是依“有”而有，以“有”为因，所以“有”就成为十二因缘中的第十个环节。

“有”之所以成为可能是因为（第九个环节）“取”，摄取的取，所谓“取”就是appropriation，这是说假如一个生命没有像火从燃料里吸“取”能源那样地向其周遭的环境“取”物、“取”相，那么这个生命就不可能有业，而不会死而再生而成为“有”。“有”是依“取”而生，以“取”为因，“取”就成为十二因缘中的第九个环节。

“取”之所以成为可能是因为（第八个环节）“爱”，这个爱是贪爱的爱（craving）。这就是说，假如一个人对于他感官所欲的外物没有贪爱，对于他的生没有贪爱而不企求死后再生，或者对于他死后的宁静没有贪爱而不企求寂灭，那么这个人就不会“取”物、“取”相而有业，而陷于轮回的荒谬与苦恼。“取”依“爱”而有，以“爱”为因，所以“爱”就成为十二因缘中的第八个环节。

“爱”之所以成为可能，是因为我们有（第七个环节）“受”，这个“受”是五蕴之中的第二蕴，vedanā是feeling，这是说，一个有情众生假如不体验到痛快和痛苦的感受的话，那么这个有情众生就不会受到那些感受的制约而因此贪恋情感而企求避免痛苦。“爱”是依“受”而生、以“受”为因，所以“受”就成为十二因缘中的第七个环节。

“受”之所以成为可能是因为（第六个环节）“触”，这里所说的触是接触的触，是contact的意思，这是说我们的感受以我们的感官跟外物的接触为必要条件，是凭“触”而有、以触为因，所以“触”就成了十二因缘中的第六个环节。

“触”之所以成为可能是因为有（第五个环节）“六处”，所谓“六处”就是六个感觉领域（sense fields），这六个感觉领域是由所谓“六根”以及跟“六根”相应的“六境”所组成的。“六根”是指我们的眼、耳、口、鼻、身、意这六种感觉器官，“六境”是指跟这六种感觉器官相应的感觉对象——眼的感觉对象是形相颜色，耳的感觉对象是声音，鼻的感觉对象是嗅，口的感觉对象是味，身的感觉对象是痛痒元素physical feelings，意的感觉对象是思想概念，这种由六根的六境所组成的“六处”，是“触”依凭而有的因，所以六处就成为十二因缘中的第五个环节。

六处之所以成为可能是因为有（第四个环节）“名”与“色”，这里所说的名是名实的名、是name，而所谓色，不是颜“色”或“食色，性也”的“色”，而是五蕴中的第一蕴，是rūpa。六处是依名色而有，以名色为因，所以名色就成为十二因缘中的第四个环节。

名色非（第三个环节）“识”不能成立，这里的“识”是五蕴中的第五蕴，是vijñāna，名色是因“识”而有，以“识”为因，所以

"识"就成了十二因缘中的第三个环节。

"识"又依凭五蕴之中的第四蕴，也就是（第二个环节）"行"而有，以"行"为因，所以行就是十二因缘中的第二个环节。

而行之所以成为可能是因为我们有情众生都是（第一个环节）"无明"，所以"无明"是十二因缘中的第一个环节，是我们有情众生之所以会有转世轮回之苦的根本之因（root cause）。

十二因缘所说的是一种因果律，这种因果律里面的因和果都不是固定的因和果。某一个环节相对于前一个环节是果，可是相对于后一个环节就成为因，所以佛家的因果都不是自身固定的存在，而是存在于相对的关系之中，是一种关系性的存在；并且佛家因果律里面的因之生果也不像母之生子，在时间上，因和果的存在没有先后之别。就逻辑的观点而言，因之生果所牵涉到的关系不是实质的（material derivation），而是形式性的关联存在（formal concomitance）。这就是说，十二因缘里面的果不是以因为娘胎而实质性地来自因，而是依因而起、凭因而有，佛家因果律里面所讲的因是依凭因、不是实质因。用佛家的术语来说，这种依凭因之生果是一种"缘起"（dependent origination），并且这种dependent origination也还没有起点，缘起只有起而没有起点。

我刚刚已经说过了，十二因缘所构成的是一个轮回转世的恶性循环，这个恶性循环的自身是无始无终，这是为什么佛家从来不问，也不许人问有关第一因（first cause）之类的问题。就这观点而言，佛家以无明为我们有情众生生死轮回之苦的根本之因是相当武断的，并没有很好的理由，这是一种"权说"，是一种"方便"，而不是"实说"。可是这虽然是"权说"，却也有它的意义，既然我们有情众生生死轮回之苦的根本原因是"无明"，而这个根本原因所开展出来的局面又是一个连锁性的恶性循环，那么如果我们除去无明，也就是说，如果我们破除这个根本原因，我们也就可以引发一个系统的连锁反应，把生死轮回这个恶性循环节节打破而得到解脱。所以佛家所说的十二因缘虽然是一个无始无终的恶性循环，可是这个恶性循环都有一个可以突破的点（breaking point）。这个突破口是十二因缘的环节之一，处于十二因缘这个环节之中。这就是说，我们有情众生生死轮回之苦的原因，不在于我们苦恼的生死轮回的过程之外，而是内在于我们苦恼的生死轮回的过程之中；既然我们轮回之苦的原因是内在于我们轮回的过程之中，那么我们也就没有必要走出这个轮回的过程之外而寻求解脱，我们尽可以、也应该把握这个轮回过程之中的轮回之因而破解这个循环。所以对佛家来说，要超度有情苦海的救赎就在有情苦海之中，这是为什么佛家有“烦恼即菩提”“轮回即解脱”这一类的话。

佛家这种超脱得救的观念，跟天主基督教里面所说的超脱得救很不一样。天主基督教所说的超脱得救，在终极意义上是神的恩赐（divine grace），是外于有情生命存在的“他力”，可是佛家因为主张“烦恼即菩提”“轮回即解脱”，所以佛家认为有情众生的超脱得救，都是有情众生靠“自力”而修证成功的真果。[1]一个靠“自力”的修证而得到超度解脱的人就叫做“阿罗汉”（arhat；巴利文 arahant），而阿罗汉所修证得的真果就叫做涅槃（Nirvāṇa）。涅槃的字面意思是“blowing out”，是火在燃烧完之后的一种熄灭。作为一个佛家的术语，涅槃所指的是一种业力已经竭尽而因此不再轮回的不生不死的存在。涅槃是业力的中断，不一定就是生理、心理生命的死亡，一个已经证得涅槃的阿罗汉很可能、也尽可以继续生活，可是他这种在证得涅槃之后的生活里的所行所为都不是业，不会造成业力的集聚而促成再生，因为阿罗汉已经证悟到“无我”（anātman）。他之所以还活着，是因为他在修证到涅槃之前的有生之年，以及前生前世所结聚的业还没有竭尽，等到他这些业竭尽的时候，他的生理、心理生命就死亡；

[1] 净土宗有他力的说法，但净土宗的他力与天主基督教里的他力不同，净土宗的“他力”之他，不是像天主基督教里以神人相对而说的人之外的神之他，而是以个体生命相对而说的，在某一个个体生命之外的其他个体生命之他。

可是虽然死亡，他的涅槃还仍然存在，这种死亡之后的涅槃就叫“无余涅槃”（Nirvāṇa without residue），是指一种完全没有余业的涅槃。以释迦牟尼的生命历程而言，他是35岁证得的涅槃，他这个涅槃在他80岁死了之后就叫做无余涅槃。

第十四讲 | 印度的佛学（下）

据我们现在所知，早期的佛教界没有完全坚持说——要得救就一定要出家，而早期佛教的教理也没有完全肯定地说——在家人就一定不可能修得阿罗汉果。事实上据记载，释迦牟尼本人说过，一个人不管是在家还是出家，他之能不能超度苦海而得救，完全在于他本人的所行所为，并且早期的佛教文献里还列举过不少的阿罗汉，这些阿罗汉都不是出家人，而是在家修行的优婆塞和优婆夷。优婆塞是Upāsaka译音，指在家修行的居士；优婆夷是Upāsikā译音，指在家修行的女居士。可是释迦本人虽然是那么说，而早期的一些佛经又是那么列，在释迦还在世的时候，佛教界就已经有人对寺院生活（monasticism）有所偏好，这些人认为虽然在家修持的居士不一定就不能超度得救，可是他们超度证得阿罗汉果的机会都远不如出家的和尚、尼姑来得好。这种对寺院生活的偏好，在释迦死后，就慢慢成了佛教界的争论重点，而这个争论所产生的结果就是大、小二乘佛教的分裂。

修证阿罗汉果的历程可以分为四个阶段：(1) 完成第一阶段的人叫做须陀洹（Srotāpanna, stream-winner），意思是说这个人已经初步地、但不是根本地征服了转辗轮回的生死之流，这也就是说，这个人对于“我”（ātman）的妄念已经大半去除，而因此可以说是正式地走上了菩提之路，这个人最多再转世轮回七次，然后就成为阿罗汉；(2) 完成第二个阶段的人叫做斯陀含（Sakþdāgāmin, once-returner），这个人已经完全去除了所有对于“我”的妄念，他只需要在人世间再轮回重生一次之后，就可以成为阿罗汉；(3) 完成第三阶段的人叫阿那含（Anāgāmin, non-returner），这个人不只是已经完全去除了对于“我”的所有妄念，他对于所有外在的恶意以及享受也已经完全没有意见。这个人死后不再重回人世，而是升天，在天上等待他的余业逐渐耗尽而成为阿罗汉；(4) 第四个阶段就是阿罗汉。

各位也许都听说过所谓“六趣”的这个说法，就佛家这个“六趣”的说法而言，到阿罗汉之四个阶段之中的第三个阶段颇有问题。佛家“六趣”的说法把众生的生命形态分为六类：第一类，也就是最低一类的众生，是地狱的居民（Naraka）；第二类的众生是饿鬼（Preta），饿鬼附生于地球的表面，有比弥勒佛的啤酒肚还大的肚子，但是嘴巴却跟针尖一样小，所以永远不可能吃得饱；第三类是畜生（Tiryagyoni）；第四类是人（Manuíya），人在“六趣”之中的地位要高于畜生，可是却低于第五类的“阿修罗”（Asura），“阿修罗”的体积庞大，是住在地面或低空的神祇，这些神祇之中，有的是嫉妒心很重并且是相当凶悍的；第六类众生是住在三十三重天上的Deva，这些Deva在中国佛教里就叫做“天”。“六趣”之中，人的地位居中，可是虽然仅仅是居中，人这种生命形态却是最特殊，也是最幸运的一种生命形态，因为只有人才可能在他当前的这一生中证悟法果而成为阿罗汉。至于“天”，他们的生活虽然比人的要优裕，却仍然免不了要轮回，“天”一定要再轮回转世为人之后，才可能证悟得到阿罗汉果。这种“六趣”的说法所给予人的特殊地位，跟修得阿罗汉果所须经过的历程之中的第三个阶段，形成一种矛盾。

我刚刚说过了，完成第三阶段的阿那含死后不再重回人世，而是升天，在天上等待他的解业耗尽而成为阿罗汉。这个说法跟认为人是六趣之中唯一可以在他当前的这一生中成为阿罗汉的说法显然有冲突，是不相容的。大概是为了应付这一个冲突，有的佛学理论家就提出一种说法，认为我们刚刚所说的那种修证阿罗汉果的四个阶段所构成的并不是一个每个阶段都是必要的演化过程。他们指出在佛教的经典里，有不少地方都提到第一阶段的须陀洹或甚至是没有出家的居士直接证得阿罗汉果的情形。因此，这些理论家认为，我们在修证阿罗汉果的过程之中，并无必要非得按部就班，而是尽可以跳过这一个或两个阶段。

其实，这个跳阶的说法并没有真正解决问题，第三个阶段虽然并非必要，但也仍然可以是一个阶段，只要可以是一个阶段，就跟六趣的说法所赋予人的特殊地位起冲突，可是冲突虽然没有解决，“跳阶”的说法也还仍然值得我们注意。这个说法很足以显示在早期佛教里，出家的寺院生活虽然被认为是比在家的居士生活更适于阿罗汉果的修证，但是寺院生活并不占着绝对的特权地位，这种局面在释迦还在世的时候并没有成为问题。因为，我已经说过了，释迦本人认为一个人是否能够超脱苦海而得救，完全取决于这个人的所行所为，跟这个人在家或出家无关。可是在释迦过世之后，有一群和尚（尤其是在修证上特别有成就的高僧）集聚在一起，成为佛门中的精英集团，他们坚持认为只有出家人才可能成为阿罗汉，这些精英分子的立场成为佛教界的一个争端。既有争端，于是佛教界就在公元前383年左右，在Vaiśāli召开了佛教史上的第二次佛教会议，会议的结果没有解决问题，于是佛门就分裂为两派，一派是由所谓的Mahāsāṃghika所组成的，Mahāsāṃghika的意思是“Great Assembly”，在中文里叫“大众部”或“摩诃僧祇部”。这些人所讲的佛学后来就发展成为我们一般所称的大乘佛教，也就是所谓的Mahāyāna或摩诃衍。另一派是由所谓的Sthaviravādins所组成的，Sthaviravādins的意思是“长老”（elders），在中文里叫“上座部”，Sthaviravādin这个字是梵文，在巴利文里应该说Theravādin，而Theravādin们所讲的佛学就叫Theravāda。在中国或日本，一般人都把Theravāda叫做小乘或希那衍（Hinayana），可是小乘或希那衍这个名词是由大乘的信徒叫出来的，很有轻视的意思，所以不为所谓的小乘信徒所接受，小乘的信徒称他们自己的佛教为Theravāda。

Mahāsāṃghika跟Theravādin在Vaiśāli所争执的问题不是一个小问题。初看起来，他们所争的不过只是一个跟在家人在佛门中处境地位有关的问题，可是这个问题所牵涉到的是一个很根本的宗教问题，这个根本的宗教问题就是：佛教对于所谓的凡俗界究竟应该如何看待、给予什么样的价值地位。Mahāsāṃghika显然不像Theravādin之有排斥性，他们不讲究精英主义（elitism），对一般大众的宗教期望显然是既同情而又支持的，他们认为佛门应该是一个开放的社会，因此他们让在家人和道行不高的和尚、尼姑参与他们的宗教活动，并且Mahāsāṃghika也否认Theravādin所尊崇追求的阿罗汉果是宗教的终极目标。他们认为释迦牟尼不仅仅是一个历史上的人物，也还是一个超越时空的宗教事实（religious fact）。他们声称，历史上的释迦牟尼不过只是佛的一个“化身”（Nirmāṇakāya，transformation body），为了救度众生的方便，佛以千变万化的化身形态出没于三千大千世界，这种种化身有时空性，可是在这有时空性的种种化身之外，佛还有一个法身，这个法身是永恒不变的，是无方无所的普遍真理。在梵文里法身叫作Dharmakāya，Mahāsāṃghika认为这个法身才是众生应该追求的宗教终极目标。

这些Mahāsāṃghika所提倡的信仰逐渐地系统化，在公元前100年和公元后100年的期间，发展成为一场声势浩大的运动，这个声势浩大的运动也就是所谓的大乘佛教或摩诃衍。摩诃衍有它自己的一套经典，这些经典是应大乘佛教这个宗教运动之运而有的新经典，以历史学的眼光来看，这些新经典大概都不是来自释迦之口，而是大乘信徒假释迦之名的方便所伪造的赝品，我们通常都把这些伪造的新经典统称之为Prajñā-pāramitā sūtra，在中文里我们管Prajñā-pāramitā sūtra叫《般若波罗蜜多经》。波罗蜜多一共有六种，是可以超度众生，使众生脱离生死轮回苦海的六种道行，在中文里，这六种道行统称之为“六度”（six perfections，意即six perfect virtues）。般若波罗蜜多是六度之一，是one of the six perfections。而《般若波罗蜜多经》也就是以般若波罗蜜多为着眼点的一套经典，在英文里叫“Perfection of Wisdom sūtra”。我们常见的《金刚经》和《心经》就是属于这一类的经典，《金刚经》的全名是《般若波罗蜜多金刚经》（*Prajñā-pāramitā Vajracchedikā sūtra*），《心经》在《西游记》里又称《多心经》，全名是《般若波罗蜜多心经》（*Prajñā-pāramitā Hṛdaya sūtra*）。

大乘的信徒制造这些新经典的目的并不是想要取代小乘的旧经典，大乘的信徒只号称他们的经典在层次上较高，所代表的是释迦的晚年定论。就这个意义说，大乘佛教并不完全排斥小乘佛教，而是认为在教义上超越小乘佛教，所以是可以概括统摄、但是不否定小乘教义的价值。相对于小乘的老经典而言，大乘的新经典有三个特点：（1）否认阿罗汉的终极意义；（2）倡说一个对于佛的新观念；（3）提出了一套新的本体论，这套新的本体论是以空（Śīnyatā, void）和真如（Bhūtatathatā, true suchness）这两个观念为中心而建立的。这个新的本体论等我们谈到大乘的宗派的时候会较为详细地讲，所以暂时放在一边不说，这里我们先来讨论一下大乘对于佛教提出的新观念，以及这个新观念对所谓的阿罗汉果所构成的威胁和挑战。

我顺便提一下，我刚刚说过，小乘这个名词是大乘的信徒叫出来的，对小乘佛教颇有轻视的意思，是一个侮蔑语（perjorative），所以不为小乘的信徒所接受。小乘的信徒称他们的佛教为Theravāda；可是我一直还把Theravāda叫小乘，我这么说并不是明知故犯，对小乘不尊敬，而是无可奈何，因为我们尽可以把小乘叫做Theravāda，但是我们仍然无法不称大乘为大乘，大众部是大乘的先驱，并不就等于是大乘，所以我们无法避免使用大乘这个名词，而大乘这个名词又是相对于所谓的小乘而有的，本身就内含着对小乘的一种轻视。所以不用小乘这个名词并不能解决问题，我仍然从俗而继续把Theravāda称为小乘，我希望小乘这个名词会由于长期的使用而逐渐地失去它原有的轻视意味。我这么希望并不一定就是一厢情愿的，历史上有许多名词，像是“Quaker”“Christian”以及中国思想史上的“道学”，原本也都是反对派的人士叫出来而带有轻视或嘲讽意味的侮蔑语，可是沿用久了、情况变了，这些侮蔑语也就不再是侮蔑语了。

大乘佛教认为所谓的阿罗汉并不是唯一的完美存有形态（perfect being），大乘认为所谓的完美存有形态一共有三种：其中的第一种是佛，佛是凭自己的力量修持，靠自力证悟，而于证悟之后，又把他所悟的道传授给别人的一种完美存有；第二种叫辟支佛（Pratyekabuddha），意思是“private Buddha”。辟支佛之所以被认为是private Buddha，是因为这种佛在凭自力的修持而自证佛果之后，只是自己享用佛果，他并不把他所证悟的道传授给别人；第三种perfect being叫声闻（Śrāvaka），声闻所得的道也是自己证悟出来的，可是声闻之所以能够自己证悟到道，是因为声闻是从别人那里听到了道，因为受了从别人那里所听到的道的激励，声闻才开始修持而因此证悟到道，可是声闻证悟到道之后，也像辟支佛一样只是自我享用，不传授给别人。大乘认为这三种perfect being之中，只有佛才有宗教上的终极意义，大乘把辟支佛和声闻都称为阿罗汉，认为他们都还没有到达佛的境界、没有终极意义。就道德的观点而言，辟支佛和声闻是自私，就认知的观点而言，二者也还仍然是无明。所谓“自私”，是他们不够慈悲，没有关怀到别人的超脱得救；所谓“无明”，也就是说他们显然以自救为终极目标，这表示他们还多多少少相信有所谓的自我（ātman）而执着自我。为此，大乘的信徒，相对于阿罗汉，又另外提出一种新的perfect being来作为大乘理想至善的典范，这种新的perfect being就叫做菩萨（Bodhisattva, Being of Wisdom），菩萨又叫大士（Mahāsattva, Great Being）。

菩萨这个名词并不完全是大乘所创出来的，早在大乘兴起之前，这个名词就已经存在了，譬如说在大乘兴起之前，这个名词曾经被用来指称还没有得道的释迦牟尼，所以在大乘兴起之前，菩萨这个名词的意思是“未来佛”（future Buddha or Buddha-to-be）。在大乘的用法里，菩萨这个名词还仍然保持它一部分的原义，是指“未来佛”，可是这种未来佛之所以是未来佛，并不是因为他们还没有得道，大乘的菩萨都是已经得了道的beings，只是还没成佛而已，而他们之所以还没有成佛，并不是他们的能力有限或功夫不够成熟，而是因为他们不像辟支佛和声闻之自私而有无明。菩萨已经得到了道，是既已证悟到“无我”而又是慈悲，所以他们除了自度自救之外，还打算要救别人而普度众生，因此他们虽然已经得了道而可以成佛，却决定不入涅槃，他们发誓要帮助所有的众生都超度生死轮回的苦海，跟众生一起成佛，所以在大乘里的菩萨不是一群尚未得道的未来佛，而是一群已经得了道但却为了献身于普度众生而决定暂时不入涅槃的未来佛。

大乘里的菩萨之所以可以帮助众生超度苦海而得救，是因为菩萨们都已修积了许多善业，菩萨们自己可以享用这些善业，但是他们可以把这些积聚的善业转移给其他受苦的众生而因此普度众生。这种认为业是可以转移的说法是大乘的一个创见，这个创见有两重意义。就历史和社会意义说，这个创见增加了大乘佛教对于一般大众的吸引力，也为以后的净土宗这一类专讲诚心信念的佛教的发展提供了理论的基础；就哲学的观点而言，认为业是可以转移的说法所显示的是业的观念的改善与扩大，而我们又可以把这种业的观念的扩大，看成是业和无我这两个观念融合所得到的一个逻辑性的结果。

我已经说过了，所谓“无我”，并不是说“我”在所有的情况下或任何的意义上都不存在，而是说“我”（ātman）不是绝对无条件的存在，而是五蕴依凭着缘起的因果律而结聚产生的一种暂时的关系性存在。既然所有“我”的存在都是暂时关系性的存在，那么业的果报影响所及，就不应该只限于造业的本人，而是可以旁及于造业本人之外的他人。从这个观点看，业不应该只是action，而也必须是interaction，这就是说业是可以转移的，而如果业是可以转移的，那么超度的度就不可能只是自度，而必须同时也是普度。就这个意义而言，大乘所主张的普度，不仅仅是一种伦理道德上的义务（moral obligation），普度也还是一种本体上的必然和必须（ontological necessity）；大乘的菩萨决定暂时不入涅槃，不只是因为他们的心肠大慈大悲，也因为他们确切地体证到无我的真谛，他们了解到不跟其他众生同时一起超度的涅槃是一种迷妄（illusion）。在本体实际上不存在、也不可能得到。就大乘普度的道德、本体与认知的三重意义而言，大乘所讲的道德或戒律是植基于大乘能够体认本体真际的慧，而能够体认本体真际的慧，又必然在大乘的道德或戒律中表现为普度的理想，所以所谓的戒（Śila）跟慧（Prajñā）是一而二、二而一的贯通存在。

大乘佛教在兴起之后，又开出了许多种宗派，这些宗派不尽相同，但却并不一定是相互排斥的。在佛教史上，不同的宗派之间并不是没有争斗，可是争斗尽管争斗，一个宗派的信徒通常不会因为争斗就不去学习其他宗派的教义。在这些许多不同的宗派之中，有两个宗派在历史上比较持久，并且声势也比较浩大。第一个宗派是Mādhyamikas，在中国Mādhyamikas叫做中论性教（意思是the Doctrine of the Middle Way），这一个宗派也叫做空宗（śūnyatāvāda，意即the Way of Emptiness），来了中国以后又叫三论宗（日本叫Sanron），意即the school of Three Śāstra，这个名称来自这个宗派所特别尊重的三篇“论”。至于说哪三篇“论”，我以后再讲，这一宗派的特点是以层层否定的逻辑方式来探讨我刚刚所提到的那种随着大乘佛教的兴起而新产生的以“空”这个观念为中心的本体论。第二个主要宗派叫Yogācāra，在中国这一个宗派叫瑜伽宗。Yogācāra也叫Vijñānavāda，也就是我们中国人所说的唯识宗（the school of Consciousness-only）。这一个宗的特点是特别注重“心识”的结构与运作的分析，可以说是佛教中以知识论的方法来探讨解说大乘以“空”为中心的新本体论的一个宗派。

中论性教是印度佛教中第一个可以用历史的方式来直接确切地证明他存在的一个宗派。这个宗派起源于公元100年跟200年之间，主要的创始人是Nāgārjuna和他的弟子Āryadeva，Nāgārjuna就是龙树，而Āryadeva就是圣天，他们师徒二人有三篇“论”传世，这是为什么Mādhyamikas在中国又叫三论宗。这三篇“论”之中，有两篇是龙树所作，其他一篇是圣天所作。龙树所作的第一篇论是《中论》（Mādhyamika Śāstra, “the Doctrine on the Middle Way”），这篇论有梵文本也有中译本，其目的之一是在驳斥一些在龙树看来是异教邪见的小乘说法；龙树第二篇叫《十二门论》（Dvādaśanikāya-śāstra, “the Treatise on 12 Gates”），这篇论的梵文原本已经亡佚，所以现存最早的版本是中译本。这篇论的主要目的是驳斥一些在龙树看来是异教邪见的大乘说法。圣天传下的那篇论叫《百论》（Śata-śāstra, “One Hundred Verse Treatise”），这篇论的主旨是在驳斥一些在圣天看来是异教邪见的婆罗门教说法，所以三论宗三篇论的主要目的都是在驳斥所谓的异端邪见。这一点很重要，请各位留意一下，我们以后讲到印度佛教华化的问题时，还会回过来再谈其意义。

Mādhyamika是公元409年鸠摩罗什来到中国之后才正式传进中国的。鸠摩罗什的梵文名字是Kumārajīva，是一个大翻译家，在中国他有不少弟子，就Mādhyamika在中国发展的历史来说，罗什的弟子之中以僧肇为最重要，一般都以僧肇为中国三论宗的创始人。三论宗到了唐朝的吉藏手里，可以说到达了高峰。吉藏是一个精力极为充沛的多产作家，除了编纂了各家许多对于《莲花经》《大涅槃经》《大般若波罗蜜多经》《华严经》《维摩经》以及《金刚经》等的注疏之外，他自己也还写过《三论疏》《三论玄义》《大乘玄论》和《二谛义》。

在教义方面，三论宗的主旨是以逻辑的方式来检讨以“空”这个观念为中心的新本体论，至于说三论宗所用的logic是什么样的logic，而这种logic的检讨又是什么样的检讨，我们下次再说。

第十五讲 | 佛学的来华与华化(I)

三论宗的特点，是用一种逻辑来凸显以空这一个观念为中心而建立的大乘新本体论，这种逻辑的直接用意（immediate aim），是在驳斥所有一切的见解或说法，不管是什么样的见解或说法，只要是见解或说法，都是三论宗的驳斥对象，甚至三论宗本身的见解和说法以及三论宗对于别家见解说法的驳斥，也都在三论宗驳斥的范围之内。

三论宗在中国和日本都曾经有过专业性的追随者，像是我刚刚跟各位提起过的僧肇和吉藏就都是三论宗的大师；可是作为佛教的一个独立宗派，三论宗在中国和日本的呼声却并不是特别高，并且到了中唐以后，三论宗就逐渐地失去了它独立之宗派的认同，而为天台、华严和禅宗所取代。但这并不是说三论宗在中国和日本佛教史上的影响不大，在中国和日本，三论宗虽然始终没有成为一个庞大的宗派，并且逐渐地失去了它宗派的独立之性，可是，由三论宗所发展出来的一套辩证逻辑，以及蕴含在这一套辩证逻辑里的辩证思维方式，却一直为其他的宗派所学习和沿用（参阅永明延寿《宗镜录》）。就这一个意义说，三论宗在中国和日本佛教史上所起的作用是相当重要的，也是相当普及的，不懂三论的逻辑，就不可能对像天台和禅之类的宗派有深刻的了解。

三论逻辑的具体结构是由三个观念组成的，这三个观念是：

(1) 四句(four points of argumentation);(2) 二谛(two-fold truth);(3) 八不中道(the middle way of eightfold negation)。所谓四句的第一句是“有”(being),这第一句概括所有肯定的说法,是affirmation,第二句是“空”(non-being or emptiness),这第二句是对第一句“有”的否定,是negation of being,第三句是“亦有亦空”(both being and non-being),这第三句是对第一和第二句的肯定,第四句是“非有非空”(neither being nor non-being),这第四句是对第三句的否定。我们可以把这所谓的“四句”看成是对任何见解说法所可能有的四种反应方式,对于任何一个见解说法,我们的反应只可能有四种:(1) Yes;(2) No;(3) Both yes & no,所谓both yes & no,也就是说在某些情况之下是Yes,在另一种情况之下是No,所以我们说,在不同的情况之下,我们的反应是既可以是Yes也可以是No,是both yes & no;(4) 第四种反应是Neither yes nor no,这是对一个见解说法不置可否的一种反应,而我们之所以不置可否,是因为我们所面对的见解说法跟他的所见所说不相干,这样的见解说法等于是无所见无所说,所以我们的反应是既不肯定也不否定,Neither yes nor no。三论宗的逻辑是要否定超越这四种对于任何一个见解说法的可能反应,借着这种否定超越,三论宗希望能够泯灭我们一般以yes & no为基础所产生的分辨思维,这种分辨思维的泯灭有助于我们对于般若智慧的体证。

三论宗的“四句”通常都是跟“二谛”连在一起的。所谓“二谛”是:(1) 俗谛(mundane or conventional truth);(2) 真谛(ultimate or genuine truth)。顾名思义,俗谛比真谛在层次上低,假如一个人有一个见解说法,而他这一个见解说法又被否定驳斥掉了,这个人往往会采取另外一个见解说法来取代他那个已经被否定驳斥的说法,这是人之常情,可是三论宗却希望一反这种看来似乎是人的常情。三论宗认为以一种见解说法来取代另一种见解说法,是出了一家又一家,还仍然是执滞。既然是执滞,当然也就有违“空”的真际,所以必须破除。经过一系列的破除否定之后,我们只剩下我们用来破除否定见解说法的见解说法，这种用来破除否定见解说法的见解说法也是一种见解说法，所以也得破除，当这最后一层的破除完成的时候，三论宗所谓的“中道”也就自然显现。这种“中道”在我们的语言思议想象之外，是不可道不可说的。

“二谛”的观念直接来自龙树的《中论》(Mādhyamika Śāstra)。根据龙树《中论》里的具体说法，所谓“俗谛”又指万法因缘起而有的肯定说法，而“真谛”是指万法皆空的否定说法，假如我们把“二谛”这个观念跟“四句”联在一起，我们就可以把“四句”里面第一句所说的“有”当作是“俗谛”，而说万法因缘起而生，所以可以被肯定为“有”。可是就在我们肯定万物为有之后，我们随即发现我们所肯定的“有”，并不是一种固定永恒的“有”，而是一种因缘起而生有的暂时的条件性存在，因此，我们就又以“空”这个观念来否定我们在“俗谛”里所肯定的“有”，而我们这个用来否定“俗谛”里的“有”，又以“空”这个观念来否定我们在“俗谛”里所肯定的“有”，而我们这个用来否定“俗谛”里“有”的“空”，就成为我们所认为的“真谛”，可是就在我们肯定“空”为真谛之后，我们接着又发现，我们在所谓的真谛里所肯定的“空”也不是一个绝对的永恒存在，因为我们在真谛里所肯定的“空”，是由于我们否定俗谛里的“有”才成为可能，所以也是一种暂时的条件性的存在，于是我们就肯定有和空二者，而说万法是“亦有亦空”。这里“亦有亦空”的肯定说法就成为一种较高的、第二层次的俗谛，根据第一层次里面俗、真二谛之间的辩证逻辑，这第二层次俗谛的肯定，接着又被否定而成为“非有非空”，于是“非有非空”就成为第二层次的真谛，这第二层次的真谛到了第三个层次就成为“有非有非空”的俗谛和“非非有非非空”的真谛，这种由四句和二谛这两个观念所构成的逻辑过程，是一个步步高升的层层肯定和否定的辩证过程，是一个dialectical process of progressive affirmation and negation，为了讲解的清楚起见，我们可以把这个过程之中的肯定和否定的辩证关系图用一个表来说明：

	俗 谛			真 谛
Stage I a	Affirmation of being 有	→	I b	Negation of being (= affirmation of non-being) 空
		↙		
Stage II a	Affirmation of both being and non-being 亦有亦空	→	II b	Negation of both being & non-being (= Neither being nor non-being) 非有非空
		↙		
Stage III a	(有) 非有非空	→	III b	
		↙		
Stage IV a	(有) 非非有非非空	→	IV b	

在理论上，以上这个表所揭示的层层肯定和否定的辩证过程可以不断持续，可是在三论宗的习俗里，这种由四句和二谛所构成的辩证过程只重复一次，而每一个过程却有四个阶段，所以4×2＝8，经过这八个步骤之后所显现的真际就是所谓的八不中道（the middle way of eightfold negation），用龙树自己的话来说，这八不中道是既不是有，也不是空，而是一种不生不灭，不断不常，不一不异（not identical with itself nor differentiation），不来不去的一种存在。

三论宗这种层层否定的逻辑是一种可以帮助我们超越自我的工具，可是如果我们完全依赖这种层层否定的辩证逻辑，还是不够的。要想真心悟得“空”的终极本体存在，我们必须要通过禅定的功夫，对“空”有一种经验性的体证，用龙树的话来说，这种对空的经验性体证的境界是一种“无得”的境界，“无得”是一种不分主客、物我的intuition，既然不分物我、主客，那么我所得的也就无所谓是得，所以可以说是“无得”，佛家也把这种无得的境界说成是众生本然佛性的显现（老子的“为道日损”，庄子的“坐忘”和“两行”，《易经》的革面洗心，佛家三论的层层否定——learning as deconditioning）。

在理论进路上，三论宗和唯识宗颇不相同。三论宗的理论取向是一种logical approach，而唯识宗的理论取向则属于知识论的性质，是一种epistemological approach，我们可以把唯识的理论看作是一种“心识现象学”（phenomenology of consciousness）。由于种种原因，唯识宗还有好几个其他的名字，这些名字都可以显示唯识宗的宗派特殊性。在印度，唯识宗本来是叫Yogācāra，也就是中文里所说的瑜伽宗。Yogācāra的意思是“做瑜伽”（the practice of Yoga），这个字来自“Yogācārin”，是指一个“做瑜伽的人”（a practitioner of Yoga），可以是任何一个做Yoga的人，所以Yogācāra这个名称本身原来并没有任何宗派的意义，而以后之所以会有宗派的意义而成为一个宗派的名称，是因为某些Yogācārin借着瑜伽术来探视我们的心识的结构和运作，并企图以我们心识的思量（ideation）来说明我们现象世界的虚幻。这是为什么Yogācāra又称为Vijñānavāda或Vijñaptimātratā，也就是中文里所说的“唯识宗”，日语的发音是Yuishishū，意思是“consciousness-only”。唯识宗的宗旨在说明我们所处的世界只存在于我们的心识之中，是我们心识活动的产物，所以是空幻不真的，宗旨既然是如此，所以很自然的，唯识宗的焦点就集中在三个问题的分析上：（1）第一个问题是心识本身；（2）第二个问题是我们的心识如何使得现象界的事物之法成为可能，这里所说的“法”，是佛家所说的“诸法无我，诸行无常”的“法”，在梵文里dharma，泛指一切事物、学说、观念、真理、现象等任何存在；（3）第三个问题是由我们的心识所投射而形成的众“法”，到底有什么样的性相，这里所说的“相”是梵文里的lakṣaṇa，意思是character or characteristics，由于唯识宗特别重视众法性相的分析，所以也称“法相宗”，日语的发音是Hossōshū，在梵文里叫Dharma-lakṣaṇa，意思是“dharma-character school”。

唯识和三论之间在历史上曾有过紧张性，可是虽然有紧张性，这两个宗派在教义上却可以互补，两家的目的都在揭破我们现象界的空幻不真，三论所用的是逻辑，而唯识所用的是一种知识论。三论借着层层否定的逻辑来驳斥所有的一切概念和论述，希望因此能够使人领悟到我们所有的概念和论述见解都是我们心识在无明的影响之下而产生的错误构想，可是三论并没有说明到底无明是为何能影响我们的心识，而使得我们心识能够建构那些听起来像是头头是道而实际上却是毫无凭据的概念与论述。这个三论没有说明的问题，恰好是唯识的关怀所在，而唯识对付这个问题所借重的就是我刚刚已经提到的“心识现象学”。由于唯识的焦点在心识与心识的活动，并且认为事物的现象界来自我们的心识，是我们心识的运思构想向外投射所产生的结果，所以唯识宗往往被看作是一种唯心论（idealism），这种对于唯识的看法不真算是错，可是却可以有误导性，唯识的唯心论只适用于现象界，不涉及终极实际（ultimate reality），所以唯识所讲的“心识现象学”，其目的不是想把所谓的reality化约为心识或心识的思量，而是想说破现象界的空幻与不真。

在印度，唯识大约是从第二世纪才开始逐渐发展，于第五世纪到达高峰，高峰时代出了两位大师，一位是无著（Asanga），另一位是无著的弟弟，叫世亲（Vasubandhu）。无著有两部作品问世，一部是《瑜伽师地论》，也就是梵文里所谓的Yogācārabhūmi śāstra，意思是“Discourse on the steps of Yogācāra”，第二部是《摄大乘论》，也就是梵文里所说的“Mahāyāna-samparigraha-śāstra”，意思是“Acceptance of the Great Vehicle”。《摄大乘论》是历史上首次将唯识的理论作整体性说明的一部作品。世亲本来是信小乘的，后来因为受了他哥哥的影响而改依大乘，他曾经为《摄大乘论》作过注，并且也是称Yogācāra为Vijñaptimātratā的第一个人，Vijñaptimātratā是唯识（consciousness-only）的意思。

从印度到中国，唯识的传承有两个不同的脉络，第一个脉络的中心人物是执教于Valabhi University（也就是北罗大学）的德慧和安慧。德慧的梵文名字是Guamati，安慧的梵文名字是Sthiramati。这一个脉络由真谛（也就是梵文里所说的Paramārtha）传到中国，真谛生于497年，卒于569年，于548年来到中国，于548年和557年的十年之间一共翻译了32篇作品，其中一篇是《摄大乘论》。这个《摄大乘论》的中译本不是历史上的第一个中译本，第一个中译本是出自佛陀扇多（也就是Buddhaśānta）之手，成于531年，可是真谛的译本流传比较广，所以影响也比较大，是我们历史上摄论宗（Samparigraha）的一部主要经典，而真谛也因此被认为是摄论宗的创始人。摄论宗是玄奘法相宗的先驱，以后逐渐为法相宗取代。

中国唯识的第二个脉络可以回溯到印度的陈那（Dinnāga），陈那也是5世纪人，可是比世亲要稍晚，这一个脉络的中心人物是执教于Nālanda大学的法护和尸罗跋陀罗。法护的梵文名字是Dharmapāla，尸罗跋陀罗的梵文名字是Śīlabhadra（亦译戒贤），是法护的继承人，也是玄奘的老师。当玄奘于632年到达印度的时候，Śīlabhadra已经是106岁，是Nālanda大学的校长，玄奘在印度一共待了17年，回来后除重译《摄大乘论》之外，还译了74部其他作品，其中包括法护的《成唯识论》（梵文原名是*Vijñaptimātratāsiddhi-śāstra*，意思是“Establishment or Completion of Consciousness-only Doctrine”），这是总述十位印度大师对世亲的《唯识二十论》所作的诠释的一篇文字。《唯识三十颂》的梵文原名是*Trimśikā Vijñapti-kārikā*，是世亲用诗句的方式所写的一篇versified text，一共有三十个节（stanzas），其中的头二十四个节是讨论所有一切法的“自相”（Svalakṣaṇa），接下来的两个节是讨论所有一切法的“自性”（Svabhāva），最后的四个节是讨论悟道过程所经历的阶段。

玄奘的接班人是他的弟子窥基，窥基有两部著作，一部是《大乘法苑义林记》，另一部是《成唯识论述记》，窥基的这两部著作，以及玄奘所译的法护的《成唯识论》，是中国唯识宗的基本典籍。这些典籍的重要性显示，中国的唯识虽然号称是世亲的正宗嫡传，其实是隔了一层，玄奘和窥基对世亲的了解都以法护的诠释为直接依据，法护的诠释为他们提供了一个媒介，所以他们的了解都是一种mediated understanding。我下面要说的唯识是由法护、尸罗跋陀罗到玄奘和窥基这第一个传承脉络所提倡的唯识。

我刚刚说，我们可以把唯识看作是一种“心识现象学”。这种“心识现象学”把我们的consciousness分为八个层次，这八个层次之中的“前五识”，是我们能视、听、嗅、味、触的眼、耳、鼻、舌、身五种感觉器官；第六识叫Manas-Vijñāna，中文里叫意识，是我们的sense-center；第七识是KliíÝamanas-Vijñāna，中文里叫末那识，是一种从事思量的consciousness of intellection；第八种识是Ālaya-Vijñāna，中文里叫阿赖耶识，英文里通常都译为storehouse consciousness，而之所以如此译，是因为这一个识是一群种子的储藏室，因此阿赖耶识也称为唯识或种子识，储藏在这一个识里的种子会发芽结果，而开展出我们通常所谓的外在客观现象界。可是，虽然如此，阿赖耶识却并不是一种独立的存在，原因是：由阿赖耶识里的种子所开展出来的外在客观现象界会“回馈”，能够反过来影响和塑造阿赖耶识。这种外在客观现象界对阿赖耶识的影响和塑造，在佛学里叫“熏习”，意思是“habituating through perfuming”。所以，外在客观现象界和阿赖耶识之间有一种互动的关系。并且，除非是一个人悟得了道，这个互动的关系也还是一个没完没了的过程。至于说到底是怎么样的没完没了，唯识里有好几种不同的说法，这些不同的说法，大致可以归为两类。第一类的说法认为，“种子”从无始以来就存在于阿赖耶识之中，这些种子又因为种种因缘的催促而成长，乃至于能够起“熏习”的作用。第二类的说法认为“熏习”的作用自无始以来就已经存在，这种从无始以来就已经存在的“熏习”作用促使“种子”成长。这两类说法显然不同，可是都认为种子有净垢之分，并且也都以净垢种子之间比例的不同来说明有情众生的个别差异；这两类说法也还都相信，只要修持得当，阿赖耶识里的纯净种子能够净化污垢的种子，这个净化过程的最终结果是阿赖耶识的完全消失，这就是所谓的悟道。悟道的人完全没有相，因此也就没有人我或物我的主客之分。

唯识不认为所有的有情众生都有佛性，所以唯识不承认所有的有情众生都可以得道。唯识把人分为五类，所谓“五姓各别”，其中有一类叫“一阐提”（Icchantika），这种一阐提伤害过佛，他们的阿赖耶识里的污垢种子多到无可救药的程度，所以是永劫不复，不可悟道。唯识是大乘佛教里唯一不完全接受普度信念的宗派，因为相信“五姓各别”，并且又不是完全接受普度的信念，所以唯识还有所谓“三实一权”的说法，这种说法跟大乘其他宗派的说法正好相反。大乘佛教里有所谓的“三乘说”，这种说法我刚刚已经提到过，把修悟的解脱之道分为声闻、辟支和菩萨三乘，大乘里几乎所有的宗派都认为三乘说是一种方便的权说，实际上只有一乘（ekayāna）的菩萨乘，而唯识是唯一的例外，唯识以为三乘说是符合众生实际情况的“实”说，而一乘的说法才是“权”说。

我刚刚说，唯识认为阿赖耶识跟外在客观现象界之间有一种互动的关系，我们可以把这种互动说看作是唯识对于佛家所共有的业和缘起这两个理念的一种特有的概念化。这种特有的概念化就心识的运作来诠释业和缘起，认为外在客观现象界之所以成为可能而可以跟阿赖耶识互动，是因为阿赖耶识跟其他七种识之间有互为因果的互动关系，阿赖耶识既是其他七种识的源头，也是其他七种识的产物。阿赖耶识和其他七识之间的这种互动关系的关键在第七识，第七识是末那识，这是从事思量的consciousness of intellection，是我们思想活动的中心。末那识以阿赖耶识为对象，把焦点集中在阿赖耶识之上，因此而产生了“我”（ātman）的妄念。唯识跟佛学的其他宗派一样都肯定“无我”，认为“我”是因为我们误认由于种种因缘而暂时聚合的五蕴而有的妄念，唯识认为这种妄念来自末那识，末那识在思量活动的过程中摄取阿赖耶识，执着地认为阿赖耶识是一个“我”，结果末那识不但是污染了阿赖耶识，并且也还触动了我们的第六识。第六识是意识（Mano-Vijñāna），是我们的意识中心，能够协助统一我们视、听、嗅、味、触这五种感觉功能，这五种感觉功能是我们的“前五识”，在末那识的催促影响之下，意识通过前五识摄取五蕴，结果我们对种种的外物就有了个别的具体形象，前五识的运作可以是同时并发，也可以是分别运行。这也就是说，前五识并不全都是一直在活跃的，可是意识是一直都在活跃的。

八识之中的每一识都具有四种不同的功能，这四种功能都不能单独存在，而是相互依靠的（inter-dependent），在唯识里，这四种功能叫“四分”。“四分”的第一分叫“相分”（lakṣaṇa-bhāga），英文里通常都译为“the seen or perceived portion”，这是指客体外物反映在我们心识表面上的影像（shadow-image）；第二分叫“见分”（darśana-bhāga），英文里通常都译为“the seeing or perceiving portion”，这是指能够经验感觉外物影像的主体；第三分叫“自证分”（Sākíātkāri-bhāga），英文里通常都译为“self-witnessing portion”，这是指我们的心识对于它所见、所闻所有的一种自我意识，这种自我意识能够知道并记得它的所见、所闻是它的所见、所闻；第四分叫“证自证分”，英文里通常都译为“the re-witnessing of self-witnessing portion”，这是指我们心识主体自我的自体运作和实践。

唯识这种对于我们心识活动分析的结论是：三千大千世界里的事事物物都是因为我们心识的缘起投射而有，所以都是唯识所现的假有，当一个人经过修持而体验性地证悟到这个结论的真实性的时候，这个人的八识就会自然回翻而转化成为一种全然纯净的心识叫“无垢识”，梵文的原名是Amalavijñāna，英文里通常都译为“taintless consciousness”。无垢识具有四个向度，是一种4-dimentional wisdom。第一个向度是由“前五识”转化而成，叫“成所作智”，顾名思义，“成所作智”是一种能够“accomplish all that should be performed”的智慧。第二个向度是由第六识转化而成，叫“妙观察智”，意思是“the wisdom of mysterious observation”；第三个向度是由第七识转化而成，叫“平等性智”，意思是“the wisdom of equanimity”；第四个向度是由第八识转化而成，叫“大圆境智”，意思是“the wisdom of magnificent mirror”。这个具有四向度的无垢识其实就是佛慧，这种佛慧是主客、内外、能所两空，所以能够既无住也不滞地如实观照万法，在唯识里，能如实观照万法就是能见万法的真如（see things in their true suchness），true suchness的梵文原名是Bhïtatathatā，相当于三论所说的Śïnyatā。

唯识对于心识运作的分析以及三论层层否定的辩证逻辑是中国佛教里的两块大基石，可是作为独立的宗派，唯识和三论的声势都不真能算是浩大。所谓声势不浩大，并不意味着没有大师提倡，提倡唯识的大师有玄奘，这是大家都知道的，在三论方面则有僧肇。假如我没有弄错的话，玄奘的唯识是印度唯识论的翻版，而僧肇的三论却并不尽然，所以我们有必要把僧肇的《肇论》特别提出来分析一下，否则，我们无法讨论印度佛学的华化问题。

《肇论》的版本不止一种，[1]其中最长的一个版本是由六个部分组织成的：第一个部分叫《宗本义》，是一段通论性的文字，所说的是佛教的根本意旨；第二个部分是《物不迁论》，这里所说的“迁”是“变迁”的“迁”、是“变”的意思，所谓“物不迁论”也就是“物不变论”，所以陈荣捷先生把《物不迁论》译为“[On] the Immutability of Things”；第三个部分是《不真空论》，这个部分的主旨在讨论“不真即空”，所以陈荣捷先生把《不真空论》译为“[On] the Emptiness of the Unreal；第四个部分是《般若无知论》，般若是梵文Prajñā的音译，这一段文字是论“Prajñā as Not Knowing”；第五个部分是僧肇和一

[1] （编按）本段以下直到最后，曾以《〈肇论〉里的“虚”与“空”》为题，发表于台大历史系编：《民国以来国史研究的回顾与展望研讨会论文集（下册）》（台北：台大出版组，1992年），第1563—1576页。

位叫刘遗民的人士之间的一段书信问答，附在《般若无知论》之后；第六个部分是《涅盘无名论》，所谓《涅盘无名论》也就是“On the Namelessness of Nirvāṇa”。《宗本义》的部分在梁（502—557）以前的佛学目录，如陆澄的《法论目录》和僧佑的《出三藏记集》均没有著录，并且内容与其他几篇不甚相干，所以极可能是后人的伪作。

第六部分的《涅盘无名论》，早在慧皎所写的《高僧传》本传中就已经有节引，可是汤用彤先生在他的《汉魏两晋南北朝佛教史》里认定此篇是伪作，汤先生的理由很充分，不容忽视，可是我们也有理由相信，这段文字之中至少有部分是僧肇本人的手笔，细节方面相当复杂，牵涉《大般涅槃经》在中国传译的年代问题，所以我这里略而不论，各位如果有兴趣，可以参看Walter Liebenthal译写的*Chao Lun: The Treatises of Seng-Chao*。[1]我们现有的《肇论》是六段文字并收，并且是按照我刚刚所举的顺序排列成章，可是梁以前的佛学目录都是各篇分列，第一次并列的是成于597年由费长房所编的《历代三宝记》，并且在顺序上，我们现有的版本虽然在《宗本义》之后，标明《物不迁论》为“第一”，《不真空论》为“第二”，《般若无知论》为“第三”，《涅盘无名论》为“第四”，可是僧肇原来写作的顺序很可能是《般若无知论》在先，《不真空论》居次，《物不迁论》是第三，而《涅盘无名论》则是殿后。关于这方面问题的细节，我也略而不论，各位如果有兴趣，可以参看牧田谛亮所编的《肇论の流传について》一文，这篇文章收在冢本善隆所编著的《肇论研究》中。

在我们的历史上，从南朝以来，几乎历代都有人注解《肇论》，其中以陈代慧远的《肇论疏》为最早（我这里所说的“陈”是宋齐梁陈的陈），以唐代元康所作的《肇论疏》为最详。近代的中国学人，对

[1]（编注）Walter Liebenthal, *Chao Lun: the Treatises of Seng-chao; A Translation with Introduction, Notes, and Appendices* (Hong Kong: Hong Kong University Press; sold by the Oxford University Press, New York, 1968 [2nd rev. ed.]). (First ed. published in 1946 under title: *The Book of Chao.*)

于《肇论》，除了唐君毅先生在《中国哲学原论·原道篇》里有一章特别的分析之外，似乎没有什么其他专业性的研究和注疏。在日文方面则有我刚刚所提到的冢本善隆所编著的《肇论研究》，是一部值得参看的专论性著作，除了对《肇论》在考证和思想上有通盘性的分析之外，还把《肇论》翻成现代日语，并且还有很详尽的注解。在英文方面，有两部专论性的翻译著作，一部是我刚刚已经提过的Liebenthal的*Chao Lun: The Treatises of Seng-Chao*，另一部是Richard Robinson的*Early Mādhyamika in India and China*。Liebenthal对于《肇论》的诠释不是很理想，这一点我以后会讨论，文字方面也不是很通顺，不过这本书有一个相当详尽的书目，很可以用，而书的其他部分也许也可以看一看，至少可以把它当作是反面教材；Robinson的书很值得看，是一部相当技术性的逻辑分析，把龙树和僧肇在推理上交涉的来龙去脉说得蛮清楚，并且还译注了《物不迁论》《不真空论》《般若无知论》和僧肇一生的其他文字，唯一的遗憾是Robinson完全没有讨论到僧肇跟老庄与玄学之间在思路上的微妙错综关系。

跟印度的佛教文献相比较，《肇论》有两个特色：第一个特色是有很明显的道家意味，第二个特色是引文和论理方式的干净利落和直截了当，不像印度佛教文献的重复和啰唆。陈荣捷先生在他的*A Source Book in Chinese Philosophy*里译注了《物不迁论》和《不真空论》，根据陈老先生的注，僧肇在这两篇文字中引用《老子》和《庄子》的地方一共有十一处之多，在《肇论》的其他部分，除了老庄之外，僧肇还quoted from、paraphrased or alluded to王弼和郭象。因此Liebenthal认为僧肇并不是一个“orthodox Buddhist”，而是“Chinese Buddhist”的一个典型代表，所谓“Chinese Buddhist”的意思是中国的佛教徒“全”都是“Taoists whenever they wrote philosophy”。

Liebenthal的说法反映近代西方对中国人的一种“stereotypical view”，认为中国人之中，讲求现实入世的都是儒家，而比较超然的则都是道家，这种看法不承认儒家有超然的一面，也否认中国人有信仰皈依任何外来宗教的可能，好像中国人天生就没有这种能耐。持这种看法的近代西方人认为我们的天主基督徒之所以会成为天主基督徒是因为有一个ulterior motive，就一般民众而言，这个ulterior motive是教会所提供的米、面、奶粉之类的救济品，所以近代西方便有人说我们中国的天主基督徒是“rice Christians”，而历来的和尚、尼姑虽然都剃度出家，其实骨子里都是道家。

日本学者福永光司，不像Liebenthal那么样地有偏见，福永有一篇文章收在冢本善隆的《肇论研究》里。在这篇文章里，福永认为《肇论》是郭象以庄子为“媒介”来探求圣人究竟的一个继承和发挥，可是福永并不以为僧肇是个纯粹的道家，他认为《肇论》里有道家的成分，也有佛家的成分，是印度“慧智”被中国“慧智”所转化而“包摄”的一个中印思想混合结晶。福永的说法有他的道理和根据。我刚刚已经说过了，僧肇在《肇论》里一而再，再而三地quoted from、paraphrased or alluded to老庄、王弼和郭象。我相信僧肇如此做并不是因为老庄在当时很流行，跟《易经》并列而成为玄学家们所谓的“三玄”；我相信僧肇是真心地喜爱老庄和玄学，他显然认为他在《肇论》里所提倡的思想不全然是佛家的专利，同时也是道家思想的一部分。所以，我以为《肇论》里的道家色彩有它的真实性，绝对不是一种点缀，所意谓的是老庄和玄学跟佛学在思维上的一种融会和贯通，至于说到底是哪一种的融会和贯通，我想我们可以透过“虚”这一个概念来加以探讨。

“虚”这一个概念在《肇论》里占一个很显要的地位，Liebenthal在他的书里有好几处都把“虚”译为“void” or “empty”，这样的译法使得“虚”跟“空”这两个概念在英文里难以区别，而这两个观念又是必须加以区别的。“虚”来自老庄，是道家的观念；“空”是佛家的观念，两者不可混为一谈。为了分辨的方便起见，我主张把“虚”译为“vacuous” or “vacuity”，把“空”译为“empty” or “emptiness”。我这么做也并不是真的很理想，因为英文里的“empty” or“emptiness”虽然比较没有问题，其意为“having nothing in it”，这个“it”可以是一个盒子，也可以是一间房间，一条街道或一辆汽车，可是“vacuous” or“vacuity”就不一样了，“vacuous” or “vacuity”有“lack”的意思，所以不完全是一个好字。如果我们用中文说某人“虚心”，这是好话，心虚则“明”，心“明”则“灵”，可是如果用英语说某人有一个“vacuous mind”，这就不是好话了，不但不是好话，根本是骂人的话，意思是说这位人士没有头脑，是senseless、stupid & inane。所以中文里的“虚”跟英文里的“vacuity”不是对等话，“虚”所要传达的不是“lack”，而是“灵明”，是一种“spiritual luminosity”。我曾经想过，也许我们可以把“虚”译为“uncluttered”，而“虚心”的“虚”也的确有这个意思，可是这也不能真正解决问题，“虚心”固然可以译为“uncluttered mind”，而译“虚灵”为“uncluttered spirit or spirituality”也不算坏，可是我们如果把“虚明”译为“uncluttered luminosity”，那就根本是毫无意义，因为中文里的“明”跟英文里的“luminosity”一样，都跟“光”有关。“光”能够照亮一个空间，可是本身不是空间，所以“luminosity”不是一个“spatial concept”，所以我们既不能说它是“cluttered”，也不能说它是“uncluttered”。翻译是件难事，甚至可以如奎因所说是不可能的事。把“虚”译为“vacuous” or“vacuity”虽然不理想，可是其他的译法也一样有问题，所以还不如就译为“vacuous” or “vacuity”，至少这么译能够把“虚”和“空”这两个不同的观念在英文里作区分，至于说这两个观念到底有什么不同，我等一下会有说明，我想先来看一看僧肇在《肇论》里到底是如何使用“虚”这个观念的。

第十六讲 | 佛学的来华与华化（II）

在《肇论》的第四个部分《般若无知论》里，僧肇说：

> 夫有所知，则有所不知，以圣心无知，故无所不知，不知之知，乃曰一切知。……是以圣人虚其心而实其照，终日知而未尝知也，故能默耀韬光，虚心玄鉴，闭智塞听，而独觉冥冥者矣。然则智有穷幽之鉴，而无知焉，神有应会之用，而无虑焉；神无虑，故能独王于世表，智无知，故能玄照于事外，智虽事外，未始无事，神虽世表，终日域中，所以俯仰顺化，应接无穷，无幽不察，而无照功，斯则无知之所知，圣神之所会也。然其为物也，实而不有，虚而不无，存而不可论者，其唯圣智乎！何者？欲言其有，无状无名，欲言其无，圣以之灵。圣以之灵，故虚不失照，无状无名，故照不失虚；照不失虚，故混而不渝，虚不失照，故动以接麁。是以圣智之用，未始暂废，求之形相，未暂可得，故《宝积》曰："以无心意而现行。"《放光》云："不动等觉而建立诸法。"所以圣迹万端，其致一而已矣，是以般若可虚而照，真谛可亡而知，万动可即而静，圣应可无而为，斯则不知而自知，不为而自为矣。复何知哉？复何为哉？

这一段话的文字并不是特别艰难，可是也不真的就是一目了然，并且陈老先生的*Source Book*没有选择这段话，所以我为各位译一下，算是对这段话在文字层面上的解释：

夫有所知，则有所不知，	If there is that which is known, then there is that which is not known.
以圣心无知，故无所不知，不知之知，乃曰一切知。	Because the Sage's mind is without that which is known, there is not that which it does not know. The knowing of not knowing is called all-knowing (sarvajñatā) .
是以圣人虚其心而实其照，终日知而未尝知也，	Therefore, the Sage, making his mind vacuous while filling his reflection, always knows and yet does not know.
故能默耀韬光，虚心玄鉴，闭智塞听，而独觉冥冥者矣。	For this reason, he is able to mirror the dark and mysterious with his vacuous mind even though he dims his radiance and sheathes his light. [For the same reason,] he alone is able to penetrate the invisible even though he shuts up his wisdom and blocks his hearing.
然则智有穷幽之鉴，而无知焉，神有应会之用，而无虑焉；	Consequently, there is in the [Sage's] wisdom mirroring that fully reflects the hidden, but there is no knowing; and his spirit has the function of responding to coincide with what it encounters, but it is without deliberation.
神无虑，故能独王于世表，智无知，故能玄照于事外，	Because his spirit is without deliberation, it is able to reign alone over the world by standing above the world. Because his wisdom is without knowing, it is able to reflect event mysteriously by remaining outside of events.
智虽事外，未始无事，神虽世表，终日域中，	His wisdom, though outside of events, is not devoid of events and his spirit, though above the world, is always within the world.

所以俯仰顺化,应接无穷,无幽不察,而无照功,	Therefore, whether looking down [toward the Earth] or looking up [toward Heaven, the Sage] follows transformations. His responses and accommodations are infinite. There is nothing which is hidden that he does not discern, but there is no fruit [karmic fruit = 照功] resulting from his discerning.
斯则无知之所知,圣神之所会也。	This is what no knowing knows and what the Sage's spirit comprehends.
然其为物也,实而不有,虚而不无,存而不可论者,其唯圣智乎!	As a thing, therefore, [prajñā] is real but not existent, is vacuous but not inexistent. Isn't the Sage's wisdom precisely that which is said to be existent but which cannot be talked about.
何者?欲言其有,无状无名,欲言其无,圣以之灵。	Why? If you wish to say that it is existent, it is shapeless and nameless. If you wish to say that it is inexistent, the Sage is luminously spiritual because of it.
圣以之灵,故虚不失照,无状无名,故照不失虚;照不失虚,故混而不渝,虚不失照,故动以接粗。	Since the Sage is luminously spiritual because of it, it is vacuous but never fails to reflect. Since it is shapeless and vacuous, it reflects but never fails to be vacuous. Because it reflects but never fails to be vacuous, it mixes [with things] without change. Because it is vacuous but never fails to reflect, it moves to accommodate [even] grossness.
是以圣智之用,未始暂废,求之形相,未可暂得,	Therefore, the function of the Sage's knowing is never remiss for a moment. But if you seek it in shapes and marks, it can never be obtained even for a moment.

(续表)

故《宝积》曰:"以无心意而现行。"《放光》云:"不动等觉而建立诸法。"所以圣迹万端,其致一而已矣,	Therefore, Ratnakūṭa says, "without mind or intention, [the Bodhisattva] manifests and acts." The *Fang-kuang* says, "without moving from sambodhi, [the Tathāgata] establishes all dharmas." For this reason, although the Sage's footprints are myriad fold, their destination is one.
是以般若可虚而照,真谛可亡而知,万动可即而静,圣应可无而为,斯则不知而自知,不为而自为矣。复何知哉?复何为哉?	Therefore, prajñā, though vacuous, can nevertheless reflect. Paramārtha, though it may become extinct, can still be known. The myriad activities can be tranquil while being active. The Sage's response may be inexistent, but it can still act. This is spontaneous knowing which does not know and spontaneous acting which does not act. What other knowing is there? What other acting is there?

僧肇的这一段话,除了所引用《宝积》《放光》这些佛经,以及使用"等觉""般若"这些佛家的专业术语之外,可以是任何一个没有受过佛学的洗礼而完全追随老庄、王弼或郭象的道家所说的话,就这一段话所用的词语和意象而言,其中有一些跟老庄、王弼和郭象所用雷同,甚至有的还根本是老庄、王弼和郭象所用过的词语和意象。

僧肇说"圣人虚其心,而实其照",《老子》第三章里说"圣人之治,虚其心,实其腹";僧肇说圣人"能默耀韬光",《老子》在第四和第五十六章里说"和其光,同其尘";僧肇说"闭智塞聪",《老子》第五十二和第五十六章里说"塞其兑,闭其门";僧肇说圣人是"独觉冥冥者矣"。《庄子·外篇·天地》里说"至德之人……冥冥之中,独见晓焉";僧肇说"圣智"的"应会"是"虚心玄鉴"而"俯仰顺化,应接无穷,无幽不察而无照功……实而不有,虚而不无",《庄子·内篇·应帝王》里说“至人之用心若镜，不将不迎，应而不藏”，而郭象也说“无心而无不顺，夫神全形具而体与物冥”；僧肇说：“欲言其有，无状无名，欲言其无，圣以之灵。”王弼注《老子》第十四章里说：“欲言无耶，而物由以成，欲言其有耶，而不见其形，故曰：‘无状之状，无物之象。’”僧肇引《宝积经》曰“以无心意而现行”，郭象说：“我苟无心，亦何为不应世哉。”

就意旨而言，僧肇在那段话里所说的，也大都跟老庄、王弼和郭象的道家玄学相吻合。“虚”是那一段话里的一个主要观念，而僧肇在那一段话里对于“虚”这个观念的用法，跟老庄、王弼和郭象一样，是希望透过“虚”来说明圣人之所以能够自由自在、自动、自发地，跟他周遭的外物之间有一种自然的和谐，圣人之所以有这种能耐，是因为圣人的心是“虚”的。所谓是“虚”的，有两重意义：第一重意义是说圣人的心在本体存在上没有自我的主体或主观，因为在本体存在上没有自我的主体或主观，所以圣人的心在运作的时候，不受自我主体或主观的干扰，而能够如实地照映万物。用僧肇的话来说，圣人因为是“虚其心而实其照”，所以圣人的“虚心玄鉴”是“虚不失照”而“无幽不察”。第二重意义是说，圣人的“照”虽然是“实”，可是圣人的心因为是“虚”的，所以不会摄取他心照的“实”而失去其本体存在之“虚”，这也就是说圣人虚心的实照是一种没有后遗症的映照。用僧肇的话来说，圣人虚心的实照是“照不失虚”，“而无照功”，我们可以把圣人的虚心实照看成是一种纯粹的映照活动（pure activity of reflection），所谓是“纯粹的”，也就是说这种映照“仅仅是一种活动”，而所谓“仅仅是一种活动”，也就是说这种activity没有一个actor在从事映照或权充映照活动的agent，所以是既没有自我的主观，也没有具有摄取能耐的主体。

僧肇这种对于“虚”的构想，是《肇论》这篇文字所含有的Taoist presence的一个具体范例。这个构想跟佛家的信仰并不冲突，佛家所说的“诸法无我”，也是说我们通常所谓的subject在本体存在上是既没有自我的主观，也没有具有摄取能耐主体的non-subject，所以这种“虚”的构想不能算是un-Buddhist，可是虽然不能算是un-Buddhist，这种“虚”的构想在措词上，却也是很道家的（strongly Taoist）。这就是为什么我说我刚刚所引僧肇的那一段话，在意象和主旨上，可以是任何一个没有受过佛学的洗礼而完全追随老庄、王弼或郭象的道家所说的。

除了意象和主旨之外，《肇论》在引文的款式（style）上也颇具道家的意味。《肇论》的引文款式很直截了当，不像印度佛学文献那么样地啰唆和重复，我们来看一看其中的《物不迁论》。《物不迁论》这个题目很醒目，我们都知道，佛家相信“诸法无我、诸行无常”，讲究的是变迁，可是僧肇在这一篇文字里所提倡的是“物不迁”，他所以要这么做是因为“人之常情”认为“生死交谢，寒暑迭迁，有物流动”，僧肇称这种“人之常情”为“俗”，“顺俗则逆真”，所以僧肇不希望“顺俗”，他要“谈真”，因此他在这篇文字里“谈真地”提倡“物不迁”。这一点僧肇在《物不迁论》的一开头就明说了，所以僧肇的《物不迁论》是以“真”“俗”之分为前提的。陈老先生在他的*Source Book*里把“真”译为“truth”，把“俗”译为“common folks”，陈老先生如此译并没有错，只是不容易凸显出“真”和“俗”这两个概念的专业性。这里的“真”和“俗”是三论宗的专门术语，所指的是“真谛”和“俗谛”，也就是梵文里所说的“Paramārtha-satya”和“Samvrti-satya”，僧肇的这两个观念显然是来自龙树，并且，僧肇也显然采用龙树“二谛说”所具含的辩证逻辑，因此，在《物不迁论》里，僧肇以“俗谛”的前提为前提，从同一个前提出发来建立跟“俗谛”完全相反的结论，这是为什么僧肇说：

> 夫人之所谓动者，以昔物不至今，故曰动而非静。我之所谓静者，亦以昔物不至今，故曰静而非动。动而非静，以其不来；静而非动，以其不去；然则所造未尝异，所见未尝同。

这一段话说得很清楚，常人“以昔物不至今”为“不来”，并且认为“不来”就是“动”，就是“迁”；而僧肇也以“昔物不至今”为出发点，可是他以为“昔物不至今”是“不去”，并且认为“不去”就是“静”，就是“不迁”，这种论辩方式是标标准准的“二谛说”所具含的否定辩证思维，所用的逻辑是一种dialectical logic of negation。

可是，僧肇虽然采用三论宗的二谛说和二谛说所具含的否定辩证逻辑，他在运用这种逻辑的款式上跟龙树和圣天有显著的不同。龙树和圣天在用“二谛说”的时候，都不是孤立地用，而是把“二谛说”和“四句”连在一起用，而构成我们以前讨论过的“八不中道”的“八不”，所谓的“eightfold negation”。这种“八不”是一种层层否定的辩证过程，而“四句”这一个构想在《肇论》里是conspicuously absent。所以《肇论》虽然运用了三论的否定辩证逻辑，却没有因此而跟层层否定的辩证过程有任何的纠缠不清。

此外，三论宗的“三论”都热衷于驳斥在龙树和圣天看来是错误的异端邪说：《中论》（Mādhymika śāstra）驳斥一些在龙树看来是异端邪见的小乘说法；《十二门论》驳斥一些在龙树看来是异端邪见的大乘说法；而《百论》，则驳斥一些在圣天看来是异端邪见的婆罗门教说法。这种对异端邪见驳斥的preoccupation所呈现的心态不是三论宗所独有的特征，而是印度佛教文字的一个普遍现象，使得印度佛教文字有一种“列举数说的倾向”（enumerative tendency）。我们可以举《维摩诘所说经》（*Vimalakīrti Nirdeśa Sūtra*）为例，这部经就显然有这种倾向。这部经的主旨在表明终极的“不二法门”是不可说、不可道的，可是，在维摩诘表明这个主旨之前，在座包括文殊尸利（Mañjuśrī）在内的三十三个菩萨，一个个轮流，以非常公式化的言语为“不二法门”下一段定义，列举数说什么是“不二法门”。这种列举数说的倾向在印度唯识宗的文字里也很明显，唯识宗特别重视心识和众法性相的分析，而唯识对于心识和众法性相的分析所使用的手法也是列举数说，这种列举数说的倾向造成印度佛教文字的“重复性”。这种重复性的确很烦人，可是我们不要因此忽略了这种性质在大乘佛学里的必要性和意义性。

大乘佛学为了要普度众生，那么只要世上还有一个众生是无明而有邪见，大乘佛教就有必要加以数说、驳斥，所以数说驳斥是一个看来像是没完没了的过程，这个过程要到所有的众生都摆脱无明而证悟到菩提才可能完结。在《肇论》里，这种列举数说的倾向以及对于所列举数说的邪见的一一驳斥，都是conspicuously absent。僧肇讨论了有关“迁”“真”和“知”的问题，可是僧肇没有把各种对于“迁”“真”和“知”的“俗”见一一列举，而加以数说驳斥。僧肇在《肇论》里的驳斥是统类性的驳斥（categorical refutation），他把所有认为“物”是“迁”的看法都统称为“俗”见，然后就干净利落地把他所认为的“俗”见倒转过来，而argue for与“俗”见恰为相反的“真”见。他这么做无非是要人即境反转而悟真，使人了解到所谓动静之类的正和反是一种同体的co-incidence，希望人们能够因此“即动而求静”。在大乘佛学里，这种把正反两面当作是同体的co-incidence看法，并不是什么了不起的创见，大乘佛学有“烦恼即菩提”和“轮回即涅槃”的说法，可是僧肇在建立这种说法的行文款式上是直截了当的，既没有运用列举数说，也没有运用层层否定，在这一点上，僧肇又是跟中国的道家很相近，而跟印度的佛徒则有明显的差异。

所以，《肇论》里的道家色彩是既错不了，也是无法否认的，可是，《肇论》也显然不是一篇纯粹的道家作品，因为这篇文字用了不少的佛家术语，这些术语包括“业”“空”和“因果”，这三个术语在《肇论》里绝不是被用来装点门面而已，而是全篇文字的操作概念（operative concepts）。这些概念明白地道出一些关怀以及对宇宙人生的看法，这些关怀和看法都不是佛教来华之前的中国本土思想所具有，所以我们有必要正视这些术语概念的意义。“业”不过是佛家所说的“因果”的另一个变体（variant），“空”这一个概念也可以说是佛家所说的“因果”的一个variant，所以“业”和“空”都跟“因果”有关，“因果”又是佛家思想里的一个关键性的概念，所以我打算把因果提出来作些分析。

佛家所说的因果跟我们通常所了解的因果相当不一样，我们通常都把因果构想为一种发生并存在于时间之中的关系，而我们这种对于因果的构想之所以成为可能而有意义，是因为我们都既肯定“motion in time”的真实性，也肯定“time as extension”的真实性。我这么说到底是什么意义，我想我可以用休谟（David Hume）对因果关系的解释来说明。他在*An Inquiry Concerning Human Understanding*那本书里，用撞球作比喻来解释因果关系：“A graphic case where we have the idea of cause is that in which the billiard ball in motions strikes another at rest and the second ball acquires a motion.”这句话是说，我们可以借着一个在运动的弹子球撞击另外一个静止的弹子球，而以静止的弹子球因此而运动的这种情况来了解因果关系，如果这种具体情况中的两球关系在我们经验里只偶然发生一次或两次，我们大概不必然会认为它们之间有因果关系。可是，如果我们发现其他同样的弹子球在同样的处境之下，总是有同样的一球因为被另一正在运动中的球所撞击，而因此也发生运动的情况，那么我们就很可能会把第一个在运动的球认为是因，而把第二个静止的球的运动认为是果，休谟这个撞球比喻显示出：我们通常所谓的因果关系是由三个条件组成的一种构想，休谟称这三个条件为三个“circumstances”：

1. 第一个是“the contiguity of cause and effect in time and place”，也就是因与果在时空里的直接接触。
2. 第二个是“the priority in time of cause”，也就是因在时间上要先于果。
3. 第三个是“the ‘constant conjunction’ between cause and effect”，也就是因与果之间的联接必须是经常的，而不是偶然的。

休谟所说的因果关系的第三个circumstance蕴含着一种怀疑的经验论（skeptical empiricism），这种怀疑的经验论认为因果关系不是一种可以展示的事实（demonstrable fact），而是一种推演性的论断（inference），并且这种推演性的论断之所以成为可能，是因为我们作了一个前提假设（presupposition）。我们假设同样的因在同样的情况之下总一直会产生同样的结果，可是这个假设是武断的，因为虽然到目前为止，在我们的经验世界里，同样的因在同样的情况下总是产生同样的果，但这并不保证在今后的世界里，同样的因在同样的情况下也还一直会产生同样的果，就好像太阳从无始以来虽然都是从东方升起的，这并不保证太阳在明天也一定会从东方升起。因果之间的关系不是必然，而是或然。休谟这种怀疑的经验论是一个非常重要的学说，这个学说是迈向我们近代以统计或然的观念来构想因果的第一步。

可是，蕴含着怀疑的经验论的第三个circumstance虽然重要，我并不想在这第三个circumstance上作文章，我打算把注意力集中在第一和第二个circumstance上，因为休谟的第三个circumstance跟我们所要讨论的佛学的因果概念无关，这第一和第二个circumstance都指涉我们通常所谓的因果关系（包括现代自然科学所说的因果关系）之所以成为可能，是因为我们都肯定“motion in time”和“time as extension”这两个节节相关的信念的真实性，而这两个节节相关信念的真实性却正好是佛家所否认的，这是为什么僧肇在《物不迁论》里会说“昔物不至今……昔物自在昔，不从今以至昔，今物自在今，不从昔以至今”，僧肇的这段话似乎蕴含着一种讲究相对性行为（relativity）的心态，今昔各有其所，今不可化约为昔，昔也不可化约为今，可是这种relativity跟近代科学上所讲究的relativity很不一样。

近代科学上的relativity以时间为第四个向度，所以肯定时间的真实性，可是僧肇否认时间的真实性，所以当他说“昔物自在昔……今物自在今”的时候，他的宗旨并不是要说明今昔之间的相对性，而是要提倡“物不相往来”的主张，既然“物不相往来”，那么“物”也当然就是不变不迁了，而“物”既然是不变不“迁”，那么“在昔”的“功业”当然就可以说是“不化”而“不可朽”，而“在昔”的“功业”

既然是“不化”而“不可朽”，那么僧肇当然也就可以说“如来功流万世而常存，道通百劫而弥固”了。僧肇的这一句话是他《物不迁论》的结论，这个结论是他“物不迁”论旨的一个逻辑上的极致（logical culmination）。

我在前面说过，“物不迁”初看起来似乎是un-Buddhist，甚至还似乎是anti-Buddhist，其实是thoroughly Buddhist。我所以如此认为的原因之一，固然是因为僧肇提出“物不迁”主张的目的在于逆“俗”而“谈真”；另一个原因是因为僧肇有确定“物不迁”这个主张的需要，并且他这个需要又是一个典型佛教徒的需要，“物不迁”这个主张的建立，使得僧肇所说的“如来功流万世而常存”的佛教信念成为可能，而这个“物不迁”论旨之所以成为可能，是因为僧肇否认“motion in time”和“time as extension”的真实性，因为否认这两种真实性，所以僧肇佛家式的因果论所说的因果关系所构成的，就不是一种“相继”的过程，而是一种“相承”的过程。

“相承”和“相继”这两个词语在通行的词语里并没有什么区分，可是我为了要凸显一个观点（make a point），所以强作区分。相继过程里的果既是follows也是follows from因；相承过程里的果虽然也是follows因，可是却并不是follows from，而是follows upon因，用僧肇《物不迁论》末段的话来说，相承过程里的因都是“不昔灭”而又“不来今”的“不灭不来”之因。因既然是“不灭不来”，所以“果不俱因”，既然是“果不俱因”，所以僧肇佛家式的因果律所讲的因果关系就不是一个由因而果的过程，而是一种僧肇所谓的“因因而果”的过程。由因而果过程之中的果follows因，并且也follows from因，所以是一个系统持续（phylogenetically continuous）的相继过程；“因因而果”过程之中的因和果本身都既可以是因，也可以是果，这一点在佛家就“业”以及“十二因缘”的构想所建构的轮回说里可以看得很清楚。

佛家轮回说里所讲的因和果之间的关系，跟母之生子或逻辑上的前提衍生结论都不相同，不是material derivation，而是formal concomitance，所以佛家所说的因和果本身都既可以是因，也可以是果。不过佛家的因和果本身虽然都是既因且果，却因为因的“不灭不来”和“果不俱因”的缘故，所以果虽然follows因，但却不是follow from，而是follows upon因，所以“因因而果”的过程不是一个plylogenetically continuous的相续过程，而是一种相承的process of disparate succession。陈老先生译“果不俱因，因因而果”为“The effect does not exist together with causes, because the effect is produced by the causes”。陈老先生还为“The effect does not exist together with causes”这个子句作了个注（注31）说：“In Buddhist philosophy, a result is due to more than one cause.”不错，佛家所说的果都不是一因之果，可是这并不意味着因和果不能exist together，就佛家以因果之间的关系为formal concomitance的这个构想而言，我们很可以说佛家的因和果，根本是“exist together”。而且，僧肇在说了“果不俱因，因因而果”之后，马上就紧接着说：“因因而果，因不昔灭，果不俱因，因不来今。”这段话说得很清楚，“因因而果”和“果不俱因”是就“因不昔灭”和“因不来今”而说的，这明明是说“因因而果”之中的因果关系是一种不相续的相承过程，所以我以为“果不俱因”的“俱”不能解为“皆”而译成“together”，应该解为“具有”的“具”而译成“inhere”or“embody”，假如我这个读法没错，那么“果不俱因，因因而果”就应该可以译成：“Effect do not inhere in causes. The effectuation of an effect is the following of one cause upon another.”

佛家的因果律跟我们通常所说的因果关系，除了对时间的处理有不同之外，在意图上也很不一样。我们通常说因果是为了要肯定并解释宇宙万事万物的真实性与可知性，通过因果的构想，我们可以相信并了解宇宙间的万事万物的确是“有”，是真的发生。可是佛家因果律的意图正好相反，旨在说明一切事物既然是待因而有，所以都不是真的实有而是假有，这也就是说，佛家的因果论是用来说明一切事物在终极意义上是空的，是一种ultimate emptiness，所以跟“空”这个观念有密切的关系。佛家的“空”跟道家的“虚”并不是绝对不相容，可是也不是完全相同。佛家的“空”不只是就主体而言，同时也是就客体而言，所以是既适用于主体，也适用于客体，这也就是说，佛家的“空”认为能摄取的有情众生和被摄取的事物，都是没有绝对固定自性的无我，所以“空”所说的是主客/内外/物我/能所都是非有的两空。

对佛家来说，“虚心”固然是必要，但也还嫌不够，一个要悟道的有情众生除了要“虚心”之外，还必须能体认（experientially realize）跟我们主体之心相称的客体事物也都是一种无我非有的“空”。《肇论》里的僧肇显然不只是说“虚”，他也还说“空”。所以僧肇虽然在我所引的《般若无知论》那段话里以“虚”来论说圣心的般若，可是他所说的圣心，却不是道家的虚所可以完全涵盖得了的，因为僧肇的圣心般若除了没有主体自我而不从事摄取的无我之外，也还是一种证悟到客体外物是没有自性而无可摄取的“等觉”（sambodhi）。这是为什么僧肇一方面以“虚”来说圣心般若，而若一方面又在《不真空论》里批判指责一派叫做“心无”的说法，他说：“心无者，无心于万物，万物未尝无，此得在于神静，失在于物虚。”译成英文的话，这段话是说：“The School of Inexistence of Mind advocates the maintaining of no mind with regard to things, but does not regard things as ever inexistent. This [doctrine] is right on the tranquility of spirit, but misses the point on the vacuity of things.”在《不真空论》里，僧肇还说：“物非真物，故于何而可物，故经云：‘色之性空，非色败空’，以明夫圣人之于物也，即万物之自虚，岂待宰割以求通哉？”译成英文，这段话是说：“Since things are not real things, what is that which can be taken as a thing? Therefore, The *Vimalakīrti Nirdeśa Sūtra* says, ‘Rūpa is empty by nature, not by destruction.’ [This statement] is meant to make clear that the Sage, in his relationship to things, identifies with the self-vacuity of the myriad things. Does he need to cut them up before he can have penetration?"《不真空论》里的这两段话都说得很清楚，僧肇所说的"虚"不仅是道家的"虚"，也还是佛家的"空"。

很显然的，《肇论》里有佛家的成分，也有道家的成分，这种佛、道两家的co-presence似乎可以用来支持福永光司的论旨，我们似乎可以同意福永光司的说法，而认为《肇论》是印度"慧智"被中国"慧智"所转化而"包摄"的一个中印思想混合结晶品。可是我却不以为然，我想我们必须承认，僧肇以圣心为"虚"的说法是一种道家的构想，可是这种构想不只是道家有，佛家也有。事实上，我们可以把僧肇这种道家式的"虚"，看作是佛家所说的"空"的一个部分，并且，我认为僧肇所说的"虚"，其实际意义都是空。

我之所以如此说，是因为僧肇以"缘起"（也就是所谓的dependent co-origination or Pratītya-samutpāda）这一个观念来谈"有无"的问题，这一点，我们可以从他《不真空论》的一段话里看得很清楚，他说：

> 《中观》云："物从因缘故不有，缘起故不无。"……所以然者，夫有若真有，有自常有，岂待缘而后有哉？譬彼真无，无自常无，岂待缘而后无也……然则万法果有其所以不有，不可得而有，有其所以不无，不可得而无。何则？欲言其有，有非真生，欲言其无，事象既形，象形不即无，非真非实有。

译成英文的这段话是说：

> It is stated in the *Middle Treatise* that because things come from causes and conditions, they are not existent

and that because they arise from conditions, they are not inexistent... The reason why this is so is that if existence is truly existent, it should always be existent in and of itself. Why does it have to wait for conditions before it becomes existent? If inexistence is truly inexistent, it should always be inexistent in and of itself. Why does it have to wait for conditions before it becomes inexistent? ... Therefore, the myriad dharmas have that in which they are not existent and cannot be obtained as existent. They [also] have that in which they are inexistent and cannot be obtained as inexistent. For what reason? If you wish to say that they are existent, their existence does not truly arise. If you wish to say that they are inexistent, their forms as events have taken shape. Since their forms as event have taken shape, they are not exactly inexistent. Since [their arising] is not true [arising] is not true [arising], [their existence] is not real existence.

在这段话里，僧肇以“缘起”来说“有无”。“有无”的问题跟“虚”有关，道家也谈得很多，可是道家不就“缘起”谈“有无”。“缘起”是典型的佛家构想，不为道家所接受，所以，僧肇虽然吸取了道家的“虚”，可是他把道家的“虚”完全当作佛家的“空”来使用。他这种对于“虚”的用法，是《肇论》里道家的presence的一个典型范例，这个范例显示，道家的成分为《肇论》提供了一种道家式的文采(literary flair)，但却并没有造成《肇论》在语意上的任何革新或转变，所以我不同意福永光司的看法，我不认为印度的“慧智”在《肇论》里被所谓的中国“慧智”所转化而“包摄”。我甚至不认为《肇论》是中印思想混合的结晶品，我认为《肇论》虽然有道家式的文采，可是在思想的路数上完全属于印度的佛学系统，是佛学来华之前的中国思想传统之外的另一种选择。在这一点上，僧肇跟道安有很显著的不同。道安也是出家的和尚，并且也谈空，可是在思想的路数上，他仍然追随道家的cosmology & cosmogony，所以他的空不只是“缘起”，也还是宇宙的一种根本起源（primal origin），[1]据梁代慧皎所著《高僧传》里的《僧肇传》，僧肇写完了《般若无知论》之后，上“呈〔鸠摩罗〕什，什读之称善，乃谓肇曰：‘吾解不谢子，辞当相挹耳。’”我以为鸠摩罗什没有看错人，僧肇是人如其名，纯粹印度式的佛教思想模式在中国人的心里生根，可以说是从僧肇开始（i.e.不算foreign missionaries）。

我刚刚说，佛家的“空”跟道家的“虚”不尽相同，佛家的“空”不只是就主体而言，同时也就客体而言，我这么说并不意谓着道家的“虚”只适用于主体而不适用于客体，道家的“虚”也适用于客体，可是当“虚”运用到客体的时候，它的意义与“空”不同。道家所说的客体事物，跟佛家的说法一样，不是一种固定不变的本质性存在（eidetic essence），而是一个变化无穷的世界，可是道家以为客体事物的变化所构成的是一种相生相化的辩证过程，用《老子》第四十章里的话来说，这种相生相化的辩证过程所涉及的辩证律是反，是reversal，所以《老子》说：“反者道之动。”用《庄子·内篇·齐物论》里的话来说，这种相生相化的辩证过程所涉及的辩证律是“彼是方生”，是“‘this’ and ‘that’ giving birth to each other”。因为“反”是“道之动”，所以“有无相生”；因为是“彼是方生”，所以“彼出于是，是亦因彼”。这种相生相化的辩证过程有一种本体创生的延续性，是一个onto-genetic process of continuous succession，这跟佛家就“空”所说的客体事物变迁很不一样，就“空”所说的变迁也是一个辩证的过程，可是这种变迁过程所涉及的辩证律是“缘起”。

---

[1] 参见Arthur Link, “The Taoist Antecedents of Tao-an's Prajña Ontology,” *History of Religions* 9.2 & 3 (1969–70): 181–215.

"缘起"的辩证律否认延续性，所构成的变迁是一个"果不俱因，因因而果"的"相承"过程，所以道家的"虚"与佛家的"空"所阐明的是两种不同的宇宙观，并且这两种不同的宇宙观所涉及的不同有整体性，象征着佛、道两家在系统上的根本差异。这也就是说，"虚"与"空"之间所显示的不同，不仅仅限于佛、道两家对于宇宙的看法，也还牵涉到一系列其他方面的不同，相应于佛、道两家在宇宙论上的不同，两家在修持的方法论和语言观上也有对等的不同。细节方面，我这里不能详说，[1]我只想强调一下，在修持的方法论和语言观上，僧肇的取向也是典型佛家式的，所以我认为僧肇绝不是一个rice-Buddhist，他虽然用了许多道家的rhetoric，可是他用道家的rhetoric所阐明的是一个标标准准的印度式的思想系统。在我们的历史上，僧肇并不是后继无人，天台宗的智颢、华严宗的法藏以及禅宗的六祖和临济，也都把我们本土文化里的某些成分融入印度的佛教，所以我们的历史上有所谓的印度佛教华化的现象。可是华化的结果并不一定就

[1] （编按）讲稿中有一页略微发挥这一论点，收录于此：这也就是说，"虚"与"空"之间所显示的不同，不仅仅限于佛、道两家对于宇宙的看法，也还牵涉到一系列其他方面的不同，相应于佛、道在宇宙论上的不同，两家在修持的方法论上也有对等的不同。老子就"反者道之动"而说的宇宙观，所开出的修持方法处方是"观复"和"守静"；庄子就"彼是方生"而说的宇宙观，所prescribe的修持方法是"坐忘"和"朝三暮四"而又"朝四暮三"的"两行"；而僧肇就"缘起"而说的宇宙观，所开出的修持方法处方是"禅定"和来自龙树"二谛"说的否定辩证思维。"观复"和"守静"以及"坐忘"和"两行"，我们上学期就已经讲过了，而龙树"二谛"说所涉及的否定辩证思维，我这学期也已经讲过了，所以都不必再说。根据我以往的说法，各位不难推衍出这些修持方法在语意上的差别。至于"禅定"究竟是怎么回事，我并不知道，我曾经"坐"过短期的"禅"，可是并没有经验到任何东西，所以我不能说；不过，不管禅定究竟是如何的功夫，我们至少可以说，禅定在理念上一定不是老子的"观复"和"守静"，在《道德经》第十六章里，老子说："致虚极，守静笃，万物并作，吾以观复，夫物芸芸，各复归其根，归根曰静，是为复命。"这段话说得很清楚，"守静"跟"观复"有密切的关系，而"观复"所"观"的是万物的"各复归其根"，所涉及的理念是"return"。而这个 return 的理念显然不为僧肇所接受，在《般若无知论》里，僧肇说："……〔经云〕真般若者，清净为虚空，无知无见，无作无缘，斯则知自无知矣，岂待返照，然后无知哉？"这段话很明确地排斥return这个理念，般若的"虚心"/"实照"是"无知无见，无作无缘"。这种境界要靠禅定，绝不是"返照"的功夫所可以成就得了的。

是中国的佛教丧失它原来印度式的identity，至少僧肇、智顗、法藏、六祖和临济所皈依的佛教不是如此。就这些高僧所皈依的佛教而言，华化所涉及的变化是一种cosmetic change，很像孙悟空在如来佛手掌里所翻的筋斗，尽管有许多的twists and turns，结果都没有翻出如来佛的掌心。我这么说，也许有人会觉得我们的传统不够伟大，没有把外来的文化真正同化，我的想法正好相反，我觉得我们的传统对于外来的文化有它开敞的一面，这是为什么印度式的佛教思想可以在我们的历史本土上生根，跟儒、道并列而成为三教，使得我们的传统没有成为一言堂，而一直保持它的多元性，说“伟大”似乎是太陈腐了一点，可是我想我们至少可以说，我们传统的多元性和多元价值取向是可爱的。谢谢各位。

第十七讲 | 佛学的来华与华化（III）

佛、道在宇宙论和修持方法论上的系统性差异，在两家的语言观里也相应地呈现。老庄的语言观，我们上学期已经分析过了。老子的说从来不直接涉及形上实体之道的自身存在，而是间接地通过跟可道、可名的“德”，以及宇宙个体万物的比照而有的说；庄子的说跟老子的说不一样，直接涉及形上实体之道的自身，是对道的一种模仿的再呈现（imitative representation）。庄子的道是一个“不知〔庄〕周之梦为胡蝶”抑或是“胡蝶之梦为〔庄〕周”的辩证“物化”过程，在这个辩证“物化”的过程之中，每一件事物在建构上所呈现的原则都是alterity，所以都是以跟一件事物相反的事物为构成条件的。庄子的说是对这种“物化”过程的一种模仿，他的每一句话，跟“物化”过程里的每一件事物一样，都是以跟这一句话相反的反话为构成条件的。这也就是说，在庄子的思想体系里，此物与彼物相依相通、相生相化，而正话和反话也是相依相通、相生相化，既然是相依相通、相生相化，所以所有的话，都不可能成为定说，而必然是自我否定、自我磨灭的了；还不只是自我否定、自我磨灭而已，在庄子的思想里，任何一句话也还可以用其他的任何一句话来取代。我想我们不难了解，庄子为什么要提倡“两行”，而主张我们每个人都像《齐物论》里的“狙公”那么地“朝三暮四”而又“朝四暮三”，否则我们就无法“和之以是非而休乎天钧”，理由很简单，庄子的言说跟他“物化”过程里的事物一样，都是以alterity这个原则为建构条件的，所以都有一种双重性的doubleness。

佛家的言语所依据的原则也是一种alterity（自身以外之“它”），可是佛家的alterity跟庄子的alterity在意义结构上很不一样。我想我们可以用《维摩诘经》里的维摩诘为例，来跟庄子作一个比较。庄子的alterity entails是一种doubleness，这种doubleness意谓着，作为说话者主体的庄子本人跟其他说话主体的任何人之间，有一种相依相通、相生相化的相互关系，这种相互关系有互惠性（reciprocity），也有互换性（exchangeability），这是为什么庄子本人的话都不只是自我磨灭而已，也还是可以被其他任何人的话所取代；维摩诘的alterity就不同了。在维摩诘的alterity所entail的doubleness之中，维摩诘本人的说话主体是缘由其他的说话主体而生，也是为了他人的说话主体而有，是produced by and for the sake of others as speaking subjects，如此而生的有没有互惠性，也没有互换性，因他、为他而生有的维摩诘说话主体并不互惠地反生他人的说话主体，这是为什么维摩诘的许多话都往往是由其他说话主体的人们的请求、念头或话语所引发的。在这一点上，维摩诘虽然是在家悟道的居士，却跟出家悟道的释迦没有两样，释迦也往往是有请才开始讲道。

这并不是说，维摩诘和释迦从来不主动说话，他们有时也主动地说话，可是当他们采取主动而说话的时候，他们作为说话者主体的自身都不是绝对独立的存在，而是一种条件性的存在：所谓是条件性的存在，也就是说，他们作为说话者的主体之所以成为可能，是因为世上有无明众生作为他们的听众，维摩诘和释迦都悟到了道，所以都没有能说的主体自我，也没有主体自我可说（no self to speak or to speak of），无明众生因为是无明，所以才有能说和可说的主体自我，维摩诘和释迦的条件性说话主体完全是因应于无明众生能说、可说的主体自我而有，因此维摩诘和释迦的话都没有一定的主见，他们话的主体内涵必然是因人、因时、因地而异，他们到底要说什么，完全要靠作为他们听众的无明众生有什么话可说来决定，所以维摩诘和释迦的说都不是实说，而是权说。这种权说没有任何终极的本体意义，并且因为是因他、为他而生有，所以也必然是随着无明听众言说的消失而自动消失，所以维摩诘和释迦的说跟庄子的说很不一样。庄子的说是自我磨灭的说，维摩诘和释迦的说所要磨灭的不是他们自己的言说，而是无明听众的言说，所以不是self-erasing，而是other-erasing。这种说完全是为了要破坏无明众生的我见，使他们都能够从作茧自缚的自我牢笼里自拔出来而得到解脱，所以维摩诘和释迦的说是一种“方便”（upaya，亦即“方言”），在性质上跟他们所用的幻术没有两样。事实上，维摩诘和释迦在言说之后也还都往往使用幻术，我觉得我们有必要把他们的言说和幻术放在同一个脉络里来了解。幻术表演诉诸视觉，言说诉诸听觉，两者是二而一，而又是一而二的互为表里。言说是幻术的语音表演（verbal performance），幻术是言说的魔术展示（magic demonstration），幻术所产生的是不真的幻象，所以可以说是不生（non-producing）。同样的，维摩诘和释迦的言说都不是涉及终极本体的实说，并且都没有确定的主体内涵，是因他而起，随他而消，所以跟silence没有两样，是一种虚构性的非说（fictitious non-saying）。这是为什么维摩诘和释迦尽可以说很多话，但却并不违反“佛说不可说不可说”的禁忌。

佛家跟道家一样，都体认到语言本身内涵限制性，所以对语言都抱有一种怀疑，都认为终极的实体是先于语言而又不是语言所能够表达的神秘存在；可是佛、道两家也都用语言，这种现象看来似乎是矛盾，其实不然，因为佛、道所做都有他们各自的道理，意谓着两家都在某种条件下肯定某种方式的言说是legitimate。并且，佛、道如此而肯定的用言方式，也还是两家各自对语言所持的怀疑神秘主义的一种陈述（articulation），两家在所肯定的用言方式上的差异，正显示两家对神秘主义的构想的不同。老庄的怀疑神秘主义，我们上学期已经讨论过了。就佛家而言，被肯定的言说是一种other-generated and other erasing的

saying as non-saying，在大乘佛学里，这种言说需要持续，直到世上所有的无明众生都开悟成佛而后才停止。所有的无明众生都因为是无明，所以都是说话的主体，他们的说话主体都需要通过这种saying as non-saying来加以揭破磨灭，这是为什么印度的大乘佛教文献（尤其是佛经）往往有一种列举数说的重复性。我以前已经说过了，维摩诘以“默”来表明终极“不二法门”的不可说，可是在他如此表明宗旨之前，在他跟前的三十三个菩萨一个个轮流，以非常公式化的语言为“不二法门”下一段定义，列举数说什么是“不二法门”。这种列举数说的重复性很烦人，可是都是有意义的。大乘佛学要普度众生，既然要普度众生，那么只要世上还有一个众生是无明而主体地说话，大乘佛教就有必要以数说的方式来加以揭破磨灭，所以这种烦人的重复数说，一方面显示大乘佛学的普度理想，另一方面也呈现佛家所肯定的言语是一种因他而起、为他而有、以磨灭他人的说话主体为目的的saying as non-saying。

这种印度佛教所肯定的用言方式在中国的佛教界也被接受遵行而成为典范，可是虽然是接受遵行，也并不完全是一成不变，在僧肇这类的和尚手里，印度佛学用言的典范被朴素化了，不再呈现烦人的列举数说倾向。我以前已经说过了，僧肇论辩的逻辑完全符合三论的辩证否定模式，这种三论的辩证否定模式在概念上所呈现的是二谛说，二谛说所说的真谛本身不是独立的存在，而是因俗谛而起，并且是为了否定俗谛而有，所以这种言说是典型印度佛教所肯定的，因他而起的、为他而有、以磨灭他人的说话主体为目的的“非说之说（saying as non-saying）”，只是僧肇把这种印度佛学的典范朴素化了，既没有运用列举数说，也没有诉诸层层否定，所以在行文款式上显得直截了当、干净利落。就这一点而言，《肇论》跟印度三论宗的前辈有相当差异，而和以后的一些禅宗大师很相似。

关于禅宗，我以后会就《六祖大师法宝坛经》以及“公案”作较为系统性的说明，这里我想先强调一下，禅宗以主张“直指人心，见性成佛（或此心即佛）”著称于世，这种主张是禅宗一个整套说法的整体部分，紧接着“以心传心，不立文字”而来，很明显的，所谓的“直指人心”，其具体含义是“以心传心，不立文字”，也就是所谓的“(silent) transmission from mind to mind without instituting words and literature”，所以禅宗所提倡的“直指人心”意谓着一种对于言说的彻底排斥，因此有的禅宗大师认为读经都是不必要的，甚至还有害。可是虽然如此，禅宗的大师并没有因此不讲话。传说中的六祖是一个目不识丁的打柴人，并且华人传统水墨画也有以六祖撕毁佛教经典为题材的绘画传统，可是六祖仍毕竟是讲了道，要不然我们今天不会有《六祖大师法宝坛经》；并且，在讲道的时候，他还引经据典，还不只是讲道和引经据典而已，六祖在临终之前还嘱咐他的弟子要“守护”并“递相传授”他的《六祖大师法宝坛经》。[1]

除了六祖之外，临济宗的临济禅师，也以radical iconoclasm著称于世。临济在西方往往被称为Rinzai（是临济的日语发音），各位一定都知道“当头棒喝”这句话，临济以“棒喝”闻名，“棒喝”是他的教学方法，原因是他反对用言说。他condemn从名字章句中求解的诵读佛经学人，说他们是一群想要在“死老汉（指释迦）”枯骨里头寻找骨髓的“瞎屡生”，可是临济自己毕竟也说了，他有《临济录》传世，[2]是他的语录，并且他在说道的时候还不时引用“古人”的话，“古人”是禅宗术语，意思是“old masters”。

我想我们可以了解六祖和临济为什么都可以如此而不感到自相矛盾，他们跟释迦和维摩诘一样，都没有无条件地排斥言说，他们只排斥那种不是other-generated and other-erasing的言说，所以六祖说：

> 一切修多罗及诸文字，大小二乘，十二部经，皆因人

[1] 《六祖大师法宝坛经》，《大正新修大藏经》（以下简称《大正藏》），第四十八册，no. 2008，第360页上、361页上。

[2] 柳田圣山主编：《临济录》（东京：大藏出版社，1981年）与 Irmgard Schloegl, trans., *The Zen Teaching of Ringzai: The Record of Ringzai* (Berkeley, Cal.: Shambhala, 1976)。

置……一切经书，因人说有，缘其人中，有愚有智，愚为小人，智为大人，愚者问于智人，智者与愚人说法，愚人忽然悟解心开。[1]

临济在他的《语录》里也指出“名句不自名句”，而是为了要“接引”乡里“小儿”而有的“施设药病”，[2]所以都没有固定的主体意涵，而是像水中的映月一样地空幻不真，他说：

> 佛境不能自称我是佛境，还是这个无依道人，乘境出来。若有人出来问我求佛，我即应清净境出；有人问我菩萨，我即应慈悲境出；有人问我菩提，我即应净妙境出；有人问我涅槃，我即应寂静境出。境即万般差别，人即不别，所以应物现形，如水中月。

临济还自称“山僧无一法与人，只是治病解缚”，所以他要他的听众“莫取山僧说处”，因为，他说，他所有的说都是“无凭据”的空话。

六祖慧能和临济的那些话都说得很清楚，明白显示他们都遵信印度佛学的语言观，认为不具说话者主体，而是因他而起，并且是为了要磨灭他人的说话者主体的“非说之说”（saying as non-saying），因而是可以认可（legitimate）的，可是，慧能和临济虽然都遵信印度

[1] 《六祖大师法宝坛经》，《大正藏》，第四十八册，no. 2008，第351页上。

[2] （编注）《临济语录》：“问：‘大通、智胜、佛、十劫坐道场、佛法不现前、不得成佛道。未审此意如何？乞师指示。’师云：‘大通者，是自己于处处达其万法无性无相，名为大通。智胜者于一切处不疑、不得一法，名为智胜。佛者，心清净光明，透彻法界，得名为佛。十劫坐道场者，十波罗蜜是。佛法不现前者，佛本不生，法本不灭，云何更有现前。不得成佛道者，佛不应更作佛，古人云：佛常在世间，而不染世间法。道流，尔欲得作佛，莫随万物。心生种种法生，心灭种种法灭。一心不生，万法无咎。世与出世，无佛无法，亦不现前，亦不曾失。设有者，皆是名言章句，接引小儿，施设药病，表显名句。且名句不自名句，还是尔目前昭昭灵灵、鉴觉闻知照烛底。安一切名句，大德，造五无间业，方得解脱。’”（《大正藏》，第四十七册，no. 1985，第502页上—中。）

佛学的语言典范，他们自己的言说都没有层层否定或列举数说的烦人倾向。当然，我刚刚所引的临济那段“佛境不能自称我是佛境”的话有一种列举数说的倾向，可是这种列举数说跟印度佛学里的列举数说在性质上不同。临济的列举数说在取向上是统类式的（categorical in orientation），这种统类式的列举数说没有把各人对于“佛境”“菩萨”“菩提”以及“涅槃”所涉及的不同说法作细目性的一一列举，跟印度的佛学大师相比，慧能和临济都显得直截了当，干净利落，跟僧肇颇相近，可是也别具个性。僧肇虽然是直截了当，干净利落，可是却讲究论理，他的文字可以说是典雅，但却有一种impersonal quality；慧能和临济就不一样了。慧能和临济的文字给人的感觉是一种个人化的亲切和当下的尖锐，是一种在personal encounter里所经验到的immediacy和intimacy，他们都讲究禅宗所谓的“机锋”（trigger-fast & razor-sharp），这种“机锋”式的直接性（forthrightness）在概念上所呈现的是六祖在《六祖大师法宝坛经》里所提倡的“三十六对”（36 confrontations）。

所谓“三十六对”者，就是要我们“出语尽双，皆取对法，来去相因，究竟二法尽除，更无去处”，[1]这也就是说，我们说话的时候一定要同时正反两面地对着说：“明与暗对……有与无对……色与空对，动与静对，清与浊对，凡与俗对……老与少对……”，如此做可以使我们保持说话者主体的不完，因此我们所说的话永远也不可能被人误解，而错以为我们是在肯定任何东西或否定任何东西。慧能的“三十六对”是一种概念化的处方，这个处方所涵具的道理也为临济所提倡，临济说：

> 但莫受人惑，向里向外，逢着便杀，逢佛杀佛，逢祖杀祖，逢罗汉杀罗汉，逢父母杀父母，逢亲眷杀亲眷，始得解

[1] 《大正藏》，第四十八册，no. 2008，第360页上—中。

> 脱，不与物拘，透脱自在。如诸方学道流，未有不依物出来底，山僧向此间，从头打，手上出来手上打，口里出来口里打，眼里出来眼里打。

临济的这一段话，以及慧能的“三十六对”，都以印度佛学里的辩证否定逻辑为建构原则，可是在款式上跟僧肇的《肇论》一样，都是simple & direct，都是中国佛徒肯定印度佛学的用言典范而又在运用的手续上加以朴素化的实例。

朴素化之外，中国的佛徒也有把印度佛教的言说典范加以复杂化的，天台宗的智顗（538—597）便是一个明显的例子。智顗认为释迦所说的佛法不只是因他而起和为他而有，而又是随他而消的一种“方便”。他认为释迦所说的佛法也还是释迦“出世本怀”的具体呈现，以释迦在菩提树下所证得的真果为依据。所以，对智顗来说，释迦所说除了有因他而起的“随他意语”之外，也还有释迦本人的“自意语”，“自意语”跟“随他意语”之间的相互关系是智顗十分关心的问题。在他所说的《妙法莲花经玄义》里，智顗曾经特别对这个问题作了一番探讨，他首先以“本”与“迹”“实”与“权”，以及“妙”与“麤”等一连串成对的范畴展开分析，而后又以“自行”与“化他”“理”与“机”“随智”与“随情”，以及“七种二谛”等另一串成对的范畴来对第一串成对的范畴作进一步分析，这些成串、成对的范畴相互叠架与错综，形成一个体系庞大的复杂结构，而这个结构又与智顗的“判教”理论有着密切的关系。译成英文，所谓“判教”就是“judging the teachings”，释迦在世的时候说了不少法，根据传统，释迦所说的法，以后由佛弟子阿难从记忆中背诵出来，作成记录，而成为我们今天的佛经。这些佛经的卷帙浩繁，并且在内容上也不是完全一致（consistent），可是佛教徒相信释迦是以“一音演法”，认为释迦是“preached with one voice”，所以他们以为佛经里之所以有inconsistencies，并不是释迦自相矛盾，而是因为释迦的佛慧能够洞悉一切众生的情境，而“方便”/“称境”地因材施教；这也就是说，佛所能说的内涵不一，是因为作为他听众的众生在根机上有不同，由于众生的根机不同，所以佛相应于众生不同的根机而说的法也不一样，在价值上需要分辨，在层次上需要厘清，而“判教”所希望做的就是这种分辨与厘清。

在理念上，“判教”的运作可以追溯到印度佛教对“真理”的构想，这种构想没有绝对的排他性，是relatively non-exclusive。我以前说过了，大乘的信徒并不完全排斥小乘，他们只号称大乘在教义上超越小乘，所以能够概括、统摄小乘，可是却并不全然否定小乘信仰在存在上的意义和价值。大乘认为大、小二乘之间的差别是“了义”与“不了义”的不同，所谓“了义”与“不了义”的“了”是“了结”的“了”，是conclusive or final的意思，“了义”与“不了义”之间的区分是层次上与下的区分，所涉及的为是不是定论的问题，不是真理之有无问题。这种“了义”/“不了义”的设想早在小乘的时代就已经出现，各位一定都还记得的，小乘的梵文字名是Hinayana，可是这个名字是大乘叫出来的，不为小乘的信徒所接受，小乘的信徒自称他们是Theravādin（梵文为Sthaviravādin），意思是“elders”，所以在中文里叫“上座部”。

上座部曾明言释迦所说的佛法有“不了义”者，[1]后起的大乘佛学继承了上座部的这个设想，并更进一步地开出了一连串的范畴来区别佛教的经义。在讨论唯识宗的时候，我曾经提到这一部叫《瑜伽师地论》（*Yogācārabhūmi śāstra*, *Discourse on the steps of Yogācāra*）的作品，作者是无著（Asanga），这部作品就有声闻地、独觉地（即辟支佛，亦称缘觉）和菩萨地的分判。除此之外，龙树的《大智度论》有大、小乘教与显、密教之分判；《楞伽经》（*Laṅkāvatāra sūtra*）有顿、渐二教之分；《维摩诘所说经》的《法供养品》有“依于义不依

[1] 木村泰贤：《小乘佛教思想论》（东京：明治书院，1935年），第74页。

语，依于智不依识，依了义经不依不了义经，依于法不依人”的说法；而《法华经》和《大般涅槃经》则有所谓的“三车”之喻与“五味相”之说。《大般涅槃经》的“五味相”之说，我等一下会解释，至于“三车”之喻，则来自《法华经·信解品》里的一个故事。故事的大意是说，有三个孩子在一栋老房子里游戏，玩得正开心的时候，老房子着了火。老房子失火是很可怕的，顷刻之间就摧枯拉朽，火势熊熊。可是孩子们因为玩得起劲，所以完全没有理会他们周遭的火势，而房子外面的父亲虽然使劲地呼唤要他们逃出来，他们也不听。情急之下，孩子们的父亲想出了一个妙计，说他在房子外面准备了三部车子，一部是鹿车，一部是羊车，另外一部是牛车，这三部车子是他送给孩子们的礼物，他叫孩子们赶快出来领取礼物。一听之下，孩子们果然中计，马上就奔将出来，可是出来之后却发现，房子外面根本就没有父亲所承诺的三部车子。

这个故事里的三部车子象征佛法里所说的声闻、辟支和菩萨之职，而故事的用意是要说明，所谓的三乘都是为了要诱导在轮回的火海中折腾的众生而设有的“权说”，等到众生们因为受到这种诱导而走出轮回的火海，他们自然会发现，“权说”里所谓的三乘原本是一种虚构，在实际上只有一乘，而这一乘也就是佛乘，而印度佛学里诸如此类的说法是“判教”在理念上的渊源，可是“判教”在理念上虽然可以回溯到印度的佛学，其成为一种独立的系统性学说却是中国佛学的创举，并且在历史上的中国佛学界甚为流行，几乎每一个宗派都有它自己的一套判教理论。

唯识宗有玄奘的“三时教”之说，这个说法把释迦所说的佛法分为三类，称之为“三法轮”：其中的第一个法轮叫“精法轮”，所指的是释迦在初期所说的小乘经典中的有教；第二个法轮叫“照法轮”，所指的是释迦在中期所说的《般若经》之中的空教，空教以空照有，所以称之为“照法轮”；第三个法轮是“持法轮”，所指的是释迦在后期所说的像《解深密经》之类的经典之中所含具的中道教，中道教双说空有、并持转照二轮，所以称之为“持法轮”。

三论宗方面则有吉藏依据《法华经·信解品》而建构的另一种三法轮的说法，这另一种说法的第一个法轮叫“根本法轮”，所指的是《华严经》里所记载的佛法，这是释迦在开悟之后，马上就他所认证的真果而说的根本之教。根本之教的道理很深，并且，在说这种根本之教的时候，释迦的目的是为菩萨开示一因一果之法门，所以没有运用任何的方便，以致一般的众生与根机薄弱的弟子都不甚了解，于是就有所谓的二个法轮。第二个法轮叫“枝末法轮”，所指的是小乘诸经以及像《方等》《般若》之类的大乘经典，这种法轮的对象是钝根之流，他们不堪一因一果的一乘法门，所以释迦将一佛乘（Buddhayāna）分别为三。第三个法轮叫“摄末归本法轮”，所指的是《法华经》，目的在融会三乘，使三乘又同归于一佛乘。

除了唯识的玄奘和三论的吉藏之外，华严宗的法藏与天台宗的智顗也都有他们各自的“判教”理论，不过，我们这门课程里不谈华严，所以只说智顗的“判教”，而不讲法藏的“判教”，如果各位对法藏的“判教”有兴趣，请你们自己去看法藏的《华严一乘教义章》。至于智顗，他曾经在两个不同的场合从事“判教”，其中的一个场合是他《法华玄义》的第十卷，另外一个场合是他《摩诃止观》中所讨论的“观心十法门”部分。摩诃是“mahā”的音译，意思是“great”，“止”在梵文里是śamatha，直接的意思是to stop or cease，所指的是“心境宁静与妄念的止息”（calmness of mind and cessation of erroneous thoughts）;“观”是梵文vipaśyanā的意译，意思是为了要透彻真如或实际所做的一种冥观（to examine or contemplate in order to gain insight of reality），所以“观”的用意是要通过“观的功夫而洞见真如”。

智顗在这两篇作品里所作的判教在范围上不尽相同，《法华玄义》所涉及的范围是佛教本身内部的各个部派和经典，而《摩诃止观》则超过佛教本身的范围而兼及儒家。智顗认为儒家之有“五常”“五行”

与“五经”，就好比佛家有“三归”“五戒”与“十善道”（“三归”是指佛、法、僧三种归依，“五戒”是指五种戒律，而“十善道”是指不杀，不盗，不痴，不贪，不嗔，不两舌等十种善行）。所以，智颢认为儒、佛两家确有好些地方可以相比拟，所不同的是儒家的学说只是一种“世间法药（worldly Dharma-medicine）”，这种“世间法药”所提供的是一种“假观”（view of the imagery，空、假、中之假，不只是真假之假）。“假观”的极致是智颢“观心十法门”之中的第四个法门，所以需要超越，可是虽然需要超越，“假观”也仍然有它存在的价值，能够满足根机“薄弱”而无法“深化”的众生之需要。所以智颢认为儒家的学理在中国履行了一个历史任务，为身处在中国的众生提供了一个准备，使得他们有能力接受小、大二乘的佛学，而小、大二乘佛学的内部有各种部派，这些不同部派的经典教义需要加以分类定位，智颢相应于这种需要所提出的判教理论，就是佛教界所通称的“五时八教”之说。

“五时”里的第一时期叫“华严时”，所谓“华严时”的“华严”所指的是《华严经》（*Avatamsaka-sūtra*），这个时期是释迦得道之后刚开始说法的时期，所说的是释迦在菩提树下所证悟的真果，这种佛法连释迦的弟子都不甚了解，于是释迦的说法就转入第二个时期，第二个时期叫“鹿苑时”。“鹿苑”是地名，是释迦说法的处所，释迦在鹿苑为根机薄弱的众生说《阿含经》（*āgamas*），在这个时期之中，释迦的弟子逐渐进入情况，开始修持，希望能够证得阿罗汉果。这个时期又称为“诱引时”，其所以有此称谓，是因为众生这个时期因为进入情况而逐渐地被导向更高层次的佛法。第三个时期叫“方等时”，这是小乘信徒改奉大乘的时期，“方等”在梵文里叫vaipulya。是一种经典的名称，这个时期也叫“弹呵时”，其所以有此称谓，是因为释迦在这个时期“弹呵”小乘信徒，指责他们以阿罗汉果为终极是一种短视的浅见和妄见。第四个时期叫“般若时”，释迦在这个时期所说的是《般若波罗蜜多经》，这些经的宗旨在说“空”，用意是驳斥、去除所有一切因为分辨与执着而有的见解说法，所谓“所有一切”是entirely，包括用来驳斥、去除一般见解说法的“空”的见解说法，因为这个时期的工作重点是驳斥、去除，所以又称为“淘汰时”。第五个时期叫“法华涅槃时”，释迦在这个时期所说的是《法华经》和《涅槃经》，《涅槃经》总结释迦在前四个时期所说的佛法，而《法华经》则说明所谓的声闻、辟支和菩萨的三乘说法，只是一种权说，其实只有一乘，而这所谓的一乘就是佛乘。这第五个时期又称“开会时”（the period of opening & uniting），因为释迦在这个时期所说的《法华经》开示三乘会归一乘的终极意旨。智顗认为在所有的佛经之中，《法华经》层次最高、最为圆融，是众经之王（the king of all sūtra）。

在以上的五个时期之中，释迦一共说了八种教，这“八教”是由两组构成，每一个组有“四教”，其中的第一组叫“化仪四教”，顾名思义，“化仪四教”是依据释迦说教的方式，而将佛法分别判定为四类的一种说法。“化仪四教”里的第一教叫“顿教”，“顿教”是释迦在“华严时”所说的《华严经》，在方式上完全没有用到“方便”。第二教叫“渐教”，“渐教”概括释迦在鹿苑、方等和般若三个时期所说的佛法，在方式上，“渐教”运用了各种“方便”的手法，逐渐地将众生引进佛法的堂奥。

我前面已经说过了，顿、渐二教的说法早在《楞伽经》里就已经提出，并且，在中国的佛教史上，从竺道生和慧观以来，顿、渐的问题也一直是一个热门话题，可是智顗认为，众生在听了释迦的所说是顿或渐之后，未必就从顿门或渐门入道，究竟由何门入道要看众生的机感而定，因此，智顗认为，释迦的说顿、说渐并不一定就是说顿、说渐，而可以是不定，所以智顗认为释迦的说法方式之中，除了顿与渐之外，也应该“不定”。

这种“不定”是自始就有，贯穿释迦说法的“五时”。智顗还更进一步地把“不定”分为“秘密”与“不定”两种，而跟顿、渐二教并列成为“化仪四教”。所谓“秘密”，是说众生同听异闻而互不相知，而众生之所以互不相知，是因为释迦用他的神通使得他们互不相知，结果是每一个众生都可以为释迦是专为他这一个众生在单独说法；所谓“不定”，是说众生同听异闻而可相知者。释迦在“华严”时所说的佛法是顿、秘密和不定三仪并用，在鹿苑、方等和般若时所说的佛法则是渐、秘密和不定三仪并用。“化仪四教”所用的方法是释迦在演说《法华经》之前所用的手法，所以不适用于《法华经》，就手法而言，《法华经》是非顿、非渐、非秘密、非不定。

除了“化仪四教”之外，还有“化法四教”，这是依据释迦所说佛法的内容性质而有的一种分类。其中的第一教叫“藏教”，此处之“藏”是经、律、论“三藏”的“藏”，在梵文里是piṭaka，所指的是《阿含经》和所有的小乘经典。第二教叫“通教”，概括初期大乘的经典，通贯声闻、辟支与菩萨三乘，所以称为“通教”。第三类教是“别教”，这一类教特为菩萨而说，是纯粹的大乘，有别于前两类，因为前两类的说法是一种浅显的“偏空”（one-sided emptiness），而“别教”所说的则是“中道”（middle path），所以是separate and distinct，而称之为“别教”。第四类教叫“圆教”，“圆教”所说的也是“中道”，可是这种“中道”对声闻、辟支与菩萨三乘全然无所分别，所以是一种圆融（空、假、中三谛的即空/即假/即中）的“中道”。“化法四教”里的“藏教”是释迦在第二个时期（也就是鹿苑时）所说的法，“通教”属于第三个时期，而“别教”则属于第四个时期，至于“圆教”，则包括释迦在第一个时期所说的《华严经》和最后一期所说的《法华经》。

我上次跟各位提到《大般涅槃经》有所谓的“五味相”之说，此说亦见《阿含经》。“五味”也者，是指“乳”（milk）、“酪”（cream）、“生苏”（butter）、“熟苏”（boiled butter）与“醍醐”（ghee），这五种dairy products形成一个“味相”上愈来愈精美的系列。智𫖮以这一个系列来比喻他的“化法四教”，他以“藏教”为“乳”，以“通教”为“酪”，以“别教”为“生苏”，以“圆教”里的《华严经》为“熟苏”，最后再以“圆教”里的《法华经》为“醍醐”，就好像乳、酪、生苏、熟苏以及醍醐所形成的一个在“味相”上愈来愈精美的系列，所以“化法四教”里的“五时”之教也构成一个在层次上步步高升的阶梯。阶梯的层次愈高，“随他意语”就愈少，而释迦本人的“自意语”就愈多，阶梯的顶点是《法华经》，智颢认为这部经所说的全都是“自意语”，所以是全不带“麁”的“绝待妙”，是既能够“开权”而又能够“显实”。

与印度佛教原有的言语典范相较，智颢“自意语”的构想显得很特殊，这种构想以释迦为一个独立的能说主体，并且，在他一生的说法事业中，这个独立的能说主体也还愈来愈活跃，“自意语”愈来愈多，以至于释迦在第五时期所说的《法华经》全都是他本人的“自意语”。可是，尽管如此，智颢却仍然坚持，认为释迦这个能说主体的所说所具有的主体性是不可说的。在《莲花经》里，释迦曾告诫他的弟子舍利弗（Śāriputra）说：“止、止，不须说，我法妙难思。”智颢在讨论这一段话的时候指出：“‘止、止，不须说’即是绝言，‘我法妙难思’即是绝思。”他还特别强调说，所谓“妙”是“不可思议”，并不是“因于麁而名为妙”，也就是非相对于“麁”而称为“妙”。除此之外，因为释迦这个能说主体所具有的所说主体性是不可说的，所以他的“自意”也就没有属于他自己的语言可说，如果要说就一定要借用“随他意说”的语言，这是为什么智颢有“开迹显本，意在于迹”和“开权显实，意在于权”之类的话。因此，就好像“随他意语”是因为使用“本”与“迹”，以及“实”与“权”，这一类成对的范畴而成为可说，所以释迦的“自意语”也须要以“本”与“迹”和“实”与“权”这一类同样的成对范畴为媒体才有话可说，所以，智颢认为“实”与“权”不只是一种“随情”而“化他”的“方便”而已，也还是释迦“随智”的一种“自行”。

“自意语”之借用“随他意语”的语言，涉及矛盾语（paradox）的使用，并且这种矛盾语的使用也还因为要说“不可说”的需要而成为必然。我前面提到“自意语”的“开权显实”所涉及的“权”与“实”是一种全不带“麤”的“绝待妙”，所以“自意语”虽然卷入“随他意语”之中，却仍得与“随他意语”区分开来，“随他意语”所含的“妙”是“因于麤而名为妙”，而“自意语”却是全不带“麤”以“绝待妙”。因此，当“随他意语”的语言被借用来说“自意语”的时候，“随他意语”里的范畴在被肯定的同时也还需要加以否定，这是为什么智顗一方面会就“权”与“实”来说佛智，而认为佛智的“权”与“实”是释迦的“自行权实”，而另一方面却又说佛智是一种“无边”“非权非实”，这也是为什么智顗主张“显本”除了要“开迹”之外，还得“废迹”，他说“不思议即是法性（dharmatā），法性之理非古非今，非本非迹，非权非实，但约此法性论本迹、权实、麤妙耳，但以世俗文字有去、来、今，非谓菩提有去、来、今也”。[1]

矛盾语的使用在神秘主义的思想里是一个甚为普遍的现象，可是不同的神秘主义者对于矛盾语在用法和意涵上亦可以有相当的不同。智顗的矛盾语跟老庄的矛盾语就有显著的差异，这种差异是佛、道两家的神秘主义在模式上差异的形体化（embodiment），很足以说明各家神秘主义的个性。我以前已经说过了，老子的矛盾语是因为“反者道之动”才成为可能的一种“正言若反”，而庄子的矛盾语则是模仿宇宙“物化”之道的一个结果，所以都有来自本体的依据；智顗的矛盾语就不一样了，全然没有本体上的任何依据，其所以成为可能和必要，是因为要借用“随他意语”的“世俗文字”来说“绝言”和“绝思”的“不可说”。对智顗来说，“绝待妙”并不是一个有着本然矛盾的辩证之“道”，而是一种既不是矛盾，也不是不矛盾的终极真际。“自意语”之所以可以经由借来的“随他意语”而被肯定，并不是因为“自意语”的内涵可以透过“随他意语”而加以确定，而是因为释迦的“无边”佛智能够“通达”并且广“照”所有的情“境”，而说出跟一

[1] 注意，“约法三章”或“约定俗成”的“约”，非summarize。

切情“境”都“相称”的话，可是，因为“自意语”的主体内涵是永远确定不了的，所以在肯定了之后，又得立即加以否定。

老庄的矛盾语呈现老庄的终极是一种本然矛盾的真际，智顗的矛盾语则是一种围绕着终极真际兜圈子的矛盾说话方式，用意在勾画出一个在语意上是中空的语意圈（semantic enclosure），希望能够借着这个中空的语意圈来凸显佛家“不可思议”的终极真际，这个语意圈颇具反讽的意味，由于所有的语意都在圈外，而圈外的语意又都是“随情”而异的“随他意语”，因此圈内的语意中空是一种没有任何语意可以填补的真空，在语意上没有亦不可能有确定的圆心与半径，所以期望中的语意圈是一个在语意上永远封不了口的圆圈。很显然，智顗的语言观还仍然保持着印度佛学原有的模态，他虽然把释迦设想成一个主体说话者，可是这个说话者的主体得以“随他意语”与/或（and/or）“自意语”的形式呈现，“随他意语”因为是“随他”，所以没有确定的（indeterminate）主体语意内涵，而“自意语”的主体语意内涵则根本是无法确定得了的（indeterminable）“不可说”。《西游记》里的孙悟空善驾斤斗云，“老孙一斤斗去十万八千里”，可是却始终未能翻转出如来佛的手掌。智顗颇有点像孙悟空，他以成串成对的各种范畴将印度佛学前辈的语言观加以复杂化，可是他多番折腾的结果，却仍是印度佛学原有的言语典范。事实上，他的复杂化所涉及的规律性还仍然是印度佛学言说典范的规律性，并且也因为印度佛学言语典范的规律性才成为可能。

就中国佛徒所遵承的语言观，以及这种语言观所呈现的神秘怀疑心态而言，时下所谓佛学“华化”的说法显然有重新考虑的必要。我这么说，也许有人会失望，觉得我们本土传统思想的同化力不够伟大，可是我的想法却正好相反，我以为印度的佛学能够以它本然的独特模态在我们的本土上生根，而成为我们传统思想的一个整体部分，是我们传统思想活力与多元性的显现。“华化”所涉及的是一种以本土文化的自我为中心的单元心态，认为本土之外的异文化是为了本土中心文化的主体而存在，并且又是需要以本土文化的主体性来加以“物”化（objectivize）的“客体对象物”（object）。可是，我们的传统里显然有许多思想家都不是狭隘的本位主义者，他们不认为本土原有的文化是独一无二的文化。玄奘到印度留学一住就是十七年，为的是寻求印度佛法的真义，而不是希望印度的佛法带回大唐来加以“华化”；僧肇、慧能、临济和智颢虽然都是没有“西游”的土和尚，在心态上却跟玄奘一样地阔达，能够欣赏“西天佛国”文化主体的内在价值和意义，而不在乎“西”化，这种阔达的心态跟我们传统思想的多元性互为表里，使得我们传统思想的活力成为可能。

第十八讲 | 佛学的来华与华化（IV）

我以前说过禅宗和天台、华严都是中国佛教徒所发展出来的中国佛教宗派，在印度没有前身（antecedent），也没有counterparts，可是就理论和方法的取向而言，禅宗又跟天台和华严有相当的不同，我们甚至可以把禅宗看作是对天台和华严的一种反动。天台和华严在理念体系上都是组织庞大而又复杂的“士林哲学”（scholasticism），相对于这种士林哲学，禅宗特别注意禅定的功夫，这种功夫所提倡的是一种诉诸直接行动的非认知的门径（non-intellectual approach），并且这一种诉诸直接行动的非认知的门径有时候还可以是很physical。[1]禅宗之所以被称为禅宗，

[1] 例如临济的棒喝与一指禅。（编按）原讲义具录“一指禅”原委：“昔日俱胝和尚住庵时，因一尼戴个笠子，直来绕他绳床一匝去，云：‘道得即放下笠子。’俱胝当时道不得，尼拂袖便行。俱胝云：‘何不且住。’尼云：‘道得即住。’俱胝又无语。尼去后，俱胝自叹云：‘我虽是个丈夫汉，却不如个妇人。’便要烧庵下山，忽夜梦神人曰：‘和尚不须下山，且候，当有肉身大士来为和尚说法也。’过数日，果见天龙和尚到来，俱胝遂举前话似之，天龙曰：‘尔问我，我与尔道。’俱胝曰：‘道得即放下笠子。’天龙道遂竖起一指，俱胝忽然大悟。后凡有此问，只竖一指，每曰：‘我得天龙一指头禅，一生受用不尽。’……俱胝身畔有一供过童子，每见人问他事，也学竖指祗对。有人谓俱胝曰：‘和尚，这童子也不可得，亦会佛法。凡有人问他，皆如和尚竖指。’俱胝闻得，一日潜将一柄刀在袖中，唤童子近前来。‘闻尔也会佛法是否？’云：‘是。’俱胝曰：‘如何是佛？’童子便竖起指头，被俱胝捉住，以刀斫断，童子叫唤走出，俱胝遂唤童子，童子回头，俱胝曰：‘如何是佛？’童子不觉将手起，不见指头，忽然大悟，奇哉！信知佛法不可传，不可学，俱胝得处，不在指头上。”（大慧宗杲：《大慧普觉禅师语录》，卷十三，*Taishō*，第四十七册，no. 1998，第865页中—下）（编按）*Taishō*即《大正新修大藏经》。

是因为禅宗特别重视禅定，“禅”是“禅那”的简称，而“禅那”是梵文字dhyāna的音译，意思是冥观（meditation）。禅之为meditation是印度文化的一个古老传统，为释迦所沿用，所以一开始就是印度佛教的一个整体部分；可是，禅虽然是印度佛教原来整体的一部分，禅宗的禅在构想和运用上有它的独特性，这种独特性，我以后会说明，很能显示佛教华化性质的究竟。现在先说一下禅宗的传承传说。

禅宗虽然是中国本土所开出来的一个宗派，可是却为它自己创造了一个可上溯至印度传承的系谱传说，认为释迦是禅宗的开山祖师。根据这个传说，释迦有一天来到一个叫灵鹫峰的山上，在这个所谓的“灵山之会”中，梵天（Brahmā）以一种叫金色波罗的花呈献给释迦，请求释迦开示演法。释迦接受了花之后，用他的手指抚弄了一番，一句话也不说，在座的人之中几乎没有一个懂得释迦的这种无言之教，唯一的例外是大迦叶（Mahākāśyapa）。大迦叶对释迦作了一个非常gentle而又joyful的会心微笑，释迦知道大迦叶领悟到了他的意思，于是释迦就宣布说：“吾有正法眼藏，涅槃妙心，实相无相，微妙正法，不立文字，教外别传，付嘱摩诃迦叶。”作此宣布之后，释迦“至多子塔前，命摩诃迦叶分座令坐，以僧伽梨［即袈裟］围之［为了保密］”，然后就对大迦叶说：“吾以正法眼藏，密付于汝，汝当护持，传付将来。”接着释迦还为大迦叶说了一首偈：“法本法无法，无法法亦法，今付无法时，法法何曾法。”（此即后来禅宗所谓的传偈）说完了偈，释迦又对大迦叶说：“吾将金缕僧伽梨衣，传付于汝……勿令朽坏。”（此即后来禅宗所谓的传衣钵）大迦叶闻偈，头面礼足，曰：“善哉善哉！我当依敕，恭顺佛故。”[1]于是大迦叶就成为禅宗的第二祖。

在此之后，释迦的另外一个叫阿难的弟子对释迦与大迦叶之间的来来往往颇为好奇，阿难也是释迦的cousin，以“总持”闻名，直译为英文，所谓“总持”是“total retention”，意思是说阿难有一种

[1] 《景德传灯录》，卷一，《大正藏》，第五十一册，no. 2076，第205页中—下；《五灯会元》，卷一；《指月录》，卷一。

total recalling photographic memory，能够过“耳”不忘。他记得释迦在演法的时候所说的每一句话，所以当佛教界在佛灭后举行第一次佛教会议的时候，阿难被邀请把释迦的讲解一字不漏地背诵出来，然后作成记录，这些记录就成为佛教经、律、论三藏里面的经。

有一天阿难问大迦叶：“师兄，世尊传金缕袈裟之外，别传个什么？”迦叶喊了一声：“阿难！”阿难回说：“在！”迦叶：“倒却门前刹竿着。”“刹竿”的“刹”是僧寺，而“刹竿”，是和尚于得法之后为了要公告世人而升旗所用的旗杆。大迦叶的回答在款式上是禅宗公案文献的一个典型代表，听起来好像是牛头不对马嘴，莫名其妙，其实这个回答是禅宗的一个convention，这个convention在稍经变化之后，往往为历史上的禅师所援用。

历史上的禅师往往在登堂之后，别无他说，只是叫一个弟子到庙门口去把旗杆上的旗子降下来，说穿了，这种禅宗的convention并没有什么特别的神秘性，庙外面的旗杆假如升着旗子，这表示庙里面有人在说法，把旗子降下来意味着要根除文字言说。当大迦叶对阿难说“倒却门前刹竿”的时候，他的意思也是如此。据说，阿难马上就领会到大迦叶的用意，于是大迦叶就对阿难说：“我今年不久留，今将正法付嘱于汝，汝善守护，听吾偈言：‘法法本来法，无法无非法，何于一法中，有法有不法。’”说完了偈，大迦叶又把僧伽梨衣传授给阿难，[1] 阿难因此就成为禅宗的第三祖。

这个关于禅宗起源的传说，很能显示禅宗在理论和运作上那种以行动实践为取向的non-intellectual approach，在习惯上，这种non-intellectual approach都以四句话来表明：以心传心（the dharma will be transmitted directly from mind to mind）；不立文字（there will be no establishment of words and literature）；教外别传（there will be a special transmission apart from the scripture）；见性成佛（one

[1] 《景德传灯录》，卷一，《大正藏》，第五十一册，no. 2076，第206页中。

will see into one's nature and thereby become a Buddha)。也有人把第四句话说成是"此心即佛"意思是"this mind of yours is the Buddha"。在意旨上"此心即佛"跟"见性成佛"没有两样，都是要人收摄心神，返求诸己，而不以任何文字经典的成说为依凭，因为文字经典是我们本然真我的一种认知牢笼，使得我们的本然真我无法自由地呈现、自在地运作，所以禅宗希望打破这种认知的牢笼，使得我们每个人都能够恢复禅宗所谓"父母未生之前的本来面目"。禅宗对于经典的排斥以及对于返求诸己的提倡，可能并且事实上也经常导致主体自我肆无忌惮，这是为什么有人称禅为"野狐禅"。

这种肆无忌惮的局面虽然在历史上发生过，可是禅宗也有一套制度化的解法来处理应付这种局面，这一套制度化解法的焦点在于师徒之间的关系。禅宗的师父有很大的权威，除了负责指导弟子们的修持功夫之外，也还"印可"弟子们在修持功夫上进展的真实性，所以在禅宗里，师父取代了经典成为一种新权威，这种取代反映禅宗的教学方法取向上是压倒性地个人化的（overwhelmingly personal），特别重视师徒之间的personal interaction，这是为什么禅宗的文献往往呈现一种活跃的气氛，特别令人感到亲切，禅宗师徒之间的传承是禅宗"以心传心"这个信念的一种制度性的形体化（institutional embodiment）。

根据禅宗的说法，禅在印度用"以心传心"的方式一共传了二十八代，第二十八代的祖师是菩提达摩（Bodhidharma）。达摩把禅宗引进中国，所以是中国禅宗的始祖。我们并不真的知道达摩究竟是什么人，有关他的传说首见成于645年的《续高僧传》，这些传说以后又被人不断地加油添酱，等到《景德传灯录》于1004年出版的时候，这些传说就已经成为一篇结构完整的传记故事了。根据这传记故事，达摩原来是南印度一个叫香至王的人物的儿子，排行第三，皈依禅宗之后，受到他的师父，也就是禅宗的第二十七代祖师般若多罗尊者的嘱咐来到中国传播禅法，"直接上根"。他于502年到达广州，然后再由广州北上到南京，南京是当时梁朝的京城，达摩之所以来到南京，是因为梁武帝是一个虔诚的佛教徒，希望能够见到达摩一面。见面的时候，梁武帝问达摩："朕即位以来，造寺、写经、度僧不可胜纪，有何功德？"达摩回答说："并无功德。"梁武帝接着问："何以无功德？"达摩解释说："此但人天小果，有漏之因，如影随形，虽有非实。"梁武帝又问："如何是真功德？"达摩回答说："净智妙圆，体自空寂，如是功德不以世求。"梁武帝再问："如何是圣谛第一义？"达摩说："廓然无圣。"梁武帝终于有点不耐烦了，以责问的口气对达摩说："对朕者谁？"达摩回答说："不识。"说到这里，梁武帝还"不领悟"，而达摩也意识到两人不投缘，于是他就北上定居在五台山。他在五台山上一共住了九年，这九年之中，他"面壁而坐，终日默然，人莫之测，谓之壁观婆罗门"。[1]当达摩开始面壁坐禅的时候，他老是打瞌睡，于是他就把他的剑从剑鞘里抽取出来，以有《庄子》里庖丁解牛的神妙剑法，沙沙两下，把他的眼皮割落掉地，掉落在地上的眼皮立即生根发芽而成为茶叶，这是为什么茶叶清香爽口，有助于我们头脑的清醒。达摩割眼皮的故事是一个典型的禅宗故事，我以前说过，禅宗不回避violence，事实上许多东亚的武术派别都号称来自禅宗的某些宗派，禅宗的不回避violence，反映禅宗的approach是一种讲究行动的physical approach。

在五台山的时候，达摩遇到他的继承人，这个继承人是一个叫神光的和尚。神光慕达摩之名而来到五台山求法，当他到达五台山的时候，达摩完全不理他，可是神光没有因此而气馁，他在达摩面壁坐禅的山洞外面一直站了几个月。一天晚上大雪，雪积得很深，几乎把神光活埋，可是神光处变不惊地在风雪中屹立不动，最后达摩终于瞄了他一眼而问他："有何贵干？"神光说明他的来意，希望达摩能够大发慈悲，传授禅法，拯救他这个在人生苦海里受难的可怜虫。达摩没有马

[1] 《景德传灯录》，卷三，《大正藏》，第五十一册，no. 2076，第219页上一中；《五灯会元》，卷一。

上答应神光的请求，只是对神光说："诸佛无上妙道，旷劫精勤，难行能行，非忍而忍。岂以小德小智，轻心慢心，欲冀真乘，徒劳勤苦。"说完了这些话，达摩又自顾自地去面壁坐禅，神光感到十分失望，于是就抽出他的剑，把他的左臂割下呈献给达摩，表示他的诚意和决心，达摩终于动心了，对神光说："诸佛最初求道，为法忘形，汝今断臂吾前，求亦可在。"因此为神光改名为慧可，并又对慧可说："诸佛法印，匪从人得。"意思是法内在于己，不外在于他，慧可回答说："我心未宁，乞师与安。"达摩说："将心来，与汝安。"慧可犹豫稍许，然后说："觅心了不可得。"达摩说："我与汝安心竟。"[1]

在五台山坐了九年禅之后，达摩决心要回印度的家，所以他把他所有的弟子都叫到跟前来，一一考验他们的成就，他要他的每一个弟子都做一个statement。其中一个弟子说："如我所见，不执文字，不离文字，而为道用。"达摩说："汝得吾皮。"第二个弟子说："我今所解，如庆喜见阿閦佛国，一见更不再见。"达摩说："汝得吾肉。"第三个弟子说："四大本空，五阴非有，而我见处，无一法可得。"轮到慧可的时候，他一声也不吭，只是礼拜后依位而立，于是达摩就说："汝得吾髓。"并且把衣钵传给慧可，[2]而慧可也就因此成为中国禅宗的第二祖。

慧可之后的第三祖是僧璨，第四祖是道信，第五祖是弘忍，第六祖是慧能，慧能是《六祖大师法宝坛经》[3]的主角——译本Chan, Suzuki & Yampolsky[4]——《六祖大师法宝坛经》由十个部分组成，第一个部分是《行由》，第二个部分是《般若》，第三个部分是《疑问》，第四个部分是《定慧》，第五个部分是《坐禅》，第六个部分是《忏

[1] 《景德传灯录》，卷三，《大正藏》，第五十一册，no. 2076，第219页中；《五灯会元》，上册，卷一，第80页。

[2] 《景德传灯录》，卷三，《大正藏》，第五十一册，no. 2076，第219页中—下；《五灯会元》，上册，卷一，第80页。

[3] 《大正藏》，第四十八册，no. 2008。

[4] （编注）指陈荣捷（Wing-tsit Chan）1963年英译，铃木大拙（Suzuki Daisetsu）的日译，以及Philip B. Yampolsky 1967年的英译本。

悔》，第七个部分是《机缘》，第八个部分是《顿渐》，第九个部分是《宣诏》，第十个部分是《付嘱》。《付嘱》是慧能临终前对他弟子的一些交代，包括要他的弟子以后“各为一方师”说法的时候，遵守我们以前所说的“三十六对”。《宣诏》是记录慧能为何辞谢皇帝进京接受供养的邀请和皇帝所颁的奖谕。“行由”是一篇自传性的自叙，说明慧能的父亲本籍范阳，后来流亡到岭南，因此就在岭南定居。慧能出身贫苦，父亲早亡，从小以卖柴为业，有一天到城里卖柴，偶然听到一个人在“诵经”，慧能“一闻经语，心即开悟”，因此他就问这个客人所诵的是什么经，客人说是《金刚经》，并且说明他所诵的《金刚经》是从黄梅县东禅寺的五祖弘忍大师那里听来的，于是慧能就回家辞别老母，然后就往黄梅“参礼五祖”。

见到五祖之后，五祖问他“汝何方人，欲求何物?”慧能对曰：“弟子是岭南新州百姓，远来礼师，惟求作佛，不求余物。”五祖说：“汝是岭南人，又是猎獠，若为堪作佛?”慧能说：“人虽有南北，佛性本无南北，猎獠身与和尚不同，佛性有何差别?”听了慧能的这番对答，五祖显然知道慧能已经开悟，可是因为有徒众在左右，所以五祖也就没有再说什么，只是吩咐慧能“随众作务”。可是慧能欲罢不能，他针锋相对地问五祖说：“弟子自心常生智慧，不离自性，即是福田，未审和尚教作何务?”五祖叫他不要多说，接着就把他派到“槽厂”去。在“槽厂”里，慧能的工作是“破柴踏碓”。过了八个多月，五祖有一天偶然遇见慧能，就跟慧能说明，他当初不愿意跟慧能多说，是因为他早已看出慧能的成就，可是怕旁人发现了会害他，所以不想跟慧能多说，慧能回答说：“弟子亦知师意，〔所以一直〕不敢行至堂前，令人不觉。”

后来有一天，五祖把他的门人叫到跟前对他们说：

世人生死事大，汝等终日只求福田，不求去离生死苦海，自性若迷，福何可求，汝等各去自看智慧，取自本心般若之性，各作一偈来呈吾看，若悟大意，付汝衣法，为第六代祖。

那些门人从五祖那里出来后，却以为没有必要枉费心机去写那一首偈，因为他们认为他们的师兄神秀的道行最高，五祖一定会把衣法传给神秀，而神秀也就在这个时候开始动脑筋，他认为他需要写一首偈上呈五祖，否则五祖无法知道他“心中见解”的“深浅”，可是他又觉得如果他写一首偈上呈五祖，别人可能会以为他对祖师爷的位子有野心，所以他觉得是进退两难。他写完了偈，好几次走到堂前，想要上呈五祖，可是每次都因为“心中恍惚，遍身汗流”而“拟呈不得”。神秀就在心神不宁的情况下度过了四天，后来终于想出了一个妙计，决定把他的偈在三更半夜的时候写在堂前廊下的墙壁上，他这一首偈是说：“身是菩提树，心如明镜台，时时勤拂拭，勿使惹尘埃。”写完了偈，神秀就回房，他心里想：“五祖明日见偈欢喜，即我与法有缘，若言不堪，自是我迷宿，宿业障重，不合得法，圣意难测。”想到这里，神秀就“坐卧不安”，一晚上都没合眼，第二天五祖看到了神秀的偈，“令门人炷香礼敬，尽颂此偈”，并且在凌晨三更的时候，把神秀叫到屋里问他：“偈是汝作否？”神秀迫不及待地马上承认，连连称说“正是在下，正是在下”，他并且假惺惺地问五祖说：“不敢妄求祖位，望和尚慈悲，看弟子有少智慧否？”五祖直截了当地对他说：

汝作此偈，未见本性，只到门外，未入门内，如此见解，觅无上菩提，了不可得，无上菩提，须得言下识自本心，见自本性，不生不灭，于一切时中，念念自见，万法无滞，一真一切真，万境自如如，如如之心，即是真实，若如是见，即是无上菩提之自性也。汝且去，一两日思惟，更作一偈，将来吾看。汝偈若入得门，付汝衣法。

神秀“作礼而出”，又是好几天心神恍惚，像是在梦游。过了两天，有一个小孩子到慧能工作的“碓坊”玩耍，唱诵神秀的偈，慧能一听就晓得“此偈未见本性”，于是他就问那个小孩：“诵者何偈？”小孩说：

> 尔这猎獠，不知大师言，世人生死事大，欲得传付衣法，令门人作偈来看，若悟大意，即付衣法，为第六祖，神秀上座于南廊壁上，书无相偈，大师令人皆诵，依此偈修，免堕恶道，依此偈修，有大利益。

听了小孩的这段话，慧能就说：“上人，我此踏碓，八个余月，未曾行到堂前，望上人引至偈前礼拜。”可是当小孩把慧能引到堂前之后，慧能又因为不识字，所以请小孩为他念，这时候正好有一位姓张名日用的人士在场，他就为慧能“高声读”，慧能听了之后说：“亦有一偈，望别驾为书。”张日用大为惊讶，说：“汝亦作偈，其事希有。”于是慧能就说：“欲学无上菩提，不可轻于初学，下下人有上上智……”张日用说：“汝但诵偈，吾为汝书，汝若得法，先须度吾，勿忘此言。”慧能就念他的偈：“菩提本无树，明镜亦非台，本来无一物，何处惹尘埃。”在场的众人听了都大吃一惊，说是“（哇）奇哉！〔奇哉！真是〕不得以貌取人。”这时候五祖也到了，五祖深恐有人会陷害慧能，所以就用他的鞋子把慧能的偈从墙上抹掉，他一面抹一面说：“亦未见性。”第二天，五祖偷偷地跑到“碓房”，看到慧能在舂米，就说：“求道之人，为法忘躯，当如是乎！”接着又问：“米熟也未？”慧能回答说：“米熟久矣，犹欠筛在。”[1]五祖就此以杖击碓三下而去。到了晚上三鼓时刻，慧能来到五祖的房里，五祖为他说《金刚经》，当五祖说到“应无所住而生其心”这句的时候，“慧能言下大悟”，于是五祖就于三更授法，把衣钵传给慧能，并且对慧能说：以前达摩因为“人未之信”，所以“传此衣以为信体，代代相承，法则以心传心，皆令自悟自解，自古佛佛

[1] 禅宗对话的就地取材，慧能之答意谓“I am ready to be tested”。

惟传本体，师师密付本心，衣为争端，止汝勿传，若传此衣，命如悬丝，汝须速去，恐人害汝”。可是慧能说他是“南中人”，不认得路，于是五祖就说：“汝不须忧，吾自送汝。”两人就此一起下山到九江驿上船，上船之后，五祖“把橹自摇”，慧能说：“请和尚坐，弟子合摇橹。”五祖说：“合是吾渡汝。”慧能说：“迷时师度，悟了自度，度名虽一，用处不同，慧能生在边方，语音不正，蒙师传法，今已得悟，只合自性自度。”五祖说：“如是如是，以后佛法，由汝大行，汝去三年，吾方逝世，汝今好去，努力向南，不宜速说，佛法难起。”

这段对话之后，两人就分手，慧能“发足南行”，于两个月之中到达大庾岭，后面有好几百人在追逐，想要抢夺五祖传给他的法衣，其中有一个和尚，俗姓陈，名惠明，出家之前是一个四品将军，他捷足先登，追上了慧能，慧能把法衣丢在一块石头上，然后就“隐〔身〕草莽中”。惠明看到石头上的法衣，可是却“提掇不动”，于是他就叫了，说：“行者行者，我为法来，不为衣来。”听到了这句话，慧能就从草莽里出现，坐在磐石上，对惠明说：“汝既为法而来，可屏息诸缘，勿生一念，吾为汝说。”过了一会儿，慧能就说：“不思善，不思恶，正与么时，那个是明上座本来面目。”惠明言下大悟，问慧能说：“上来密语密意外，还更有密意否？”慧能说：“与汝说者，即非密也，汝若返照，密在汝边。”惠明说：“惠明虽在黄梅，实未省自己面目，今蒙指示，如人之饮水，冷暖自知，今行者即惠明师也。”慧能说：“汝若如是，吾与汝同师黄梅，善自护持。”说完了，两人就分手，分手之后，慧能辗转到了曹溪，可是恶人仍然紧追不舍，所以慧能就隐迹于“猎人队中”。猎人们叫他“守网”，慧能就乘机把网中的动物释放。如此过了15年之后，慧能想到老是逃避不是解法，于是他就来到广州的法性寺，正好遇上印宗法师在讲《涅槃经》。我以前说过了，庙里面讲经说法的时候，外面的旗杆上是升着旗子的，法性寺法堂外的旗子在风中飘动，两个和尚为了这面旗子起了争议，一个和尚说旗动，一个和尚说风动，争论不相上下，于是慧能说：“不是风动，不是幡动，仁者心动。”在座的听众大为惊讶，而印宗法师也马上把慧能请到上席，几招过后就发现慧能是“言简理当，不由文字”，因此，印宗就对慧能说：“行者定非常人，久闻黄梅衣法南来，莫是行者否？”慧能说：“不敢。”慧能虽是如此说，印宗仍然“作礼”，并“请传来衣钵，出示大众”。慧能从此发迹。

除了《行由》《宣诏》和《付嘱》之外，《六祖大师法宝坛经》的其他部分，我们可以就一组四个节节相关的理念来说明，这四个节节相关的理念是：定、慧的一体不二；一行三昧；无念；坐禅。我们可以把定、慧的一体不二这个说法，当作是六祖对于圣/凡、真/俗，以及绝对的实际界和相对的现象界之间的关系所作的一种概念化构想（conceptualization）。六祖认为定、慧之间的关系是一种体用的关系，“定是慧〔之〕体，慧是定〔之〕用”。六祖又把这种体用的关系比喻为灯和光之间的关系，他说：“有灯即光，无灯即暗，灯是光之体，光是灯之用。”两者之间是“名虽有二，体本同一”。既然是“体本同一”，所以“即慧之时定在慧，即定之时慧在定”。这也就是说，定、慧之间既没有时间上的先后，也没有逻辑上的本末可言，如果有人不以为然，而认为“先定发慧”或“先慧发定”，那么这个人就是有“二相”的“迷人”。[1]很明显的，六祖这种即体即用的定、慧构想所形成的定慧关系跟佛家所说的因果关系有一致性，所涉及的都不是物质的衍生（material derivation），而是一种形式的共存（formal concomitance），并且这种形式的共存所呈现的关系也还是一种非工具式的（non-instrumental）关系。这也就是说，定与慧之间的关系不是手段与目的之间的关系，定并不是完成慧的手段，而慧也不是定所要完成的目的，定与慧在本体存在上是同“等”[2]的一贯，慧不外在于定，而是定的“真性自用”。[3]

---

[1] 《六祖大师法宝坛经》，《大正藏》，第四十八册，no. 2008，第352页下。

[2] “定慧一体，不是二……，若识此义，即是定慧等学。”同前注。

[3] 此语见同前注，《般若第二》，第350页中。

既然定与慧之间的关系不同于手段和目的之间的关系，而是非工具式的同“等”一贯关系，所以“定”就不可以、也不可能跟日常生活的种种运作隔离，而成为一种在特定的时空里所修习的特别功夫，而应该是一个从不间断的实践过程，在这个从不间断的过程中，慧因为是定的“真性自用”，所以也必然会在每一个时刻都是生命跃然，这种从不间断的实践过程就是六祖所说的“一行三昧”。三昧是Samādhi的中文音译。而所谓“一行三昧”，用六祖的话来说，就是“于一切处行住坐卧，常行一直心”。一个人如果“常行一直心”，这个人“于一切法”就不会有任何的“执着”；可是无“执着”并不等于是“无情”，一个人并不因为一行三昧而“常坐不动，妄不起心”。六祖特别强调，“常坐不动，妄不起心”是“无情”，“无情”违反我们固有之“道”的本然“通流”，所以是“障道因缘”。“一直心”尽可以“动”，只是这种“动”是一种不住法的“动”。所谓是“不住法”的“动”，也就是说“一直心”尽可以有active engagements，只是“一直心”的active engagements全都是non-abiding的detached engagements，并且“一直心”也尽可以有感、有情而经常地动情、发情，只是“一直心”所发动的情不会“情绪化”而变成纠缠不清的烦恼，这也就是说“一直心”emotes，所以是emotive，可是不会因为是emotive而成为emotional。[1]

无“执着”就是六祖所谓的“无念”，“无念”是《六祖大师法宝坛经》里第三个关键性的理念，所以六祖说：“我此法门，从上以来，先立无念为宗。”[2]六祖认为我们一般人的心识活动是“前念、今念、后念”“不断”的一个“念念相续”过程，在这个过程之中，我们因为有一念之差而“执着”一念，因此就被一连串“相续”的“念念”所“系缚”。而我们又因为被一连串“相续”的“念念”所“系缚”，所以我们都无法从过去的念头里解放出来而见悟当下物我的自性真如。理

[1] 《六祖大师法宝坛经》，《大正藏》，第四十八册，no. 2008，第352页下—353页上。
[2] 同前注，第353页上。

由很简单，作为一个时间上的单元，现下的当今一直不断地流变而成为过去，而未来的今后也一直不断地流变成为现下的当今，因此，看起来似乎仅仅是当今一念的“执着”，马上就会变成对于过去一念的“执着”，而这个成为过去的一念，又因为我们的“执着”，一定会干扰阻碍我们当今的一念，而我们当今的一念在一刹那之前后却正是今后未来的一念，结果我们都被“念念相续”的迁流所“系缚”而无法即念悟真。六祖应付这个问题的解法是要我们在一刹那间去除一念的“执着”，如果我们能够在一刹那间去除一念的“执着”，我们就能够“念念之中，不思前境”，如果我们能够“念念之中，不思前境”，我们就能够“于诸法上念念不住”而自然“无缚”；所以就好像“一行三昧”并不等于是“无情”一样，“无念”也绝不是完全没有念头，用六祖的话来说，“无念”不是“百物不思，念尽除却”，而是“无相”和“无住”。所谓“无相”就是“于相而离相”，因为是“于相而离相”，所以我们能够“不于境上生心”而不致有“染”；所谓“无住”是“于念而无念”，因为是“于念而无念”，所以我们能够“于世间善恶好丑，乃至冤之与亲”，却“并将为空”，而坦然“不思酬害”。六祖认为这种“无相/无住”的“无念”是我们“法体清净”的本然呈现和“自性本无一法可得”的自我实践，所以六祖说，“无念”的“无”是“无二相”，而“念”则是“念真如本性”；这也就是说，“无念”是我们每个人的“自在”“真如”，以“无二相”的方式所有的“自性起念”，这种“无二相”的“自性起念”以“真如”为“体”，是“真如之用”，能如实观照，是物我、内外、能所两空真谛的身体力行。[1]

六祖把这里物我、内外、能所两空真谛的身体力行也称之为“坐禅”。六祖所谓的“坐禅”跟盘腿冥坐毫不相干，既不需要“坐”，也不需要将心力集中在任何特定的事物对象上，六祖的“坐”是比喻性的“坐”，意思是“外于一切善恶境界心念不起”，而所谓“禅”是

[1] 《六祖大师法宝坛经》，《大正藏》，第四十八册，no. 2008，第353页上—中。

"内见自性不动"。[1]六祖这种对于"坐禅"的构想，显然跟当今海内外所盛行的"坐禅"很不一样，可是却跟他定、慧一体不二的说法完全吻合。这种定、慧一体不二的说法，认为"定"不可以跟日常生活的种种有隔离，而应该是一个从不间断的"真性自用"的跃然实践过程。六祖显然反对把禅定当作是一种在特定时空里形式化的特别修持功夫，他也显然不认为禅定有任何层次的差异。我以前说过了，佛家一般的说法认为dhyāna（meditation）有八个深浅不同的层次，这八个层次分为高低两组，各有四个层次，前四个层次叫"禅"，后四个层次叫"定"。六祖没有如此地区分禅和定，他只是说："外离相为禅，内不乱为定……外禅内定是为禅定。"[2]这一段话说得很清楚，六祖不认为禅定是一个层次分明的步步高升，他的禅定不讲步骤，不是一个step-by-step的修习过程，而是"常行一直心"的"一行三昧"，这种"常行一直心"的"一行三昧"之所以成为可能，是因为我们能够在一刹那间去除一念的"执着"。六祖认为"愚人"和"智人"的"佛性本无差别"，而人之所以"有愚有智"是因为"迷悟不同"，并且这种"迷悟"的"不同"，也还只是一念的差别，"前念迷即凡夫，后念悟即佛，前念着境即烦恼，后念离境即菩提"。[3]在《六祖大师法宝坛经》里，六祖称他这种教为"顿教法门"，至于说到底什么是"顿"，六祖并没有作任何定义式的说明。在《六祖大师法宝坛经·顿渐品第八》的部分，六祖只是告诫神秀一个叫志诚的弟子，不得"住心观静"和"长坐拘身"，并且强调说："吾所说法，不离自性，离体说法，名为相说，自性常迷，须知一切万法皆从自性起用，是真戒定慧法。"[4]如果我们把这些话放在我刚刚所说的四个理念的脉络里来诠释，我们应该可以说，六祖的"顿"是冲着佛家一般所说的禅定而说的，这种一般的说法认为

---

[1] 《六祖大师法宝坛经》，《大正藏》，第四十八册，no. 2008，第353页中。

[2] 同前注。

[3] 同前注，第350页上、中。

[4] 同前注，第358页中、下。

禅定是需要在特定的时空里修习的一种层次分明和步步高升的特别功夫，六祖的“顿”否定这种说法，认为迷悟的不同只是一念之差，只要一念不差，“从自性而生”，我们自然就可以“内外不住，去来自由，能除执心，通达无碍”，而“去来自由，心体无滞，即是般若”。[1]

至于说顿悟之后又怎么样，《六祖大师法宝坛经》并没有任何的说明，而六祖对于这个问题的沉默到底是什么意思，我们也无从确知。我以前跟各位提过日本的铃木大拙，是一位禅宗的真正信徒和提倡者，用英文写了不少有关禅宗的作品，在1960年代的西方很流行。近年来，铃木的作品也有些流传到台湾来，有中译本，如果你们只看他的作品，你们可能会得到一个印象，认为六祖对于顿悟之后又怎么样这个问题的沉默所意谓的是从此之后一了百了，更无何事；可是我们有理由相信，这并不是六祖的本意，顿悟显然可以是一种闪电式的决定性经验，可是并不必然就是一种一生只可能经验一次的momentary occurrence。六祖本人的顿悟就显然不只是一次，至少有两次：第一次是在他出家之前，在城里卖柴，听到一位客官在读《金刚经》，六祖“一闻经语，心即开悟”；[2]第二次是在他离开黄梅之前，五祖传法给慧能，“为说《金刚经》，至应无所住而生其心，慧能言下大悟”。[3]并且，六祖之后的一些禅师也都还明说，顿悟之后需要“保任”。“保任”所要“保”的是“顿悟”的“悟”，而所谓“任”者，用披头士合唱团（The Beatles）一首歌里的话来说是“Let it be”，所以“保任”是guard/protect your enlightenment by letting it be，所以顿悟并不是一了百了、更无何事，上天堂不容易，顿悟也一样不简单。

[1] 《六祖大师法宝坛经》，《大正藏》，第四十八册，no. 2008，第351页上、350页中。

[2] 同前注，第348页上。

[3] 同前注，第349页上。

第十九讲 | 佛学的来华与华化（V）

禅宗的文献除了像《六祖大师法宝坛经》之类的经典之外，[1]还有其他三种文字。一种叫“灯史”，很显然，“灯”是一个象征，能够“破愚暗以明斯道”，[2]并且，各位一定还记得，释迦在出生之前的第二十六世的时候，燃灯佛（Dīpamkara Buddha）曾经为他授记，说他于二十六世之后再生一定会成佛，而燃灯佛之所以会被称为燃灯佛，是因为燃灯佛生时，一切身边为灯。[3]所以，在佛教里，“灯”很有一些特别的象征意义，直译成英文，所谓“灯史”是“lamp history”，是一种以传记的方式来说明禅宗传承的思想系谱史，像北宋真宗景德年间所出的《景德传灯录》，南宋理宗淳祐年间所出的《五灯会元》[4]，以及较早的《历代法宝记》等等，都是属于这一种的作品。第二种作品叫“语录”，是禅师们的“recorded sayings”，我们以前所讨论过的《临济录》，就是属于这一种作品的文字。第三种作品是“公案”（日语：koān），“公案”这个词语本来是一个法律名词（legal term），所指的是“公府的案牍”，这种“案牍”为“剖断是非”之“所以”提供

---

[1] （编按）以下部分曾修改过，并以《公案、紫藤与非理性》为名发表于《当代》第26期（1988年6月）。

[2] 〔宋〕王槦：《五灯会元》（台北：广文书局，1979年），上册，《序》之语，第4页。

[3] 见《智度论》，《中文大辞典》，第五册，第1870页。

[4] 〔宋〕普济撰。

一种依据。禅宗借助了这么一个法律名词，并且在意义上加以引申，用以比喻先前祖师们“应机垂示所用的语言和动作”，这种“语言和动作”能够为“剖断迷悟”之“所以”提供一种依据，因此是“所以剖断迷悟”的一种device。至于说先前祖师们“应机垂示所用的语言和动作”又为何可以用来“剖断迷悟”，则一位叫中峰明本（1263—1323）的禅师有一段话，为我们提供了一个说明：[1]

或问："佛祖机缘，世称公案者，何耶？"曰："公案，乃喻乎公府之案牍也。法之所在，而王道之治乱，实系焉。公者，乃圣贤一其辙，天下同其途之至理也。案者，乃圣贤为理之正文也。凡有天下者，未尝无公府；有公府者，未尝无案牍。盖欲取以为法，而断天下之不正者也。公案行则理法用，理法用则天下正，天下正则王道治矣。夫佛祖机缘，目之曰公案，亦尔。盖非一人之臆见，[2]乃会灵源、契明旨、破生死、越情量，与三世十方百千开士同禀之至理也，且不可以义解，不可以言

[1] （编按）讲义中另具“公案”参考资料溯往源头。《碧严录》三教老人序（元成宗宋大德甲辰〔1304年〕四月望）："尝谓祖教之书谓之公案者，倡于唐而盛于宋，其来尚矣。二字乃世间法中吏牍语，其用有三。面壁功成，行脚事了，定盘之星难明，野狐之趣易堕，具眼为之勘辨，一呵一喝，要见实诣，如老吏据狱谳罪，底里悉见，情款不遗，一也。其次则岭南初来，西江未吸，亡羊之岐易泣，指海之针必南，悲心为之接引，一棒一痕要令证悟，如廷尉执法平反，出人于死，二也。又其次则犯稼忧深，系驴事重，学奕之志须专，染绿之色易悲，大善知识为之付嘱，俾之心死蒲园。一动一参，如官府颁示条令，令人读律知法，恶念才生，旋即寝灭，三也。具方册，作案底，陈机境，为格令，与世间所谓金科玉条、清明对越诸书，初何以异？祖师所以立为公案，留示丛林者，意或取此。"（《碧岩录》，《大正藏》，第四十八册，no. 2003，第139页中—下。）

（编按）上引文中“俾之心死蒲园”一句，原讲义中加注："举。龙牙问翠微，如何是祖师西来意，微云：‘与我过禅板来。’牙过禅板与翠微，微接得便打。牙云：‘打即任打，要且无祖师西来意。’牙又问临济，如何是祖师西来意。济云：‘与我过蒲团来。’牙取蒲团过与临济，济接得便打。牙云：‘打即任打，要且无祖师西来意。’"（《碧岩录》，《大正藏》，第四十八册，no. 2003，第160页上、中，第20则。）

[2] （编按）至此引文亦见于《禅林宝训音义》，《卍续藏经》（台北："中国佛卍会影印卍续藏经委员会"，1968年），第一一三册，第132页。

传，不可以文诠，不可以识度，如涂毒鼓，[1]闻者皆丧，如大火聚，婴之则燎。……无他，必待悟心之士，取以为证据尔。实不欲人益记持而资谈柄也。世称长老者，即丛林公府之长吏也，其编灯集录者，即记其激扬提唱之案牍也。古人或匡徒之隙，或掩关之暇，时取以拈之、判之、颂之、别之，岂为炫耀见闻、抗衡古德而然？盖痛思大法之将弊，故曲施方便，开凿后昆之智眼，欲俾其共证之尔。……”[2]

中峰明本的这段话不算短，并且在语气上十分严肃，说公案是“必待悟心之士，取以为证据尔”，而且是“实不欲人益记持而资谈柄也”，除了语气严肃之外，中峰明本的这段话在口气上也大得惊人，为公案的效验作了一些听来像是十分浮夸的claims，说公案像一个涂毒鼓（poisoned drum），这个涂毒鼓会“一击闻之皆脑裂”[3]，他还说公案像一个“熊熊大火”，这个“熊熊大火”会“婴之则燎”。可是虽然如此，中峰明本的这段话至少为我们澄清了一个问题，说明了公案是前圣先贤所一致公认的经典型原则（principles）的记录。在形式上，这些记录可以是先前禅师们所说的话，也可以是有关先前禅师们的掌故逸事，也还可以是先前禅师们相互或跟弟子间的对答或互动。譬如说，赵州从谂曾经说过“有佛处不得住，无佛处急走过”[4]这么一句话，这句话就是一个公案；圆悟克勤有“在孤峰者，救令入荒草，落荒草者，救令处孤峰”[5]这么一句话，这句话也是一个公案；另外有一个叫“傅大士”的人物，他有一首偈，说是“空手把锄头，步行骑水牛，人从桥

[1] “还如涂毒鼓当轩，一击闻之皆脑裂，无边烦恼悉蠲除。”《大慧普觉禅师语录》，卷十六，《大正藏》，第四十七册，no. 1998，第881页下。

[2] （编注）《天目中峰广录》，《大藏经补编》（台北：华宇出版社，1986年），卷十一，《山房夜话》之上，第798页。原讲义将引文逐字英译，此略。

[3] （编按）这句话实出自大慧宗杲，见本页上文讲者原注。

[4] 《景德传灯录》，卷十。

[5] 《碧岩录》，卷二，《大正藏》，第四十八册，no. 2003，第156页上。

上过，桥流水不流”，[1]这首偈也是一个公案。

各位一定还记得我以前所说的“一指禅”，[2]是一个割指头的故事，也是一则公案。除此之外，禅宗还有扭鼻子的故事。有一天，百丈怀海禅师“侍马祖行次”，看到一群鸭子飞过，马祖道一问百丈：“是什么？”百丈回说：“野鸭子。”马祖又问：“什么去也？”百丈答说：“飞过去也。”于是马祖就抓住百丈的鼻子，大力一扭，百丈负痛失声，接着马祖又问：“又道飞过去也。”百丈于是“言下大悟”。[3]这个扭鼻子的故事也是一个公案。又有一次，一个和尚问岩头：“如何是佛法大意？”岩头的回答是：“小鱼吞大鱼。”这一问一答也是一则公案，这则公案是禅师与弟子之间的对答，可是对答也可以发生在禅师与禅师之间。譬如说，有一次南泉跟鲁祖和归宗在一起“吃茶”，鲁祖提起“茶盏”说：“世界未成时便有这个。”南泉说：“今时只识这个，未识世界。”归宗说：“是。”南泉说：“师兄莫同此见么？”归宗马上就拈起茶盏云：“向世界未成时，道得么？”南泉“作掌势”回应，而归宗又报之“以面作受掌势”。[4]这个三位禅师间的对答与互动也是一则公案。说起南泉，各位大概都听过南泉斩猫的故事，有一天南泉庙里“东西两堂”的和尚“争猫儿，南泉遂提起云：‘道得即不斩。’众无对，泉斩猫儿为两段”。这件事之后，赵州从谂从外面回来，“南泉复举前话，问赵州，州便脱草鞋，于头上戴出。南泉云：‘子若在，恰救得猫儿。’”[5]这一则杀生的故事也是一则公案。又有一次，一个和尚问云门：“如何是佛？”云门的回答是：“干屎橛。”[6]另外一个和尚以同样的问题问洞山，洞山

---

[1] 《指月录》。

[2] （编按）见前讲第293页注一。

[3] 《景德传灯录》，卷六。

[4] （编注）《古尊宿语录》，卷十二，《卍新纂续藏经》，第六十八册，no. 1315，第69页上。

[5] 《碧岩录》，《大正藏》，第四十八册，no. 2003，第194页下、195页上；《无门关》，《大正藏》，第四十八册，no. 2005，第294页下。《无门关》以此故事为一则公案，《碧岩录》则分之为两则公案，以南泉子与赵州从谂间的互动为另一则公案。

[6] 《无门关》，《大正藏》，第四十八册，no. 2005，第295页下。

的回答是："麻三斤。"[1]又有一位和尚问赵州从谂："如何是祖师西来意？"州云："庭前柏树子。"[2]这些和尚弟子跟云门、洞山及赵州从谂之间的问答也都是公案。

诸如此类例子还很多，不过，从我这里所举的有限的几个例子里，各位应该可以意识得到，公案虽然经常呈现矛盾性，可是并不只是呈现矛盾性而已，公案也还往往是无意义的（nonsensical），答非所问，给人一种不相干（irrelevant）的感觉，而这种无意义性和不相干性却正是公案的效验所在。其所以如此，我等一下会试着解释，现在我想先强调一下，我们今天虽然都把公案当作是禅宗的一个整体部分，可是禅宗却并不是一开始就把公案用来作为meditation device。在禅宗历史的头两百年之中，也就是从菩提达摩到六祖慧能这一段时期，禅宗并没有运用到所谓的公案，也没有运用棒喝跌打以及割指头或扭鼻子之类的身体语言（body language）来证悟（induce enlightenment）。禅师们开始运用这些手法是在八九世纪的时候，并且刚开始的时候，禅师们也只不过是引用他们前辈的一些话或行为作为例子，来帮助他们强调意旨（make a point），他们并没有把前辈的话或行为集辑成书而成为所谓的"公案"（anthology），也没有把个别的公案像习题一样地分发给弟子，叫弟子们去作"参"的功夫。公案的集辑成书是始于10世纪，到了11世纪，公案的集辑就成为一种积极的风气，有的禅师们还甚至主动地/有意地创作他们自己的公案，这种注重公案的风气之产生，显然跟禅宗内部所面临的一个危机有关。

各位大概都知道，中国的佛教史上有所谓的"三武之祸"，是官方对佛教的三次迫害，最后的一次"武祸"发生在会昌年间，公元845年，在这一次"武祸"之后的五十年间，一大批有charisma的禅宗大师相继去世，沩山灵佑死于853年，黄檗希运死于855年，德山宣鉴死

[1] 《无门关》，《大正藏》，第四十八册，no. 2005，第295页中；《碧岩录》，《大正藏》，第四十八册，no. 2003，第152页下。

[2] 《无门关》，《大正藏》，第四十八册，no. 2005，第297页下。

于865年，临济义玄死于866年，洞山良价死于869年，仰山慧寂死于891年，曹山本寂死于900年。我以前说过，禅宗跟天台、华严很不一样，天台和华严都是体系庞杂的“士林哲学”，禅宗则主张“以心传心，不立文字，教外别传”，所以在取向上很个人化，特别重视师徒间的个人互动（personal interaction）。在一个弟子的修持过程中，禅师扮演一个类似助产士的角色，以各种各样的“方便”手法促使弟子经验到证悟，可是到了10世纪，有charisma而能够扮演这种角色的大师们一个个相继去世，所以宗门里需要一套不同的方法来训练弟子，而公案的集辑就是因应于这种需要而有，后期的禅师们希望能够通过对于公案的meditation而re-enact早期禅师所导引（induce）的神秘证悟经验。

在开始的时候，公案一般都不叫公案，而是叫“话头”，而对于公案的meditation则称为“看话头”或“参话头”。“话头”的“话”是speech的意思，这种speech可以是一个简单的词语，也可以是一句完整的句子，而“头”所指的则是一件事物的起点或终了。各位一定都听过“到头来一场空”这么一句话，而我们通常也往往把“开始”说成是“开头”或“起头”（“起头”也许不是普通话，可是在上海话里却是很通行的惯用语，上海人称“发起人”为“起头人”），“到头来一场空”的“头”是“终了”的意思，而“开头”或“起头”是“起点”的意思，所以，“话头”所指的可以是一句话的起头，也可以是一句话的终了。当“话头”所指的是一句话的终了的时候，这个“终了”有它在禅宗里特定的技术意义，专门用来指涉一个陈述（statement）之中的某一个关键性词语，就这个意义而言，话头并不就是公案，而是公案的一个整体部分。譬如说，在唐朝的时候，有一位和尚问赵州从谂：“狗子还有佛性也无？”赵州从谂回答说：“无！”[1]这一段问答的全部是一则公案，可是当我们要meditate这个公案的时候，我们并不是把精力放在整个公案上，而是要把注意力全心全力地集中在“无”字

[1] 《无门关》，《大正藏》，第四十八册，no. 2005，第292页下。

上，这个“无”字就是话头。

除此之外，“话头”也可以是一句话的起点，在我们有意识的生活（conscious life）之中，一句话的起点是一个初起的念头（incipient thought），可是如果我们集中注意（concentrate upon）这么一个初起的念头，而加以一番勘查的话，我们会发现，这个所谓的“初起念头”并不真是“初起”，而是另有来头。于是我们就追索这个看起来像是初起念头的来源，[1]这种追索不仅可以使我们体验到心识运作的过程，还可以把我们导向心识结构的深层，使我们接触到潜伏在一个看起来像是无辜的初起念头背后的心理底细。在当今以北京话为基础的普通话媒体里，我们很难想象，为什么这种作为一句话的起点，而又能借以追索我们心理底细的初起念头，会称为“话头”，可是假如用上海话，这个问题就不是难题了。在上海话里，如果我们对一位人士的话或表情不甚了解的话，我们会追问:“有啥话头?”这句问话里的“话头”所指的，就是一句话或一个表情背后的真相或底细。于教授将这个意义之下的“话头”，设想为一种“有开辟性的尖劈”（opening wedge），[2]这种“尖劈”能够为我们打开一个新的领域，在作用上很像传统章回小说里的“楔子”。“楔子”乃小说的引端，是一种开场白，通常开会的时候，主席总会先说一场开场白，只是主席的开场白跟官方报纸的社论一样，往往很八股，所以不太有人留意。可是，小说里，开场白很要紧，称之“楔子者，以物出物之谓，即以甲事引出乙事之意”。很显然，“楔子”之为开场白，有引发性，能够成为往后故事情节的开展，提供一种布局性的架构，这种架构有创生性，也有限制性，使得某些故事的情节成为可能，也使得另外一些的故事情节成为不可能。就这一点而言，“楔子”式的开场白，很像社会学所说的“知识本钱”

[1] （编按）讲稿缺一页（x-113），以下依《当代》上的文章补植。

[2] （编按）这段讲稿在《当代》发表时，增添引用讨论了于君方（Chün-fang Yü），“Ta-hui and *Kung-an* Ch'an,” *Journal of Chinese Philosophy* 6.2 (June 1979): 218–222.

(stock of knowledge)。

以“知识本钱”来译“stock of knowledge”是相当勉强的，我如此做完全是出于不得已，由于现代汉语的贫乏（当然不是本质上有缺陷，而是被用得贫乏，我本人根本不相信世上有任何本质性的存在），我目前还无法想起一个更妥善的译法。在英语里，“stock”这个字有好几个意思：可以是一棵树的树干被砍掉之后，在地面上所留下的根部（stump）；也可以是某一种形态生命的始祖（original progenitor）、祖先（ancestry）或宗谱（lineage）。这种生命可以是一般的动植物，也可以是人。因此，假如有人自以为会活得很长久，[1]因为他的种好，祖宗八代都长寿，他会说他来自一个good or tough stock。“stock”也可以是库房或店铺里的存货，还可以是某人在一家公司的投资，所指的是capital invested in a company，这是为什么我们会把一个人在一家公司里的股份称为stock，而把股票市场称之为stock market。除此之外，“stock”也还可以是用来制作其他东西的素材（raw material），因此，如果一个人讲究吃，他做酸辣汤的时候，一定不会用自来水龙头里面流出来的白水，他一定会用以土鸡或鱼翅之类的山珍海味为底所熬出来的高汤（base），这种用来作为酸辣汤的高汤的本身也是汤，可是这种汤是用来作其他汤的一种素材，所以称之为“stock”。很显然的，“stock”这个字的几种不同含义都相互关联的：一棵树的stump也是这棵树的根，根是树的生命源头，相当于一家店铺的存货或一家公司的投资，树的根、店铺里的存货以及一家公司的投资，都是一种“始祖”性的素材，并且这种“始祖”性的素材都有创生性，也都有限制性，什么样的根长出什么样的树，而什么样的存货和什么样的投资也会形成什么样的营业和利润。我建议我们把“stock”这个字这些不同但却是相互关联的含义串通起来，联想在一起，如果我们这么做，我们就很容易顾名思义地了解到，所谓的

[1] （编按）依《当代》上的文章补植至此为止。

“stock of knowledge”是一种“始祖”性的基本知识，这种“始祖”性的基本知识是每一个社会或人群的成员所必须具备的知识，不只是必须具备而已，这种知识也还是每一个社会或人群的成员所必须接受而认为是不证自明/理所当然的，不容许任何成员来加以质疑，其所以如此是因为这种知识建构一个社会或人群的日常生活，使一个社会或人群的日常生活成为真实而有意义。假如一个社会或人群的成员之中，有人对这个社会或人群的“stock of knowledge”有所质疑，而不愿意遵守这个社会或人群的“stock of knowledge”所制定的规范，那么这个社会或人群的真实性和意义感就会受到干扰而出现问题。

举一个很普通的例子，有一位叫Adam的先生在路上遇到我们在座的钟小姐，钟小姐虽然认识Adam，可是并不熟，Adam只不过是钟小姐有过一两面之缘的普通朋友（acquaintance），钟小姐跟Adam打招呼说：“嗨！好久不见，近况如何？”Adam因为他的原籍是伊甸园，并且对他在伊甸园老家的生活还一直念念不忘，所以不愿意理会我们地面上人世间的种种俗套，于是非但不像一般人那么样地回钟小姐说“很好，谢谢你”，反而把他近日来所经历的七情六欲都列举说出来。我想我们都不难想象，钟小姐在遇到这种情况的时候一定会感到不知所措，钟小姐之所以会感到不知所措，是因为她跟Adam之间在沟通上有了一个total breakdown，而这种total breakdown之所以会发生而成为可能，是因为Adam没有遵守我们人世间的“stock of knowledge”——所制定而又是我们世人所认为是理所当然的习俗规范。七情六欲的问题并不是绝对不可以说，在别人跟你打招呼的时候却是不可以说的，可是如果Adam在他心理医生的诊所里，他尽可以、也应该毫无保留地说个痛快，而我们要判断在什么场合可以说什么或不可以说什么的依据，就是我们每个人因为社会化而具备的“stock of knowledge”。钟小姐在我们假想的情况中得到的经历显示出，我们日常生活的真实性是因为我们的“stock of knowledge”才成为可能。

这种真实性看起来似乎是理所当然、牢不可破，其实却是相当脆弱的，经不起挑战和质疑，如果受到质疑或挑战，这种真实性的solidity就会像空中楼阁一样地崩溃瓦解，而禅宗所运用的话头在作用和效果上，就很像这种对于日常生活真实性的质疑和挑战。这也就是说，看话头或参公案对我们习以为常而又认为是理所当然的真际（reality）有一种腐蚀的效果，这种腐蚀能够在我们的心地上清除出一片空旷的净土，使得另一种新真际的呈现成为可能。禅宗认为，分辨性与概念式的理智思维是我们般若真如自然实践的大障碍，而悟或enlightenment则是分辨性与概念式的理智思维的中止。这也就是说，如果想要见悟我们的真如本性，我们就得要彻底地改变我们所习以为常的那种序列性思考（sequential thoughts）。顾名思义，序列性思考讲究sequence，以时间、因果或逻辑上的本末先后为建构原则，用我们以前讨论过的慧能的话来说，这种讲究sequence是一种“念念迁流”。禅宗要我们把这种习以为常的序列性思考翻转成为一种非习惯性和非序列性（non-habitual and non-sequential）的非思考，为了要完成这种翻转，我们必须滥用（abuse）我们都认为是理所当然的日常用语，这种滥用也是一种反滥用（disabuse），可以破除我们语言因为我们习以为常的序列性思考而拥有的种种联想，禅宗的公案或话头所承诺的效验就正是这种滥用和反滥用。我们可以把公案或话头当作是一种新语言，以我们所习用的日常语言为准，这种新语言也许不能算是语言而应该称之为非语言（non-language）。因为我们所习用的日常语言是近情合理，所以可以“理喻”的，而公案或话头里的语言却是“不近人情”，所以是完全不可“理喻”的。

用一位名叫大慧宗杲的禅师的话来说，公案或话头是全然地“无滋味”，可是就因为是“无滋味”“不近人情”和不可“理喻”，所以公案能够引起我们的疑虑、焦虑、挫折和不安。各位可以试试看，把诸如《无门关》和《碧严录》之类的公案选案拿来看上个十几二十分钟，我相信你们会因为公案的“不近人情”和不可“理喻”而感到不知所云，如果你们再继续看下去的话，这种不知所云的感受会浓化升级而成为疑虑、焦急、挫折和不安，这种感受是很自然的，并且，对禅宗来说也是很必要的，这是为什么一位叫博山的禅师强调“做功夫要……不近人情”，他说：“做功夫要中正劲挺，不近人情，苟循情因对，则功夫做不上，不但做不上，日久月深则随流俗阿师无疑也。”[1]基于同样的理由，博山大师还特别强调“疑情”的重要，他说：“做功夫贵在起疑情。”[2]他要我们“与疑情厮结在一处”，而能够“抬头不见天，低头不见地，看山不是山，见水不是水，行不知行，坐不知坐，千人万人之中不见有一人，通身内外只是一个疑团，可谓搅浑世界”。[3]很显然，博山不希望我们成为健康快乐的乖宝宝，他要我们做捣蛋鬼、打混仗，以“不近人情”的方式来“搅浑世界”，并且他认为我们做捣蛋鬼、打混仗的动力是来自“疑情”！我想我们很可以了解为什么博山会有如此的主张，一个人有了“疑情”才不会自满（complacent），因为是不自满，所以这个人就不会把习以为常的俗见看作是不证自明的理所当然而有种种的质疑，所以“疑情”是习气俗见腐蚀的开端，腐蚀到最后，则因为习气俗见的瓦解，而真见可以有它的空间在我们本然的心性中呈现，而所谓的“省悟”（enlightenment），其实也只不过是这种本然真见的经验性体认。

一个人在开始看话头之前必须具备一些心理的条件，这个人一定要对这种特殊的参禅方法有信心，他必须有决心看话头不是儿戏，而是一种承诺（commitment），要全身投入。用博山禅师的话来说，做这种功夫就好像是“觅要紧的失物”，“若觅不着，誓不休心其中”。[4]除此之外，一个要看话头的人还必须有一种存在上的迫切感（existential urgency），用大慧宗杲的话来说，看话头的人，无论他在做什么，都必须要把“生死二字贴在额头上”。[5]可是迫切感并

[1] 《博山和尚参禅警语》，卷上，《卍续藏经》，第一一二册，第474页上—下。

[2] 同前注，第474页下。

[3] 同前注。

[4] 同前注。

[5] 博山亦有类似的话，同前注。（编按）此话为“有个死字贴在额头上”。

不是over-eagerness，所以大慧宗杲一方面要我们把“生死二字贴在额头上”；另一方面却警告我们欲速则不达，他把看话头比喻为琴师的调弦，琴弦不能调得太紧，也不能调得太松，要适中。而所谓要适中，根据大慧宗杲的说法，也就是要像牧童放牛一样，放牛的牧童不是我们今天中学里放牛班的老师，他并不是什么都不管，而是“勿忘勿助”。有了这些心理条件，看话头才可能有结果，而这个结果就是所谓的省悟，省悟显然是一种突发性的突破经验，所以禅宗往往推重这种省悟，并且用“击石火闪电光”[1]之类的词语来形容这种顿悟。可是，用《楞伽经》里的话来说：“理须顿悟，事须渐修。”所以，情虽然有突发性，然而要到达悟的境界所需要的修持却可以并且也往往是一个长而又是非常艰难的过程（arduous process）。在这个过程之中，看话头的人会经历到各种各样的苦闷（agony）以及非常强烈的心理冲突（psychological struggle），至于说这些心理上的苦闷和冲突到底有多强烈，我想我可以借大慧宗杲的个人经历作一个说明。

大慧宗杲生于1089年，卒于1163年，是一位临济宗的禅师，并且也是促成公案禅发展的一位始祖性（seminal）人物，他的影响不限于中国，也远及日本，尤其是日本的白隐（Hakuin）禅师受大慧宗杲的影响很深。大慧宗杲出家出得很早，他13岁“从学发蒙”，之后不到半个月就“弃去出家”，17岁“落发受具”，然后就开始“遍阅〔禅宗〕诸宗〔的〕语录”，并且云游四方，拜访各地的禅师请益。云游了许久，大慧宗杲才遇见一位禅师使他心服，这位禅师是宝峰准禅师，准禅师的名字叫湛堂。大慧宗杲在湛堂的庙里待了一阵子。有一天，当大慧宗杲已经是26岁的时候，湛堂把他叫到跟前问他说：“杲上坐，我这些子禅，尔一一理会得耶？”大慧宗杲回说：“理会得。”湛堂说：“教尔说也说得，教尔做也做得，拈古、颂古、小参、普说总得，只有一件事不是，尔还知么？”大慧宗杲说：“未审是什么事。”湛堂说：“尔只欠囫地一下，所

[1] 例如《续传灯录》，卷二十七，《大正藏》，第五十一册，no. 2077，第651页中。

以说时有，不说时便无，入方丈时有，出方丈时便无，惺惺时有，睡着便无，如何敌得生死。”大慧宗杲说：“正是某甲疑处。”可是湛堂此刻更无指示，后来湛堂病了，于是大慧宗杲就问湛堂：“某甲向后当见谁人？”湛堂说：“有个勤巴子，我不识渠，汝可见之，当能办子事，若了不下，便可修行看一《大藏经》，后身出来参禅，决是个善知识也。”不久之后，湛堂过世，而大慧宗杲则经过一番转折，终于在十年后，36岁的时候成为圆悟克勤的弟子，这时候大慧宗杲已经下定决心，决定这是他最后的一次参禅，他并且发誓他只给圆悟克勤九年的时间，如果圆悟克勤在九年之间让他轻易过关，或跟他以前参过的禅师一样地无能为力的话，他要写文章骂禅，并且从此不再浪费心神参禅，他宁可把精力用来读经，希望能因此积些功德，以便来世能够有幸再生为一个佛教徒，决心既立，大慧宗杲就全身投入。

当时圆悟克勤给大慧宗杲的公案是一则云门和他弟子之间的对答。云门的弟子问：“如何是诸佛出身处？”云门的回答是：“东山水上行。”大慧宗杲参这一则公案参了一整年，在这一整年之中，他一共试了49次，想为这则公案下一“转语”，可是每次都被圆悟克勤打回票，认为他“不契”。有一天，[1]圆悟到一位“达官”的家里作客，谈起云门的那则公案，说：

> 僧问云门：“如何是诸佛出身处？”云门云：“东山水上行。”若是天宁［按：此乃圆悟自称］即不然，若有人问：“如何是诸佛出身处？”只向道：“熏风自南来，殿阁生微凉。”

听了这些话，大慧宗杲“豁然省悟”，[2]大慧宗杲以他的“所悟”禀告

[1] 以下亦见《大慧普觉禅师语录》，卷十七，《大正藏》，第四十七册，no. 1998，第883页上、中。（编按）或见《续传灯录》，卷二十七，《大正藏》，第五十一册，no. 2077，第649页下。

[2] 《五灯会元》作“言下忽然”（下册，卷十九，第1888页）。

圆悟克勤，圆悟克勤的判断是大慧宗杲“虽得前后际断，动相不生，然却坐在净裸裸处”。于是圆悟克勤对大慧宗杲说：“未也，子虽有得矣，而大法未明。”过了几天，圆悟克勤又把大慧宗杲叫到方丈，对他说：“也不易尔到这里田地，但可惜死了不能得活，不疑言句是为大病，不见道，悬崖撒手，自肯承当，绝后再苏，欺君不得，须知这个道理。”大慧宗杲回答说：“某甲只据如今得处已是快活，更不能理会得也。”可是圆悟克勤不肯就如此轻易地放过他，所以选了另外一则公案叫大慧宗杲参，这则公案是说：“有句无句，如藤倚树。”（To be or not to be — It is like a wisteria leaning on a tree.）“有句无句”是“说有说无”的意思，“藤”是“葛藤”，也就是紫藤（wisteria），是一种蔓生植物，开紫色的花，花很美。在台北的新生南路上，龙安小学对面有一家茶艺馆叫紫藤庐，是一栋日据时代留下来的日本式房子，维护得很好，并且庭园的设计也还仍然保有它原来的日本风味，坐在庭园的深处喝茶，可以很清晰地听到外面车水马龙的市场，可是在感觉上又好像很遥远，颇有一种不即不离的味道。这家茶艺馆的院子里头有株紫藤，这株紫藤将近百年，所以蔓延得相当广，已经从前院伸展到后院。并且，据老板说，房子的屋基底下也都已经完全被这棵紫藤的根所盘踞。今年（1987年）的阴历年前后，有一位在台观光的日本女士来到紫藤庐喝茶，跟老板谈得很投机，回日本后，寄了一本相当精美的案头月历送给周老板，这本月历的每一个月都附印有一帧以紫藤为主题（motif）的图画，周先生于欣赏之时，也感到惊讶，他没想到日本人对紫藤竟如此地爱好。

其实，日本的艺术和美学往往都带有禅味，而紫藤是佛教（尤其是禅宗）文化里的一个常用的象征符号。紫藤因为是一种蔓生植物，纠缠不清，所以被佛家用来比喻烦恼，《出曜经》[1]卷五里就有一段话以紫藤为喻，说：“其有众生堕爱网者，必败正道……犹如葛藤缠树，至

[1] 《出曜经》，共二十卷，尊者法救造，姚秦竺佛念译，十二部经中第六部经名也。

末遍则树枯。”[1] 以后的禅宗则又以葛藤来通指言说或“说事枝蔓不径捷者”，[2] 所以禅宗有“葛藤禅”的说法，是一个讥讽语，意思是“以文字说禅”。譬如说，宋代的时候有两位禅师，一位是云居晓舜，另一位是（越州）天衣义怀，晓舜禅师就曾经讥讽过义怀禅师，说义怀禅师所说的是“葛藤禅”，并且，当晓舜禅师听说到义怀禅师“迁化”的时候，晓舜禅师还在“法堂”上公然合掌曰：“且喜葛藤桩子倒了也。”[3] 文字禅需要破，所以禅宗又有打葛藤的话，各位一定还记得梁武帝（昭明太子的父亲）跟菩提达摩之间的那段对话，当梁武帝问达摩：“如何是圣谛第一义”的时候，达摩回答是：“廓然无圣。”在《碧岩录》里，圆悟克勤对达摩这一个回答所作的评唱是：“一等是打葛藤”。[4]《碧岩录》一共收了一百则公案，这一百则公案原来是一位叫雪窦禅师所选，雪窦对这一百则公案都作有“颂古”，以后圆悟克勤又“评唱”雪窦对这一百则公案所作的“颂古”而成为《碧岩录》，圆悟克勤称雪窦的“颂古”为“打葛藤”。[5]“打葛藤”的目的是要“直下截断葛藤”，[6] 圆悟克勤所以称雪窦的“颂古”为“打葛藤”，是因为公案虽然本来是“打葛藤”的手法之一，可是如果公案参不透，那么不但是葛藤“打”不了，并且原本是用来“打葛藤”的公案本身倒反而变为一个“葛藤窠”，[7] 而把一个人弄得“满肚葛藤”，[8] 所以禅宗又有“葛藤公案”的说法。[9] 当然，雪窦的“颂古”也可以成为葛藤，所以圆悟克勤有“看取雪窦葛藤”[10] 的说法。

---

[1] 又，《楞伽经》，卷一：“丛树葛藤句，非丛树葛藤句。”

[2] 〔清〕道融：《丛林盛事》语。

[3] 《大慧普觉禅师宗门武库》，《大正藏》，第四十七册，no. 1998，第943页下。

[4] 《大正藏》，第四十八册，no. 2003，卷一，第140页中。

[5] 同前注，第142页中。

[6] 语见同前注，第144页下。

[7] 语见《大慧普觉禅师语录》，卷十七，《大正藏》，第四十七册，no. 1998，第884页上。

[8] 语见《碧岩录》，三教老人序，《大正藏》，第四十八册，no. 2003，第139页下。

[9] 语见同前注，卷二，第152页下。

[10] 同前注，卷一，第140页上。

很显然，葛藤是禅宗文化里的一个常用象征符号，所以圆悟克勤给大慧宗杲所参的第二则公案——“有句无句”公案——以葛藤为喻，并不是偶然的无中生有，并且，这则公案也不是圆悟克勤本人的创作，而是另有来头，跟一位叫（抚州）疏山匡仁的和尚有关。疏山匡仁是洞山良价的法嗣，他因为听到另外一位叫沩山的和尚在一次“示众”的时候说了“有句无句，如藤倚树”的话，所以前往拜见沩山。疏山到达的时候，沩山正在“泥壁”，疏山劈头就问：“承闻和尚道‘有句无句，如藤倚树’，是否？”沩山说：“是。”疏山接着又问：“忽遇树倒藤枯，句归何处？”沩山说：“放下泥盘，呵呵大笑归方丈。”疏山很不高兴地说：“某甲三千里卖却布单，特为此事而来，和尚何得相弄？”于是沩山就叫他身边的侍者拿“二百钱”给疏山，并且对疏山说：“向后有独眼龙为子点破在。”后来疏山听到一位叫明招德谦的禅师，是德山宣鉴的曾法孙，左眼失明，是一个独眼龙，于是疏山就“径往礼拜。”明招问他：“某甚处来？”疏山回答说：“闽中来。”明招又问：“曾到大沩否？”疏山说：“到。”明招再问：“有何言句。”疏山就把他跟沩山间的来来往往如实相告，明招听了便说：“沩山可谓头正尾正，只是不遇知音。”疏山没能会意，所以又问：“忽遇树倒藤枯，句归何处？”明招的反应是：“却使沩山笑转新。”疏山“于言下大悟，乃曰：‘沩山原来笑里有刀！’”说完了就“遥望礼拜悔过”。[1]

疏山的这一段逸事以后就成为禅宗的一则公案，使得大慧宗杲痛苦了好一阵子，圆悟克勤要大慧宗杲每天报到三四次，禀告进展。可是每次晋见的时候，大慧宗杲刚要开口，圆悟克勤就马上打断他说：“不是，不是。”大慧宗杲如此地度过了半年，还“未蒙印可”。有一天，在饭桌上，大慧宗杲因为参不透那则公案而纳闷，他“把箸在手，却忘下口”，因此圆悟克勤就取笑他说：“这汉参黄杨木禅，却倒缩去。”

---

[1] 《五灯会元》，下册，卷十三，“疏山达仁章”，第1203—1204页。Also,《从容录》，第八十七则，《大正藏》，第四十八册，no. 2004，第283页中。（编按）《从容录》应指《万松老人评唱天童觉和尚颂古从容庵录》。

于是大慧宗杲就用了个比喻向圆悟克勤道出他的困境，他说："和尚这个道理，恰似狗看热油铛相似，要舐又舐不得，要舍又舍不得。"圆悟克勤听了便说："尔喻得极好，只这个便是金刚圈、栗棘蓬也。"金刚圈和栗棘蓬都是禅宗的术语：金刚是很坚硬的东西，用金刚做的圈子不易穿透跳脱，所以男女订婚，男方要送女方金刚钻戒，把女方套得牢牢的，而女方接受这个圈套，显然也愿意被套，许以终身；栗棘蓬的"蓬"字与墣或塥通，是"块"或"土块"的意思，所以东北人称"土块"为"蓬颗"，栗棘蓬是一块有刺的栗子，很难吞咽，所以《普灯录》卷三有"栗棘蓬你作么生吞，金刚圈你作么生跳"的说法。金刚圈和栗棘蓬象征难透难吞，圆悟克勤用这两个词语来形容大慧宗杲当时的困境。后来又有一天，大慧宗杲对圆悟克勤说："见说和尚当时在五祖〔处〕亦曾问此话，不知五祖如何答，乞师垂示。"圆悟克勤"默不应"，[1]于是大慧宗杲情急了，又说："和尚当时不可独自问，须对大众前问，如今说又何妨？"圆悟克勤终于网开一面，对大慧宗杲说："我问：'有句无句，如藤倚树时如何？'五祖云：'描也描不成，画也画不就。'又问：'忽遇树倒藤枯时如何？'五祖云：'相随来也。'"大慧宗杲听到这里，"当下大悟，乃曰：'某甲会也。'"可是圆悟克勤却说："只恐尔又透这公案未得。"大慧宗杲马上信心十足地回说："请和尚举。"于是圆悟克勤就举了"前辈一络索〔的〕诮讹语话征诘之。"大慧宗杲都能够"随声酬对，了无滞碍。"圆悟克勤于是"拊掌称善"，并且当众宣布："杲非一生两生为善知识来。"[2]

大慧宗杲到底悟到了什么，我们的文献里没有明说，大慧宗杲他自己只是强调，公案"不可以理路商量"，用大慧宗杲的话来说，公案是一条"玄妙"的"不涉义〔之〕路"[3]，大慧宗杲特别以"南泉斩猫"

[1] 《五灯会元》作"笑而不答"。

[2] 《续传灯录》，卷十七，《大正藏》，第五十一册，no. 2077，第650页上；see also《圆悟克勤传》，《五灯会元》，下册，卷十九，第1860、1887—1889页。

[3] 《大慧普觉禅师语录》，卷十四，《大正藏》，第四十七册，no. 1998，第868页中。

为例而指出："学语之流，多谓之当机妙用，亦谓之大用现前，不存轨则。"可是，大慧宗杲警告说："总不是这般道理。"[1]他还以"如何是祖师西来意""庭前柏树子"这两则公案为例说："恁么会方始是……这般说话，莫道尔诸人理会不得，妙喜（i.e.大慧宗杲）也自理会不得。"他把参公案比喻为"蚊子上铁牛"，既然是"蚊子上铁牛"，所以根本就"无尔下嘴处"。因此，大慧宗杲对他的听众说："尔真个要参妙喜禅，尽将诸方学得底扫向他方世界，百不知百不会，虚却心来。"[2]大慧宗杲还特别强调："学世间法，须要理会得分晓，学出世间法，却全要理会不得，方有趣向分。"可是"既理会不得，却〔又〕如何趣向？"大慧宗杲的回答是："但恁么究取。"[3]他这一个回答说得好轻松。可是，"但恁么究取"又到底是怎么"究取"？大慧宗杲就不说了，他只是强调，当我们参"古德入道因缘"，因为参不透而"觉得迷闷没滋味，如咬铁橛相似"的时候："第一不得放舍。"因为这"乃是意识不行、思想不到、绝分别灭理路〔之〕处"，这个时候"正好着力"。[4]大慧宗杲向我们保证："〔悟〕这一段事，人人本有，各各天真，只为无始时来无明业识所覆，所以不能现前。"[5]然而只要不"放舍"，到时候我们自然能够"打开自己〔的〕库藏，运出自己〔的〕家珍"[6]而亲证、亲悟究竟，这是参公案/看话头所允诺（promise）的效验。至于说，参公案/看话头何以会有这样的效验，我想我也许可以借用荣格（Carl G. Jung）的分析来作一个试探性的说明。

首先，我得强调，meditation本身并不是禅宗或佛教所独有的专利品，天主教里也有。以天主教里的耶稣会教士（Jesuits）为例，他们都做meditation，他们的meditation叫作Jesuit Exercises，有的时

---

[1] 《大慧普觉禅师语录》，卷十九，第891页上。

[2] 同前注，卷十六，第881页中、下。

[3] 同前注，卷十九，第893页下。

[4] 同前注，第891页上。

[5] 同前注，卷十八，第887页上。

[6] 同前注，卷十七，第882页下。

候也称为the Exercise of St. Ignatius（Ignatius Loyola〔罗耀拉〕是耶稣会创始人），这种meditation通常都要一个mediator把心神凝聚在一个holy image上，这个holy image可以是圣婴，也可以是Madonna，是圣母Mary的像。Madonna这个字原来是意大利文，由ma和donna两个部分组成，ma来自拉丁文的mea，是my的意思，donna是拉丁文里dominus的feminine form，dominus显然跟英文里的dominate有关，意思是lord，所以donna就是lady，而Madonna是my lady的意思，原来在意大利文里Madonna是对一位女人的尊称，相当于英文里的madam。可是在英文里，如果把M大写，那么Madonna就成为专指圣母Mary或圣母像的专有名词。Jesuit Exercises要一个meditator把心神集中在一个holy image上，所以跟公案meditation很不一样，公案meditation的对象不是一项具体的实物。就这一点而言，公案meditation不但跟天主教里的Jesuit Exercises不同，也有别于佛教其他部派里的一些meditation practices，这些其他部派里的meditations practices也涉及具体实物的运用。我以前跟各位提过，佛家往往用一具正在腐化的尸体作为meditation的对象（至少在历史上是如此），正在腐化的尸体跟圣母或圣婴的holy images一样，都是具体的实物，在我们的现实生活里，所有的具体实物都有一定的意义内涵，所以都能够引发一些特殊的联想而产生先入为主的作用，就这一点而言，我们可以说，所有以具体的实物为对象的meditations所得到的结果都是预定的（至少都有一个有限的预定可能范围）。

公案meditations就不同了，我已经举例说明过了，公案不只是呈现矛盾性而已，也还往往是nonsensical，所答非所问，给人一种不相干/无交涉的感觉，我们看不出也想象不到公案与公案所induce的省悟经验之间有任何特殊意义上的关系。所以荣格认为，作为禅宗meditation对象的公案没有先入为主的作用，没有预定的有限性；荣格并且认为公案的直接目的是负面的，公案因为在性质上是paradoxical、nonsensical和irrelevant，所以能够引起我们的怀疑、挫折、焦虑和不安。当然公案也有它convention，要解释而使得公案成为有意义也不是完全不可能；并且，历史上也的确曾有人为公案的解释下过一番功夫。可是，用我刚刚所引过的大慧宗杲的话来说："总不是这般道理。"[1]在他的语录里，大慧宗杲曾经讨论过这种对于公案的解释，他指出："（以两则公案为例）……丛林举唱者，如麻如粟，错会者如稻似谷，若不作心性会，便作玄妙会；不作玄妙会，便作理事会；不作理事会，便作直截会；不作直截会，便作奇特会；不作奇特会，便向击石火闪电光处会；不向击石火闪电光处会，便扬在无事甲里；不扬在无事甲里，便……闭目合眼，坐在黑山下鬼窟里思量卜度。"可是，大慧宗杲提醒我们："若作这一络索道理……纵然句下精通，未免触涂狂见。"[2]所以，我们尽管可以为公案作出各种各样的解释，这些解释全都不干禅事。一个真有造诣（accomplished）而又负责的禅师不会让我们过关，因为过不了关而却又想过，于是我们的怀疑、焦虑、不安和挫折的感受就升级浓化，结果是我们有意识的理性心智（rational intellect）的全盘溃崩，而我们的rational intellect说穿了，其实也不过只是存在于我们有意识的consciousness之中的一些socially constructed和culturally conditioned suppositions而已，当我们意识之中的这些社会文化所建构与制约的设准被摧毁之后，我们的心理和生理所本然具有、但却被我们的理智意识所压抑的种种性向（predispositions），就可以从我们的unconsciousness之中呈现而自由运作，所以rational intellect的崩溃不会使我们的心灵变得像一块木头那样地无思无念、无感无情，只是我们的思念、感情变成另外一种的operation，这另外一种的operation是我们的心理和生理本然性向的自我实践。

以上是荣格对于公案之所以会有引发省悟效果所作的分析。我觉得荣格虽然是个心理学家而不是研究禅宗或甚至佛学的专家学者，可

---

[1] 《大慧普觉禅师语录》，卷十九，第891页上。

[2] 同前注，卷十五，第876页中—下。

是他的这番分析却不无道理，我甚至还以为荣格的这番分析是一个很大的insight，而我之所以如此觉得，是因为禅宗用来论说公案的语言似乎很可以为荣格的分析提供一些justification。禅宗在这方面的论说语言我已经引用了不少，请各位回想一下博山和尚所说的“疑情”“不近人情”和“搅浑世界”，以及大慧宗杲所强调的“理会不得”“不得放舍”和“正好着力”的时刻，也请各位回想一下大慧宗杲给我们的assurance：“〔悟〕这一段事，人人本有，各各天真，只为无始时来无明业识所覆，所以不能现前”，只要不“放舍”，我们自然能够“打开自己〔的〕库藏，运出自己〔的〕家珍”而亲证、亲悟究竟。至少就文字的层面而言，公案可以“搅浑”腐蚀我们“世界”上的“人情”，而这种世上人情腐蚀的结果是我们“自己库藏”的“打开”和本然“天真”的显现。假如我们就博山的“人情”和“世界”来诠释大慧宗杲的“无明业识”，而又假如我们把我们当今所谓的“文明意识”看成是如此诠释的“无明业识”的一种，那么博山和大慧宗杲对于公案的论说就很可以跟荣格的分析符合。并且，从心理学的观点而言，我们unconscious的内容能够突破consciousness压抑而明朗化是一种解放性的经验，而这个解放的结果是一个新的人格的形成，这个新的人格因为不再有unconsciousness和consciousness之间的冲突，所以是一种没有神经质和精神分裂的完整人格。各位大概都知道，禅师们在亲证、亲悟到究竟之后，往往会“呵呵大笑”。我相信他们这种行为并不是偶然的，“呵呵大笑”表示出一个被解放出来的新生命/新人格所经验到的舒畅和喜悦，是我们本然生命跃然的流行和流露。

第二十讲 | 周敦颐与新儒家的“道德的形上学”(上)

我们都知道，儒、释两家在我们的思想史上有过紧张性，其间的关系是一则纠缠不清的葛藤公案。我以往在讨论智颉的判教理论的时候曾经指出，智颉虽然认为儒、释两家有好些地方可以相互比拟，可是却断定儒家仅仅是一种“世间法药”，这种世间法药所提供的一种“伪观”（view of the temporary)，能够满足根机“薄弱”而无法“深化”的众生需要，可是却不能使众生得到真正的解脱，所以必须超越；智颉认为能够使众生真心解脱的是佛教，因为佛教所提供的是“毕竟治”（ultimate cure)。智颉这种说法所显示出来对儒家的态度，在我们历史上佛教的寺院界相当流行，是我们历史上的高僧们所广泛抱持的一个典型观点，可以举的例子很多，我这里姑且以圭峰宗密为例。

宗密是华严和禅宗所共认的祖师，是一位能够兼容并包的出家人，他写过一篇叫《原人论》的文字，收在《大正新修大藏经》的第四十五册里（no. 1886)。在这篇文字里，他表现了对于儒、道、释三家差异的大方与宽容，认为三教可以互为资补，并且也应该同被“遵行”；可是，虽然如此，宗密却仍然坚信，只有佛教“方为决了”之教。所以宗密虽然主张调和之教，可是他的调和论却把三教分为三个层次，是一个层次分明的等级体系，这个等级体系断定儒家终究是“迷”（delusion)，他并且还说：三教“虽皆圣意，而有实有权，二教唯权，佛兼权……推万法穷理尽性至于本源，则佛方为决了。”很显然，宗密的兼容并包是一种始而开放和终而排拒的混合心态，在模态上跟智𫖮的心态没有多大的不同，只是智𫖮有个阶段性的stage theory，认为儒家所提供的“世间法药”，在中国履行了一个历史任务，为身处在中国的众生提供了一个准备，使得他们往后有能力接受大、小二乘佛教。这种stage theory所考虑的，除了是逻辑层次上的高低之外，也还是时序上的先后，而宗密的判教所涉及的则只是逻辑层次上的高低。他们两人的说法在细节上有些出入，是我们历史上佛家对儒家评价所用的两种基本方式，这两种基本方式在模态上是一致的，都包容儒家，可是这种包容却也毫不含糊地断定儒家是definitely inferior。

至于儒家，尤其是宋明以来的新儒家，[1]则一方面是非常积极地辟佛，而另一方面却又往往被认为是“阳儒阴佛”，翻成现代汉语，所谓“阳儒阴佛”也就是说，表面上是儒，骨子里是佛。我不知道各位对这种“阳儒阴佛”的说法有何感觉，我个人则觉得这种说法很笼统，不知其所云，所谓“表面”该作何解释？所谓“骨子里”又有何意义？而“表面”与“骨子里”两者之间又到底具有什么样的关系？并且，由这种关系所建构而形成的新儒家思想又是什么样的formation？诸如此类的问题完全都没有分析处理，所以所谓“阳儒阴佛”的说法根本就是空话，等于什么也没说。笼统之外，这种“阳儒阴佛”的说法也无法正视并解释新儒家的积极辟佛所呈现的那种深恶痛绝的animus。[2]以程颢为例，他认为佛家是异端中的异端，他说：

> 杨墨之害，甚于申韩；佛老之害，甚于杨墨……申韩则浅

[1] （编按）“新儒家”这里是依循西文研究传统中习用的Neo-Confucianism的中译，指宋明以来的儒学传统，与港台1950年代之后出现的以张君劢、唐君毅、牟宗三、徐复观为代表的现代新儒家不同。

[2] 1. an animating force or underlying purpose; 2. a feeling of strong ill will or hatred; animosity.

陋易见，故孟子只辟杨墨，为其惑世之甚也，佛老其言近理，又非杨墨之比，此所以其惑尤甚。[1]

程颢在这一段话里以佛、老相提并论，朱子则略有不同。朱子区别佛、老，并认为佛家之伤天害理要远甚于道家，而佛家之中，又以禅宗为甚，他说：

禅学最害道。庄老于义理绝灭犹未尽，佛则人伦已坏，至禅，则又从头将许多义理埽灭无余，以此言之，禅最为害之深者。[2]

朱子还说："老氏依旧有，如所谓'无欲观其妙，有欲观其徼'是也。若释氏则以天地为幻妄，以四大为假合，则是全无也。"[3]面临这种新儒家对于佛家的指责，也许有人会说，新儒家的这番指责都是意气用事，不能叫佛家心悦诚服，这个话不是不能说，各位慢慢会发觉，就佛家的立场而言，新儒家的辟佛论的确是不中肯，扭曲了佛家的教义，完全是从新儒家本身的立场出发而有的自说自话。可是，虽然如此，我们仍有必要在措词上去正视新儒家的辟佛论，我们应该要追问：(1) 这些辟佛论到底是如何地不中肯/如何地扭曲了佛家的教义？(2) 到底是哪些条件使得这种不中肯和扭曲成为可能？(3) 所谓"自说自话"又是什么样的话？(4) 并且，这种"自说自话"既然是从新儒家的立场出发而有，那么这些话是否在新儒家的思想体系里可以言之成理？(5) 如果可以言之成理，这个"理"又是什么样的"理"？假如我们循着这一连串问题的脉络去分析新儒家辟佛论的措词（rhetoric），我们就能够了解，新儒家的辟佛论虽然是不中肯，却还是有意义的，这

[1] 《近思录集注》(台北：中华书局，1966年)，卷十三，第1页a。

[2] Wing-tsit Chan, *A Source Book in Chinese Philosophy*, p. 647;《朱子全书》(1714 edition)，60: 13b。(编按) 原引文为英译，故注出处如此。

[3] Wing-tsit Chan, *A Source Book in Chinese Philosophy*, p. 646;《朱子全书》，60: 12b。

个意义的所在很足以显示，儒、释两家在思想路数上的差异，能够帮助我们厘清儒、释两家在中国历史上的纠缠实质。

就分析的观点而言，新儒家的辟佛论是由两个arguments所组成的。第一个argument认为佛家在伦理道德上是虚无，是morally nihilistic；第二个argument是说佛家在形上学方面所采取的是一种否定的立场，所以是metaphysically mystic。这两个arguments息息相关不可分割，其所以如此，是因为新儒家的思想意识在取向上是有机式的，是organismic in approach，而在眼界和心态上又遍及宇宙全体，是cosmic in outlook，由于在取向上是有机式的，而在眼界和心态上又遍及宇宙全体，所以新儒家在伦理道德的moral order与宇宙所以运行的metaphysical order之间没有作出绝对截然的划分。对新儒家来说，由终极真际所创建出来的宇宙不仅仅是真实可知和有理性有秩序而已，并且也还有一种必然的本然之善，这也就是说，新儒家认为，终极真际是宇宙生命的所以然，也是是非善恶之分的源头和根据，新儒家从这么一个perspective来看佛家，所以很自然地会认为佛家不只是morally nihilistic，也还必然是metaphysically mystic。用牟宗三先生的话来说，新儒家的形上学是"道德的形上学"，不是"道德底形上学"，是moral metaphysics，不是一种metaphysic of morals，所以形上学的问题必然是道德上的问题，而道德上的问题必然是形上学的问题，这两方面的问题，由于新儒家的形上学是"道德的形上学"，而在逻辑上成为必然地息息相关不可分割。

用程颐的话来说，所谓佛家在道德上是虚无，也就是说，佛教徒"多要忘是非"，[1]因为"多要忘是非"，所以佛教徒都变得"自私自利"，是selfish & self-interested。这种说法在新儒家之中很流行，我在这门课刚开始的时候就已经说过，新儒家有它的系统性，可是却并不是一个声音，新儒家的内部相当复杂，有许多派别和争论，可是，

[1] 〔南宋〕朱熹著：《河南程氏遗书》，卷十九，收入《二程集》（台北：汉京，1983年），第263页。

尽管如此，新儒家的各个派别几乎每一代都有人控诉佛家，说佛家是“自私自利”。譬如说，程颐就说道：

释氏之学，又不可道他不知，亦尽极乎高深，然要之卒归乎自私自利之规模。何以言之？天地之间，有生便有死，有乐便有哀。释氏所在便须觅一个纤奸打讹处，言免死生，齐烦恼，卒归乎自私。[1]

陆象山往往被认为是由程颐和朱熹为首的程朱学派的劲敌，可是象山也以类似程颐的话来指责佛家，他在一封给王顺伯的信里说：

兄前两与家兄书，大概谓儒释同，其所以相比配者，盖所谓均有之也。某尝以义利二字判儒释，又曰公私，其实即义利也。儒者以人生天地之间，灵于万物，贵于万物，与天地并而为三极，天有天道，地有地道，人有人道，人而不尽人道，不足与天地并，人有五官，官有其事，于是有是非得失，于是有教有学，其教之所从立者如此，故曰义曰公；释氏以人生天地间，有生死，有轮回，有烦恼，以为甚苦，而求所以免之，其有得道明悟者，则知本无生死，本无轮回，本无烦恼，故其言曰：“生死事大。”如兄所谓菩萨发心者，亦只为此一大事，其教之所从立者如此，故曰利曰私。惟义、惟公故经世，惟利惟私故出世，儒者虽至于无声无臭，无方无体，皆主于经世，释氏虽尽未来际普度之，皆主于出世。[2]

我们到底应该要如何去理解新儒家诸如此类的辟佛论？象山在我

[1] 〔南宋〕朱熹著：《河南程氏遗书》，卷十五，第152页。

[2] 〔南宋〕陆九渊著，钟哲点校：《陆九渊集》（北京：中华书局，1980年），卷二，第17页。

刚刚所引的那段话里还甚至认为大乘的普度众生理想也是“私”和“利”，而不是“公”和“义”，这种指责尤其是说不过去。我们都知道，大乘批评小乘是“自私”，正因为小乘所讲的是“自度”而不是“普度”，这是为什么大乘提出了菩萨的构想，作为佛家的另外一种理想，菩萨是一种已经证悟到了终极真际的究竟而可以马上进入涅槃极乐世界的存在，可是他们却放弃这个个人的功果而决心停留在人世间，为的是帮助所有的众生超度苦海，这应该是一种很积极、很入世和很经世的构想，陆象山到底凭什么可以说“菩萨发心”也是“私”/“利”和“出世”？我想，要回答这个问题，我们就有必要厘清一下儒、释两家对于“自我”在构想上的差异，这是一个关键性的差异，假如我们能够了解两家在这方面的差异，我们不但能很容易地看出象山为什么说他那样的话，我们也会很容易地领略到儒家之所以会那么激烈地反对和尚尼姑出家的真实意义。

家庭是儒家以五伦为建构原则所形成的伦理系统的一个环节，所以，出家是对儒家伦理感的一个当然冒犯，可是“有子曰：……君子务本，本立而道生，孝弟也者，其为仁之本与”。[1]《中庸》也说：“君子之道，造端乎夫妇，及其至也，察乎天地。”[2]这两段话说得很清楚，孝弟是“本”，夫妇是“端”，“本”和“端”不是极致，极致是“仁”之“道”和“天地”。所以，很显然的，儒家之反对出家并不只是因为他们重视家庭这个社会性的伦常机构，也还有一些其他的因素，而这些其他的因素都跟儒家对于个人“自我”所作的构想有关。

《论语·微子》(18: 6) 有一个故事：

> 长沮、桀溺耦而耕，孔子过之，使子路问津焉。长沮曰：“夫执舆者为谁？”子路曰：“为孔丘。”曰：“是鲁孔丘与？”曰：“是也。”曰：“是知津矣。”问于桀溺，桀溺曰：“子为谁？”曰：

[1] 《论语》“学而第一”的第2段话。

[2] 《中庸》。

> "为仲由。"曰:"是鲁孔丘之徒与?"对曰:"然!"曰:"滔滔者天下皆是也,而谁以易之,且而与其从辟人之士也,岂若从辟世之士哉?"耰而不辍,子路行以告,夫子怃然曰:"鸟兽不可与同群,吾非斯人之徒与而谁与?天下有道,丘不与易也。"

孔子的立场很明确,"鸟兽不可与同群",不能flock with birds or herd with the beasts,所以他说:"吾非斯人之徒与而谁与?"陈荣捷先生把这句话翻为:"If I do not associate with mankind, with whom shall I associate?"[1]狄百瑞先生的翻译是:"If I am not to be a man among men, then what am I to be?"[2]狄百瑞先生的翻译不如陈老先生的literal,可是却十分活泼,把孔子的意思直接点出。孔子认为任何人都是"a man among men",也就是说,在孔子看来,个人"自我"的自身不是一种完全独立的绝对存在,而是一种有赖于他人的关系性存在。到了宋明的理学心学时代,这种依赖的关系性存在所涉及的关系显然不仅限于我们的fellow men and women,也还包括天地万物,这是为什么张载在他的《西铭》里会说:

> 乾称父,坤称母,予兹藐焉,乃混然中处。故天地之塞,吾其体;天地之帅,吾其性。民吾同胞,物吾与也。大君者,吾父母宗子,其大臣,宗子之家相也。尊高年,所以长其长,慈孤弱,所以幼其幼。圣其合德,贤其秀也。凡天下疲癃残疾,茕独鳏寡,皆吾兄弟之颠连而无告者也。于时保之,子之翼也。乐且不忧,纯乎孝者也。

很显然,对张载来说,"孝"不仅仅是一个家庭伦理,而且是一个

[1] Wing-tsit Chan, *A Source Book in Chinese Philosophy*, p. 48.

[2] Wm. Theodore de Bary and the Conference on Ming Thought, *Self and Society in Ming Thought* (New York: Columbia University Press, 1970), p. 149.

cosmic virtue，这也就是说，对张载来说，个人“自我”的关系性存在所依赖的不仅仅是家庭里的裙带关系或社会与政治上的人脉关系，也还是在道德的形上学上有终极意义的天地创动，新儒家从这么一个有机而又是cosmic的perspective出发来看待家庭，所以他们会理所当然地反对出家。对于儒家来说，出家所象征的是一种以自我为中心的心态，意谓出家人期望要从个人“自我”所赖以生/存的关系网里超脱独立出来，这种期望是既可恶而又幻妄，其所以是幻妄，是因为这种期望违反了我们人在本体存在上的实有依赖性；而其所以是可恶，是因为这种期望付诸实行的结果，是逃避我们每个人在所赖以生/存的关系网中应该担当的责任，在新儒家的价值系统里，这是一种“自私自利”的行为。

当然，佛家也认识到依赖（dependence）是一个basic fact of life。我们都知道，佛家讲“空”，而“空”又是就“缘起”而说的，“缘起”是“dependence & co-origination”，所以，事实上佛家也以dependence为它分析的起点，可是，佛家的dependence跟新儒家所说的dependence相当不一样。佛家“缘起”式的dependence不是宇宙本体上的究竟，而是一种需要加以超越征服的contingency，个人“自我”需要从这种contingency里解脱出来，否则无法得救，只有从这种contingency之中解脱出来的自我才可能再回到俗世，以不即不离的慈悲心肠来从事普度的菩萨志业。跟新儒家圣人的“经世”理想相比较，佛家菩萨的普度理想多了一层转折，因为菩萨普度式的济世以脱离俗世为先决条件，这是为什么陆象山可以说“菩萨发心者”还仍然是“私”/“利”和“出世”。

我刚刚说，新儒家就道德和形上学的观点对佛家所作的驳斥是两个息息相关的arguments，可是，在新儒家兴起之前，儒、佛之间的情况却并不是如此。各位一定都读过韩愈的《原道》，它是一篇站在儒家的立场来驳斥释、老的文字，这篇文字的火气很大，主张要“人其人，火其书，庐其居”，可是在取向上则完全是“下学”而“不上达”。在陈荣捷的Source Book里（第450—451页），他也指出了这一点，可是陈老先生认为，这正是韩愈之所以应该被当作是新儒家先驱的理由之一，他说：

> ... by attacking Taoist inaction and Buddhist silence and annihilation instead of their metaphysics, Han Yü prevented Confucianism from developing along the line of speculative philosophy in order to compete with them, and helped confine Confucian objective to the traditional goal of a moral being and a moral society.

接下来，陈老先生还说：

> This may have been a misfortune for Confucianism, for although Neo-Confucianists did base their whole movement on the metaphysical concept of principle (li), metaphysics is not one of their distinctions.

陈老先生的这段话低估了新儒家在形上学方面的成就，因此，对于新儒家辟佛论的形上意义也就没有充分地肯定。不错，在儒家的排佛言论里，牵涉佛学形上学方面的驳斥，在时间上出现得相当晚，在宋代新儒家兴起之前，儒家从来没有跟佛家在形上学的阵线上有过任何严肃的交涉，韩愈的《原道》是宋以前儒家排佛论的一个典型范例。可是，儒家对佛家在形上方面的驳斥虽然出现得较晚，就正统新儒家的哲学而言，这种驳斥却有必要被当作是最基本的。有一次，程颐的一个弟子向他数说儒、佛两家之间的相同点，程颐的回应是："恁地同处虽多，只是本领不是，一齐差却。"[1]假如我们把程颐的这句话放在程

[1] 《近思录集注》，卷十三，第3页；Chan译，pp. 285-286。（编按）Chan译应指Wing-tsit Chan, trans. with notes, *Reflections on Things at Hand: the Neo-Confucian Anthology* (New York: Columbia University Press, 1967)。

颐的思想脉络里去诠解，我们会毫无疑问地了解到，这句话里所说的“本领”所指的是形上本体的原理或原则。程颐之外，张载也曾明说：“佛氏不识阴阳，昼夜，死生，古今，安得谓形而上者与圣人同乎？”[1]诸如程颐和张载这一类的排佛论，在正统新儒家的文献里比比皆是，随处都可以见得到，所以很显然，正统新儒家一直都自认为他们的形上学跟佛家的形上学大异其趣，他们并不以为他们跟佛家之间的不同仅仅是伦理道德上的不同，而程颐的“只是本领不是，一齐差却”那句话更显示，正统新儒家那些看起来像是跟佛家在伦理道德上的抗辩，其实都有形上本体的面向。

在形上学方面，正统新儒家开展了一套以“理”或principle为建构原则的思想体系，用陈老先生的话来说，这个理“不只是一个理念或抽象的构想”[2]而已，因为这个“理”一方面具现于有形有相的事物之中，另一方面又同时是有形有相事物本体底形而上的存有，赋予现象界的事物一种真实性和普遍性。作为事物的本体，“理”存在于现实事物之中，并且也从来就不曾跟现实里的事物相分离过。在新儒家的思想体系里，现实里的事物是就气而说的，所以所谓“理”在现实从来就不曾跟事物相分离过，也就等于说“理”在现实里从来就不曾跟“气”相离，这是为什么朱子会说:“既有此气，然后此理有安顿处。”[3]就这个意义而言，理必然地内在于事物或气，所以是immanent；可是，在另一方面，因为理的本身是无“形”，其存在是一种“形而上”的存在，所以也必然地超越事物或气而同时又是transcendent，[4]因此，

[1] 《近思录集注》，卷十三，第3页a；Ibid., p. 285；又程颢亦有此说，见《程氏遗书》，卷十四。

[2] Wing-tsit Chan, “Chu Hsi’s Completion,” *Etudes Song* 2.1 (1973): 67.（编按）陈荣捷先生此文全名“Chu His’s Completion of Neo-Confucianism”，后收于*Chu Hsi: Life and Though*t (Hong Kong and New York: The Chinese University Press and St. Martin’s Press, 1987), pp. 103-138；中译本：《朱熹集新儒学之大成》，收于《朱学论集》（台北：台湾学生书局，1988年），第1—35页。

[3] Wing-tsit Chan, *A Source Book in Chinese Philosophy*, p. 637.

[4] Ibid.

理虽然是内具于事物或气之中，并且在现实里不能也不可能跟事物或气分离，可是它并不依靠事物或气的存在而存在，理的本身是一种不随事物或气的变化而变化的形而上存在。这也就是说，“理”不但是非物质的，也还是一种永恒不变的真实，“理”构成宇宙间事物生化过程之中的“不灭”本体。[1]

新儒家往往把他们如此构想的“理”拿来跟佛家的空对比，对比之下，他们认为佛家的空是他们“理”的实在性的否定，而因此提出了种种的非难，我们可以举朱子为例。朱子对佛教的空有过一连串不留余地的非难，他说空“则是全无也”。[2]他指责佛家以天地为“幻妄”，[3]他并且将佛与儒对比，说：“释言空，儒言实，释言无，儒言有。”[4]他还批评佛家误以“心”为“性”，是“最怕人说这‘理’字”。[5]他说：“吾儒心虽虚而理则实，若释氏则一向归空寂去了。”[6]因为朱子就形上本体的立场以“理”来驳斥佛家的“空”，所以他很自然地否认儒、释之间的区别“只是”道德上的义利之辨，他坚持两家在“源头”上截然有别，他说：“吾儒万理皆实，释氏万理皆空。”[7]

朱子对于佛家的“空”所作的形上批评，在正统新儒家里，有代表性；事实上，朱子的这种批评可以追溯到宋初新儒家先驱们的辟佛论。宋初的张载和二程都说过类似的话。张载认为释氏“不知穷理”，因为“不知穷理”，所以“释氏不知天命而以心法起灭天地”[8]。张载还说：“释氏妄意天性，而不知范围天用，反以六根之微因缘天地，明

[1] Wing-tsit Chan, “Chu Hsi’s Completion,” p. 66.

[2] 《朱子全书》(1774)，60: 12b; Wing-tsit Chan, *A Source Book in Chinese Philosophy*, p. 646.

[3] 同前注。

[4] Ibid., 60: 14b; Ibid., p. 648.

[5] Ibid., 60: 16b–17a; Ibid., p. 649.

[6] Ibid., 60: 14b; Ibid., p. 648.

[7] 〔南宋〕黎靖德编：《朱子语类》(台北：正中书局，1970年)，第七册，卷一二四，第4766页。

[8] 〔北宋〕张载著，〔南宋〕朱熹注：《张子全书》(台北：中华书局，1966年)，卷二，第22页。

不能尽，则诬天地日月为幻妄……谓之穷理可乎？不知穷理而谓尽性可乎？”[1]二程之中的程颢也指责释氏意图“去四大”，他还说：“〔释氏〕直欲和这些秉彝都消杀得尽。”程颢认为佛家的这种作为是“其分于道也远矣”，最终的结果一定是“无实”。程颢还指责佛家是要“没此理”，可是，程颢说，万物皆具“此理”，共且也都源于“此理”，此“所以谓万物一体者”。因此，程颢说：要“没此理”是完全不可能的事，“除是死也”。

跟张载和程颢相比，程颐并不算是特别以对佛家的形上批评而著称，关于这一点，陈老先生已经在他的*Source Book*里指出，他说：

> Ch'eng [I] criticized Buddhism on many grounds, but mostly on ethical ones. In this he differs from Chang Tsai, who attacked Buddhism more on philosophical grounds.[2]

可是，虽然如此，程颐也仍还根据“理”的构想来抨击释氏，而说释氏是“非明理者”，他又更进一步地指出儒家的圣人是“理”的追随者和实行者，并且拿他们来跟佛徒对比而说：“天有是理，圣人循而行之，所谓道也，圣人本天，释氏本心。”

正统新儒家这种基于“理”之“实”而认为佛家的“空”是虚无的驳斥并不是无可非议的。各位大概都听过一位叫傅伟勋的先生，任教于Temple University，他于1973年在*Philosophy East and West*中发表了一篇论文，论文的题目是：“Morality or Beyond: the Neo-Confucian Confrontation with Mahāyāna Buddhism”。在这篇论文里，傅先生指出，正统新儒家以佛家的空为虚无是“baseless”，因为，傅先生说，大乘佛教，尤其是在中国以天台、华严和禅的陈述方式而

---

[1] 〔北宋〕张载著，〔南宋〕朱熹注：《张子全书》（台北：中华书局，1966年），卷二，第22页。

[2] Wing-tsit Chan, *A Source Book in Chinese Philosophy*, p. 565.

出现的大乘佛教，有一种“内在之中的超越”（也就是说，大乘所讲的超越是一种“内在之中的超越”[transcendence-in-immanence]）：

> 龙树对于由人所建构的心，真理真实在知识论上的二元性，以及涅槃/轮回，绝对/相对等在本体论上的不可分辨性所作的否定性的逻辑本体分析，最终都转化成为一种对现象界与日常生活真实性的直接、积极与动态的肯定。（编注：傅文第390页。）

傅先生的话不是没有道理，因为在终极意义上，大乘佛教的空所提倡的并不是消极的“寂灭”，而是一种超越的transcendent reality，用华严宗的术语来说，这种超越的transcendent reality是一种彼此融摄/“事事无碍”的“法界”领域。可是，傅先生的话虽然有道理，却也是beside the point，其所以是beside the point，是因为傅先生的说法忽略了正统新儒家驳斥佛家的空为虚无所依据的意义脉络，就结构的观点而言，正统新儒家驳斥佛家的空为虚无所引起的问题，并不是内在对超越或入世对出世的问题。事实上，用福柯的话来说，在正统新儒家与佛家的对抗之中，内在对超越或入世对出世的问题本身根本就不成为问题，我们甚至可以说，这个问题的本身根本无所谓是问题或不是问题，其所以成为问题是因为内在对超越或入世对出世之类的范畴被部署在一个论述的领域里，所以是一个论述领域的论述对象，既然是论述对象，那么所谓的内在对超越或入世对出世就都一定有它们特殊的意涵，这种特殊的意涵，只有就那些论述对象在新儒家思想的意义脉络中所占有的位置，才成为可理解，而新儒家思想的意义脉络又是一个由“理”这个概念所形上界定的论述形构（discursive formation）。

关于“理”这个概念，唐君毅与牟宗三两位先生都有过很详尽而又精辟的诠释，在《中国哲学原论·原性篇》里，唐先生指出，新儒家所说的“理”的第一基本意义是“生生之理”；用牟先生在《心体与性体》里的话来说，所谓“生生之理”，也就是说新儒家的“理”是一种兼有“体”和“用”的“创生实体（creative reality）”。“体”是理在本体论上的存有，能够在现象界产生“用”而成为理的活动，体和用因此形成一组以有机的方式结合在一起的correlates，这一组correlates是新儒家的理的必要内容，使得新儒家的理跟佛家的空成为两种截然不同的构想。

我们都知道，佛家所说的空，其根本原义是“缘起”，这个根本原义的“空”没有形上的意义，不是一个形上学的概念，所以不能就体/用的范畴来加以分析，我们既不能说空是缘起之体，也不能说缘起是空之用，理由很简单，“缘起”意义的空只不过是对缘起现象的一个描述，完全没有形上的意义，所以体/用的分析完全不适用于以缘起为空的空。可是空也可以是一个形上学的概念，当空经过由二谛和四句所建构的层层否定与神机瞑观之后被证解为“毕竟空”的时候，空就成为一个形上学的概念，如此证解的“毕竟空”在三论宗里被称为“正理”。这种“正理”相当于“法身”“真如”“法界”或其他任何类似的用语，这些用语是可以、并且在事实上也都曾经被佛家用体/用的范畴来加以分析过的。

我们可以举宋朝一位叫承迁的和尚为例。承迁有一篇文字叫《注金师子章》，收在《大日本续藏经》里，这篇文字是对《金狮子章》所作的注，而《金师子章》则是华严宗的第二祖法藏，在一代女皇武则天面前所作的一篇讲演（有英文翻译，收在陈荣捷先生的*Source Book*里）。在这篇讲演里，法藏借用武则天宫廷建筑上的一尊金狮子像为比喻，来阐明他的宗旨。他首先解释缘起，他指出，用来制作金狮子的金没有自性（svabhāva），所以不会自我转化而成为金狮子，金之所以能够转化而成为具相金狮子，是因为有工匠曾经以他的巧技对金加以施工，所以由金转化而成为金狮子的过程，是因工匠的巧技之缘才成为可能，是一种缘起。法藏称具相的金狮子为色（rūpa），称没有自性而不能自生的金为空（śūnya），作为“色”的具象狮子因为是缘起而有，所以是不真，而用来制作金狮子的金却不因为被转化而成为金狮子而不再是金，所以不能说是非有，法藏称这没有自性的金之空为“圆成实（性）”。

在承迁的注里，承迁把金狮子的金引述为法界之“体”，把具相的狮子引述为法界之“用”，除了承迁的《注金师子章》之外，《大乘起信论》也使用体/用的范畴。《大乘起信论》以体/用的范畴来说明佛家“六身”说里面所说的“三身”之间的关系，三身是法身（dharmakāya）、报身（sambhogakāya）和化身（nirmāṇakāya）。在小乘佛教里，法身的意思是scripture-body，所指的是释迦在世时所说的法，所以所谓scripture-body，其实就是body of scriptures。[1]这跟大乘佛教的了解相当不一样，大乘佛教除了以法身为“scripture-body”之外，也把法身设想成为释迦在菩提树下所证悟的佛性（buddhatā），这种佛性“人人本有，各各天真”，是一种超时空的真际；至于报身和化身，我以前已经说过了，报身是enjoyment or reward body，只为菩萨而显现，也只有菩萨才见得到，而化身则是因应于有情众生的需要所呈现的一种transformation body，[2]《大乘起信论》以法身为真如之体，以报身和化身为真如之用，用《大乘起信论》里的话来说，作为真如之体的法身是“无差别”，“离一切相”，可是却是“满是无有所少”，而作为真如之用的报身和化身能够“除灭无明，见本法身”。

所以，事实上，体/用的分析在佛家和新儒家的形上学里都曾经被使用过，可是虽然如此，新儒家“理”的概念所意谓的体用关系跟佛家“法界”或“真如”的观念所显示的体用关系完全不一样。作为真如之体的法身并不能从它自身直接生出化身和报身而成为真如之用，

[1] Takakusu Junjiro（高楠顺次郎）, Wing-tsit Chan and Charles A. Moore eds., *The Essentials of Buddhist Philosophy* (Honolulu: Office Appliance, 1956), pp. 52 & 194.

[2] Takakusu Junjiro（高楠顺次郎）, Wing-tsit Chan and Charles A. Moore eds., *The Essentials of Buddhist Philosophy* (Honolulu: Office Appliance, 1956), p. 82.

法身只有在因应菩萨、声闻、辟支和众生的条件之下才显现为化身与报身，所以化身与报身虽然是作为体认法身所呈现的用，法身却不是化身和报身的“直接生用”，直接负责化身和报身的呈现而成为法身的用的是菩萨、声闻、辟支和众生。[1]承迁在《注金师子章》里所说的体用也具有同样的关系，作为法界之体的金，对于作为法界之用的金狮子的产生和存在是绝对必要的，没有金就不可能有所谓的金狮子，可是作为法界之用的金狮子并不是金的必然产物，理由很简单，在缺乏工匠巧技的条件之下，金的自身不能自我转化而成为金狮子，所以，跟佛的三身所具含的体用关系一样，为法界之用的金狮子的存在提供“直接生因”的，不是作为法界之体的金，而是工匠的巧技，佛家也说的体只是佛家所说的用的“依凭因”，不是用的“直接生因”。

在构造上，佛家脉络里的这种体用跟新儒家所设想的体用很不一样，在新儒家以“理”的概念为规范的体系里，“体”不仅仅是“理”在本体论上的一种存有，也还必然会创造“用”而成为“理”在现象界的“生生不已”。所以，新儒家的“体”一方面是“理”在存有上的根据，另一方面又同时是“理”之“用”的“直接生因”。我们都知道，新儒家除了“理”的概念之外，也还有“气”，而理的“体”之所以可能呈现为“用”是因为宇宙间有“气”，这是朱子为什么会说：“既有此气，然后此理有安顿处”。这是说，理的本身是一种无声无臭、无形无象、无方无所的形上存在，所以一定要有气，理之体才会有一个处所可以挂单，而在现象界具体地出现而呈现为“用”。就这一点而言，新儒家的气似乎可以跟佛家的菩萨、辟支、声闻以及众生相比拟。我刚刚说过了，作为真如之“体”的法身是为了适应菩萨、辟支、声闻以及众生的需要，才起“用”而显现为“报身”和“化身”的，所以菩萨、辟支、声闻以及众生使得真如之体的“法身”呈现为真如之用的“报身”和“化身”成为可能，新儒家的气似乎也扮演类似的角

[1] 牟宗三：《心体与性体》（台北：正中书局，1968年），第一册，第607—616页。

色，使得理之体的呈现为用成为可能，可是，这种角色的类似只是看来如此而已，实际上并不是如此。

我刚刚已经说过了，菩萨、辟支、声闻以及众生是报身和化身的“直接生因”，使得真如之体的法身能够产生报身和化身而成为真如之用，可是，气并没有产生任何“用”的能耐，在新儒家的思想架构里，理之体是产生用的唯一动因，气不过是理之体显现为用所需要的媒体而已，并且，气虽然仅仅是一个媒体，而本身不能创造任何的“用”，可是气的存在都是必然而又真实的，是both necessary and real，这和菩萨、辟支、声闻以及众生的存在很不一样。菩萨、辟支、声闻以及众生的存在都是一种条件性和虚幻性的存在，所以新儒家的气跟佛家的菩萨、辟支、声闻，以及众生之间有一些关键性的差别，这些差别显示出“用”的概念在新儒家与佛家之间也存在着一种本质上的歧义。

新儒家的“用”因为是经由必然而又真实的气，被必然而又真实的理之“体”所创造，所以就不得不也是必然而又真实的；佛家的“用”则因为是以条件性和虚幻性的菩萨、辟支、声闻和众生为“直接生因”，所以就不得不也只是条件性的虚幻性的运作，并且，依佛家的想法，所有条件性和虚幻性的存在都应该、也必须被转化而成为一种必然的真实，所以报身和化身到头来都终究会被收入于法身之中，而菩萨、辟支、声闻以及众生也终究会被转化而成为明通的佛。这也就是说，新儒家就“理”所说的体用关系所构成的是一个由体的自身不断开展出用的“生生”不息过程，在佛家就空所说的体用关系里，体自身不但不直接产生“用”，并且归根结底，还消融吸收“用”。

既然佛家就空所说的体不能由自身直接产生用，那么正统新儒家就有理由否认佛家的“体”是一个“创生的实体”，而认为佛家的空是一种形上的虚无。就纯粹抽象的观点而言，正统新儒家这种对于佛家的驳斥并不是无可争议，因为，事实上，佛家也肯定一个“体”。只是佛教所肯定的“体”不同于新儒家所说的“体”；可是虽然不是无可争议，新儒家之驳斥佛家的空为形上的虚无还仍然是有意义的，是以显示佛家的“空”和新儒家的“理”是两种相反命题的陈述。“空”所建构的是一个彻头彻尾的佛教世界，跟新儒家“理”的世界形成一种极端的对立。

我这里所说的佛教，除了印度的三论、唯识和中国的天台、华严之外，甚至也包括中国的禅宗，我所以说甚至也包括中国的禅宗，是因为禅宗往往被认为是华化最彻底的一个佛教宗派。我刚刚跟各位提到傅伟勋先生一篇叫“Morality or Beyond: the Neo-Confucian Confrontation with Mahāyāna Buddhism”的文章，在这篇文章里，傅先生认为禅宗是“〔印度〕佛教的超越主义（Transcendentalism）和〔中国〕道家自然主义（Naturalism）的〔一种〕巧妙结合”，这种“结合”使得我们“现象世界和日常生活的真实性”在禅宗里也得到“积极而又自然”的“重新强调”。除了傅先生之外，还有一位叫Heinrich Dumoulin的学者，Dumoulin写过一部书叫*A History of Zen Buddhism*，1965年由纽约的McGraw-Hill出版。在这部书里，Dumoulin认为禅宗“吸收”了“中国人〔特有〕的生命感”，显示出一种中国人对于世俗生命的肯定。可是我们如果就禅宗所说的体用关系来考察，禅宗显然还是属于印度佛教的模式，慧能在《六祖大师法宝坛经》里就“定慧”和“无念”所说的体用构想，我以前已经讲过了。除了慧能之外，我还可以举大珠慧海的告示为例。

大珠慧海是8世纪的一位禅师，也是马祖道一的弟子，他有两部集子传世，一部是《顿悟八道要门论》，另外一部是《诸方门人参问语录》，这两篇文字都收在《大日本续藏经》的第一辑第二篇第十五套的第五册里，并且也都已经被翻成英文，译者的名字是John Blofeld，书名是*The Zen Teaching of Hui Hai*，于1969年由伦敦的Rider & Co.出版。在这两本集子里，大珠慧海以体用的构想对“真如妙体”“法身”“般若”以及“净名”的“净”这些佛家的基本概念作了一番分析。“净名”是Vimalakīrti的意译，“维摩诘”是音译，Vimala是“净”，kīrti是“名”，所以“维摩诘”是pure name的意思。大珠慧海指出“净名”的“净”跟“真如妙体”“法身”和“般若”一样，所指涉的都是终极的实在，并且他认为这些概念所指涉的终极实在有一种看起来似乎是矛盾的吊诡性，是一种apparent paradox，所以大珠慧海一方面说终极实在是一种“无形”/“无象”/“无知”而又纯“净”的“空”之“体”，另一方面又同时说终极实在是“不空”，其所以“不空”是因为作为终极实在的“空”之“体”是“具是恒沙之用”。“具是恒沙之用”是佛学里惯用的一个cliché，意思是说，终极实在的“空”之“体”所具有的“用”多如印度恒河里的沙粒，因为是“具是恒沙之用”，所以终极实在的“空”之“体”能够称“应”显在庭园里的“翠竹”和“黄花”而“成形”/“显相”。

大珠慧海还特别指出，“净名”的“名”是作为“空”之“体”的“净”，在现象界“从本体〔而〕起”的一种“运用”，很显然，大珠慧海所谓的“运用”是一种即体即用的“用”。这里“即体即用”的构想看起来似乎跟新儒家所说的体用关系是一样，其实是完全不同。除了“运用”这个名词之外，大珠慧海还称他所说的用为“应用”，这一点很值得我们留意，因为大珠慧海的“应用”虽然说是“从本体起”，可是这种“起”不是“本体”自身的自“起”，而是称“应”事物而起的“应”起。这也就是说，大珠慧海所说“应用”的“用”arising in response to things and events，是对现象界事物的一种“反应”，译成英文的话，我们可以把这种“应用”称之为“responsive one”或“responsive functions”。这种“responsive one or function”，因为有现象界的事物而成为可能，所以是以现象界的事物之有为“直接生因”，这是为什么大珠慧海把他终极实在之体的“用”说成是“应物现形，如水中月”。很显然的，大珠慧海的“体”跟《大乘起信论》和承迁《注金师子章》里的说法一样，都不是“用”的“直接生因”，而所谓禅宗对于我们“现象世界和日常生活真实性”的“积极而又自然”的“重新强调”，实际上还仍然是运作在一个典型的印度佛教架构之中，被印度佛教的体用构想所支配。就它自身而言，这种印度佛教式的体用构想，固然也表示一种对终极实在的肯定，可是用新儒家的标准来衡量，就不得不被认为是一种形上的虚无。

我已经说过了，新儒家除了批判佛教是一种形而上的虚无之外，也还连带地驳斥佛教是一种非道德的a-morality，正统新儒家这种就伦理道德的观点对佛家所作的非难，有一大部分是集中在佛教的出家制度上。新儒家的伦理系统是一个由五伦所建构的道德系统，这个五伦的道德系统以家庭制度为基石，而佛教的出家制很显然是对这块伦理道德基石的一种挑战，这是我们大家都熟知的，也是我们大家都能够了解的老生常谈。可是我希望再强调一下，新儒家这种对于佛教出家制度的非难所显示的意义不只限于社会制度这一个方面，新儒家的伦理系统占有一个很广泛的道德领域，事实上，这个道德领域在范围上跟以“理”为规范的形上领域是同等的，所以新儒家对佛家所作的“非道德”和“形上虚无”的责难是在同一个架构之中的，是一种二而一、而又一而二的双重责难。

作为一个“创生的实体”，新儒家的“理”创造一个既真实而又有道德的宇宙，“理”是宇宙生命之基，而同时也是宇宙众善之源，所以很自然的，佛家的“空”，在新儒家看来，不仅仅是一种形而上的虚无，也还必然是一种道德的空洞，是morally hallow，我刚刚提到程颢从形上学的角度来非难佛家，说佛家是要“去四大”，事实上，程颢在作这种形而上非难的同时，也还对佛家从事伦理道德上的批判，他说：“〔佛家〕于敬以直内则有之矣，义以方外则无之有也。”因此，他说：“滞固者入于枯槁，疏通者归于肆恣。”程颢这种同时从形上和道德的立场对佛家所作的双重责难，在程颐和朱子的言论里也常见，程颐一方面批评佛家，说佛家“多要忘是非”，另一方面又说：“是非安可忘得！自有许多道理，何事忘为?”程颐的这些话说得很清楚，“是非”不只是伦理学上的问题，也是宇宙本体论的问题，跟宇宙间的“许多道理”有关，是宇宙形上“道理”的道德向度。

至于朱子，他曾经费了一番相当的口舌来辨别儒、佛二家在“性”

这个形上概念上的差异。在《朱子全书》的第六十卷里，朱子花了将近五页的文字来澄清这种问题，他说，儒家所说的“性”是“自有许多道理”，并且也是内涵明确的“是非”感，佛家则以“性”为“浑沦底物事”，全无“是非”感，因此，朱子说，佛家把所有任何的“视”听言动都看作是我们本“性”的当然，而完全没有顾虑到我们的“视”听言动是不是合“理”的问题。所以，朱子说：“〔佛家〕七颠八倒，无有是处。”我曾经用牟宗三先生在《心体与性体》里的话说过，新儒家的形上学是一种“道德的形上学”，这种“道德的形上学”认为道德和形上不是可以截然划分的两个领域，而是同体的两个不同向度，两者之间有必然的关联。从这种“道德的形上学”出发，二程兄弟和朱子既然判定佛家的空是一种形而上的虚无，他们当然也就不得不认为佛家的空同时也是一种非道德的a-morality。

我们尽可以为佛教辩护，说佛教提倡慈悲，以普度众生的菩萨为理想，我们甚至还可以指出，佛教无论是在家的居士或出家的僧尼都需要受戒而遵守戒律，可是，对讲究“道德的形上学”的新儒家而言，这些辩护全都是无济于事，因为佛家这些道德上的理想和戒律都不是植基于作为“用”的“直接生因”而本身又是能够创造道德的实“体”之“理”，新儒家以佛教的“空”为非道德的抨击，跟新儒家以佛家的“空”为形上虚无的非难之间有一贯性，两者是同一论述逻辑所产生的一对相互伴随物。

关于新儒家与佛家之间在历史上瓜葛的问题，我一路下来似乎都在强调新儒家辟佛论的意义性和新儒家跟佛家在思想路数上的不同，我这么做并不意味我想要否定新儒家在演化和形成的过程之中跟佛家所有的正面交涉，事实上，我相信，跟子书时代以及两汉的儒家相比较，宋明以来的新儒家在思想上是确有其新意，而可以直下无愧地承当“Neo-Confucianism”这一个称谓。我不是不知道，宋明的儒者都自以为他们所讲的全都是圣教本有的原义，可是这种跟往圣先贤的认同，却并不有碍于新儒家在某一个意义上对他们自我所具有的新鲜感。《宋史》于《儒林传》之外另立《道学传》，"道学"这个名词本来是反对道学的人们用来嘲笑我们今天所谓的新儒家的一个讥讽语，意思是说，新儒家是一群道貌岸然的pompous moralists，后来这个名词的讥讽意味逐渐消失，而被《宋史》的编纂者用来作为一个新的biographical category。《宋史》的编纂者显然认为新儒家的确是新，否则，他们不会另辟一个biographical category来把新儒家跟传统上所谓的一般儒者区分开来。除此之外，朱子本人也说过一些话，这些话也显示，朱子认为儒家至少在语意上是有过一番创新的，在他为张载的《正蒙》所作的注里，朱子特别标出张载对于"气质"的构想而加以评论，他说："气质之说，起于张〔载〕程〔颐〕，极有功于圣门，有补于后学，前人未经说到，故张程之说立，则诸子之说泯矣。"

各位大概都知道朱子跟象山为了周敦颐的《太极图说》有过一番争辩。《太极图说》的劈头第一句话是："无极而太极。"象山指出：

> 无极二字出于《老子》"知其雄"章，吾圣人之书所无有也，《老子》首章言："无名，天地之始，有名，万物之母"，而卒同之，此老氏宗旨也，无极而太极，即是此旨，老氏学之不正，见理不明，所蔽在此。[1]

并且，象山说：

> 《太极图说》，以无极二字冠首，而《通书》终篇未尝一及无极字，二程言论文字至多，亦未尝一及无极字。[2]

所以，象山认为"〔《太极图说》〕疑非周子所为，不然则或是其学未成

---

[1] 《陆象山全集》（香港：广智书局，1960年），卷二，第16页。

[2] 同前注。

时所作，不然则或是传他人之文，后人不辨也”。[1]对于象山的这一番质疑，朱子的答辩是：

> 伏羲作《易》，自一画以下，文王演《易》，自乾元以下，皆未尝言太极也，而孔子言之，孔子赞《易》，自太极以下，未尝言无极也，而周子言之。夫先圣后圣，岂不同条而共贯哉！若于此有以灼然实见太极之真体，则知不言者不为少，而言之者不为多矣。[2]

除此之外，朱子还曾经毫无忌讳地指出程颐的《易传》是借题发挥，自成一个系统，在《朱子语类》的卷六十七里，他说：“程颐不说《易》文义，只说这理极处，好看。”“伊川只将一部《易》来作譬喻说了。”“〔伊川得个大道理〕却将往来合他这道理，不是解《易》。”在《语类》的卷一〇五和一一九里，朱子还说“《易传》已自成书”，“(因言)《易传》自是成书”。朱子的这些话说得很清楚，他意识到，并且也肯定新儒家的新，他认为新儒家跟前圣先哲的认同应该是一种“共贯”的认同，这种认同无碍于后人言前人之所未言。

我觉得朱子的这些话所显示的新儒家自我意识是一种相当perceptive的self-conception，新儒家在语意上的确有突破，就这个意义而言，新儒家所用的语言是一种新的语言，通过这种新语言的使用，新儒家开拓了一系列新的问题领域。《韩非子》在《显学篇》里说：“自孔子之死也，有子张之儒，有子思之儒，有颜氏之儒，有孟氏之儒，有漆雕氏之儒，有仲良氏之儒，有孙氏之儒，有乐正氏之儒。”根据韩非的这个说法，孔子之后，儒分为八，对于这八种儒，我们今天有

[1] 《陆象山全集》(香港：广智书局，1960年)，卷二，第15页。

[2] 荒木见悟、冈田武彦编：《朱子书节要》(京都：中文出版社，1977年)，卷五，第294页。(编按）此指荒木与冈田两先生主编的《和刻影印近世汉籍丛刊·思想三编》中李滉（退溪）所抄选的《朱子书节要》(1871年刊本)。

许多已无文献可证，我们只能断定，孟子、荀子以及不能确定作者的《大学》《中庸》和《易传》在先秦的时代是各自为政，齐头并立的，没有把这些作品联通贯串起来而建构出一种成套的思想。两汉的情况也大致如此，并且，两汉以传经为儒，司马谈在《论六家要旨》里说："夫儒者以六艺为法……若夫列君臣父子之礼，序夫妇长幼之别，虽百家弗能易也。""以六艺为法"没什么不对，孔子本人也习六艺，并且还传经，可是六艺之中，除了《春秋》稍有不同之外，都是孔子以前的经典，用牟宗三先生的话来说，"以习六艺传经为儒，是从孔子绕出去"，结果是"对孔子之所以为孔子〔倒〕反〔而〕不了解"。[3]

宋以后的情况就不一样了，宋以后的儒者直接以孔子本人的生命智慧为取向，这是为什么宋以前是周孔并称，而宋以后是孔孟并称。周孔并重是以孔子为尧舜禹汤文武周公的"骥尾"，意谓孔子只是"传经之媒介"，这是从"外部看孔子"，所以是隔了一层；孔孟并称则不以王者为中心，而是直下以孔子为教主，[4]这种孔子在儒者心目中形象的变更所涉及的不仅仅是儒者对于孔子有了一个不同的interpretation，也意味着儒家的思想在perspective方面有了转化，相应于这种perspective的转化，"四书"的地位也逐渐提升，终至于凌驾在"五经"之上而成为儒家的主导性经典。《论语》在汉代仅仅是小学所必修，而《孟子》在宋之前则不是"经"，没有"经"的地位，到了唐代，韩愈才首先提出，认为"求观圣人之道，必自《孟子》始"。《大学》和《中庸》原都是《礼记》中的一篇，可是《中庸》的哲学性之受到重视却一直要等到李翱，李翱发挥《中庸》的旨意而写成《复性书》三篇。在《复性书上》里，李翱说："遭秦焚书，《中庸》之不焚者，一篇存焉……性命之源，则我弗能知其所传矣，道之极于剥也必复，吾岂复之时邪？"以后的二程则尤其注重"四书"，特别是《论语》和《孟子》，因此有人问程颐："圣人之经旨，如何能穷得？"程颐的回

[3] 《心体与性体》，第一册，第12—13页。

[4] 同前注，第13—15页。

答是：

以理义去推索可也，学者先须读《论》《孟》，穷得《论》《孟》，自有个要约处，以此观他经，甚有力，《论》《孟》如丈尺权衡相似，以此去量度事物，自然见得长短轻重。

程颐还说：

学者当以《论语》《孟子》为本，《论语》《孟子》既治，则六经可不治而明矣。

朱子之重视“四书”是我们大家都知道的。他于绍熙元年（1190），将《论》《孟》《学》《庸》合并刊行而成为“四子书”问世，并且，他致力于“四书”的研究考订，几近三十年。他于隆兴元年（1163），也就是他34岁的那年，完成《论语要义》；于乾道八年（1172），朱子因为不满意《要义》而又著《论语正义》；五年之后，完成《论语集注》和《孟子集注》。除此之外，朱子为了要阐释他《论》《孟》的《集注》并为他本人的自注辩解而写成《论语或问》和《孟子或问》，于淳熙十六年（1189），也就是他60岁那年，朱子完成《大学章句》和《中庸章句》，不久之后，他又写成《大学或问》和《中庸或问》。在他过世的三天前，朱子还在修订《大学》第六章《诚意篇》的自注，所以朱子之于“四书”，真可以说是鞠躬尽瘁，死而后已。当然，朱子并没有忽略“五经”，他曾经为“五经”之中的四经作注。可是，朱子认为经书并不是绝对的必要，他说：“借经以通乎理耳，理得则无俟乎经。”他还说：“若晓得理，则经虽无亦可。”并且，朱子认为《论语》《孟子》是有关孔孟的直接资料，而《书经》和《诗经》则是写史实和抒情意，所以是隔了一重两重，至于《易》和《春秋》则更是隔了三重四重，所以朱子以为后人欲直得圣人本意不差，先须于《论语》《孟子》中理会旨意，朱子还认为《易经》“只是空说个道理”，不及实事，而《春秋》则“是圣人据鲁史以书其事”，只不过为涉世提供一种“鉴戒”而已，不像《大学》《中庸》《论》《孟》四书“道理粲然……何理不可究？何事不可处？”所以朱子认为我们为学要“先读《大学》以定其规模，次读《论语》以言其根本，次读《孟子》以观其发越，次读《中庸》以求古人之微妙”。

第二十一讲 | 周敦颐与新儒家的“道德的形上学”（下）

除了“四书”取代“五经”之外，新儒家还把“四书”合并而成为一组可以相互发明的作品，如此合并之后的“四书”又跟《易传》串联，这种合并和串联的结果是交相施肥（cross-fertilization），而新儒家也就因此建构了一系列以往的儒者所没有提出过的课题。譬如说，《论语》里的孔子说仁也谈“天”，他自称是“知天命”，并且还说：“君子有三畏，畏天命、畏大人、畏圣人之言。”君子的构想，我们上学期已经讲过了，是一个具仁、义、礼于一身的典范型的个人（paradigmatic individual），所以，“知天命”显然跟仁的体践有关系，要不然孔子不会在《论语·尧曰》的最后一段说：“不知命，无以为君子。”可是孔子没有探讨仁与天或王命之间关系的究竟，他没有明说仁与天为一或合一，而宋明的新儒家都正是如此说。新儒家把仁跟《易经》里所说的天地与“生生”大德贯通在一起，他们因此不但把仁说成是一种能够成长而又是宇宙性的道德生命力，同时也把孔子的天说成是一个创生的实体。

孔子没说“心”字，而孟子则说：“尽其心者，知其性也，知其性则知天矣。”他还说：“存其心，养其性，所以事天也”；“夭寿不贰，修身以俟之，所以立命也。”这些话都表明孟子的心、性与天之间有一种一贯的关系。可是，在这种一贯的关系中，我们只能肯定，心性是一，却不能肯定心性跟天是一。不错，孟子说“心之官则思，思则得之，不思则不得也，此天之与我者”；他还说“万物皆备于我，反身而诚，乐莫大焉”。除此之外，孟子还引《诗经》里“天生烝民，有物有则，民之秉彝，好是懿德”的话来证明性善，可是这些话只显示，孟子的心性是来自天，并且有一种“体物而不可遗”（《中庸》XVI：2）的绝对普遍性，并不是用以表明孟子的心性跟天是一的；可是，这正是宋明的新儒家所提倡的说法。程明道（颢）说：“只心便是天，尽之便知性，知性便知天，当处便认取，更不可外求。”这种说法认为心性在内涵上跟天一样，都是创生的实体，就人自我主体的本体而言，称之为心性，就宇宙客体的本体而言，称之为天。伊川和朱子的讲法跟明道的讲法不尽相同，可是也肯定心性跟天在终极上的一体性。

新儒家之所以能够如此诠释孟子是因为他们就《中庸》来读《孟子》。《中庸》说：“天命之谓性。”意思是说，“生生”是天之所命，单就这句话的本身看，我们无法确定这个天所命的性跟天或天命在内涵上的关系，可是《中庸》接着又说“率性之谓道”，这是说，循性而趋就是道，而“道，自道也”，所以所谓“率性”也就是性的自“率”。《中庸》还说：

> 天地之道可一言而尽，其为物不贰，则其生物不测，天地之道，博也，厚也，高也，明也，悠也，久也……《诗》云：“维天之命，于穆不已”，盖曰天之所以为天也，“于乎不显，文王之德之纯”，盖曰文王之所以为文也，纯亦不已。

这段话说得很清楚，等同于性的道跟天或天命都是“不已”的创生实体，其所以如此是因为性，人之道和天之道都是“诚”。这是为什么《中庸》在说了“诚者，天之道也，诚之者，人之道也”之后，又紧接着说“自诚明谓之性。”“诚”兼具“仁”和“知”，《中庸》称“仁”和“知”为“性之德”，“仁”是“成己”，而“知”则“成物”，既然“成己”而又能“成物”，所以是一种“合外内之道”。因此，《中庸》说：“诚者，物之终始，不诚无物。”《中庸》还说：

唯天下至诚，为能尽其性，能尽其性，则能尽人之性，能尽人之性，则能尽物之性，能尽物之性，则可以赞天地之化育，可以赞天地之化育，则可以与天地参矣。

并且：

至诚无息，不息则久，久则征，征则悠远，悠远则博厚，博厚则高明。博厚所以载物也，高明所以覆物也，悠久所以成物也。博厚配地，高明配天，悠久无疆。如此者，不见而章，不动而变，无为而成。

《中庸》没有直接说明，性跟天或天命是一体，可是，我刚刚所引的话都说得很肯定，性跟天或天命在内涵上都是“诚”，并且都是“博厚”“高明”“悠久”而又“无息”/“不已”的创生实体，所以为宋明的新儒家提供了一个机会，使得他们能够将孟子的心性提升而跟天或天命等同为一。《易经》乾卦的《彖传》说“乾道变化，各正性命”，意思是说，在乾道或天道的变化过程之中，万物的个体都能正定其性命，《易经》没有明说，万物个体所正之性或所定之命就是乾道实体，这也就是说，《易经》没有明说，“为物不贰，生物不测”而又“于穆不已”的“至诚”天道是内在于万物个体而建构成为万物个体的性或命。《易经》没有如此说，而宋明的新儒家却正好如此说，周敦颐在他《通书》的开宗明义的第一章里就宣称：

“大哉乾元，万物资始”，诚之源也。“乾道变化，各正性命”，诚斯立焉……“元亨”，诚之通，“利贞”，[1]诚之复，大

[1] “元亨利贞”见《乾卦》卦辞，又《乾·文言》:“乾元者，始而亨者也。利贞者，性情也。”

哉《易》也，性命之源乎！

宋明的新儒家所以能够如此说，显然是因为他们把《易经》跟《中庸》串联在一起解，串联的结果，不只是改变了《易经》的说法，也膨胀了《中庸》的语意。《中庸》只表示性、命跟天道在内涵上是一体，可是并没有以宇宙论的方式从天道变化的过程中来说性、命的正或诚，宋明新儒家对性、命的本体所作的宇宙论的说明来自《易经》。《大学》说，“大学之道在明明德，在亲民，在止于至善”，没有明白表示“明德”是我们的心性，甚至根本就不表示这个意思，而只是指“光明的德行”。《大学》还说：“致知在格物。”根据程颐和朱子的解释，“致知”是“致”我们心气之灵的知，而“格物”则是即物而穷究物之实然的所以然之理；阳明的说法很不一样，阳明以“致良知之天理以正物”来说“格物”，显然是就《孟子》来解《大学》里的“格物”，都不合《大学》的本义。《大学》的“明德”只是就“德行”说，而“知”则是“知止”，“知其所止”和“知所先后”的“知”，“物”所指的是心、意、身、家、国和天下之物，“止于至善”的“至善”之道就应物之“事”上说。至于“至善”之道终究该往何处着落，则《大学》的本文并没有说明。程颐和朱子是往存在之理处着落，说是“事理当然之极”，亦即就《易》的“穷理尽性以至于命”言；而阳明则是从心性处着落，亦即就《孟子》解《大学》，都不是《大学》原来的意旨。所以通过“四书”和《易传》的合并与串联，新儒家的确开出了一些新的课题。[1]可是，这些新课题的开出虽然是“四书”和《易经》合并与串联的结果，如果没有佛、老的mediations，我们很难想象这些新的课题会precisely以我们现在所见到的形式出现。

以往的学者在处理新儒家与佛家之间交涉的时候，往往把新儒家思想里所呈现的超越性和普遍性归之于佛家的影响，像以前在耶

[1] 以上乃base on牟宗三：《心体与性体》（台北：正中书局，1968年），第11—37页。

鲁大学任教的Arthur F. Wright，他写过一本小册子叫*Buddhism in Chinese History*。[1]在这本小册子里，Arthur Wright特别指出范仲淹所说的“先天下之忧而忧，后天下之乐而乐”这句名言，Arthur Wright认为这句名言意谓一种ethical universalism，他并且认为这种ethical universalism在儒家之所以成为可能，是因为受了大乘佛学菩萨普度众生理想的影响。Arthur Wright的这种说法很有问题，因为这种说法忽略了先秦儒家原有的超越性与普遍性，并且，我以前也说过了，菩萨是以一种不即不离的心态来从事普度众生的事业，这种不即不离的心态所讲究的是detachment和peace of mind。而范仲淹的ethical universalism所讲究的是“忧”，是anxiety，正好跟佛家的入世理想相反。我们其实应该把范仲淹的那句名言看作是冲着佛家的菩萨理想而有的另外一种理想。

除了Arthur Wright的这种说法之外，还有一些学者认为新儒家（尤其是程朱体系的新儒家），对于情和欲所抱持的怀疑和顾忌（distaste）也是佛家的影响所致（程朱体系的新儒家往往以天理和人欲为对立）。关于这种说法，我可以举冯友兰为例。冯友兰瞄准了李翱，李翱跟韩愈几乎是同时，都被认为是宋明新儒家的先驱性人物，他在他的《复性书》里说：“情者，性之邪也。”（Man’s feelings are the evil aspect of his Nature.）[2]冯友兰以为李翱的这个说法完全是受了佛家的影响。冯友兰的这种说法跟Arthur Wright的那种说法一样不妥当，并且犯的是同样的毛病，忽略了佛家来华前儒家传统里对于情和欲所原有的skepticism，荀子是一个很明显的例子，除了荀子，董仲舒之类的汉儒也都对情有着一种深度的怀疑。

Arthur Wright和冯友兰的说法显然都说不通，因为说不通，所以狄百瑞又提出了一种修正性的说法。狄百瑞认为佛家对于新儒家的

---

[1] （编按）Arthur F. Wright, *Buddhism in Chinese History* (Stanford: Stanford University Press, 1959).

[2] Wing-tsit Chan, *A Source Book in Chinese Philosophy*, p. 457.

spirituality有一种深化（deepening）的影响，可是，狄百瑞说，这种影响不是formally philosophical，It takes the form, not so much of subjective idealism in philosophy, as in a deeper subjectivity in the practice of Confucian self-cultivation.[1] 对于狄百瑞这个说法，我个人希望提出两个观察。

第一个观察是：狄百瑞的说法所依据的似乎全都是程朱体系的正统新儒家，在意识形态上，正统新儒家对于来自佛家的正式影响怀有很大的戒心，所以是最不receptive；可是，我们如果把注意力转向非程朱体系的非正统新儒家，我们会发现，佛家对新儒家所产生的影响要比狄百瑞所想象的要正式得多。

我的第二个观察是，我们需要扣紧新儒家在处理他们新课题的时候所用的“语言”，我这里所说的“语言”是包括行为在内的广义“语言”。如果我们扣紧新儒家用来处理他们新课题的“语言”，我们会发现，甚至是程朱体系的正统新儒家也使用了一些原本是佛家或道家的概念和构想。我们都知道，朱子主张修身要“居敬”和“穷理”双管齐下，所以除了“读书”之外，朱子还提倡“静坐”，他只要我们读半天书，以另外半天来静坐，这种把静坐当作是一种正式的修身方法是佛学来华之前的儒学传统所没有的；除此之外，“理”的概念和体/用的范畴也都不是子书和两汉时代的儒家思想所原有的符号，体/用的范畴是玄学家王弼所最先提出的，其后早在新儒家之前，佛家也广泛地用来陈述他们所体认到的形上本体界与形下现象界之间的结构性关系。

至于“理”的概念，陈老先生曾经著有专文讨论过，文章的标题是“The Evolution of the Neo-Confucian Concept of Li”，载台

[1] 见其文in *The Unfolding*.（编按）Wm. Theodore de Bary, “Neo-Confucian Cultivation and the Seventeenth-Century ‘Enlightenment,’” in de Bary and the Conference on Seventeenth-Century Chinese Thought, *The Unfolding of Neo-Confucianism* (New York: Columbia University Press, 1975), pp. 141–216，引文在p. 161。

湾《清华学报》的新4卷，第2期（1964）。[1]在理的概念上，先秦的儒家谈得不多，“理”字不见《论语》《大学》《春秋》《仪礼》与《易经》的经文，《中庸》的“理”纯是文理的意思，没有义理或道理的含义，《孟子》书中“理”字凡七见，可是除了“理也，义也”的说法之外，其解大多是治理和条理的意思。《系辞传》有“穷理尽性以至于命”的说法，这句话到了宋明的新儒家里变得非常重要，可是在《易经》里并没有成为一个成套思想的持续分析焦点。先秦的儒家讲“理”讲得比较多的是荀子，荀子有普遍之理和特殊之理之分，并且还把理和欲对立，可是荀子虽然讲“理”讲得比较多，比起墨家、道家和佛家，却仍然逊色。墨子的“理”所指的是义理和道理，是中国历史上用“理”字来指义理和道理的第一人；庄子有“大理”“殊理”“道理”和“天理”的说法；《韩非·解老》，以“理”释道，并且也是我们历史上提出“定理”这一个说法的第一人。“理”的概念在此后的发展也不在儒，而是在玄学和佛学。王弼注《易》，称理为“至理”，这种“至理”统御万物，先于道，也先于命；郭象注《庄》，则有“众理”和“辟理”的说法，所注重的是内在于万物的特殊之理。佛家的华严宗说理说得尤其多，有所谓的“事法界”“理法界”“理事无碍法界”和“事事无碍法界”的说法。在儒家的思想里，“理”的概念被用来作为一个建构性的概念而成为显要是程颐的贡献，所以是相当晚的事。

所以，就事论事，新儒家用来处理新课题的概念和构想，至少有一部分是来自佛家和道家。当然，我们都知道，概念和构想都不是独立的存在，它们之所以有意义是因为它们被部署在一个论述领域里，而新儒家的论述领域显然跟佛、道两家的论述领域不一样，所以，新儒家从佛、道两家所摄取的概念和构想在意义上也有相应的不同。新儒家和佛家都用体/用的范畴，可是在用法和意义上完全不同，这点我

[1] 万法先译，中译见：《人生》，第31卷6期（1966年10月），第18—25页 、第31卷7期（1966年11月），第12—20页。

们已经讨论过了，因为在用法和意义上完全不同，所以新儒家和佛家就体/用所说的“理”也是完全不同的“理”；静坐的情形也是如此，新儒家的静坐不必然涉及瑜伽术的运用，所以不是necessarily yogic，这也就是说，新儒家的静坐不以ecstatic的神秘省悟经验为鹄的，静坐可以出现ecstatic的神秘省悟经验，可是当这种情形发生的时候，ecstatic的神秘省悟经验只不过是一种副产物，既不是必然，也不是必须，这跟佛家的禅定很不一样。

朱子显然意识到新儒家跟佛家在这方面的差异，在《朱子语类》里，他曾经一而再，再而三地强调，新儒家的省悟和佛家的省悟不同，因为新儒家的省悟不是一种会叫人又出汗而又喘气的sensual experience。诸如此类不同，我们须加以分辨，可是，在分辨的同时，我们也应该肯定佛家对新儒家所提供的mediation是formally philosophical；肯定之外，我们还应该并必须分析这种formally philosophical的mediation所采取（assume）的form，否则，我们无法了解为什么新儒家在历史上会呈现我们今天所见到的面貌，我们无法也无须像清代的董榕那么地否认周敦颐的“太极图”是来自道家，而坚持说“其果先生所自作，而非有受于人者”。[1]

跟周子的“太极图”有直接关系的是他的两篇论文，一篇是《太极图说》，另外一篇是《通书》。《通书》也称《易通》[2]，所以在英文里，通常都译为“Penetrating the Book of Changes”。顾名思义，《通书》算是一篇阐释《易经》的文字，其实，在视界上，这篇文字要比《易经》为广，理由很简单，因为周敦颐在这篇文字里是就《中庸》来解《易》的，《太极图说》跟《通书》之间显然有关联，可是我们并不确知周敦颐本人到底是如何来看待这个关联的，传统的读法是把《通书》当作是《太极图说》的一个进一步的说明。

---

[1] 〔清〕董榕辑：《周子全书》（台北：台湾商务印书馆，1968年），上册，卷一，第2页。

[2] 蔡仁厚：《宋明理学：北宋篇》（台北：台湾学生书局，1977年），第21页。

"太极图"的本身是由一系列的大小圆圈所组成（见右图），这些大小圆圈以上下一字的形式接连着排开。顶端有两个大圆圈，底部也有两个大圆圈。上部的第二个大圆圈是圆圈之中又有圆圈，由四个同心圆组成，这四个同心圆之中最里面正中央的小圆是一片天衣无缝的纯粹空白，外围的三个圆圈则是笔直地中分为二，半边是白，半边是黑，形成黑白相间与交错的三个圆环。在上下两组大圆圈之间有五个方块和一个很小的圆圈方块，也有时候是以圆圈来表示，中央分别写有水、火、木、土、金五个字，方块跟方块之间以及方块跟小圆圈之间都有线条牵连，形成一个互通的组合体。这个组合体的顶端又跟它上面那个黑白相与交错的大圆圈的底部以一根类似半圆形的曲线相接，在黑白相间与交错的大圆圈两旁有"阳动"与"阴静"四个字，在倒数第二个大圆圈的两旁有"乾道成男"与"坤道成女"八个字，在图的下端有"万物化生"四个字。有的时候，图的上端第一个大圆圈之上还写有"无极而太极"几个字，图上端的第一个大圆圈象征《太极图说》里劈头第一句话"无极而太极也"，用朱子的话来说，这个"无极而太极"是"所以动而阳，静而阴之本体"。[1]

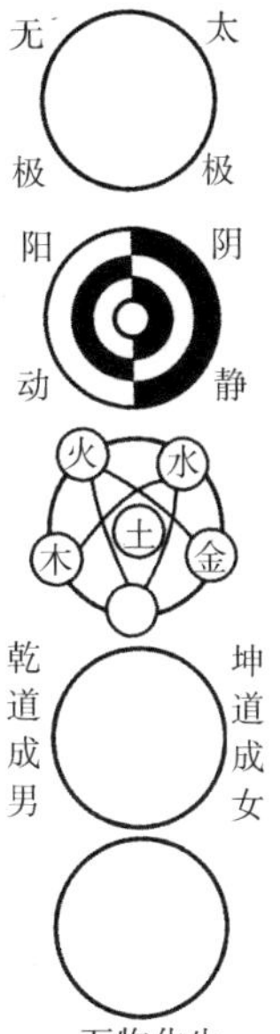

第二个黑白相间交错的大圆圈所象征的是第一个大圆圈的动而阳和静而阴的实况，正中央纯粹空白的小圆圈象征阳动和阴静的"本体"，大圆圈大边的一边是白黑相间，这种白黑相间是白多于黑，并且是半环的黑被包含在两个半环的白之间，所以是"阳之动也"。"阳之动"是本体之"用所以行也"。右边的一半是黑白相间，黑白相间是黑多于白，并且是半环的白被包含在两个半环的黑之间，所以是"阴

[1] 《周子全书》，上册，卷一，第2页。

之静也”，“阴之静”是本体之“体所以立也”。左边一半阳动的白黑跟右边一半阴静的黑白交错，这表示阴静是阳动之“根”，阳动是阴静之“根”，也就是《太极图说》所谓的“太极动而生阳，动极而静，静而生阴，静极复动，一动一静，互为其根，分阴分阳，两仪立焉”。这个象征阳动阴静两仪的黑白相间而又交错的大圆圈的底部，有一根类似半圆形的曲线跟能够互通的水、火、木、土、金组合体相接，如此相接的两个部分表示《太极图说》里所说的“阳变阴合，而生水、火、木、土、金”，类似半圆形的曲线跟牵连水火的那根横线交系而形成两条纠缠在一起的扭曲管道，其中往左上角扭向右下角的管道象征“阳之变也”，另外那一条由右上角扭向左下角的管道象征“阴之合也”。阴根于阳，而如图所示，水是因为“阳变”而有，所以是“阴盛”，在时序上是冬季，并且因为是“阴盛”，所以“居右”，在方向上是“北”；阳根于阴，而如图所示，火是因为“阴合”而有，所以是“阳盛”，在时序上是夏季，并且因为是“阳盛”，所以“居左”，在方向上是“南”;木是“阳稚”[1]，所以是“次火”而居于火之下，在时序上是春季，在方向上是“东”；金是“阴稚”，所以是“次水”，而居于水之下，在时序上是秋季，在方向上是“西”；土是“冲气”，“冲气者天地间调和之气也”，所以《老子》在第四十二章有“万物负阴而抱阳，冲气以为和”的说法，因为是“冲气”，所以土“居中”，意思是，土乃“四冲之气”，所以由类似半圆形的曲线所衔接的黑白相间交错的大圆圈和水、火、木、土、金组合体所表示的是一个由水而木，由木而火，由火而土，由土而金，与金而复水的“无端”循环过程，这个过程也就是《太极图说》里所谓的“五气顺布，四时行焉”。

如果我们再把这两个由类似半圆形的曲线所衔接的部分跟第一个纯粹空白的大圆圈并在一起看，那么我们所得到的结果就是《太极图说》里所谓的“五行一阴阳也，阴阳一太极也，太极本无极也”。水、火、木、

[1] 稚（zhì），音同至，幼禾也，引申为幼小意。

土、金这个组合体的底部有一个极小的圆圈，这个极小的圆圈表示五行的气殊质异，可是却各具一太极，这就是《太极图说》里所谓的“五行之生也，各一其性”，而这个极小的圆圈跟水、火、木、土、金的五个方块之间又有五根线条为之串通，这表示《太极图说》里所谓的“无极之真，二五之精，妙合而凝”的无间过程，因为有这个无间过程，所以才有《太极图说》里所谓的“乾道成男，坤道成女，二气交感，化生万物，万物生生，而变化无穷焉”。乾男坤女，各一其性，万物生化也是各一其性，可是各一其性的乾男坤女以及个体万物也都仍然是太极，而“太极本无极也”。这是为什么图的下部又有两个纯粹空白的大圆圈。[1]

很显然，周敦颐从道家所摄取的“太极图”所揭示的是一个宇宙创生的过程，图里所用的词语多半来自《易经》，“太极”这个名词显然是源于《易传》，《易传》有“易有太极，是生两仪”的话，所指的是高于两仪而又是统摄天地万物的根源或总会所在。当然庄子也说“太极”，在《大宗师》里，庄子说：

> 夫道，有情有信，无为无形，可传而不可受，可得而不可见，自本自根，未有天地，自古以固存，神鬼神帝，生天生地，在太极之先而不为高，[2]在六极之下而不为深，先天地生而不为久。

所以，庄子也说“太极”，可是，庄子的这个“太极”与“六极”并立，不指宇宙的根源或总会所在，所以周敦颐的“太极”显然不是来自庄子，而是出于《易传》。阴阳的构想也是《易经》里的中心观念，所指的是宇宙间互化相生的两股动力，“乾”和“坤”是《易经》里的头两个卦，乾是天，坤是地，而《系辞传下》的第一章又说“天地

[1] 参照朱子的说明，见〔清〕董榕辑：《周子全书》，上册，卷一，第2—3页。

[2] 钱穆：“本文疑当作在太极之上，郭象注即可证。先字由后人据《易大传》妄改。”《庄子纂笺》，第52页。

之大德曰生”，所以乾和坤所指的除了是宇宙全体之外，也还指内涵于宇宙的创生力（creative power），这种创生力是宇宙自身的生命力，使得宇宙间所有的创生都成为宇宙自我的创生。“五行”也称为“五德”，这种构想本来跟《易经》不相干，可是，在汉初的时候，五行跟阴阳合并而成为中国传统思想里以《易经》为基础所形成的宇宙论和形上学整体的一个部分。五德通常都译为“five powers”，而五行则有好几种译法：5 agents; 5 phases; 5 activities; 5 elements。除了“5 elements”这个译法之外，其他的三个译法都可以接受，而“5 elements”之所以是unacceptable，是因为五行跟古希腊哲学里所谓的“four elements (earth, fire, air & water)”不一样。中国传统里的“五行”都不是本质性的元素，“行”的字面意思是“to go”“to act”“to walk” or “to circulate”，这些意思都显示“五行”跟阴阳一样，都是cosmic forces or activities。“无极”这个名词的locus classicus是老子的《道德经》，在《道德经》第二十八章里，老子说：

> 知其雄，守其雌，为天下溪，为天下溪，常德不离，复归于婴儿。知其白，守其黑，为天下式。为天下式，常德不忒，复归于无极。

老子在这一段话里要我们像雌性的生命一样地柔顺，也要我们像ravine（溪）一样地hollow和low-lying，如果能如此，我们就可以回复到赤子婴儿的那种生命状态。赤子婴儿刚刚来自自然之手，所以是天真纯朴，形具（embody）一种宇宙自然生命的本然和谐，这种婴儿式的宇宙自由生命力之本然和谐，老子称之为“无极”。陈荣捷先生把老子这段话里的“无极”译为“the ultimate of nonbeing”，意思是“无之极”，[1]至于周敦颐在《太极图说》里所说的“无极”是不是跟老

[1] Wing-tsit Chan, *A Source Book in Chinese Philosophy*, p. 154.

子的“无极”一样，也是“无之极”的意思，这就很难说了，历来的说法不一，并且也是朱子跟象山争辩的焦点之一。我们所肯定的只是“无极”一语出于老子，就好像“太极图”本来也是道家之物，原名“无极图”，也称“先天图”，以秘宗取向的esoteric Taoists用这个图来说明修炼之方。[1]

我这里所谓的esoteric Taoists是相对于以显宗为取向的exoteric Taoists而言。以显宗为取向的exoteric Taoists所从事的是炼金术，目的在提炼出一种或多种的chemical substances，这些chemical substances，叫做“外丹”，“外丹”在吞服之后能够在人体里引起一些根本的变化，而将人导向一种不死的“仙”境。Esoteric Taoists就不一样了，esoteric Taoists所修炼的是人体内的psycho-physical forces，他们希望能够通过这种修炼而将人体内的psycho-physical forces转化成为“内丹”，“内丹”是一种新生的不死真我之核心，经过培育后会成长、成熟而脱离我们会腐朽的肉体而羽化登“仙”。原名是“无极图”的“太极图”本来是这一类的esoteric Taoists用来修炼“内丹”功的秘方，作为是一种修炼“内丹”功的秘方，“无极图”也并不是完全没有宇宙论或形上学的意义，道家跟儒家一样，也相信天人在本体上是一，并且也认为天地是大宇宙/人是小宇宙，可是对于修炼“内丹”功的esoteric Taoists而言，“无极图”的终极意义不在于这个图所揭示的宇宙创生过程，而在于这个创生过程所泄露的天机，他们希望能够逆转这个宇宙创生的过程而回溯到存在于宇宙创生之前的“无极”实体，与之结合而达到不死的“仙”境，所以esoteric Taoists是把“无极图”由下而上读的，这跟新儒家的读法正好相反，新儒家是由上而下地读的。

因为读法不一样，所以图里面符号的象征意义也不同。对一个esoteric Taoists而言，图中央的五个方块所象征的不是“各一其性”

[1] 唐君毅：《中国哲学原论・导论》，第403—404页。

的“五行”，而是我们体内的五脏，并且，组成图的三个部分，也就是上端的两个大圆圈，下端的两个大圆圈，以及这两组大圆圈之间的五个方块，对一个esoteric Taoists来说，这三个部分所表示的不是由“无极之真，二五之精，妙合而凝”所开出的“万物生生而变化无穷”，而是我们体内的三个“丹田”，这三个“丹田”是一个作为alchemical laboratory的人体的三个部门，这三个部门分别是我们的腹部、胸部和头部。腹部是下丹田，大约在我们肚脐眼之下一至一英寸半的地方，这是我们用来保留我们生殖力（reproductive force）的地方。保留的结果，我们的生殖力不致外泄而因此可以被净化。胸部是中丹田，中丹田是我们净化后的生殖力被转化成生命力（vitality）的地方。上丹田在头部，其确切的位置是在我们两眼之间和之后的穴道，这是我们的生命力被继续转化而成为immortality的处所。至于图中的字语“无极”，所指的是一种穴道，关于这个穴道的确切位置，有两种说法：一种说法认为是在我们的两眼之间和之后，另一种说法则认为是在我们的下丹田之内，而“太极”所指的也不是宇宙万物的总会或根源，而是esoteric Taoists所谓的“金丹”（Golden Elixir），这是一个新生的不死真我，经过培养，这个新生的真我会成长成熟，然后像脱茧之蛾一样地脱离我们的肉体而羽化成“仙”。

新儒家和esoteric Taoists对“太极图”在读法上的差异，显示两家对immortality在构想上有不同，两家都关怀到immortality的问题，只是儒家所说的immortality不是“成仙”，而是“不朽”，并且两家也都认为immortality所signify的是一种跟终极真际的神秘结合，而这种神秘结合又都是对于我们经验自我（也就是所谓的empirical self）的有限性的一种克服与超越，可是对esoteric Taoists来说，这种神秘结合的完成所意谓的是走出时光的流程之外，而摆脱时间的宰制，这是为什么讲求内丹功的esoteric Taoists要逆溯宇宙的创生过程而回到万物生化的原点。这也就是说，esoteric Taoists认为跟终极真际的mystical union is to be achieved outside the process of time by going back in time to the beginning of time as the liberation of one's self from the tyranny of time。

这和新儒家的想法很不一样，对新儒家来说，“不朽”的完成完全是时光流程之内的事，其所以成为可能，是因为我们把我们的自我融入时间的韵律之中，而成为宇宙生化过程的一个整体参与部分，这也就是说，新儒家认为跟终极真际的mystical union is to be achieved within the process of time by integrating one's self into the flow of time through the participation in the rhythm of the cosmos as a creative course in time。这是为什么新儒家会把“太极图”从上往下读，对新儒家来说，“太极图”是宇宙创生韵律和规则的一个图解，而“混然中处”于天地之间的人，必须要奉行这个图解所揭示的韵律与规则。所谓“奉行”，并不是说人世间的政经秩序与社会上的人伦关系都得被动地以宇宙自然为外在的权威而加以模仿，新儒家之“奉行”宇宙自然之道不涉及任何的naturalistic compulsion，所以既不主张把人化约为自然宇宙，也不赞成把人文trivialize或“琐碎化”。新儒家的“奉行”宇宙自然来自他们对于人的构想，这种构想认为人是一种宇宙性的存在，在本体上与宇宙为一，因为是一种宇宙性的存在，并且在本体上与宇宙为一，所以人如果要自我实践就必须在本体存在上主动地参与由太极的运行所开展出来的宇宙自然生化过程。很显然，周敦颐的“太极图”之所以有意义，不只是因为这个图揭示了一个形上宇宙架构，还更因为这个形上宇宙架构是一个“道德的”形上宇宙架构，在这一个架构里，有关宇宙结构与本体的构想跟有关人之所以为人的构想是一而二而又是二而一的同体的一贯。[1]

我们都知道朱子和象山曾经为《太极图说》有过争辩，在这个争辩的过程之中，象山一共有三封信给朱子。在第一封信里，象山引他四哥陆九韶（子美，梭山先生）的话说：“《太极图说》与《通书》不

[1] （编按）依教学脉络，此处周敦颐一讲已止，以下可能是因接近学期末而作的简要总论结语。

类，疑非周子所为，不然，则或是其学未成时所作，不然，则或是传他人之文，后人不辨也。”象山之所以会有如此的看法是因为“《太极图说》以无极二字冠首，而《通书》终篇未尝一及无极字”。并且，象山指出“无极二字出于《老子》‘知其雄’章，吾圣人之书所无有也”。

朱子的看法很不一样，朱子认为《通书》所说的全都是《太极图说》所含的精藏，所以他注《通书》，处处都扣紧《太极图说》的所说以为注。朱子并不否认“无极二字出于《老子》，是圣人之书所未有也”，可是他认为“后圣”跟“先圣”虽然是“同条而共贯”，却尽可以言“先圣”之所未言。并且，朱子还认为周敦颐提出“无极”这两个字是一种“不顾旁人是非，不计自己得失”而又“勇往直前”的做法，而周敦颐之所以要如此，是因为他希望使“后之学者晓然见得太极之妙，不属有无，不落方体”。朱子指出，《易经·大传》一方面说“形而上者谓之道”，另一方面又说“一阴一阳之谓道”，这表示阴阳“属形器”而不是“形而上”。属“形而上”的是“所以一阴而一阳”的“道体”。这个“道体”是一种“至极”，所以称之为“太极”，而周敦颐所以又称之为“无极”，是因为“太极”是“无方所、无形状”，是存“在于无物之前，而〔又〕未尝不立于有物之后”，是存“在于阴阳之外，而〔又〕未尝不行乎阴阳之中”，是“通贯全体，无乎不在”而“又初无声臭影响之可言也”。因此，朱子认为如果“不言无极，则太极同于一物，而不足为万化之根本；不言太极，则无极沦于空寂，而不能为万化之根本”，只有在“两下说破”的情况之下，学者才不会有“偏见”而犯“闻人说有，即谓之实有，见人说无，即以为真无”的毛病。此外，朱子还指出，《老子》“知其雄”章所说的“复归于无极”的“无极”是“无穷”的意思，跟周敦颐的“无极”完全是两回事，而象山却把两者混为一谈，这是象山“理有未明，而不能尽乎人言之意”的结果。

对于朱子的这番说明和指责，象山的回应也一样不含糊，在他给朱子的第二封信里，象山要朱子“莫作孟子以下学术，省得气力为无极二字分疏”。象山还断定朱子是“未曾实见太极，若实见太极，上面必不更加无极〔二〕字”。他认为“上面加无极〔二〕字”是“叠床上之床”，多此一举，假如真的要说明太极是“无方所、无形状”，我们应该像《诗经》一样而说“上天之载，无声无臭”才对，我们不能因为《系辞》说“神无方”和“易无体”而说“无神”和“无易”。因此，象山重申他第一封信的立场，说“老氏以无为天地之始，以有为万物之母，以常无观妙，以常有观窍，直将无字搭在上面，正是老氏之学，岂可讳也”。除此之外，象山还批评朱子以“阴阳为形器而不得为道”的观点，他说“易之为道，一阴一阳而已，先后始终，动静晦明，上下进退，往来阖辟，盈虚消长，尊卑贵贱，表里隐显，向背顺逆，存亡得丧，出入行藏，何适而非一阴一阳哉！”所以象山认为“一阴一阳即是形而上者”，朱子不该把“太极”跟“阴阳”分开而别为一物，象山认为朱子所谓的“两下说破”只是“葛藤末说”，“以实论之，两头都无着实”，所以他劝朱子“毋以久习于此，而重自反也”。接到象山的第二封信之后，朱子回了一封短简，主要在说明“我日斯迈，而月斯征，各尊所闻，各行所知，亦可矣，无复可望于必同也”。象山的回应是:“不谓尊兄遽作此语，甚非所望。”两人就如此结束了他们这场针锋相对的争辩。

这场争辩的孰是孰非，历来说法不一，我们无须也无法裁定，值得注意的是，这场争辩很能显示朱子与象山两人在思想路数上的差异。对二元论的朱子来说，太极无方无体，纯然是一种形而上的存有，所以有必要也称之为“无极”，以便将太极跟形而下的阴阳二气区分开来。可是象山是一元论者，对象山来说，形上与形下原本是一回事，没有本体上的差异，所以他说“一阴一阳即是形而上者”。因此除了因为“无极”一语出自《老子》之外，象山还反对朱子以“无极”来区分太极和阴阳，而把太极当作是别为一物。朱子和象山这种在宇宙论上的不同也表现在两人思想的其他方面，朱子除了以太极/阴阳，道/器以及形上/形下为二元之外，也以理/气、心/性、已发/未发、天理/

人欲，以及本体/工夫为二元；象山则以心/性、已发/未发、天理/人欲，以及本体/工夫为一元，他主张“心即是理”。朱、陆为《太极图说》而有争论，所涉及的是宇宙论与形上学的二元与一元之争，而鹅湖之会争论所涉及的，则是人生在本体存有上二元与一元之争，两家争论之间有一体性，所显现出来的是两家在思想上的系统性差异，这个差异到了明代中期之后，又演变成为程朱与陆王之争，其间的情节相当复杂，我这里无法作细节性的说明，我只能就新儒家在排佛论上所起的变化，来对明代中叶以后程朱和陆王这两个体系之间的争端作一个概念式的分析。

我以前说过，新儒家不是一个静止不变的本质性的思想结构，而是一个充满矛盾冲突而又与时变迁的历史心路过程，随着新儒家构造的变化，新儒家内部排佛论也起了相应的变化，我可以举明末清初的黄宗羲为例。牟宗三先生有一本书叫《从陆象山到刘蕺山》，这本书肯定新儒家从陆象山经由王阳明到刘蕺山这一个体系是真正能够体识孟子学说精义的儒家正宗脉络。黄宗羲是刘蕺山的弟子，所以是牟先生所说的正宗的嫡传，跟宋代以程颐和朱子为代表的正统新儒家相比较，黄宗羲在认知上要显得宽容，他提倡多元的价值取向，尊重思想的多样性，并且认为我们有必要为多个学派和思想家分别“宗旨”，这是为什么他批评同门的恽日初。恽日初有一次走访黄宗羲，两人分手之前，恽日初提出“议论不容不归一”的主张，黄宗羲大不以为然，说：“是则仲升〔日初〕于殊途百虑之学，尚有成局之未化也。”基于同样的理由，黄宗羲也批评明末泰州学派的周汝登。周汝登是罗汝芳的弟子，提倡“三教合一”，写了一本书叫《圣学宗传》。这本书追溯“圣学”的发展，始于上古的圣王，经王阳明和他的弟子，止于周汝登自己的老师罗汝芳。黄宗羲认为这本书的问题很大，说这本书“扰金银铜铁为一器”，完全没有区别黄宗羲认为应该分辨的“各家宗旨”，所以黄宗羲对周汝登的《圣学宗传》非常不满，他希望能够以他自己的《明儒学案》来取代周汝登的《圣学宗传》。

《明儒学案》兼容并包，甚至还收录了黄宗羲所谓的“一偏之见与相反之论”。黄宗羲并不认为明儒之间分歧的思想都具有同样的价值，而可以用一视同仁的态度来对待，黄宗羲欣赏多元，可是却并不乡愿，所以他在兼容并包的同时，也还仍然敢于批评而非常直率地指出明儒的造诣有“深”/“醇”和“浅”/“疵”的不同，只是黄宗羲的批判意识没有一元的一笔抹杀性，他不想实行思想管制，所以，他虽然认为明儒的造诣有“深”/“醇”和“浅”/“疵”的差异，却又以为这些差异反映“盈天地”之“心”的“万殊”，是各家各派的功力所至，而各家各派的功力所至，也正是各家各派的得力处，构成黄宗羲所谓的“宗旨”，是“学者之入门处”。黄宗羲认为我们为学不需要，也不应该刻意寻求跟自己相同的思想学说来印证自己的说法，他以为各家各派的不同处正是学者应该着眼理会的地方，他说：“以水济水，岂是学问。”

黄宗羲这种多元的价值取向，使得他跟程颐和朱子在对待佛教的态度上有显著的不同。黄宗羲也还仍然辟佛，可是在辟佛的同时，他在一定的意义上肯定佛家的真理性，这是为什么他要为一位叫罗洪先的明儒领袖人物辩护。罗洪先是王阳明的私淑弟子，可是却热衷于佛、道二家，因此遭受了非议，黄宗羲在《明儒学案》里特别为他辩护说：“先生无处非学地，无人非学侣。”宋朝的程颐曾经对他的弟子说，佛教不须“穷其说”，只要在行“迹”上加以判断就够了，黄宗羲反对这种程颐式的心态说：“释氏固未尝无其见”，只是“更不深造”，所以没有到达极致，黄宗羲大张旗鼓地表示他对宋代正统新儒家的辟佛论不满，他认为宋代正统新儒家的辟佛都是在“迹”上兜转的皮毛之见，在《明儒学案·凡例》里，黄宗羲说：

尝谓有明文章事功皆不及前代，独于理学，前代之所不及也。牛毛茧丝，无不辨晰，真能发先儒之未发。程、朱之辟释氏，其说虽繁，总是只在迹上，其弥近理而乱真者，终是指他不出，明儒于毫厘之际，使无遁影。

这段话说得很清楚，黄宗羲认为宋代正统新儒家的辟佛论不够深入，没有真正说到佛家的要害，至于说到底是如何地“不够深入”，黄宗羲并没有进一步地说明，可是黄宗羲本人虽然没有说明，我们也并不是完全没有线索可以追寻。

在《明儒学案》里，黄宗羲对一些明儒的辟佛论提出了一系列的具体批判，而这些明儒的辟佛论跟宋代程朱正统的辟佛论在性质上又恰好是一致的异口同声，所以我们应该可以从黄宗羲对这些明儒辟佛论的批判里，推演出他对程朱辟佛论不满的真相。黄宗羲对于那些明儒辟佛论的批判显示他本人并不认为佛教是一种虚无的理论取向，他特别指出，佛家有“所谓真空即妙有也”的说法，所以他以为佛家并没有真的要否定现象界的事物和感情，他说：“佛氏以喜怒哀乐、天地、万物皆是空中起灭，不碍吾之流行，何所用销？”并且黄宗羲也不认为佛家只是“自私”/“自利”地寻求“出世”而完全没有入世的一面，他指出佛家问题的症结，并不如程朱正统派的明儒所说，是在于有“内”而无“外”，明“心”而不见“性”，而是在于佛教的“作用见性”，译成英文，所谓“作用见性”是“seeing function as Nature”，而黄宗羲之所以认为“作用见性”有问题，是因为他判断“作用见性”的结果一定是一种片面性的认知，这种片面性的认知只意识到宇宙万化“流行”的“不测”，不能进一步地体认到这种万化“流行”所本然内涵的“真常”。黄宗羲这个判断的理论根据是陆王派的一元思想体系，所以要了解黄宗羲如何会有这么样的一个判断，我们就得谈一下他以陆王为取向的一元思考模式。

黄宗羲认为宇宙有动和静两面，就动的一面来观察，我们所看到的是“大化流行，不舍昼夜，无有止息”，这种动构成宇宙间的“变”，可是宇宙间的“变”不是胡乱的妄“变”，而是一种内具必然特定法则和秩序的韵律之“变”。所以，黄宗羲说：“春之后必夏，秋之后必冬，人不转而为物，物不转而为人，草不移而为木，木不移而为草。”这种宇宙变化的法则性和秩序性所显示的是宇宙静的一面，黄宗羲称这种静的一面为“万古为斯”的“真常”。我们都知道，儒家相信天人一体，所以我们不用惊讶黄宗羲认为宇宙的动静二相不只是自然界的现象也还是人文界的现象，人文界的动变所表现的是来往于“已发”和“未发”这两种心态之间的感情活动，而人文界不变的“真常”则是孟子所说的四端，也就是恻隐、羞恶、辞让、是非这四种心。

根据黄宗羲的判断，儒家的体认是既见到人与自然的“变”，也见到人与自然的“常”，可是佛家却只见到“变”而没有“常”，因为没有见到“常”，所以佛家认为“变”是“不生不灭”的绝对。黄宗羲以为就佛家所见的本身而言，并不能说是有错，只是“更不深造”，所以学焉而未至，没有在变之中发现不变的“真常”，而又因为没有发现“真常”来作为依据，所以佛家就不得不随流鼓荡，是非善恶一扫而空，所以佛家必须接受任何的“逆境”而“安之若命”。儒家就不一样了，儒家是但见一个“义”字，遇到“顺逆”的境况所作的“生死”选择完全是就“义”来决定，“义当生〔则〕自生，义当死〔则〕自死”。

黄宗羲称这种儒家所见到而佛家没有见到的“真常”为“理”，“理”也就是“性”，“在天为理者，在人为性”，并且，理和气之间的关系也跟性和心之间的关系相等。在这些方面，黄宗羲跟程颐和朱子没有两样，可是，在其他方面，黄宗羲跟程颐和朱子却有关键性的不同。程颐和朱子是二元论者，认为理气/心性是二元，理主宰气，而心必须顺从性，只有在气完全受制于理而心也完全顺从于性的情况之下，理气/心性才合而为一，这是圣人的完美境界，以常人而言，理气/心性是二不是一。黄宗羲的想法就不一样了，黄宗羲认为理气、心性都是由人创造出来的“名”，人借由这种“名”来描述同一事物的两种不同面相。他认为如果我们就“变”的面相来看宇宙，我们就把宇宙称为气，可是这个“气”的宇宙也可以称之为理，因为气的浮沉、升降、聚散、来往有一定的法则。所以黄宗羲说理气心性在性质上是“一物而两名”，不是“两物而一体”，显然，黄宗羲的“气”和“心”不仅仅是指“变”，而是指本身内涵规律性的“变”，他的“理”和“性”也不仅仅是指法则，而是变易之气和心本身内涵的法则。

因为黄宗羲以理气/心性为一，所以他否认“气必得驭于理”。他认为“气必得驭于理”的构想是把气看成是一种“死物”，基于同理，黄宗羲也不认为理能够生气或必须依附于气而流行于现象界，这也就是为什么他要批评一个名叫薛瑄的明儒。薛瑄是明初程朱派的思想家，他以“日光”/“飞鸟”的比喻来说明他对于理气的构想，他说：“理乘气机而动，如日光载鸟背而飞。”黄宗羲不满意这种比喻，坚决主张理和气都兼具动静二相。就宇宙的动相而言，理和气都是“日新”的“聚散”过程，并且，在这个“日新”的“聚散”过程之中，已往之理或已往之气都不能为方来之理或方来之气；就宇宙的静相而言，理和气则都是“无穷尽”而又“无聚散”。同样的，黄宗羲否认心性为二。他认为性不仅仅是静态的“未发”，而心也不仅仅是动态的“已发”，他认为这种对于心性的区分是以朱子为代表的宋儒所有的谬误。黄宗羲特别指出，朱子虽然说“心统性情”，可是朱子这种说法并没有真正克服他心性二元的观点，因为黄宗羲认为理气和心性是一不是二，所以他反对宋儒以气或气质之性为恶之源的构想。黄宗羲认为气或气质之性的本然是善不是恶，他承认在气的“聚散”流变的过程之中，可能有“过”或“不及”的失调情形发生，可是这种失调跟气本身完全无关，失调情形之所以发生是因为气丧失了它的“本然”，可是当气一旦丧失了它的本然，气就已经不再是气。黄宗羲特别指出，孟子说恶是心“陷溺”的结果，并没有把心的“陷溺”归之于气或气质，所以，黄宗羲认为宇宙间没有不“灵”明的气，而人生也没有不是“自有主宰”的心，气之所以为气，心之所以为心，正因为气和心在自身之中本就内涵有理或性的规矩和法则，理是气之理，不是气之中的理，性是心之性，不是心之中的性。

因为黄宗羲把理气和心性在概念上构想为一体，所以他不能像朱子所代表的宋儒那样驳斥佛家只是讲“心”而不讲“性”。黄宗羲认为正统宋儒这种对佛家的批判是说不通的，因为这种批判预设了一个心外之性的心/性二元观点，所以黄宗羲本人不说佛家只知“心”而不知“性”，他认为佛家既不知心也不知性，并且认为佛家之所以不知性，正是因为佛家不知心。很显然，黄宗羲对佛家以及以程颐、朱子为代表的正统宋儒的批判在模式上有一贯性，这两种批判都反映了明朝从王阳明以来而逐渐开展出来的气的一元论。在我们的历史上，新儒家的思想体系并不是一成不变，而是有个大变，这个大变很可以在新儒家对佛教批判的转变上看到，当新儒家本身的思想变动的时候，新儒家对于佛教的批判也随之变动，所显现的是一个新的意义。

附　录

壹、中文上课大纲（syllabus）暨期末考题

一、中国思想史

A two-semester course, the purpose of which is to introduce "deconstructionist" critique as a mode of knowing and to provide for a "deconstructionist" analysis of a variety of texts in traditional Chinese philosophy. The first semester will be concerned with the "philosophers" of the late Chou period and Tung Chung-shu's Confucian synthesis during the Han. The second semester will focus on Indian Buddhism and its transformation in China, the genealogy of Neo-Confucianism in the Sung, Ming and Ch'ing periods and the interaction of Neo-Confucianism with Buddhism and Taoism. Throughout this course, particular emphasis will also be placed on the conceptualization of humanism as a comparative problematique in premodern Chinese and Judaeo-Christian traditions.

本课程分上下两学期，目的在介绍"解体性"批判的认知方式，并

对中国传统思想里的哲学文献作一“解体性”的分析，上学期的探讨对象包括周代末期的子书与汉代董仲舒[1]对孟、荀思想的调和折中，下学期的焦点则集中在印度的佛学与华化，宋明清时代新儒学的系谱，以及新儒学与释、道两家的交涉。此外，人文主义的构想在中国传统思想与犹太天主基督教里所呈现的比较问题性亦将在本课程里受到特别的重视。

（一）中国思想史（上）

1. 教本（Required Texts）

“四书”

《荀子》

《墨子》

《老子》

《庄子》

《易经》

《春秋繁露》

Wing-tsit Chan, comp., *A Source Book in Chinese Philosophy*. Princeton: Princeton University Press, 1964.

Conze, Edward eds., *Buddhist Scriptures*. Baltimore: Penguin, 1971.

2. 参考书单列表

牟宗三：《历史哲学》。

——：《心体与性体》，第一册。

[1] （编按）钱新祖英文手稿原系为芝加哥大学三学期制而设计，其中确有专章讨论董仲舒，但或许因为适应台湾两学期制教学时数，所以以下中文版其实并没有董仲舒专章。另一方面，钱新祖在中文世界教中国思想史时，第一学期开始的几个星期往往挪来阅读理论文献，以便让学生更能进入他的思想语言。据编者所知，这些理论文献包含：Jacques Derrida, Of Grammatology (1974); Michel Foucault, The Archeology of Knowledge (1982); Clifford Geertz, The Interpretation of Cultures (1973); Richard E. Palmer, Hermeneutics (1969).

Hegel, Georg Wilhelm Friedrich, *The Philosophy of History*, trans., J. Sibree. New York: Dover, 1956.

Watson, Burton, trans., *Chuang Tzu: Basic Writings*. New York: Columbia University Press, 1964.

——, trans., *Hsin Tzu: Basic Writings*. New York: Columbia University Press, 1963.

——, trans., *Mo Tzu: Basic Writings*. New York: Columbia University Press, 1963.

Weber, Max, *The Religion of China*, trans., Hans H. Gerth. New York: The Free Press, 1951.

3. **提纲与阅读资料（syllabus）：各讲下书目注星号者为该周补充读物，可读可不读。**

(1) 人文主义在天（神）人关系中的问题性：韦伯、黑格尔式论中国历史文化之解体性批判（Humanism as a Problematique in the Relationship between the Human and the Divine: a Deconstructionist Critique of the Weberian/Hegelian Discourse on Chinese History and Culture）

*牟宗三：《历史哲学》

Wing-tsit Chan, *A Source Book in Chinese Philosophy*, pp. 3–13.

Hegel, *The Philosophy of History*, pp. 1–138.

Weber, *The Religion of China*, pp. 226–249.

(2)《论语》中的“仁”与“君子”及对话文学（*The Analects:* “Humanity,” the “Superior Man” and Dialogical Literature）

《论语》

Wing-tsit Chan, *A Source Book in Chinese Philosophy*, pp. 14–48.

(3) 孟、荀论心、情、性（Mencius and Hsün Tzu on Mind, Feelings and Nature）

《孟子》

《荀子》

Wing-tsit Chan, *A Source Book in Chinese Philosophy*, pp. 49–83 & 115–135.

* Watson, *Hsün Tzu: Basic Writings.*

(4) 墨子："兼爱"说所比喻呈现的客观化思想模式（Mo Tzu: "Universal Love" as a Metaphor for Objectification）

《墨子》

Wing-tsit Chan, *A Source Book in Chinese Philosophy*, pp. 211–243.

* Watson, *Mo Tzu: Basic Writings.*

(5) 老子：道与"无为"（Lao Tzu: Tao and "Non-Activity"）

《老子》

Wing-tsit Chan, *A Source Book in Chinese Philosophy*, pp. 136–176.

(6) 庄子："齐物"与"两行"（Chuang Tzu: "Equality of Things" and "Walking on Two Roads"）

《庄子》

Wing-tsit Chan, *A Source Book in Chinese Philosophy*, pp. 177–210.

* Watson, *Chuang Tzu: Basic Writings.*

(7)《大学》与《中庸》："修身"与"率性"（*The Great Learning*

and the *Doctrine of the Mean*: "Self-cultivation" and "Fulfillment")

《大学》

《中庸》

Wing-tsit Chan, *A Source Book in Chinese Philosophy*, pp. 84–111.

(8)《易经》中的"生生"观念与共鸣式思想（*The Book of Changes*: "Generation and Regeneration" as a Concept and Resonance as a Mode of Thought）

《易经》

Wing-tsit Chan, *A Source Book in Chinese Philosophy*, pp. 244–250 & 262–270.

（二）中国思想史（下）

1. 阅读资料（注星号者非必读）

(1) 中文

承迁：《注金师子章》，《大日本续藏经》，第一辑，第二篇，第六套，第一册，第75页下—第78页下。

智觊：《妙法莲花经玄义》，《大正新修大藏经》（以下简称《大正藏》），第三十三册，no. 1716，第681—814页。

黄宗羲：《明儒学案》，台北：世界书局，1965年。

黄宗羲与全祖望：《宋元学案》，台北：世界书局，1965年。

慧能：《六祖大师法宝坛经》，《大正藏》，第四十八册，no. 2008，第337—345页。

临济，柳田圣山注译：《临济录》，东京：大藏出版株式会社，1972年。

吕澄：《印度佛学思想概论》，台北：天华出版事业股份有限公司，

1982年。

马鸣（？）:《大乘起信论》,《大正藏》，第三十二册，no. 1666，第575—593页。

牟宗三:《心体与性体》，台北：台湾学生书局，1970—1973年。〔编按：应为正中书局。〕

牟宗三:《从陆象山到刘蕺山》，台北：台湾学生书局，1979年。

唐君毅:《中国哲学原论》，香港：新亚书院研究所，1973—1975年。

僧肇:《肇论》,《大正藏》，第四十五册，no. 1858，第150—161页。

*《维摩诘所说经》,《大正藏》，第十四册，no. 475，第537—557页。

(2) 英文

Wing-tsit Chan, *A Source Book in Chinese Philosophy*. Princeton: Princeton University Press, 1964.

Ch'en, Kenneth, *Buddhism in China*. Princeton: Princeton University Press, 1964.

——, *The Chinese Transformation of Buddhism*. Princeton: Princeton University Press, 1973.

Conze, Edward, trans., *Buddhist Scriptures*. Baltimore: Penguin, 1971.

* Hakeda, Yoshito S., trans., *The Awakening of Faith Attributed to Asvaghosha*. New York: Columbia University Press, 1967.

Liebenthal, Walter, trans., *Chao Lun: The Treatises of Seng-Chao*. Hong Kong: Hong Kong University Press, 1968.

Luk, Charles (Lu K'uan-yü), trans., *The Vimalakīrti Nirdeśa*

Sūtra. Berkeley: Shambala, 1971.

Metzger, Thomas A., *Escape from Predicament*. New York: Columbia University Press, 1977.

Yampolsky, Philip B., trans., *The Platform Sutra of the Sixth Patriarch*. New York: Columbia University Press, 1967.

2. 提纲与阅读资料（syllabus）

(1) 印度的佛学（Buddhism in India）

吕澄：《印度佛学思想概论》。

* Ch'en, Kenneth, *Buddhism in China*, pp. 3–20.

Conze, Edward, trans., *Buddhist Scriptures*.

(2) 佛学的来华与华化（The Spread of Buddhism to China and Its Chinese Transformation）

承迁：《注金师子章》。

智顗：《妙法莲花经玄义》。

慧能：《六祖大师法宝坛经》。

临济：《临济录》。

僧肇：《肇论》。

马鸣（？）：《大乘起信论》。

* 《维摩诘所说经》。

Wing-tsit Chan, *A Source Book in Chinese Philosophy*, pp. 336–405 & 425–449.

* Ch'en, Kenneth, *Buddhism in China*, pp. 21–313 & 320–382.

* ——, *Chinese Transformation*.

* Hakeda, Yoshito S., trans., *The Awakening of Faith Attributed to Asvaghosha*.

* Liebenthal, Walter, trans., *Chao Lun: The Treatises of Seng-Chao.*

* Luk, Charles (Lu K'uan-yü), trans., *The Vimalakīrti Nirdeśa Sūtra.*

* Yampolsky, Philip B., trans., *The Platform Sutra of the Sixth Patriarch.*

(3) 周敦颐与新儒家的"道德的形上学"(Chou Tun-i and Neo-Confucian Ontology as "Moral Metaphysics")

黄宗羲、全祖望:《宋元学案》,有关部分。

牟宗三:《心体与性体》,有关部分。

唐君毅:《中国哲学原论》,有关部分。

Chan, Wing-tsit, *A Source Book in Chinese Philosophy*, pp. 450–494.

(4) 朱子的"道统"与"正统"(Chu Hsi's "Genealogy of the Way" and the Problem of Orthodoxy)

黄宗羲、全祖望:《宋元学案》,有关部分。

牟宗三:《心体与性体》,有关部分。

唐君毅:《中国哲学原论》,有关部分。

Wing-tsit Chan, *A Source Book in Chinese Philosophy*, pp. 495–571 & 588–693.

(5) 陆象山与鹅湖之会(Lu Hsian-shan and the Goose Lake Monastery Debate)

黄宗羲、全祖望:《宋元学案》,有关部分。

牟宗三:《心体与性体》,有关部分。

——:《从陆象山到刘蕺山》,有关部分。

唐君毅：《中国哲学原论》，有关部分。

Wing-tsit Chan, *A Source Book in Chinese Philosophy*, pp. 572–587.

(6) 王阳明与中国历史上的程朱陆王之争（Wang Yang-ming and the Ch'eng-Chu Versus Lu-Wang Controversy in Chinese History）

黄宗羲：《明儒学案》，有关部分。

牟宗三：《从陆象山到刘蕺山》，有关部分。

唐君毅：《中国哲学原论》，有关部分。

Wing-tsit Chan, *A Source Book in Chinese Philosophy*, pp. 654–691.

(7) 比较分析措词中的新儒家与现代化（Neo-Confucianism and Modernization in the Rhetoric of Comparativism）

Metzger, Thomas A., *Escape from Predicament*.

二、期末考题

例一：

程石泉先生著有《中西哲学比较论丛》一书，乃1980年由东海大学出版，书中论及孟子的部分（第113页）有如下的一段话：

孟子的学说实是儒家的正传，而儒家的根本要务是在“修己治人”。修己与治人原来是一件事，不善修己者不配治人，而儒家对于治人者的要求特别苛严。治人者应有“己欲达而达人，己欲立而立人”的宏愿；应有“人饥己饥，人溺己溺”的爱心；应有明备坚强的德性；应有舍生取义的精神；应有吊民伐罪救民于水火的毅力；应有制礼作乐化民成俗的才能；说来治人者只有义务（因为他们是先知先觉），并无权利。凡能符合上举条件的治人者，其所行之政方可称之为“王政”。

请以《孟子》一书中有关的具体构想与/或（and/or）学说为依据，对程先生的这段话作一解析性的评论。

例二：

“一”或统一性（oneness or unity）乃华人传统思想上的一个显要论题（theme），王弼注《老》，首先以体用的成对范畴来陈述现象界的“有”与终极真际的“无”之间的统一性，此后历史上的佛徒与儒者亦颇有人沿用这一对构想来说明圣与凡、一与多、形上与形下，或内与外之间的通贯不二，甚至近代的张之洞与当代的李泽厚还仍借着体用的范畴来寻求本土与西洋之间的接触点，希望能将两者衔接而融会。然而，因为用法的不同，由体用所建构的统一性在实际意涵上也往往有差异，姑不论述种种差异的具体复杂性为何，请就六祖慧能在《六祖大师法宝坛经》里所呈现的体用关系作一分析，并通过此一分析来说明佛家“烦恼即菩提”或“轮回即涅槃”说法中的“即”所涉及的“一”，究竟是一种什么样的“一”。

例三：

以下的一段文字乃18世纪日本“国学者”贺茂真渊所著《国意考》之节译，这段文字似有道家意味，然对儒家却大加批评，试就下列六个项目中选择三项，对此段文字作一评论：

1.《论语》中的“君子”观念

2. 孟子的性善说与王道论

3. 荀子的天人观

4. 老子的“无为”之道

5. 庄子“逍遥”式的反讽

6.《大学》与《中庸》里的“修身”与“慎独”论

The teaching of the Chinese Confucians (ju) constrains the heart of heaven and earth and reduces it. [Confucian teaching] is man made ··· The Way of the ju explains principles for use in the world. Yet if one but heeds [these principles] closely, one will discover that there is nothing especially valuable about them. But because they theoretically interpret [things] in detail, people have come to heed them.··· That the good government of the land be peacefully transferred among men from generation to generation is what truly must be heeded. It is said that [the theories of the ju] are useful theoretical first principles. To be sure [such principles] seem to suit men who live in this world, but actually their hearts know otherwise. For this reason, the teaching of the ju cleaves merely to externals and does not penetrate to the heart. When the teaching of the ju came into this exalted land (i.e., Japan), it was said that China was well governed with this rational teaching. That is simply empty talk ··· In reality [in ancient times] Japan was ruled in conformity with the heart of heaven and earth. There was no such thing as trivial theoretical principles ··· Right from the beginning, and throughout many generations, a golden age endured. But when these theories of the ju penetrated to Japan, great unrest broke out.··· Perversity of the heart gained the upper hand. The teaching of the ju made men crafty and cunning ···

Songs wholly express the heart of man. To be sure, they do not seem to be of any use as regards the world. But if one understands them well, one also knows the human heart; and if one knows the human heart, one also automatically understands the causes of good government and confusion.··· Anything that clings only to theoretical reason is dead. But what heaven and earth create in common activity naturally is alive and active. It is probably not wicked to know things theoretically once in a while, but it is an evil tendency of the human heart to rely on such theoretically knowledge one-sidedly.

Once one knows, it is good to desist.⋯ Songs make the heart tender and open to everything.

A physician may have read the Chinese writings and know them well, yet he only rarely heals the sick. On the other hand, the good medicines which are handed down in this country (Japan) and which correspond to nature, heal the sick with certainty without people knowing the theoretical explanations. If only things are correctly penetrated with the heart, then all is well. [Penetrating with heart] occurs in not including one-sidedly to any side.

What Lao Tzu said about being in harmony with heaven and earth corresponds well to the Way of this Land (Japan). So accordingly there was uprightness there (in China) in olden times. Here [in Japan], too, everything was in genuine uprightness, as was stated above in reference to the heart of the Songs. In ancient times, there were few words and things. In that age when there were few things and the disposition of the heart was upright, no complicated doctrine was required. If the heart is upright, everything runs well even without a doctrine.

In olden times the Chinese lay down the four virtues (jen, i, li, chih), and considered whatever opposed them to be wicked. Actually everywhere on earth these four virtues are created of themselves, just as the four seasons arise. Therefore, must not such a disposition of the heart (to create virtue) be found everywhere? As far as the course of the four seasons is concerned, gradually it becomes spring and it is spring-time mild; by and by summer begins and it becomes summery hot. Thus the natural processes of heaven and earth develop harmoniously, as a whole, and gradually. If the things were as Chinese maintain, it would have to turn warm immediately when spring begins, and would suddenly have to turn hot with the beginning of summer. This Chinese teaching is not in accord with nature; it breaks up the continuity of nature suddenly. If one merely listens, [the Chinese theories] are indeed systematic, pleasing to hear and rational; but they do not treat things suitably. They contradict the gradual, natural course of spring, summer, autumn, and winter. How are the mere insects (humans) between heaven and earth supposed to be able to realize that teaching which is narrower than the meaning of heaven and earth? As there is the distinction between the four seasons in all things on earth, so too there is love and anger, thinking and understanding of their own accord in all ages in the continuous course of the four seasons. But while humans in particular have established the designations "humaneness" (jen), "righteousness" (i), "decorum" (li), and "knowledge" (chih), contrary [to human expectation in creating such designations], the danger of rigidity arose. It was better to obey only the heart of heaven and earth without designating names.…

Chinese learning was originally created according to human design. Hence it is artificial and easily intelligible. The Way of the Ancients of our illustrious Imperial Land (Japan), however, is in harmony with heaven and earth; it is harmonious and plain. With their "heart's words" human beings were able to express it only with difficulty, and the descendants of the ancients can scarcely understand it. On that account, indeed, it is said: "Is not the Way of the ancients completely cut off?" But just as heaven and earth do no cease, so too this Way does not cease. [The designation of the Way] has thus come into existence by means of the easily intelligible Chinese teachings. But viewed from the duration of heaven and earth, 500 or 1000 years are less than an instant. The Way of the Ancients is not of the kind which esteems the words of narrow-minded men.

All things, beginning with the sun and the moon, are originally and by their own power in harmony with heaven and earth and are spherical. They can be compared to the dewdrop on a blade of grass. If the dewdrop is placed upon an angular blade, it assumes a different from corresponding to the shape of the blade. But it falls back onto a flat surface, it returns again to its original spherical form. So too, the business of government will be well handled if the sphere [of government] assumes its original form. But if one clings to an angular form [of government], things will not be well handled. One must know these principles when one views China. If, therefore, one would have one's heart in harmony with heaven and earth, one must return in times [of bad government] to the original form. But if one should also hasten into a common, narrow-minded disposition [emphasizing theories and designations], then contrary to expectation, only greater confusion would arise.

贰、英文上课大纲

一、Chinese Thought: The Classical Phase (Autumn 1983)

1. The Human and the Divine in Traditional Chinese Thoughts: a Deconstructionist Critique of the Weberian/Hegelian Discourse on Chinese History and Culture
2. The Analects: Humanity, the "Superior Man" and Dialogical Literature
3. Mencius: Mind, Emotions and Human Nature
4. Hsün Tzu: Mind, Emotions and Human Nature

5. Mo Tzu: "Universal Love" as a Metaphor for Objectification
6. Lao Tzu: Metaphysics of the Tao and Activity as "Non-Activity"
7. Chuang Tzu: "Equality of Things" and "Walking on Two Roads"
8. The Great Learning and the Doctrine of the Mean: Cultivation and Fulfillment
9. The I Ching: Resonance and Synchronicity
10. Tung Chung-shu and the Han Intellectual Synthesis

二、Chinese Thought: The Buddhist Phase (Winter 1983)

1. Buddhism in India
2. The Spread of Buddhism to China and its Encounter with Indigenous Chinese Traditions
3. The Establishment of Indian Buddhist Schools in China: Mādhyamika, Yogācāra and Sukhavati
4. The Development of Chinese Schools of Buddhism (I): Hua Yen
5. The Development of Chinese Schools of Buddhism (II): T'ien T'ai
6. The Development of Chinese Schools of Buddhism (III): Ch'an (Zen)
7. The Buddhist Conquest of China and the Chinese Transformation of Buddhism

三、Chinese Thought: The Neo-Confucian Phase

1. The Revival of Confucianism as Neo-Confucianism
2. Chou Tun-I and Neo-Confucian Ontology as "Moral Metaphysics"
3. Chang Tsai and his Concept of Ch'i
4. The Ch'eng Brothers the Concept of Li
5. Chu Hsi's Synthesis
6. Lu Hsiang-shan and the Concept of Mind

7. Early Ming Re-orientation
8. Wang Yang-ming on Mind and Nature
9. Post-Wang Developments and the Problem of Early Ch'ing Intellectual History
10. Metzger and his "Predicament"

叁、台北、香港、芝加哥——钱新祖先生行述[1]

梅乐安（Anne Ch'ien）

> 愤怒、徒劳、热狂、挫折。新祖的去世很难令人理解，为什么是在正当壮年、正是发挥天赋才华、开辟一番天地的时候？为什么比一般癌症病人遭受更多更久病痛的煎熬？我举拳问天、我咬牙问地、我激怒、我嘶喊、为什么？为什么？为什么？

对我而言，新祖的死是他生命中的一个隐喻（metaphor）。他常说一个故事——在他出生之前、甚至在他母亲怀胎初孕的时候，一位老和尚路过钱家，指着他母亲的肚子说她怀孕了，而且是个男孩，将来得避开佛门，否则必遭不测。[2]这是新祖说故事的典型作风，一点也不忌讳他当时对佛教教义全身投入的研究，一点也不在乎类似《红楼梦》故事中的预警。但是这个故事捕捉着新祖生命中的悲剧色彩——怀才不遇的阴影总是挥之不去。（讽刺的是他可能是中国三千

[1]（编注）原刊登于《台湾社会研究季刊》第29期（1998年3月），第153—162页。译者钟月岑，现为台湾清华大学历史所副教授。

[2]（译注）我的记忆和安不太一样，我记得钱先生说老和尚预测男孩得进佛门，否则不利。钱母难舍，与老和尚商量，得一权宜之计——收男孩为徒弟，取法名，故钱先生有一法名为法昆。当其4岁时，果不其然，大病，大泻不止，群医无策。巧有一江湖游士行至，为其把脉40分钟，与药一帖，言若再无效，则回天乏术。后一服即止，日有起色，终愈。

年历史中唯一恨不该生为男儿身的人，因为他父亲鉴于头胎已是男孩，总希望他这一胎是女的，等到他出生之后，决定领养新祖的表姊为女儿。）

新祖的天赋才华是多方面的：最明显的是他超群的思维能力——兼具哲学家运思的透析力与历史学家巨细靡遗的记忆力，另外他的语言能力，如中、英文写作文采洋溢，少有人能及。在他10岁以前，家境富裕，得天独厚，“四书”“五经”的启蒙教育开始得早，和他同年的这一代当中少有人像他文史哲、书法兼修，这全是他父亲家教熏陶使然。这令人羡慕的天赋加上他独特的性格，使他所学得以致用。新祖具有吸引各种不同文化背景、不同国籍的人的魅力，我相信他个人的魅力，使他到处受人仰慕，在美国如此，在亚洲更是如此。从一个小小的例子更可以说明这个事实，每次他太平洋来回一周就可以听四五个人的生命故事，这些人都是他在飞机上碰到的，虽然萍水相逢，他却有本事让人打开话匣、侃侃而谈个人生命问题、困扰等等，似乎他有面授机宜、解决烦恼的能耐。

但是新祖生命过程中也时遭横逆。他的童年和20世纪近代中国的悲剧几乎是同心圆。长江下游的钱家随着抗战，耗尽上海、南通的家产，辗转来台之后不到几年，更是一贫如洗。他的青少年时期多半是在穷苦挨饿中度过的，他养过鸡、做过家教来补贴家用。再穷，父母亲也都没有丧失送四个小孩出国念书的决心和梦想。但是这些生活阴影、时代悲剧影响他至深，他4岁大病一场、他记得在南通被日本军囚禁的可怕一晚，他也记得6岁失乳母的痛苦（新祖是四个小孩当中唯一由奶妈带大的。6岁时奶妈被遣送回乡，新祖痛如丧母，他父亲曾据此赋诗几首）。我们很难拿捏这些早年的悲剧阴影对新祖的打击有多少，但是我们可以确定的是他并不因此而倾向消极悲观；相反地，他深具自信，而且是位百折不挠的斗士。他能从逆境反扑、乐观从事，例如他与癌症拼斗最后，过程中不断强调战胜癌症的可能性。但是，他经常承受噩梦的困扰，在平静喜人的外表下，深伏着内在的激愤怒气，总在四下无人时爆发出来，这是外人无法想象关联起来的。

他童年的一些照片透露出他的某些性格：他注重服装细节，非常挑剔服饰，即使是休闲的式样，他也要坚持对味才行。有一张大约他4岁时和他哥哥、堂兄西装笔挺一起拍的照片，可以想象照片中的小男孩从照相馆回到家后仍不肯脱下西装的拗劲。他记得当时要求大人们一定要给他穿上最漂亮的衣服，后来仍是一样脾气，一样讲究美感品位，总是不假他人、精心设计自己住家的装潢、艺品的摆设。

他惊人的记忆力很早就展现出来，我记得1975年，新祖的父亲第一次来美时，父子两人畅谈往事，新祖竟然还记得阔别三十年南通老家的一角一落，一点也不含糊。同样地，我们第一次约会时，我们讨论David Nivison所写的章学诚的书，当时我刚花好大把的劲儿把书读通读懂，而新祖几年前读过、也不专门研究章学诚，但是他如数家珍，完全掌握书中论辩的精华，说得我目瞪口呆，敬佩不已。

在1949年以前，新祖跟着亲戚先来台湾，四个小孩当中他是最先到的，因为他是四个当中最精力充沛、对新环境不生分的一位，父母亲可以放心他一个人先到台湾，分批成行，以防万一。我记得新祖曾告诉我说他刚来台湾时最讨厌学校，因为他讨厌穿得比学校其他小孩还好。他上学第一年的表现并不怎样，之后他急起直追，从此学生生涯总与“第一名”“第二名”形影不离，师大附中是非常奇特的，在当时的学校当中，风气最自由，学生也最调皮，脑筋也最灵活。

我对新祖的了解是，他很年轻的时候就知道自我，知道自己不断在追寻一些东西，他后来常用海德格尔的“掉进瓶里的苍蝇”的隐喻来比拟自己的追寻，他追求的总与人文有关，科学和工技并不对味。他大学联考的分数可以让他进医学院，但他选择历史，为的是历史似乎最能回答他所困扰的问题，那时候他常跟殷海光的学生亲近，除了历史的兴趣之外，他也在欧洲传统的经典中找寻开启西方文化的钥匙。（这些年来，当我沉浸文学领域时，我很惊讶地发现新祖收藏着从台湾带来的盗版的文学经典，例如我在他书房里找到了司汤达、普罗斯特、汤玛斯·沃夫和其他我从不知晓的文学作品。）这些他所阅读书籍显示他对学习外文的看法，他跳进文学、历史的真正作品当中；他与本地人沟通，使用英文不假思索，真正把英文用成学习沟通的工具。他不像许多学生用心于教科书，他记得大学时期总是倾向讲求实际而不是一味读死书。他做过家教教英文，大学快毕业的时候替美国明史专家James B. Parsons作研究助理，这项工作经验影响新祖生命至深，不仅让他熟谙明代政治、制度史方面的档案材料，而且收入颇高，在1960年代早期的台湾，一个小时一块美金。这段情谊也使他安然无恙、无风无浪地通过美国研究所生涯的过渡期，最主要的因素莫过于Jim Parsons的帮忙，他是一位大好人、来自美国南方的绅士，他看到新祖的才华，愿意栽培、让它开花结果。

Parsons是美国加州大学河滨分校（UC Riverside）的教授，1963年帮新祖争取到加州大学河滨分校就读硕士的奖学金。河滨分校的就学经验非常难得，而且不同于新祖在美国各地的经验，他第一年和Jim Parsons住，然后和美国同学合住，他完全投入美国生活经验里——我认为这和他做事方式有关，而且河滨分校少有中国人，即使有的话，也不会在历史系，所以他结交了不少美国朋友。他专攻美国史、读了不少这方面的经典作品，他上欧洲思想史课程，对欧洲思想传统更加着迷，他发现了马克思和毛泽东，读了很多当时在台湾被视为禁忌话题的书籍。他后来和河边校区的朋友一直保持特别的情谊，尽管他们大多是好好人而不具有特殊才干，这种类型的人在往后的日子里已引不起他交朋友的兴趣。在河滨分校他交美国女朋友，和朋友开车到墨西哥，夏天他到内华达去探望他姊姊时发现可以到赌城打工赚钱。他之所以能被录取和他朝气蓬勃的个性，以及美国一般人认为中国人数学脑筋好、肯打拼，拉斯维加斯和雷诺赌城喜欢雇用中国人的社会现象有关。他厚着脸皮去应征，跟人说他有写Kino票的工作经验，而他所号称他工作过的赌城在几个月以前早已烧掉，所以没人可以查证他的履历表，他被录取了而且连续做了几个暑假。

这些在河滨分校的生活点滴是他真枪实弹第一次与美国社会接触、与美国研究生竞争的经验。在河滨分校除了Jim Parsons，还有两位老师对他的影响很大，一位是Donald M. Loewe——美籍华人、研究社会主义和马克思意识形态；另外一位是Theordor von Laue——专攻德国、俄国思想史的德籍学者。von Laue对新祖思想发展激励最大的是将他的英文报告撕成碎片，身为德国移民，英文同样不是von Laue的母语，他给新祖的教训是下功夫、再下功夫，直到英文的表达措辞恰到好处，才能号称与当地人的水准无异。受到von Laue这么严厉的批评，对新祖打击很大，他从小学一年级以来一向成绩优异，如今落到在河滨分校与B+搏斗、甚至于B+都是老师们看他用功上进才给的分数。但是von Laue的教训来得正是时候，使他往后受益无穷，那些碍于礼貌、总说他英文很棒的美国朋友，都比不上von Laue的当头棒喝来得有效。部分是来自von Laue的影响，部分是他自己的学习动机，他对英文特下功夫，几年以后，他英文的功力不仅超越大部分当地人，而且比大多数华人学者出色。

通过Jim Parsons，新祖建立其他关系网络，然后被引进其他领域。在河滨分校，他有机会替知名的六朝佛教研究学者Arthur Link作研究助理，那是他第一次接触佛教材料。后来Parsons还帮他顺利转学到哥伦比亚大学历史系，新祖到哥大拿到的是最高荣誉校长奖的奖学金——专门给最佳社会人文科学的申请者的四年奖学金，除了展现潜力雄厚的申请书之外，Parsons的推荐信和他的人脉可能是最推波助澜的因素。他和当时哥大研究中国上古史的Hans Bielenstein是好朋友，但后来的转变相当有意思，新祖到哥大后，反而投到Bielenstein的论敌Theordor de Bary的门下。新祖常常为自己是历史系而非东亚系出身感到自豪，历史系意味着他并非只靠着语言的本钱。

当他刚到哥大的时候，他所感兴趣的领域还很游离，他考虑过德国思想史（那么他就得学德文），后来受到de Bary的感召而进入明代思想史的领域，de Bary当时刚刚出版学界公认的巨著——*Self and Society in Ming Thought*——这是对于明代思想研究具有新诠释的会议论文集。他向新祖证明了中国思想史是值得研究的领域，而且有话要说，非常有意义。新祖总是对自己的思想有主张、不大听别人的指挥，对他而言，de Bary是最恰当的导师。de Bary非常支持他的学生，当学生向他展现成品时，他是最犀利的批评者，但方式上他采取不干涉的态度，这种道家无为放任的教导手法，正投新祖自我创作所好。除了找到理想导师之外，他运气好而且自我创造能力高，挑选到了对学界具有贡献的博士论文题目。他找到晚明思想家——焦竑——一位能突出左派狂禅与训诂考证之间思想渊源脉络的人物，最具“学术”气息的考证学跟最不学术、具有神秘经验的左派王学，竟有相反相生的辩证关系。这个题目使他有足够的空间发展出较大的典范架构，可以往前溯到明、往后追到清、可佛可道可新儒家、可正统可异端、可谈王阳明思想。面对这么好的题目，新祖花了不少工夫去琢磨，他学着“阅读”推敲佛学、新儒家经典——这跟他初读明史档案的经验一样，他学日文以便阅读日本学者有关佛、儒学的研究，更重要的是他能够把所读的材料摆在一观念架构中，并分析其中意涵。

哥大的学生生涯中的高潮是他接受邀请参加美国研究学会（ACLS）所赞助、de Bary在意大利Bellagio主办的会议，这次会议的成果就呈现在以后出版的*The Unfolding of Neo-Confucianism*一书里，新祖的第一篇英文文章就是发表收集在这本书中。在意大利的时候，我们结婚了，但是并非如我们想象的在罗曼蒂克的Bellagio。“意大利结婚式”和其他结婚方式没什么两样，都是法律契约、需要签署一些文件而无法在短时间完成。

1971年秋天，我们离开哥大——新祖旅居美国各地最为特殊的地方，来到休斯敦，因为他在德州的Sam Houston州立大学找到教职，在那儿他才发现、真正体会到美国乡下小城——尤其是德州——的滋味。新祖是个城市人——上海人多半喜欢纽约，但是他喜欢纽约的地方蛮特别的，他喜欢格林威治村（Greenwich Village）的酒吧和艺术家的世界，他喜欢纽约城市的动劲儿和拥挤着各个人种的街道，更甚于众所皆知的人文荟萃的博物馆和音乐活动。当时我们得把这些抛到脑后，来到Huntsville。它在德州的东边、休斯敦北边70英里的小城，夹在休斯敦和达拉斯的中间，常常见到有人以每小时90英里的车速来往穿梭两地，赶着看休斯敦石油队和达拉斯牛仔队的橄榄球比赛。Huntsville最有名的是拥有德州州立监狱以及德州监狱马术赶集。当地的大学曾被花花公子杂志宣传为"舞会学校"（party school）的第一名。在这儿，新祖发现并非所有美国大学都像哥大或是加州大学河滨分校那样教学工作负荷很重，而是学生并非全力以赴，教授多半关心自己的房地产投资或是当地学校、自己的花园，更甚于关注学术研究工作。德州的经验扩展了新祖对美国文化差异和多样性的了解。他老是记得当初去学校面试的时候，那些教授们吹嘘着学校的音乐系有多行——他心里算计着大概是纽约茱莉亚音乐学院的水准，结果那些德州佬讲的是高校乐队指挥的训练。

东德州的确是个美丽的地方——松林、加上春天大片大片野花（蓝帽花和花灌木），但是到休斯敦得开蛮远的车，再者休斯敦也不像纽约那样迷人。在那儿我们交了一些同时间从纽约来的朋友，例如罗洁，他是纽约大学出身的英国史家，他和新祖特爱模仿失落的一代。罗洁每天开车到休斯敦只是为了买《纽约时报》，伙着一群学生、他和新祖学习练枪打靶——德州佬的玩意儿——457型连发手枪，像克林伊斯威德（Clint Eastwood）的影片所使用的老黑枪（the Dirty Harry gun）。

德州的生活点滴似乎颇为黯淡，但是往回看，我认为这是因为新祖在去德州的时候比去河边校区时对自我的形象更加定型，要是他到美国的第一站是Huntsville的话，他可能会被德州佬直爽乐观的性格所吸引，而不单单计较他们知性的不足。

我们在德州待了两年，然后到纽约州宾汉姆顿待了三年——1973年至1976年——我在那儿的历史系教书，新祖这个期间完成了他的论文，也教了一些书，他总是教得很成功。对宾汉姆顿的记忆总是因着它靠纽约比较近，学年期间我们每个月一次开车上纽约、回哥大参加明史的讨论课，并与老朋友聚会。在宾汉姆顿有一个为数不小的华人社区，因为那儿有一个IBM工厂雇用一大群中国工程师，他们对自己的文化遗产颇有兴趣，我们因着学校主办有关中国的活动而结识他们。除此之外，他们大多跟新祖和他哥哥还都是台大前后期的同学，我们在宾汉姆顿和这些中国朋友相处得很愉快。

由于新祖已完成了论文，他开始找工作，宾州大学、俄亥俄州的Kenyon College（颇好的学院）和芝加哥大学等好学校都对他表示兴趣。他对找工作有他自己的一套看法。我是来自中西部的一所小学校，总是被哥大的气势所震撼，不太能想象自己会在美国一流学校找到工作，但是新祖却相反，反而如鱼得水，认为在宾州大学、哈佛大学等一流学校教书是适得其所，也许其他学校真的不适合，因为他对学术水准的要求，总是把人与海德格尔相提并较，然后再往下比，当代知识分子若不够才艺超群是引不起他的兴趣的，他所比较的对象都是创立学术新典范的思想大家。在这样的脉络里，他自然看不上Kenyon College，因为它位处俄亥俄州的乡下地方，鹤立鸡群、自以为是，而且只教大学部。当时（1976年）美国的就业市场早已停滞多时，很多人在抢同一碗饭，芝加哥大学在面试新祖的时候，已经花了四五年寻找顾立雅（Herlee Creel）的继承人选。芝大重理论的面试委员教授们对那些只重语言能力、区域研究的面试者，并不太感兴趣，当他们碰到新祖时，是运气、也是新祖自己的才华受到赏识的造化。就才华而言，他比大部分研究中国思想学者理论强，这点吸引了芝大日本思想史学者；他也熟悉明清和近代中国政治、制度史，这点非常吸引何炳棣和邹党（何炳棣面试的时候曾权威地说："你使我满意！”）。芝大每一个派系都喜欢新祖，虽然我们当时并不知道芝大东亚部门内斗的情形。就运气而言，他面试的时候竟有那个胆量跟Harry Harootunian说他没有申请其他学校工作，也没有其他学校等着他去教，因为他找不到好学校教书的话，他宁愿开计程车。Harry喜欢他打破成规、语不惊人死不休的回答，接着他受到热烈的欢迎来到芝大。

新祖对自我形象的认识非常清楚，有时候人们会因此认为他骄傲自大，但是这点后来证明他是名不虚传的真材实料。他是美国一流大学研究所训练中国研究人才不可或缺的师资，因为他熟悉儒学、佛学、制度史等的传统典籍，同时他也能掌握西方理论的来龙去脉，他除了对后现代主义理论家像傅柯、德希达之外，还对许多文学批评理论者了如指掌。换句话说，他是中、英文双语者，真正活在两个文化里，这个不可能的结合竟然发生在他身上，而且结合得恰到好处，他受到中、美两边学者的爱戴，一直持续于芝大的头几年的蜜月期。他对芝大的贡献很大，也充分利用芝大对年轻师资所提供的资源——校园里大师随处可见、灵感随手可掬。新祖在芝大广泛地阅读，并不局限在后现代法国的理论家的作品，慢慢地，他将他的博士论文写成一本书。书和论文非常不同，很难不强调这本书对他的重要性，完成这本书对他而言可说是一件扎扎实实的大事。这是一本非常特别的好书，里头包含了西方的理论和中国的哲学，对许多人而言这本书难度太高、不太容易懂，连一些同行的人也摸不清楚，但是新祖总是不愿直截了当地替读者一一指出他论辩的要点，他坚持读者要能够达到他的水准、看出他文章的要旨与环节的安排。

这本书是1984年夏天在密歇根湖畔的小木屋里完成的，新祖白天思考写作，我帮着打字，下午5点钟左右我们就结束，燃起火炭、准备晚餐烤肉、享受密歇根湖美丽的夜晚，我想这段时光是我们相处最快乐的时候。完成这本书并达到新祖所要求的品质水准是一项具体的成就，使他能够乐观充满信心地抛开芝大对他申请终身职位的否决决定，[1]另外展开他在台湾、香港的学术事业。

台湾和香港是新祖学术事业的最后阶段，他常安慰地说自己是游牧民族，随处为家，出入不同文化。香港的"外籍兵团"的专家群非常吸引他（虽然他不太喜欢香港），他需要接触洋人，也需要接触中国人，两者不可或缺。有时候他也需要躲起来，躲得没人找得到。每年夏天他就躲回芝加哥，躲回他喜爱的西方，他也乐得躲着不见人，他也许在芝加哥，也许不在芝加哥，芝加哥是他读、写、思考的隐居地，而且芝大的图书馆是世界有名的，他可以躲掉许多人对他的请托要求，许多人不知道他有时候累得需要休息。

现在大家也许可以了解为什么他要选择一个没人找得到的地方安息，跟我父母亲一起葬在密西西比河畔的峭壁上。以前当我父母亲健在的时候，我们经常回去爱荷华州探望他们，爱荷华对新祖而言感觉像"家"——平静、安全、不变、隐秘。我和月岑将会带他回家。

肆、钱新祖（Edward T. Ch'ien）生平简历

1940.10.12	出生	
1962　学士	台湾大学历史学系	
1966　硕士	加州大学河滨分校历史研究所	
1974　博士候选人	哥伦比亚大学历史系	
1978　博士	哥伦比亚大学历史系	
1971—1973	助理教授	德州Sam Houston州立大学历史系
1976—1982	助理教授	芝加哥大学远东语言与文明系

[1] 钱先生的申请案虽获大多数票，但日本部四票否决，中国部一位资深教授一票否决。校内规章规定人文学院院长有权力决定是否提案到校本部，据了解，这位中国部资深教授和人文学院院长交情匪浅，最后院长决定不提到校本部，受到五位东亚系资深教授抗议，抗议无效，决定终成定案。

(续表)

1982—1983	客座教授	台湾清华大学中语系
1983.3	访问学者	香港中文大学历史系与哲学系
1982—1985	副教授	芝加哥大学远东语言与文明系
1985—1987	客座教授	台湾清华大学历史研究所
1987　暑期	研究员	新加坡东亚哲学研究所
1987—1988	客座教授	台湾大学历史学系
1988—1991	教授	台湾大学历史学系
1991—1993	教授	香港科技大学人文学部
1993—1996	教授	台湾中国文化大学历史系
1996.2.4	过世	